古典文獻研究輯刊

二一編

潘美月・杜潔祥 主編

第 15 冊

環渤海地區媽祖史料輯解（上）

方廣嶺 著

國家圖書館出版品預行編目資料

環渤海地區媽祖史料輯解（上）／方廣嶺 著 -- 初版 -- 新北市：
花木蘭文化出版社，2015〔民 104〕
序 4+ 目 2+310 面；19×26 公分
（古典文獻研究輯刊 二一編；第 15 冊）
ISBN 978-986-404-353-8（精裝）
1. 媽祖 2. 民間信仰 3. 文獻學
011.08   104014550

ISBN- 978-986-404-353-8

9 789864 043538

古典文獻研究輯刊
二一編　第十五冊　　　　　　　　ISBN：978-986-404-353-8

環渤海地區媽祖史料輯解（上）

作　　者　方廣嶺
主　　編　潘美月　杜潔祥
總 編 輯　杜潔祥
副總編輯　楊嘉樂
編　　輯　許郁翎
企劃出版　北京大學文化資源研究中心
出　　版　花木蘭文化出版社
社　　長　高小娟
聯絡地址　235 新北市中和區中安街七二號十三樓
　　　　　電話：02-2923-1455／傳眞：02-2923-1452
網　　址　http://www.huamulan.tw 信箱 hml 810518@gmail.com
印　　刷　普羅文化出版廣告事業
初　　版　2015 年 9 月
全書字數　288100 字
定　　價　二一編 16 冊（精裝）新台幣 30,000 元

環渤海地區媽祖史料輯解(上)

方廣嶺　著

作者簡介

方廣嶺，男，生於 1963 年 12 月，河北省冀州人。1986 年獲得吉林大學歷史學學士學位，1989 年獲得南開大學歷史研究所歷史學碩士學位，2010 年獲得南開大學歷史學院歷史學博士學位，現爲天津圖書館副研究館員。長期從事地方志史和媽祖信仰等領域的文獻研究與整理工作，迄今已經獨立主持完成一項天津市市級社會科學文化藝術課題項目——《環渤海地區媽祖史料輯解》，參與主持完成多項國家級和市級重點社科項目。獨立撰寫完成《清代直隸方志研究》（2014 年臺灣花木蘭文化出版社出版），參與撰寫論著多部，並在各類學術期刊上獨立撰寫、發表論文五十餘篇，其中部分獲得國家級和市級獎勵。

提　　要

　　媽祖信仰起源於宋代，宋代以降在東南沿海地區受到廣泛傳播，歷經數百年，影響不斷擴大，並逐漸受到歷代朝廷的重視，被尊爲上庇國家社稷、下護黎民百姓的神衹。其影響範圍也由我國東南沿海地區分別向南北傳播，其中南路傳至廣州、香港、臺灣一帶，而北路則傳至煙臺、天津、營口等環渤海沿岸地區，逐漸與當地民間信仰習俗融合，形成了獨具中國北方特色的環渤海媽祖信仰文化圈。

　　自北宋開始，隨著南北海陸貿易交流的不斷發展，媽祖信仰開始在位於渤海海峽的廟島一帶紮根。以後歷經元、明、清各朝，媽祖信仰在環渤海地區的傳播進一步深化，使這裏成爲中國北方媽祖信仰傳播最爲廣泛的地區，也使天津作爲中國北方媽祖文化中心的地位不斷得到鞏固。因此本書所收集的媽祖史料種類和數量上，也相應地以天津爲最多，兼及京、冀、魯、遼。時限上自宋、元，歷經明、清，下迄民國時期，既具有廣泛的代表性，基本涵蓋環渤海一帶古代、近代和現代各地社會的發展歷程，同時兼顧史料種類的完整性，力爭能夠將各類史料充分展示給讀者。本書對所涉獵的每種史料進行必要的注解、校正，並針對以往媽祖史料整理和研究工作中存在的數量少、種類單一現象，不僅通過增加史料的數量和種類，而且對其中的重要問題提供多條史料的論證，進行深入的比較和分析，進一步揭示史料的內涵，展現史料的價值，做到可讀性和學術性兼備，填補目前中國媽祖文獻整理和研究工作中的一項空白。

2006 年天津市藝術科學規劃項目
編碼：B 0606-006

序

　　應作者邀請，爲本書作序，我欣然接受。這是我對媽祖女神的崇敬和對媽祖精神的傳承發展的嚮往。發生在宋朝福建省的一個眞實的故事，媽祖原名叫湄娘，爲百姓扶危濟困，降妖去病，保祐出海平安，深得百姓愛戴，28歲羽化昇天。百姓爲了紀念她，修建許多關於媽祖的廟宇，每年都虔誠祭拜，傳頌她的功績，學習她的品格。歷屆當政者也舉起媽祖的大旗，被尊爲上庇國家社稷、下護黎民百姓的神祇，紛紛支持建廟祭祀並題寫匾額。據說，百姓許的願還很靈驗。在民間傳說中，增添了不少神秘的色彩，可以說逐步神話了，但是隨著社會的變遷，媽祖精神的內涵不斷豐富和發展，積纍大量的媽祖文化的文獻資料。媽祖文化的信仰可以歸納爲：熱愛和平，除暴安良、見義勇爲、助人爲樂，無私無畏、甘於奉獻的精神，凝聚中華民族傳統美德，應該大力弘揚。多年來，對媽祖文化的研究也引起各方面的重視並已取得豐碩的成果。

　　千百年來，媽祖精神傳播開來，從中國傳到世界，不少有港口的地方都建有媽祖廟，有的和當地的民俗融合在一起，她的信徒遍及全世界。據瞭解，現在有 20 多個國家有 5000 多座媽祖廟，信眾超過 2 億人。「天下媽祖是一家」。每年，大批臺灣民眾跨海到福建省湄洲祖廟祭拜，兩岸媽祖社團開展交流，1998 年經文化部批准成立中華媽祖文化交流協會，會員由兩岸、港澳和國外 400 多個宮廟組成，其中臺灣宮廟近 60 個，已成爲兩岸文化交流合作的橋梁和紐帶。

　　天津海河兩岸的天妃宮和天后宮始建於元朝，與天津民俗融合，每年都舉行各種祭祀活動，從 2002 年開始每兩年舉行天津－媽祖文化旅遊節，展示

天津獨特的「皇會」踩街表演，上千名臺灣信徒信眾前來參加，其中還組織媽祖文化學術研討會，增進津臺兩地交流合作。在天津建有媽祖文化園和媽祖文化經貿園。在 2012 年 9 月，在海上建立一座高 43.2 米的媽祖神像，稱為「和諧女神」，堪稱世界之最。

感謝作者潛心研究撰寫的「環渤海地區媽祖史料輯解」一書，它是以天津為中心，包括北京、河北、山東和遼寧三省兩市，涉及媽祖文化各類文獻資料，如正史和檔案、碑文、筆記、詩詞、楹聯和匾額、方志、近代文獻和經卷等，經過認真分析，作了整理和評價，對重要問題還提出文獻的佐證，既有可讀性，又有學術性。本書有助於探索媽祖信仰在環渤海一帶的傳播過程、分佈狀況，更好地瞭解這一地區悠久的海洋文明及歷史進程，突出其在南北交通和文化傳播中的重要地位。

本書可以為媽祖文化學術界提供一手文獻資料，填補目前中國媽祖學界，特別是北方媽祖研究領域中的一項空白。它的出版，對加強海峽兩岸和津臺兩地媽祖文化交流合作，拓寬深化媽祖學術研究領域將發揮積極作用。

蔡世彥

2015.2.20

自 序

　　我同媽祖結下的情緣應該始於 2003 年，至今已經有十多個年頭了。回想起初次涉獵的情景，當時自己還是一頭霧水，尚不知「媽祖」是什麼樣的人物，更是無從瞭解她的身世和神蹟，於是就產生一種十分好奇的心情。好在我是從大學本科時代開始，一直就是從事和歷史相關領域的工作，因此自身有著一種好學的精神和喜歡探索的勁頭兒。隨著自己慢慢靜下心來，如饑似渴地查閱相關的文獻資料，閱讀很多學術界相關的文章，逐步瞭解到媽祖其人其事，在這個過程中產生著濃厚的興趣，對媽祖的崇敬之情便油然而生。於是利用現有的文獻資料，自己便開始嘗試撰寫一些介紹有關天津媽祖信仰的文章在報紙上刊發，並通過參加相關的學術研討會，在重要的學術期刊上發表許多學術論文，不僅使我的學術研究水平迅速提高，更使自己對媽祖的情感更加濃厚，使媽祖豐滿的形象在我心中逐步明晰，也使自己對熱愛和平、除暴安良、見義勇爲、助人爲樂，無私無畏、甘於奉獻，這種媽祖文化的精髓理解得更加透徹。

　　通過參加重要的學術活動，既開闊了自己的視野，增加了自己的見識，又使自己對目前學術界對於媽祖信仰研究的現狀，有了一個全面而明確的認識和瞭解。由於我一直從事古籍文獻的整理和研究工作，因此十分注意學術界有關媽祖文獻的整理和研究進展和成果情況。目前在這一領域中，不少專家和學者經過多年辛勤耕耘，已經取得不俗的成果，但還存在不少學術空白有待後人去填補。例如從北宋開始，媽祖信仰即開始沿著我國東部海岸線北傳，歷經元、明、清各代，形成以天津爲中心的環渤海媽祖文化圈，成爲中國北方媽祖文化的中心，在這一歷史過程中積纍下豐富的媽祖文獻資源。以

往學術界對於有關媽祖史料的整理和研究，著眼點多集中在全國或者是東南沿海一帶地區，而對於以天津爲中心的我國北方，主要是環渤海一帶的媽祖文獻整理和研究工作，相對而言，仍然顯得著墨不多。於是，我根據自己平常學習的心得和積纍，在 2006 年嘗試申報天津市藝術科學規劃項目——媽祖文獻整理發掘，幸運的是最終能夠批准立項。我便利用自己的專長，積極向有關專家和學者請教，認眞查閱正史、地方志、檔案、地方文獻等各種文獻中的媽祖文化資料，一一輯錄下來，做好分類、歸納和注解等各項工作。

目前環渤海地區的媽祖史料的形式和種類十分豐富。來源上不但出自正史，而且取材於方志、報刊、雜誌、文集等文獻資源。本書在輯錄的過程中，曾經在大量的媽祖史料中進行精心的挑選，時限上自宋、元，歷經明、清，下迄民國時期，具有廣泛的代表性，基本涵蓋環渤海一帶古代、近代和現代各地社會的發展歷程。同時兼顧史料種類的完整性，力爭能夠將各類史料充分展示給讀者。本書對所涉獵的每種史料進行必要的注解、校正，並針對以往媽祖史料整理和研究工作中存在的數量少、種類單一現象，不僅通過增加史料的數量和種類，而且對其中的重要問題提供多條史料的論證，進行深入的比較和分析，進一步揭示史料的內涵，展現史料的價值，做到可讀性和學術性兼備，塡補目前中國媽祖文獻整理和研究工作中的的一項空白。

只是由於個人學識短淺，視野有限，因此本書儘管有近三十萬字之巨，仍然不免有滄海遺珠之憾，有待學術界的先進撥冗賜教。

是爲序

方廣嶺

2015 年 4 月 3 日

緒　論

　　本課題原名為「媽祖文獻研究資料整理發掘」，屬於 2006 年天津市藝術科學規劃項目，後隨著內容的進一步擴充，遂改為現名「環渤海地區媽祖史料輯解」。其中「環渤海地區」在本書中所指地域範圍，是以今天津為中心，輻射周邊的北京及河北省、山東省和遼寧省。

　　媽祖信仰興起於北宋時期福建的湄洲島，最初是當地從事海上作業人們的信仰，媽祖即為人們心中航海安全的保護神。宋代統治者的褒封，以及南北海上交通和貿易的興起，加速了媽祖信仰的北傳。廟島是南方商船進入渤海灣的必經之地，往來的船隻往往需要在此泊舟候風，當時的船工多為福建人，他們崇奉媽祖，便在島上設立媽祖祠廟以事供奉，並在此後形成風俗。因此環渤海一帶歷史最為悠久的天后宮，應該是始建於宋徽宗宣和五年（1123）的廟島顯應宮。隨著元代海運路線的進一步開闢，逐步推動媽祖信仰向渤海沿岸的天津和山東其他的地區傳播。天津的媽祖廟始建於元代，重要標誌就是規模最大，始建於元泰定三年（1326）的天后宮（天妃宮）。同一時期在遠離大海的元大都（北京），以及山東沿海等地方也新建了許多媽祖廟。說明當時伴隨大規模海上漕運活動的展開，媽祖的「護漕」職能得以充分發揮，為媽祖信仰在環渤海地區傳播向縱深發展奠定堅實的基礎。

　　在明清兩代，環渤海地區的媽祖信仰得到進一步的傳播，沿海州縣的媽祖宮廟不斷興建。如始建於元代的天津天后宮，在明代永樂元年（1403）得到重修，天津作為環渤海地區媽祖信仰傳播中心的地位逐步確立。始建於宋元時期的山東廟島顯應宮、蓬萊閣天后宮和牟平天妃宮等宮廟，在明、清期間都得到重修。同時媽祖信仰沿著海岸線進一步北傳，並延伸到長城腳下，

河北省東部沿海一帶也相繼出現媽祖宮廟，如始建於明天順七年（1463）的山海關天妃宮，以及唐山沿海的蠶沙口天妃宮。清代環渤海地區的媽祖信仰更加盛行，媽祖宮廟已經遍佈山東全境，並隨著山東一帶移民大量遷移東北，輻射至遼寧省境內，丹東、營口、海城、大孤山、蓋州、錦州等地，都相繼出現了新建的媽祖宮廟。從地理分佈上看，環渤海地區的媽祖宮廟數量多，分佈範圍廣，地域特徵突出，主要位於沿海一帶、河海交匯處和交通咽喉要道。那裏媽祖宮廟名稱繁多，一般多稱爲「天后宮」，其他還有「海神廟」、「娘娘廟」、「娘娘宮」、「天妃廟」、「天妃宮」、「天后廟」「天后祠」、「天妃庵」等等。

除了出於漕運的需要，媽祖信仰在環渤海地區的廣泛傳播，還與商貿發展的聯繫十分密切，主要表現就是各地會館的建立。會館是中國早期的一種商業幫會組織，在我國沿江沿海和通都大邑的許多會館本身就是媽祖廟，或者會館內設有媽祖神像以供祭拜的情況很多。如北京的莆陽會館、福州會館、延邵會館、漳州會館、建寧會館，天津的閩粵會館，山東煙臺的福建會館，遼寧的瀋陽天后宮、錦州天后宮、營口天后宮、蓋州天后宮等都是如此。

媽祖信仰的不斷傳播豐富媽祖史料的數量和種類，媽祖史料的積纍則不斷推動媽祖信仰傳播向縱深發展，媽祖史料就是與媽祖信仰相關信息的記錄。環渤海地區媽祖史料的形式和種類十分豐富，時限上自宋、元，歷經明、清，下迄民國，具有廣泛的代表性，基本涵蓋環渤海一帶古代、近代和現代各地社會的發展歷程。

本書中對於所收集的每種媽祖史料，都能夠給予認眞的評介，進行必要的補充和校正。針對以往媽祖史料整理和研究工作中存在的數量偏少、種類單一的現象，不僅通過增加史料的數量和種類，而且對其中的重要問題提供多條史料的論證，進行深入的比較和分析，進一步揭示史料的內涵，展現史料的價值，做到可讀性和學術性兼備，塡補目前中國媽祖史料整理和研究工作中的的一項空白。

通過對於環渤海一帶媽祖史料的整理和評介，有助於探索媽祖信仰在這一帶的傳播過程、分佈狀況，從而更好地瞭解環渤海地區悠久的海洋文明及歷史發展進程，突出其在我國南北交通和文化傳播中的重要地位。

第一章　官修史書類的媽祖史料

　　歷朝官修史書中媽祖史料數量的很少，因此價值更高。媽祖信仰之所以能夠備受歷代統治者推崇，雖然與他們崇尚佛老神道不無關係，但現實政治的需要則是根本原因。再加之文臣武將在文治武功需要上的推波助瀾，各種請爲嘉獎的奏章疏表層出不窮，於是就有了歷代統治階級不斷由上而下的御賜匾額、加封美號、遣使致祭、廣建廟宇，以致列入國家祀典。由之而催生的各種官方媽祖史料日益增多，常見於元、明、清各代的各類官修史書中。

第一節　紀傳體官修史書類的媽祖史料

　　《元史》是一部系統記載元朝興亡過程的官修正史。其中保存了不少元代史料文獻的原貌。

　　出於漕運的需要，元朝統治者獨尊天妃海神，爲媽祖信仰的傳播提供了廣闊的空間。尤其是媽祖信仰首次出現在官方的正史文獻——《元史》中，既提升媽祖的政治地位，又豐富媽祖史料的種類。

　　1、世祖至元十五年（1278）八月辛未，制封泉州神女號「護國明著靈惠協正善慶顯濟天妃」。（（明）宋濂等撰：《元史》卷十「本紀第十・世祖七」，中華書局1976年4月第1版。以下版本同）

　　2、大德三年（1299）二月壬申，加泉州海神日「護國庇民明著天妃」。（《元史》卷二十「本紀第二十・成宗三」）

　　3、天曆二年（1329）冬十月己亥，加封天妃爲「護國庇民廣濟福惠明著天妃」，賜廟額日「靈慈」，遣使致祭。（《元史》卷三十三「本紀第三十三・

文宗二」）

4、元順帝至正十四年（1354）冬十月甲辰，詔加號海神爲「輔國護聖庇民廣濟福惠明著天妃」。（《元史》卷四十三「本紀第四十三·順帝六」）

5、凡名山大川、忠臣義士在祀典者，所在有司主之。惟南海女神靈惠夫人，至元中，以護海運有奇應，加封天妃神號，積至十字，廟曰「靈慈」。直沽、平江、周涇、泉福、興化等處，皆有廟。皇慶以來，歲遣使齎香遍祭，金幡一合，銀一鋌，付平江官漕司及本府官，用柔毛酒醴，便服行事。祝文云：「維年月日，皇帝特遣某官等，致祭於護國庇民廣濟福惠明著天妃」。（《元史》卷七十六「祭祀志·祭祀五·名山大川忠臣義士之祠」）

　　注：天后由最初一個民間的神靈，憑藉其「護漕」的職能，地位不斷提高，最後被納入到國家的祀典中，有關內容在正史中都有大量的記載。《元史》中所載元朝歷代皇帝對媽祖的敕封情況，雖然有些並未在字面上涉及到漕運的內容，但元代漕運與媽祖信仰在中國北方的傳播，卻是密不可分的。因此《元史》中的這些記載，對於研究媽祖信仰在環渤海地區的傳播，具有十分重要的參考價值。

　　直沽，至今未見可憑藉的原始資料以準確表述其地望。關於漕運的終點，史傳多爲直沽，且範圍較爲廣泛。而查海河一線以直沽爲名的，僅有「大直沽」和「小直沽」兩處。小直沽之名，久已湮沒，但據相關史料可確認在今天后宮沿河一帶。大直沽之名，現在猶存。據此可以認定直沽係泛稱，指代範圍當以海河一線爲依託，以大、小直沽爲中心區，東南、西北走向的跨河狹長地帶。

第二節　編年體官修史書類的媽祖史料

一、明實錄

　　有關媽祖信仰的明代正史文獻以明實錄居多。明實錄是記錄有明一代重要史實的文獻之一，也是明代歷朝官修的編年體史書，保存大量的原始資料。

　　1、永樂二年十一月辛酉：上以海運糧船上抵直沽，欲以直沽置倉儲糧，別以小船轉運北京。命戶部會議，皆以爲便。復請於天津等衛多置露囤，以廣儲蓄。從之。（《明成祖實錄》卷36，臺灣中央研究院歷史語言研究所1962年影印本。以下版本同）

注：明初仍然沿襲元朝的政策，以海漕爲主，直沽（天津）繼續被作爲海漕的終點。

2、永樂三年正月甲寅：平江伯陳瑄請建天妃廟於直沽，從之。（《明成祖實錄》卷 38）

注：元朝開創的海漕，延續至明朝永樂前期，猶需依賴天妃的護航。

陳瑄（1365～1433），字彥純，安徽合肥人。明代水利家，明清漕運制度的創立者，歷任大將軍幕府、都指揮同知、右軍都督僉事，封平江伯，充總兵官、總督海運，共輸糧四十九萬餘石，建百萬倉於直沽（今天津），並成天津衛，後改掌漕運，經理河漕三十年，頗多建樹。永樂初陳瑄方督漕運，爲了祈神護漕，故請重建天妃宮於直沽（天津）。

3、永樂七年正月己酉，封天妃爲「護國庇民妙靈昭應弘仁普濟天妃」，賜廟額日「弘仁普濟」。天妃之宮，歲以正月十五日及三月二十三日遣官致祭，著爲令。（《明太宗實錄》卷 87）

注：明永樂初繼續執行前朝的漕運政策，後將以海漕爲主，調整爲以河漕爲主，天妃繼續得以發揮「護漕」的職能。同時隨著中外海上交通的日益發達（主要體現在鄭和下西洋上），天妃的角色更加突出，因此明成祖特意加封天妃新的名號，並於每年正月十五日和天妃聖誕日，朝廷遣官前往天妃宮致祭，進一步提高天妃的歷史地位。

二、清實錄

由於媽祖信仰在清代已經正式登上統治者治國理政的舞臺，因此清代對於正史和檔案中媽祖史料的保存是十分重視的。清代媽祖史料檔案數量最多，正史中的記載次之。內容多爲應官員所請，內務府奉旨爲天后匾額製作匣盒的檔案，道、咸、同三朝皇帝爲天后及其他神靈賜匾的匯總。主要記錄清廷在綏靖海疆、運輸漕糧和其它一些重要施政活動中仰賴天后庇護，並報以褒封、賜匾、諭祭及敕建廟宇的事實。

清實錄用編年體詳盡地記載了有清一代近三百年的重要事實，是經過整理編纂而成的現存清史原始史料。檔案和清實錄中的有關記載相互印證與補充，爲我們瞭解歷史事件的整個過程，提供翔實可靠的依據。

（一）清代皇帝御賜地方媽祖宮廟的匾額

1、濟寧曾經是山東境內大運河運輸的重要樞紐。

乾隆三十二年三月癸酉，御書濟寧天后廟匾曰「靈昭恬順」。（《清高宗實錄》卷 780，北京：中華書局 1985 年影印版。以下版本同）

注：李清時（1705～1768），字授侯，號蕙圃，福建安溪人，李光地從孫，曾任山東巡撫、河東河道總督等。濟寧天后宮建於清乾隆三十一年（1766），清河道總督李清時建，位於濟寧運河天井閘上。乾隆帝於當年三月爲該廟御題匾額，並正式懸掛於五月，清實錄中曾經記載這一史實。

2、丹東天后宮位於丹東元寶山麓，始建於清光緒二年（1876），是迄今中國境內已發現最東部的天后宮。清光緒間曾經御賜匾額，有關情況在清實錄和檔案中都有記載。

據清實錄記載：光緒八年十二月己卯，以神靈顯應，頒奉天鳳凰廳關帝廟匾額曰「正氣千秋」，龍神廟匾額曰「德普安流」，城隍廟匾額曰「神釐茂治」，海神廟匾額曰「功昭順軌」。安東縣關帝廟匾額曰「祐順揚威」，天后廟匾額曰「宣威助順」，城隍廟匾額曰「福綏臨澤」，龍王廟匾額曰「鯨波永靖」，江神廟匾額曰「澤潤生民」。（《清德宗實錄》卷 157）

注：清實錄簡要介紹了清光緒八年（1882）戶部尚書崇綺，爲奉天鳳凰直隸廳及安東縣（今丹東市）境內天后廟、關帝廟等廟宇，請賜封號匾額奏摺的情況。

鳳凰直隸廳地處盛京（遼寧）省南部。明成化十七年（1481）築鳳凰城。清康熙二十六年（1687）設鳳凰城城守尉，轄黃、白、紅、藍 8 個旗署，隸屬奉天將軍。清乾隆四十一年（1776）設鳳凰城巡司，清光緒二年（1876）改置鳳凰直隸廳。廳治鳳凰（今遼寧省鳳城市），下轄：鳳凰（今遼寧省鳳城市）、安東（今遼寧省丹東市）、寬甸（今遼寧省寬甸滿族自治縣）3 縣，岫岩（今遼寧省岫岩滿族自治縣）1 散州。1913 年廢廳。

天后等民間宗教神靈不斷被賦予扶危解困，穩定社會秩序，促進經濟繁榮等各種職能，因此地位日益提高，逐步爲社會上層所接受，被納入國家的祀典中。文中通過崇綺上書光緒皇帝，陳述關帝、天后等神靈在當地民眾生產和生活中發揮的作用，請賜鳳凰直隸廳地方包括天后廟在內的各類廟宇匾額，反映了媽祖信仰在東北一帶不斷傳播的過程。

　　崇綺（？～1900），清代唯一的旗人狀元，字文山，阿魯特氏，滿洲鑲黃旗人，原隸蒙古正藍旗，大學士賽尚阿之子，光緒間曾任吏部、戶部、禮部尚書等。

　　3、山海關在唐代以前就是儲存軍糧、接運轉輸海運糧秼的口岸，遼金時荒廢，明初修築長城和關城，動用大量的屯兵、匠役和民夫，其糧食和部分建築材料就是依靠海運。另外大量南來的物資在此地進行儲存，並通過海漕轉運到遼東，於是明朝政府在這裏修建天妃宮。山海關天妃宮創建於明天順七年（1433），清乾隆帝曾經御賜匾額「珠宮湧現」。

　　據清實錄記載：光緒十一年七月庚戌，以神靈顯應，頒山海關老龍頭地方海神廟匾額曰「安流普祐」，天后宮匾額曰「懷柔昭應」。（《清德宗實錄》卷 211）

　　注：清史檔案中也曾記載油木作呈報爲山海關海神廟和天后宮御書匾額配做木箱交直隸總督李鴻章一事，但海神廟、天后宮的名稱並未明確透露，李鴻章請匾奏摺和御賜上諭也均未發現。《清實錄》中的記載彌補了有關缺憾，有助於我們瞭解整個歷史事件的完整過程。

　　李鴻章（1823～1901），字少荃，晚號義叟。安徽合肥人。清道光二十七年（1847）進士，初從曾國藩抗擊太平軍，後自辦淮軍。曾經官至直隸總督兼北洋通商大臣，授文華殿、武英殿大學士。

（二）皇家御園內設立媽祖神位

　　惠濟祠、河神廟坐落在圓明三園之一的綺春園西南隅。惠濟祠與河神廟東西並排修建，在兩個小院內東爲惠濟祠，西爲河神廟。清嘉慶二十二年（1817）惠濟祠、河神廟落成後，嘉慶帝命人自本年起，春秋二季都要祭拜，一起祭拜的還有清漪園與靜明園內的龍神。惠濟祠正殿爲三間，外簷懸嘉慶帝御書「宅神天沼」匾。殿內有佛龕，供天后神牌，牌位上刻有「護國庇民妙靈昭應宏仁普濟福祐群生誠感咸孚顯神贊順天后神位」。御園惠濟祠自嘉慶二十二年（1817）建成，並把每年春秋二祭列爲祀典後，嘉慶、道光、咸豐、同治各朝皇帝均派官員（除道光元年二月派皇長子奕緯外），於當年二月和八月遵行祭祀，光緒朝次數銳減。清咸豐十年（1860）第二次鴉片戰爭英法聯軍焚燒圓明園時，因其位置偏僻避免遭一劫，迨清光緒二十六年（1900）才

為八國聯軍戰火所毀。關於歷朝皇帝派官員赴圓明園惠濟祠、河神廟致祭的情況，清實錄中都有很多相關的記載。

如：

嘉慶二十二年七月癸丑，命每年春秋致祭圓明園惠濟祠河神廟，前期奏派管理圓明園大臣行禮。（《清仁宗實錄》卷332）

道光六年二月丙辰，「遣官祭圓明園惠濟祠、河神廟」。（《清宣宗實錄》卷95）

道光十一年二月壬辰，「遣官祭圓明園惠濟祠、河神廟」。（《清宣宗實錄》卷184）

道光十一年八月壬辰，「遣官祭圓明園惠濟祠、河神廟」。（《清宣宗實錄》卷194）

道光十二年二月庚辰，「遣官祭圓明園惠濟祠、河神廟」。（《清宣宗實錄》卷205）

道光十六年二月丙辰，「遣官祭圓明園惠濟祠、河神廟」。（《清宣宗實錄》卷278）

道光十八年二月丙辰，「遣官祭圓明園惠濟祠、河神廟」。（《清宣宗實錄》卷306）

道光十八年八月癸未，「遣官祭圓明園惠濟祠、河神廟」。（《清宣宗實錄》卷313）

道光十九年二月庚辰，「遣官祭圓明園惠濟祠、河神廟」。（《清宣宗實錄》卷319）

道光十九年八月庚辰，「遣官祭圓明園惠濟祠、河神廟」。（《清宣宗實錄》卷325）

道光二十八年八月丙辰，「遣官祭圓明園惠濟祠、河神廟」。（《清宣宗實錄》卷458）

注：可以結合歷朝實錄和有關檔案中的記載，對於清朝歷代皇帝派官員赴圓明園惠濟祠、河神廟致祭的情況，有一個清晰的瞭解和認識。

（三）漕 運

清代前期仍然沿襲前朝的政策，實行大規模的內河漕運，道光以後則改行海漕，漕糧由南方海運至天津。每次漕運順利完成之後，各地官員都紛紛

請求皇帝為媽祖頒匾加封。清實錄中對此有很多記載。

如：1、咸豐五年十二月戊戌，以海運沙船迅速抵津，加封天后為「衛漕保泰」之神，風神為「顯祐安恬」之神，海神為「顯威濟運」之神，並頒天后廟御書匾額曰「恬波利運」。(《清文宗實錄》卷 185)

2、道光六年六月丁卯，以海運默邀神祐，命江蘇巡撫陶澍遣員虔詣天后廟、風神廟、海神廟祀謝，尋加封天后「安瀾利運」四字神號，頒風神廟御書匾額曰「宣仁利涉」，海神廟御書匾額曰「恬波濟運」。以海運抵津，辦理妥順，予兩江總督琦善議敘，賞江蘇巡撫陶澍花翎，文武員弁升敘有差。
(《清宣宗實錄》卷 99)

3、道光六年八月庚午，以海運蕆事，風帆穩利，命理藩院尚書穆彰阿恭詣天津天后宮、風神廟、海神廟祀謝，並頒風神廟御書匾額曰「功昭利濟」。
(《清宣宗實錄》卷 104)

4、道光二十八年六月辛亥，諭李星沅等奏：連年海運米石，均邀神祐，請加封號扁額一摺。上年商米捐米，本年蘇、松、太等屬漕白二米俱由海運，該撫陸建瀛於督辦之初，叩禱天后、風神、海神各廟，虔求祐助。嗣沙船先後放洋，順速抵津，並無一船松艙伐桅之事，利漕安瀾。覽奏實深欽感。著發去大藏香十柱，交陸建瀛祇領，遣員分詣各處神廟，敬謹祀謝。天后迭彰靈應，曾屢加封號，茲兩載恬瀾，顯應益著。著禮部察例擬加封號，候朕酌定，並發去御書扁額交該督等敬謹懸掛，以答神庥。其風神、海神，並著禮部一體擬加封號，以昭靈貺。尋加天后封號曰「恬波宣惠」，風神封號曰「宣德贊化」，海神封號曰「靈昭鎮靜」。(《清宣宗實錄》卷 456)

5、同治四年七月壬辰，以神靈默祐，海運平穩，頒直隸天津府海神廟匾額曰「寰海鏡澂」，天后廟匾額曰「贊順敷慈」，風神廟匾額曰「功昭聖若」。
(《清穆宗實錄》卷 149)

6 光緒十二年五月癸巳，「以靈應素著，頒直隸天津大沽口天后宮匾額曰『德敷溟渤』，菩薩廟匾額曰『功宣上善』，海神廟匾額曰『瑞啓天池』。……」。(《清德宗實錄》卷 228)

注：文中介紹清光緒十二年（1886）光緒帝賜天津大沽口天后廟等廟宇匾額，事由雖然未完全明確，但結合檔案中的相關記載，仍然可以判定與海漕直接相關。

第三節　政書類的媽祖史料

　　政書是記載歷代有關典章制度的史書。它是政府各部門規章制度本身及實行情況的記錄，集中地提供了社會政治、經濟制度的史料。

一、《續通典》

　　1、卷五十：「禮（吉）‧山川」

　　（元）泰定帝泰定三年（1326）七月遣使祀海神天妃，作天妃宮於海津鎮。文宗天曆二年（1329）十月加封天妃爲「護國庇民廣濟福惠明著天妃」。

　　（摘自嵇璜，劉墉奉敕撰：《欽定續通典》，見（《四庫全書》第 640 冊「史部 398‧政書類」，上海：上海古籍出版社 1987 年 6 月第 1 版。以下版本同）

　　注：文中記載元代天津城市的起源，以及與媽祖信仰傳播的淵源關係。

二、《續通志》

　　1、卷六十六：「元紀十‧泰定帝」

　　（元英宗至治三年，1323）十二月庚午，遣使祀海神天妃。泰定三年（1326）八月辛丑，作天妃宮於海津鎮。

　　2、卷一一二：「禮略‧吉禮二‧山川」

　　泰定三年（1326）遣使祠海神天妃，作天妃宮於海津鎮。文宗天曆二年（1329）加封天妃「護國庇民廣濟福惠明著天妃」。

　　3、卷一一四：「禮略‧吉禮四‧雜神祠」

　　（元）英宗至治三年（1323），遣使祀天妃。泰定帝泰定二年（1325）八月，建天妃宮於海津鎮。明直沽有天妃廟，北京有眞武廟、洪恩靈濟宮，祀徐溫子知證知諤。（摘自嵇璜、劉墉等奉敕撰，紀昀等校訂：《欽定續通志》，見《四庫全書》第 393 冊「史部 151‧別史類」。）

　　注：以上三條文獻記載元代天津城市的創建、發展，以及與媽祖信仰傳播的淵源關係。

三、《續文獻通考》

　　（南宋寧宗慶元四年）加莆陽順濟聖妃號「助順」。神，莆陽湄州林氏女，少能言人禍福。歿，廟祀之，號通賢神女，屢著靈顯。高宗紹興二十六年以

郊典封「靈惠夫人」，屢加「昭應」、「崇福」、「善利」。光宗紹熙元年易爵以妃。至是加「助順」。帝（宋寧宗）嘉定元年加「顯衛」。十年加「英烈」。神之祠不獨盛於莆，閩、廣、江、浙、淮甸皆祠焉。

（元至元十五年）八月封泉州神女號「護國明著靈惠協正善慶顯濟天妃」。其後二十五年六月又加封「廣祐明著天妃」。大德三年二月加「護國庇民」。天曆二年十月加「廣濟福惠」，賜廟額「靈慈」，遣使代祀。順帝至正十四年十月再加「輔聖護國」。《祭祀志》曰：南海女神靈惠夫人至元中以護海運有奇應，加封天妃神號，積至十字，廟曰「靈慈」。直沽、平江、周涇、泉、福、興化等處皆有廟。皇慶以來歲遣使齎香遍祭，金幡一合、銀一鋌，付平江官漕司及本府官用柔毛酒醴便服行事。

臣等謹按：天妃封號至天曆二年始加至十字，不應至元十五年已加十二字。又二十五年六月但稱加「南海明著天妃」爲「廣祐明著天妃」，即《祭祀志》亦曰神號積至十字，則十五字之封似止「明著」二字，無驟加十二字之理。史書沿誤無可是正，姑存以俟考。

英宗至治元年五月海漕糧至直沽，遣使祀海神天妃。三年二月糧至復祀之。順帝至元二年九月海運糧至，遣使致祭。

泰定帝泰定三年八月，作天妃宮於海津鎮。

成祖永樂三年正月建天妃廟於直沽，從平江伯陳瑄請也。七年封「護國庇民妙靈昭應弘仁普濟天妃」，賜廟額曰「弘仁普濟」。

（摘自嵇璜、曹仁虎等奉敕撰：《欽定續文獻通考》，見《欽定四庫全書》第 628 冊「史部 103・編年類」。）

注：天后作爲產生於民間的神祇，從宋代即開始得到傳播，歷經元、明、清各代，地位不斷提高，影響日益擴大，並逐步被納入到國家的祀典中。本文中具體介紹了這一過程。

第二章　檔案類的媽祖史料

　　由於歷朝檔案是中央和地方各級各類衙署在政務活動中形成的官文書，是以具體內容反映其形成機關或人物特定活動的歷史記錄，真實反映這些機關或人物的活動以及歷史事件的原貌，是本朝歷史的直接記錄。因此檔案中的媽祖史料數量雖然很少，但價值卻很高。

一、詔、誥、敕、諭類

（一）元　代

　　元史檔案中的媽祖史料，內容基本都是與漕運相關的。

1、元文宗敕撰天曆二年（1329）諭祭文

八月己丑朔日祭直沽廟文

　　國家以漕運為重事，海漕以神力為司命。今歲兩運，咸藉匡扶，江海無風濤之虞，朝野有盈寧之慶。帝用欽嘉，謹遣使者奉香，仰答靈貺，惟億萬年神永保之。（摘自：《天妃顯聖錄・歷朝褒封致祭詔誥》）

　　注：《天妃顯聖錄》係湄洲天妃廟住持僧照乘刊佈於明清鼎革之際，清朝康熙、雍正年間其徒普日、徒孫通峻重修。

2、元惠宗敕撰元統元年（1333）諭祭文

天妃廟代祀祝文

　　神久著靈，相我國家。嗣服雲初，漕事畢集。海波不揚，皆神之力。式

遵舜典，庸荅神庥。（直沽）（摘自宋褧《燕石集》卷十一，見《欽定四庫全書》第 1212 冊「集部 151・別集類」。）

　　注：宋褧（1294～1346），字顯夫，元大都宛平（今屬北京市）人。元泰定元年（1324）進士，授秘書監校書郎，改翰林編修。後元至元三年（1337）累官監察御史，出僉山南憲，改西臺都事，入爲翰林待制，遷國子司業，擢翰林直學士，兼經筵講官。卒，贈范陽郡侯，諡文清。著有《燕石集》。

（二）明　代

　　由皇帝出面加封天后神號的兩條記載，包括洪武朝明太祖和永樂朝明成祖的兩份詔書。

1、皇明太祖高皇帝洪武五年壬子（1372）正月敕撰，敕封昭孝純正孚濟感應聖妃詔

　　遣官賜祭，御祭文曰：奉天承運皇帝制曰：國家崇報神功、郊社旅望而外，非有護國庇民、豐功峻德者弗登春秋之典。明著天妃林氏，毓秀陰精，鍾英水德，在曆紀既聞禦災捍患之靈，於今時尚懋出險持危之績，有禆朝野，應享明禋。朕臨御以來，未及褒獎，茲特遣官賜詔，封爲「昭孝、純正、孚濟、感應聖妃」。其服斯徽命，宏佐休光，俾清宴式觀作睹之隆，康阜永著赫濯之賜。欽哉！

　　注：洪武五年（1372）正月，明太祖派遣行人楊載出使琉球，致送國書，通知即位建元。同年琉球國王察度派其弟泰期隨同中國使臣來華祝賀，並貢方物。

2、永樂七年（1409）明成祖敕撰：敕封護國庇民妙靈昭應弘仁普濟天妃詔

　　奉天承運，皇帝制曰：惟昭孝純正聖妃林氏，粹和靈惠，毓秀坤元，德配蒼穹，功參玄造。江海之大，惟神所司，祐國庇民，夙彰顯應。自朕臨御以來，屢遣使諸番及饋運糧餉，經涉水道，賴神之靈，保衛匡扶。飛飆翼送，神功導迎，倏忽感通，捷於影響。所以往來之際，悉得安康。神之功德，著在天壤。必有褒崇，以答靈貺。茲特加封「護國庇民妙靈昭應弘仁普濟天妃」。仍建廟於都城外，賜額曰「弘仁普濟天妃之宮」。爰遣人以牲禮庶羞致祭，惟神其鑒之！（摘自（清）照乘等編：《天妃顯聖錄・歷朝褒封致祭詔誥》，

臺灣銀行經濟研究室 1960 年鉛印本。）

　　注：明永樂年間繼續執行前朝的漕運政策，並將以海漕爲主，調整爲以河漕爲主，天妃繼續得以發揮「護漕」的職能。同時隨著中外海上交通的日益發達（主要體現在鄭和下西洋上），天妃的角色十分突出，因此明成祖特意加封天妃新的名號。

（三）清　代

1、清代皇帝御賜有關地方媽祖廟匾額

（1）惠濟祠位於圓明三園之一的綺春園西南隅，創建於清嘉慶十八年（1813），是嘉慶帝命兩江總督百齡親赴蘇北清江浦惠濟祠，將該祠殿宇及供奉的天后、惠濟龍神的封號和神像摹繪下來仿建的。

咸豐五年（1855）八月，咸豐帝寫掛惠濟祠殿內匾一面：

「安流錫祜」，寫掛惠濟祠殿內東邊前槅扇上向北匾一面。

（摘自中國第一歷史檔案館等合編：《清代媽祖檔案史料彙編》第 296 頁，北京：中國檔案出版社 2003 年 10 月第 1 版。以下版本同）

（2）咸豐五年（1855）八月二十四日造辦處匣裱作：

呈報接做惠濟祠御匾一面事

　　八月二十四日員外郎誠基懋勤殿太監張得喜交御筆匾一面「安流錫祜」，高二尺四寸、寬六尺三寸，傳旨惠濟祠殿內東邊前槅扇上向北用匾一面，三寸雙燈，草線錦邊在外，欽此。

油木作、匣裱作、銅鍰作呈稿。

（《清代媽祖檔案史料彙編》297 頁）

（3）同治四年（1865）五月初二曰：同治皇帝寫賜五口通商大臣崇厚請討天津天后等廟匾

　　「寰海鏡澂」，寫賜五口通商大臣崇厚請討天津大沽海口海神廟匾一面。

　　「贊順敷慈」，寫賜五口通商大臣崇厚請討天津大沽海口天后神位匾一面。

「功昭聖若」，寫賜五口通商大臣崇厚請討天津大沽海口風神廟匾一面。

（《清代媽祖檔案史料彙編》第 329 頁）

注：此件係錄自清同治四年（1865）御賜匾額存檔年冊。有關大沽口天后宮的情況，文獻中尚未有明確記載。崇厚請匾奏摺未見，故其事由不詳。

崇厚（1827～1893），完顏氏，字地山，滿洲鑲黃旗人。道光舉人，選知州。歷任三口通商大臣、署直隸總督，創辦天津機器局。

2、在皇家御園內建立媽祖神位，清代歷朝皇帝派官員前往致祭，清史檔案中都有很多相關的記載。

惠濟祠位於圓明三園之一的綺春園西南隅，創建於清嘉慶十八年（1813），是嘉慶帝命兩江總督百齡親赴蘇北清江浦惠濟祠，將該祠殿宇及供奉的天后、惠濟龍神的封號和神像摹繪下來仿建的。以後歷朝皇帝多次派官員赴圓明園惠濟祠、河神廟致祭。

嘉慶二十二年（1817）七月十一日：著自本年秋始每歲春秋派員於御園惠濟祠致祭事上諭

內閣奉上諭：江南清口建有惠濟祠，供奉天后神像，素彰靈應，曾於乾隆五十三年欽奉諭旨，頒發祭文令地方官於春秋二季虔誠致祭，列入祀典。朕前因廑念河防，不能親詣神祠籲祝，特於御園內仿照江南規制建立惠濟祠、河神廟二所，歲時升香展禮。自茲以後連歲普慶安瀾，仰庇靈庥，實深虔感。因思清漪園、靜明園兩處龍神廟均有春秋致祭典禮，御園惠濟祠、河神廟顯應尤昭，允宜特奉明禋，以光祀典。著於每歲春秋二季一體致祭，屆期奏派管理圓明園大臣一員肅恭將事，即自本年秋季為始，欽此。（中國第一歷史檔案館編：《嘉慶道光兩朝上諭檔》（二十二）第 61 頁，桂林：廣西師範大學出版社 2000 年 11 月第 1 版。以下版本同）

3、清代前期仍然沿襲前朝的政策，實行大規模的內河漕運，道光以後則改行海漕，漕糧由南方海運至天津。每次漕運順利完成之後，各地官員都紛紛請求皇帝為媽祖頒匾加封。

（1）道光六年（1826）六月十七日，道光帝：著因海運漕糧成功禮部照祭例擬加天后封號事上諭

道光六年六月十七日內閣奉上諭：陶澍奏海運默邀神祐，請加封號扁額

一摺，所奏甚是。本年試行海運，該撫陶澍恭詣寶山縣海口致祭風神、海神，並詣上海縣黃浦江岸虔禱天后廟。沙船正抵黑水大洋，疊遇風暴，危急時若有神助，並未損失一人。即有遭風斷桅，各船米石毫無漂失，利漕安瀾。覽奏實深欽感，著發去大藏香十炷交陶澍祗領，遣員詣各處神廟敬謹祀謝。天后之神迭彰靈應，我朝屢加封號，本年海運化險為平，顯應尤著。著禮部察例擬加封號，候朕酌定，以昭靈貺。海口風神廟、海神廟並發去御書扁額，交該撫敬謹懸掛，以答神庥，欽此。（中國第一歷史檔案館編：《嘉慶道光兩朝上諭檔》（三十一）第 197～198 頁）

　　注：初次海運顯示其高效率、低成本、安全系數高。道光帝「覽奏實深欽感」，為感謝天后全程護漕之功，「著發去大藏香十炷交陶澍祗領，遣員詣各處神廟敬謹祀謝」。

（2）道光二十八年（1848）六月初九日，著禮部擬加天后封號發去御賜匾額懸掛事上諭

　　內閣奉上諭：李星沅等奏連年海運米石均邀神祐，請加封號扁額一摺，上年商米捐米，本年蘇、松、太等屬漕白二米俱由海運，該撫陸建瀛於督辦之初即叩禱天后、風神、海神各廟，虔求祐助。嗣沙船先後放洋，順速抵津，並無一船松艙伐桅之事，利漕安瀾。覽奏實深欽感。著發去大藏香十柱交陸建瀛祗領，遣員分詣各處神廟敬謹祀謝。天后迭彰靈應，曾屢加封號，茲兩載恬瀾，顯應益著。著禮部察例擬加封號，候朕酌定，並發去御書扁額交該督等敬謹懸掛，以答神庥。其風神、海神，並著禮部一體擬加封號，以昭靈貺，欽此。（中國第一歷史檔案館編：《嘉慶道光兩朝上諭檔》（五十三）第 194 頁）

（3）道光六年八月二十一日，著因海運成功發交穆彰阿大藏香詣天津各處神廟祀謝上諭

　　內閣奉上諭：本年試行海運，沙船往返重洋，風帆順利，間遇風暴，皆得默邀神祐，毫無損失。前已降旨命江蘇巡撫陶澍遣員於黃浦江岸之天后宮，及海口之風神廟、海神廟敬申報謝。昨穆彰阿督收海運完竣，來京面奏天津海口亦祀有天后、風神、海神祠宇，屢彰靈應，俾沙船回帆妥速。禮宜一體致祭，以答神庥。著發交穆彰阿大藏香十炷，恭詣天津各處神廟虔誠祀謝。

其風神廟尚無匾額，並發去御書匾額，交該署漕督敬謹懸掛，欽此。（《嘉慶道光兩朝上諭檔》（三十一）第 272 頁）

注：據《清史稿・食貨志三》記載，清廷決定試行海運後，「上（指道光帝）乃命設海運總局於上海，並設局天津。覆命理藩院尚書穆彰阿合同倉場侍郎駐津驗收監兌，以杜經紀人需索留難諸弊」。故穆彰阿曾經奏請爲大沽海口的天后、風神、海神祠宇祀謝。

初次海運成功，爲感激天后護漕之功，道光帝特「著發交穆彰阿大藏香十炷，恭詣天津各處神廟虔誠祀謝」。

（4）咸豐五年（1855）十二月初九曰：著海運神祐禮部擬加天后封號頒發匾額事上諭

內閣奉上諭：邵燦奏海運獲邀神祐，請加封號並頒匾額一摺，本年江蘇海運沙船全數安抵天津，收兌迅速，此皆神靈默祐，朕心實深寅感允，宜崇加封號，以申虔敬，所有應加天后之神暨風神、海神封號，著禮部敬擬具奏並頒發御書匾額一方，交該漕督齋詣天后廟，敬謹懸掛，以答神庥。欽此。（中國第一歷史檔案館編：《咸豐同治兩朝上諭檔》（五）第 471〜472 頁，桂林：廣西師範大學出版社 1998 年 8 月第 1 版。以下版本同）

注：清廷自清道光六年（1826）開始正式實行以海運爲主。此前道光五年（1825）首先從江蘇的蘇南一帶試行海運，並順利到達天津。爲感激天后護漕之功，清廷頒發御書匾額一方，懸掛於天后宮中。

邵燦（？〜1862 年），字耀圃，號又村，浙江餘姚人，晚清大臣。邵燦於清道光十二年（1832）進士及第，授翰林院編修，任吏部左侍郎。清咸豐三年（1853）出任漕運總督，併兼署河道總督，後被委任爲浙江督辦團練大臣。清同治元年（1862）卒，諡文靖。

二、奏摺類

目前發現的奏摺類媽祖史料，主要集中在清代。

（一）請求皇帝御賜地方媽祖宮廟匾額

1、濟寧曾經是山東境內大運河運輸的重要樞紐。濟寧天后宮建於清乾隆三十一年（1766），清河道總督李清時建，位於濟寧運

河天井閘上。乾隆帝於當年三月為該廟御題匾額，並正式懸掛於五月。清史檔案中記載這一史實的完整過程。

乾隆三十二年（1767）五月初七日，河東河道總督李清時：為報告懸匾日期事奏摺

河東河道總督臣李清時謹奏為奏聞事。竊照濟寧城南舊有天后殿宇，規模不大，設像奉祀，靈應昭然。臣因廟宇傾頹，曾經略為修整。前於三月間在天津行宮面懇聖恩賞給匾額，以隆祀典，仰蒙皇上御書「靈昭恬順」四字頒賜懸掛。臣隨照式鉤摹製就匾額，送至天后廟內，擇吉於五月初七日懸掛正中。除將御書原本敬謹收藏外，所有懸匾日期理合繕摺奏聞，伏祈皇上聖鑒。謹奏。乾隆三十二年五月初七日。（硃批：知道了。）（《清代媽祖檔案史料彙編》第 94～95 頁）

2、惠濟祠位於圓明三園之一的綺春園西南隅，創建於清嘉慶十八年（1813）。

匣裱作呈報接做惠濟祠御匾一面事

咸豐五年（1855）八月二十四日（一八五五年十月四日）

咸豐五年清檔七月、八月、九月

八月二十四日員外郎誠基懋勤殿太監張得喜交御筆匾一面「安流錫祜」，高二尺四寸、寬六尺三寸，傳旨惠濟祠殿內東邊前楣扇上向北用匾一面，三寸雙燈，草線錦邊在外，欽此。

油木作、匣裱作、銅鍍作呈稿。

（《清代媽祖檔案史料彙編》297 頁）

3、同治四年八月初四日，造辦處油木作：呈報為御書天后廟匾額配做木箱飛送天津大沽口事

八月初四日委署催總瑞慶持來報單一件，內開油木作、燈裁作為具報題頭事。今為八月初三日由軍機處發下天津大沽海口海神、天后、風神廟匾額三方，交兵部加封，限由馬上飛遞至天津，交三口通商大臣崇祇領，配做木箱一件，黑氈馬皮包裹，棉花塞墊，發報記此。為此具報等因，呈明總管准行記此。

油木作、燈裁作呈稿。

（《清代媽祖檔案史料彙編》第 330 頁）

注：此件係從清同治四年（1865）《旨意題頭清檔（七、八、九月）》年冊中錄出。

檔案中介紹清同治四年（1865）皇帝賜天津天后廟等廟宇匾額，並由內務府造辦處製作匣盒，包裹御書匾額送達天津大沽口的過程。

4、丹東天后宮位於丹東元寶山麓，始建於清光緒二年（1876），清光緒間皇帝曾經御賜匾額，在清史檔案中有記載。

光緒八年（1882）十二月十五曰：戶部尚書崇綺為請賜天后封號頒給匾額事奏摺

奏爲神靈顯應，功德及民，據情籲請敕賜封號，頒給匾額，以重祀典而順輿情恭摺，仰祈聖鑒事：竊據鳳凰直隸廳同知屠立咸詳稱廳城東關向有關帝廟、龍神廟各一座，城內有城隍廟一座，敬奉年久，迭著靈應。同治年間大股馬賊肆擾，士民驚惶，即赴各廟祈禱，易危爲安。光緒六年隆冬無雪，農民待澤孔殷，卑廳率同紳耆步詣各廟虔禱，立沛祥霙。七年六月間大雨連綿，至七月初三日河水漲發，平地水深數尺，禾苗勢將就淹，卑廳率同僚佐復赴各廟祈禱，即於是日雨止，禾稼無傷。鄉民人等凡有所求，無不立應。闔廳紳耆追維靈貺，應請奏請頒給匾額，敕賜封號。又據安東縣知縣耆齡詳稱，卑縣元寶山於光緒四年捐建關帝廟、天后宮神祠，又於沙河江岸公建龍王、江神、海神各廟，時因初設縣治，壇廟未備，將城隍附入關帝廟內，均各靈迹顯著。四年夏間四旬無雨，麥苗枯槁，旱象已成，卑職率同紳耆人等赴各廟虔禱，即於五月十七、八日迭沛甘霖，田禾轉枯爲蘇。七月間大雨滂沱，江水汛漲，復詣各廟虔誠禱祝，立時晴霽。八年四月間田禾暢茂，忽生細蟲，非蝗非螟，專食苗心，人力難施。卑職率同紳民敬詣各廟，竭誠默禱，次日即降甘澍，蟲亦逐滅，不留餘孽，得保田禾。五月間各處多雨，縣屬地處下游，眾水奔入。六月初三沙河水漫過塘，卑職督同典史率眾防護，復詣各廟叩禱，即日晴和，瞬息之間，水退數尺，江水歸槽，雖附塘窪地間被水淹，而一過即涸，田禾無傷，咸稱實賴神靈默祐所致，理合具詳奏，請敕賜匾額、封號等情，由該管東邊道轉詳前來。奴才等查廟祀正神實能禦災捍患，有功德於民者，例准奏請，敕賜封號，頒給匾額。今鳳凰廳安東縣關帝、城隍各廟，值邊荒之甫闢，荷諸神之效靈，水旱、螫賊、災患悉除，時和年豐，群情感戴，洵屬有裨民生。核與崇德報功之義相符，合無籲懇天恩俯准於鳳

凰廳關帝、龍神、城隍，及安東縣關帝、天后、城隍、龍王、江神、海神各廟，頒賜匾額各一方，發給奴才等祗領，轉飭該廳縣，敬謹懸掛，以答神庥。並請敕加鳳凰廳城隍，暨安東縣龍王、江神、海神各封號，與天后一併列入祀典而順輿情，理合恭摺具陳，伏祈皇太后、皇上聖鑒，謹奏。光緒八年十二月十五日。（軍機大臣奉旨：另有旨，欽此。）（摘自中國第一歷史檔案館編：《光緒朝硃批奏摺》第二十七輯389～391頁，北京：中華書局1995年2月第1版。以下版本同）

　　注：文中記載清光緒八年（1882）戶部尚書崇綺，為奉天鳳凰直隸廳及安東縣（今丹東市）境內天后廟、關帝廟等廟宇，請賜封號匾額奏摺的起因、過程。

5、山海關天妃宮創建於明天順七年（1433）

　　有關清史檔案記載光緒十一年（1885）七月十八日：

油木作呈報為御書匾額配做木箱交直隸總督李鴻章祗領等事

　　光緒十一年七月十八日由軍機處發下山海關海神廟、天后宮匾額一方，交兵部遞交直隸總督李祗領，以上共配做杉木發報箱十件，黑氈馬皮包裹、棉花塞墊，發報記此，為此具報等因，呈明總管准行，記此。

油木作、燈裁作呈稿。

（《清代媽祖檔案史料彙編》第402～403頁）

　　注：此件從清光緒十一年（1885）《旨意題頭清檔》年冊中錄出。

　　本條雖然記載內務府油木作呈報為山海關海神廟和天后宮御書匾額配做木箱交直隸總督李鴻章一事，但海神廟、天后宮的具體名稱並未明確透露，李鴻章請匾奏摺和御賜上諭也均未發現。這一缺憾可在《清實錄》的有關記載中得到彌補，有助於我們瞭解整個歷史事件的完整過程。

6、光緒三十三年（1907）七月初一日：油木作呈報為天后廟匾額　　配做木箱交閩浙總督祗領等事

　　七月初一日又接收候補催長全順持來報單一件，內開油木作、燈裁作為具報題頭事。今為陸續由軍機處發下匾額一方，交陸軍部裝封盛匣，限由馬上飛遞至山東巡撫楊祗領。天后廟匾額一方署閩浙總督崇祗領。御書匾額一方交陸軍部限由馬上飛遞至蘇州省城，交江蘇巡撫陳祗領。共配做杉木發報

箱三件，俱黑氈馬皮包裹、棉花塞墊，爲此具報。

油木作永順、燈裁作

（《清代媽祖檔案史料彙編》第 411 頁）

注：本文介紹清宮內務府造辦處製作匣盒，包裹御書匾額送達山東、福建、浙江、江蘇各天后宮的情況。

（二）在皇家御園內建立媽祖神位，清代歷朝皇帝派官員前往致祭

惠濟祠位於圓明三園之一的綺春園西南隅，創建於清嘉慶十八年（1813），是嘉慶帝命兩江總督百齡親赴蘇北清江浦惠濟祠，將該祠殿宇及供奉的天后、惠濟龍神的封號和神像摹繪下來仿建的。以後歷朝皇帝多次派官員赴圓明園惠濟祠、河神廟致祭。

1、道光六年（1826）正月二十二日，禮部尚書穆克登額：為二月初四日祭惠濟祠天后事題本

禮部尚書管理太常寺事務臣穆克登額等謹題爲祭祀事。二月初四日祭惠濟祠天后，同日祭河神廟河神。此二祭應遣大臣一員行禮，爲此謹題請旨。（道光六年正月二十二日題，正月二十四奉旨：遣阿爾邦阿行禮。）（《清代媽祖檔案史料彙編》第 223 頁）

2、道光十一年（1831）正月二十七日，內閣抄錄禮部尚書耆英等：為春祭惠濟祠河神廟遣員事題本

禮部尚書管理太常寺事務臣宗室耆英等謹題爲祭祀事。二月初九日春祭惠濟祠天后，同日祭河神廟河神。此二祭應遣大臣一員致祭，謹題請旨。（道光十一年正月二十七日題，二十九日奉旨：遣阿爾邦阿行禮。）（《清代媽祖檔案史料彙編》第 238 頁）

注：耆英（1790～1858），滿族，愛新覺羅氏，字介春，滿洲正藍旗人，以廕生授宗人府主事，歷任副都統、侍郎、將軍等職。

3、道光十一年（1831）七月十八日，內閣抄錄禮部尚書耆英等：為秋祭惠濟祠河神廟遣員事題本

禮部尚書管理太常寺事務臣宗室耆英等謹題爲祭祀事。八月十三日祭惠濟祠天后，同日祭河神廟河神。此二祭應遣大臣一員行禮，謹題請旨。（道光

十一年七月十八日題，二十日奉旨：遣敬征行禮。）（《清代媽祖檔案史料彙編》第 244 頁）

　　注：本件爲内閣抄錄的副本，因係代表皇帝赴圓明園致祭，故須由禮部題奏。

4、道光十一年（1831）十二月十五日，内閣抄錄禮部尚書耆英等：爲來歲春祭惠濟祠河神廟遣員事題本

　　禮部尚書管理太常寺事務臣宗室耆英等謹題爲祭祀事。道光十二年二月初三日祭惠濟祠天后，同日祭河神廟河神。此二祭應遣大臣一員行禮，謹題請旨。（道光十一年十二月十五日題，十七日奉旨：遣克蒙額行禮。）（《清代媽祖檔案史料彙編》第 245 頁）

　　注：本件爲内閣抄錄的副本，因係代表皇帝赴圓明園致祭，故須由禮部題奏。

5、道光十六年（1836）正月二十四日，内閣抄錄禮部尚書禧恩：爲春祭惠濟祠河神廟遣員事題本

　　署禮部尚書管理太常寺事務臣宗室禧恩謹題爲祭祀事。二月初三日祭惠濟祠天后，同日祭河神廟河神。此二祭應遣大臣一員致祭，謹題請旨。（道光十六年正月二十四日題，二十六日奉旨：遣敬征行禮。）（《清代媽祖檔案史料彙編》第 246 頁）

　　注：本件爲内閣抄錄的副本。因係代表皇帝赴圓明園致祭，故須由禮部題奏。

　　禧恩（？～1852），字仲藩，清宗室，滿洲正藍旗人。歷官御前大臣，領侍衛大臣，理藩院及户、兵、禮各部尚書，協辦大學士。卒，諡文慶。

6、道光十八年（1838）正月二十六日，内閣抄錄禮部尚書奕紀等：爲春祭惠濟祠河神廟遣員事題本

　　禮部尚書管理太常寺事務臣宗室奕紀等謹題爲祭祀事。二月十四日春祭惠濟祠天后、河神廟河神，應遣大臣行禮，謹題請旨。（道光十八年正月二十六日題，二十八日奉旨：遣禧恩行禮。）（《清代媽祖檔案史料彙編》第 248 頁）

7、道光十八年七月三十日，內閣抄錄戶部尚書奕紀等：為秋祭惠濟祠河神廟遣員事題本

戶部尚書管理太常寺事務臣宗室奕紀等謹題為祭祀事。秋祭惠濟祠天后、河神廟河神，應遣大臣行禮，謹題請旨。（道光十八年七月三十日題，八月初二日奉旨：遣裕誠行禮。）（《清代媽祖檔案史料彙編》第253頁）

注：奕紀（1797～1864），愛新覺羅氏，清宗室。嘉慶二十一年（1816）封二等輔國將軍，道光十五年（1835）晉二等振國將軍，二十年（1840）緣事革退。

8、道光十九年（1839），內閣抄錄禮部尚書奎照：為春祭惠濟祠河神廟遣員事題本

禮部尚書管理太常寺事務臣奎照謹題為祭祀事。二月十四日春祭惠濟祠天后，同日祭河神廟河神，應遣大臣一員行禮，謹題請旨。（道光十九年　月　日題，本年正月三十日奉旨：遣阿靈阿行禮。）（《清代媽祖檔案史料彙編》第258頁）

道光十九年（1839），內閣抄錄禮部尚書奎照：為秋祭惠濟祠河神廟遣員事題本

禮部尚書管理太常寺事務臣奎照謹題為祭祀事。八月十七日秋祭惠濟祠天后，同日祭河神廟河神，應遣大臣一員行禮，謹題請旨。（道光十九年　月　日題，本年七月二十八日奉旨：遣裕誠行禮。）（《清代媽祖檔案史料彙編》第259頁）

注：以上兩件均為內閣抄錄的禮部為遣員致祭圓明園惠濟祠事題本。

奎照（1790～？），字朗山，號伯沖、玉庭，滿洲正白旗人。清嘉慶十九年（1814）進士。

9、道光二十八年七月三十日，內閣抄錄禮部尚書麟魁等：為秋祭惠濟祠河神廟遣員事題本

禮部尚書管理太常寺事務臣麟魁等謹題為祭祀事。八月十五日秋祭惠濟祠天后，同日祭河神廟河神，應遣大臣行禮，謹題請旨。（道光二十八年七月三十日題，八月初二日奉旨：遣柏葰行禮。）（《清代媽祖檔案史料彙編》第269頁）

注：麟魁（1791～1862）索綽羅氏，字梅谷，滿洲鑲白旗人。清道光六年（1826年）進士，選庶吉士，散館改刑部主事，遷中允。歷庶子、侍講學士、詹事、通政使、左副都御史。二十二年（1842）署山東巡撫。二十三年（1843）擢禮部尚書，管理太常寺、鴻臚寺。二十七年（1847）召授禮部侍郎，調刑部。二十八年（1848）復授禮部尚書，兼翰林院掌院學士。清咸豐二年（1852年）擢工部尚書。三年（1853）調禮部，充總管內務府大臣。五年（1855）遷刑部尚書。八年（1858）複調禮部。十年（1860）署右翼總兵，充巡防大臣，主管京師西城治安。十一年（1861）遷左都御史，兼正白旗蒙古都統，擢兵部尚書。清同治元年（1862年），拜協辦大學士。卒，諡文端。

（三）漕　運

清代前期仍然沿襲前朝的政策，實行大規模的內河漕運，道光以後則改行海漕，漕糧由南方海運至天津。每次漕運順利完成之後，各地官員都紛紛請求皇帝為天后頒匾加封。

1、道光六年（1826）六月五日，江蘇巡撫陶澍：為海運完竣請賜加天后封號匾額事奏摺

為海運默邀神祐化險為平恭懇天恩賜加封號匾額仰祈聖鑒事

竊照海運自南赴北，經歷重洋數千餘里，茫無畔岸，偶值風濤，人力難施。臣前於沙船初次開行時，恭詣寶山縣海口地方致祭風神、海神，並因上海縣黃浦江岸建有天后廟，歷著靈應，率屬虔誠齋禱，祈保平安。迨二月二十五、六、七等日，西北風暴大作，勢甚猛烈。三月初一、二、三等日，又起北風大暴，其時初運之米一百數十萬石業已開行出洋，臣亦回抵省城，目擊陸地狂颷揚沙折木，遙想海洋風浪，彌覺寢食難安，悚惕之餘，載申默禱。嗣據押運參將關天培稟報，沙船一千餘隻正抵黑水大洋，叠遭風暴，各船齊下太平筐篅，隨風漂淌，歷數日數夜。危急之頃，若有神助，及至收口，竟未損失一人，逮先後駛抵天津上園水次。查驗米石，惟蔣朱順、吳裕隆、徐茂順、彭永和、周升泰等五船因風松艙，拋去漕米十餘石、數十石不等，趙聯盛一船在廟島沈濕米六百餘石，通共損失糧米八百餘石，以到津米數計之不及千分之一。其餘彭巨隆、陳隆泰、張元庚、何恒新、閻聚泰、吳恒發、袁

慶發、張茂利等八船，業因遭風斫斷大桅，米石毫無漂失，只有錢元森一船尚未抵津，所裝僅止四百餘石。且春夏南風司令，北回須用折戧，本年夏令間有北風，是以來去各船均皆穩速分風劈流，不爽時日。計自初運以逮告竣，往返水程幾及萬里，在船耆柁水手不下二三萬人，現查到津各船並未傷損一名，尤爲向來未有之事。良由聖明在上，百靈效職，嘉生翊順，利漕安瀾，屬在臣民，同深感凜。伏查天后之神在元代至元年間，即以護衛海漕加封致祭，載在《元史》。我朝靈貺宣昭，迭蒙敕賜封號，本年海運化險爲平，顯應尤著，合無仰懇皇上天恩，賜加封號，以表麻嘉。其海口之風神廟、海神廟並懇御書匾額，頒發恭摹，一體懸掛，俾靈祐長昭，洋情允戴。據辦運委員李景嶧、許乃大等具詳前來，謹會同兩江總督臣琦善合詞恭摺附驛具奏，伏乞皇上聖鑒，謹奏。道光六年六月初五日。（硃批：所奏甚是，另有諭旨。）

（《清代媽祖檔案史料彙編》第 224～228 頁）

　　注：清廷自道光六年（1826）起恢復海上漕運，並一直延續至晚清。但關於清代天后衛漕的故事迄今所見不多，僅《湄洲嶼志略》中記載兩則，本文爲其中之一。

　　歷史上的漕運有河、海兩條路線。元朝是由河運改海運，明朝又由海運還歸河運。而清朝則是先河後海，即道光以前是效法前明，利用京杭大運河爲漕運幹線。京杭大運河對清代漕運雖然發揮了巨大作用，但因黃河經常泛濫，嚴重威脅運河航道的安全。於是清廷在清道光六年（1826）正式實行河漕改爲河海並舉，首先從江蘇的蘇、松、常、鎮、太倉四府一州試行海運，並於當年二月開航，並順利到達天津。行前，主持漕運事務的江蘇巡撫陶澍曾經親詣黃浦江天后宮「虔誠齋禱，祈得平安」。

2、穆彰阿：為奉旨妥辦祀謝天后事奏片

　　再，現奉上諭：「昨穆彰阿督收海運完峻，來京面奏天津海口祀有天后、風神、海神祠宇，屢彰靈應，俾沙船回帆妥速。著發交大藏香十炷恭詣天津各處神廟虔誠祀謝。風神廟向無匾額，著發去御書匾額交該署漕督敬謹懸掛，欽此」。臣穆彰阿祇領到津，遵旨虔詣各廟拈香祀謝，並詣風神廟恭懸御書匾額後即行趕赴前途督押各幫常官船南下，理合附片奏聞，伏乞聖鑒，謹奏。八月廿八日。（道光六年九月初二日奉殊批：知道了，欽此。）（《清代媽祖檔案史料彙編》第 236～237 頁）

注：此件屬軍機處錄副，故題頭加注：「穆彰阿等」。又因其是在別項奏摺上的附片，故無獨立題頸，謹以一「再」字領題。

穆彰阿（1782～1856），字子樸，號鶴舫，郭佳氏，滿洲鑲黃旗人。清嘉慶十年（1805）進士，歷官內務府大臣，工、戶、兵諸部侍郎、尚書、軍機大臣、翰林院掌院學士、文華殿大學士。屬鴉片戰爭中主和派代表人物，咸豐初被罷黜。

3、咸豐七年（1857）七月二十八日，閩浙總督王懿德：請頒御書匾額事奏摺

……。咸豐三年欽奉諭旨採辦米石運赴天津，惟自閩至津，逆流而上，必須南風司令，方可揚帆北駛，此次各幫米船放洋之日，均已將交秋令，風汛早已逾時，經該府等虔詣閩縣南臺馮巷天后宮及泗洲鋪水部尚書陳文龍廟竭誠齋禱，以期早應京需，果於米船放洋之後，即陡轉南風，俾各船一律抵津，倍形迅捷，往返極為穩度，人舡均獲平安。……。（《清代媽祖檔案史料彙編》第 310 頁）

注：海運的效率高，成本低，安全系數高，促使清廷終將海運列為長久之策。至清咸豐三年（1853），又將海運省份的範圍擴大到浙江和福建。

4、（光緒十二年（1886）八月初五日），油木作呈報：為御書匾額配做木箱交直隸總督李鴻章祗領等事

光緒十二年八月初五日發下天津大沽口天后宮、菩薩廟、海神廟匾額各一方，交兵部遞交直隸總督李祗領，以上共配做杉木發報箱七件，黑毯馬皮包裹、棉花塞墊，發報記此，為此具報等因，呈明總管准行，記此。

油木作、燈裁作呈稿。

（《清代媽祖檔案史料彙編》第 404 頁）

注：此件係從清光緒十二年（1886）《旨意題頭清檔》年冊中錄出。記載光緒十二年（1886）皇帝賜天津大沽口天后廟等廟宇匾額，並由內務府造辦處製作匣盒，包裹御書匾額送達天津大沽口這一史實，但事由和匾額的具體內容都沒有介紹。而《清實錄》中的相關記載則對這一問題作了明確的介紹，事由雖然未完全明確，但可以判定仍然與海漕直接相關。

（四）其 它

1、乾隆十二年（1747）七月初四日，奉天府尹蘇昌：為請酌均祭銀事題本

奉天府府尹仍兼佐領紀錄五次臣蘇昌謹題為請酌均祭銀以光祀典事。該臣看得奉錦二府屬額編各項祭銀，除永吉州已經奉旨裁改，其各項祭銀應聽寧古塔將軍查辦並復州、寧海二屬文廟尚未完竣。又啓聖祠祭典向例統於文廟祭銀內辦理，均毋庸置議外，查承德縣額編文廟祭銀三十兩；錦州府並遼陽等九州縣各額編文廟祭銀一十六兩。雖與承德略有多寡之殊，但承德為盛京畿輔首邑，與者多備物宜豐，與楚省之例相同，應照舊支銷。又查錦州府並承德等十二州縣各額編，關帝廟祭銀一十六兩，先農壇祭銀六兩，社稷等項祭銀一十二兩，三小祭無祀鬼神銀八兩。各項祭銀雖屬均平，但錦縣係附府首邑，除文廟、關帝廟、先農壇已經另立壇廟，應照舊支銷外，其社稷等壇祭銀一十二兩，三小祭無祀鬼神銀八兩，應照楚省之例裁汰統於府祭。又錦州府並遼陽等十一州縣各額編，霜降祭銀一兩，例應武職致祭，應照楚省之例裁汰。蓋平、錦縣二屬致祭天后宮銀六兩，與專祭之例相符，請照舊支銷。查忠孝、節義、鄉賢、名宦等祠，現在四祠俱全者，則有承德、遼陽二州縣；止建忠孝、節義二祠者，則有海城等七州縣，應如府承陳治滋所奏，添設祭銀、備辦祭品之用。臣查奉省原編各項祭銀短少，似不便照楚省之例通詳均派，應請在於地丁項下每年每祠添設春秋二祭銀四兩，則蒸嘗無缺，祀典劃一矣。臣未敢擅便，理合具題，伏祈皇上睿鑒，敕部議覆施行，謹題請旨。

（八月初八日奉旨：該部議奏。）

（《清代媽祖檔案史料彙編》第50～51頁）

注：文中介紹清乾隆年間，奉天一帶政府為文廟、關帝廟、天后廟等神靈配發祭銀的問題。此類記載較為少見，因此史料價值顯得更高。

2、乾隆五十二年（1787）十一月二十六日，軍機處：為發下御書天后宮匾額供器致福建官員知會

啓者：蒙發下御書天后廟匾對各二分、供器珠幡各二分，奉旨發交劉峨，自行派員齎送山東交與長麟，遞送江蘇閔鶚元，遞送浙江琅玕，接送福建交與徐嗣曾，將一分送天后本籍興化廟內安奉，其一分於廈門海口天后宮內敬

謹懸掛，以昭妥祐，欽此。專此佈聞。除將匾額、供器交順天府轉寄外大人遞行知會，各處遵照辦理，不必具摺覆奏，並候近祉。不備。

御書匾對一分：掐絲法瑯五供一分，掐絲法瑯八寶一分，漆挑杆座穿珠幡一對，各色香丁九匣，紫藏香九仔，黑藏香十仔。

御書匾對一分：掐絲法瑯五供一分，掐絲法瑯嵌玉八寶一分，漆挑杆座穿珠幡一對，各色香丁九匣，紫藏香九仔，黃藏香十仔。（中國第一歷史檔案編：《乾隆朝上諭檔》第79頁，北京：中國檔案出版社1998年出版）

注：文中介紹清乾隆間清廷爲江浙、山東及直隸沿海各天后宮，頒發匾額、祭器的情況，體現天后被列入國家祀典後所享有的地位。

第三章　地方史志類的媽祖史料

　　隨著時間的不斷延續，媽祖信仰的傳播範圍不斷擴大，環渤海一帶方志中的相關史料數量日漸增多，題材更加豐富。媽祖史料多記載於方志的古蹟、寺觀、會館、壇廟、祀典、建置、藝文等門目，一般稱爲娘娘廟、天妃祠、靈慈宮、天后宮、海神廟等。

　　內容主要可以分爲：一記述各地天后（妃）宮、娘娘廟（宮）、天妃小姐廟（小姐廟）、海神廟的數量、分佈地點、創建與重修時間、殿宇結構、住持僧道等。二介紹媽祖的身世，以及宋元明清歷代朝廷賜予她的封褒。三各地媽祖宮廟供奉的神祇情況。其中既有庇護航行的媽祖、龍王，也有保祐平安、招財進寶的財神和土地等，顯示出媽祖信仰的兼容與多元特色。四讚頌媽祖的地位和功績的詩文及創修天后宮的碑記等。本書將方志中詩文類和碑記類的內容，分別集中於碑記類和詩文類的媽祖史料兩個章節之中進行介紹。

　　通過歷代地方志中的媽祖文獻數量統計，可以看出媽祖信仰在環渤海一帶的傳播途徑和變異情況。

第一節　地方志類的媽祖史料

一、天津市方志的媽祖史料

　　天津北依京城，東瀕渤海，自古成爲舟車交匯的水陸交通樞紐。元代曾經實行大規模的漕運，漕糧運自東南沿海，海上形勢險惡難測。在這種形勢下，媽祖信仰自然會沿著漕運路線向北遷移，這樣就形成了天津地區媽祖信仰沿海河、北運河傳播的格局。天妃宮廟存在的地點不是漕運樞紐，則爲屯兵要地，

即漕運的節點上。如東門外小直沽和大直沽瀕臨海河，都是當時最重要漕運樞紐之一，漕民進出頻繁，因此元朝政府在那裏創建兩座天后宮。在海河兩側分佈的其他天后宮始建的具體時間雖然無考，但其宮址也都是位於漕運的節點上。雖然如陳家溝、賀家口、葛沽等地由於河流改道等原因，今天離河道已有一段距離，其中鹹水沽因 1913 年海河裁彎取直，北距海河已有四公里之遙。但天津一帶各天后（妃）宮的建立，無疑都與漕運有一定的關係。

1、穆彰阿、潘錫恩等纂修：（嘉慶）《重修大清一統志》，民國二十三年（1934）刊印本。

卷二十四「天津府二・祠廟」：

天妃宮在天津縣東門外小直沽，元泰定三年八月，作天妃宮於海津鎮，即此。本朝乾隆四十九年修，嘉慶七年重修。十三年仁宗睿皇帝巡幸天津，御書額曰「垂祐瀛壖」。

注：文中記載天津天后宮（西廟）的位置、創建、重修，及嘉慶帝御賜匾額的情況。

2、李鴻章等修，黃彭年等纂：（同治）《畿輔通志》，清光緒十年（1884）刻本。

卷七十一「輿地略・風俗」：

三月二十三日，天后誕辰，預演百會，俗呼為「皇會」。十六日日「送駕」，十八日「接駕」，二十、二十二兩日輦駕出巡。先之以雜劇，填塞街巷，連霄達旦，遊人如狂，極太平之景象。《續天津縣志》：國朝沈峻《津門迎神歌》（略）

注：文中引用（同治）《續天津縣志》中的記載，介紹天津皇會的相關情況。

3、王樹枬、張國淦等纂修：（民國）《河北通志稿》，民國二十四年（1935）鉛印本。

卷二十「古蹟篇・寺觀表中」：

名　目	年　代	所　在　地	備　　考
天妃宮	元至元	天津直沽西岸	元泰定間被火重修，俗稱為「西廟」，今名「天后宮」，有元危素碑記。
靈慈宮	元至元	天津大直沽東岸	元時俗稱為「東廟」，今廢。

　　注：本表中簡要記載民國間天后宮（西廟）和天靈慈宮（東廟）的時間、地址及存廢狀況。

4、李梅賓、程鳳文修，吳廷華、汪沆纂：（乾隆）《天津府志》，清乾隆四年（1739）刻本。

　　卷十「壇遺志附寺觀」：

　　天津府：

　　城隍廟，一在城內西北，明永樂四年建，成化十九年重修（各州邑祀同）。一在海口盧家嘴，國朝雍正七年水師營都統拉錫奏建。

　　大佛寺，一在東門外河東，明崇禎二年重建；一在大沽水師營，國朝雍正七年水師營都統拉錫奏建。

　　注：清代天津有兩座軍營內的天后宮。文中所記載的水師營成立於清雍正四年（1726），由一名都統率 2000 名士兵駐紮在盧家嘴。清乾隆八年（1743）增設副都統一名，次年又增兵 1000 名，清乾隆三十二年（1767）撤銷建制。水師營駐地時稱海口陸家嘴，但所謂的海口並不在渤海灣西岸，而是在三岔河口。因為當時海河較寬，又直通大海，故以此稱之。在清同治九年（1870）纂修的《重修天津府志》所載的《新城圖》和《郭圖一》上，可以直接找到水師營在三岔河口的準確位置，即在望海樓及天主教堂的東側。

　　大沽營建於清雍正五年（1727），水師營都統公署在盧嘴新城，新城位於葛沽以南。大沽營初設本標左、右二營。大沽營游擊公署位於大沽，守備公署位於葛沽。清咸豐八年（1858）增設六營駐新城，轄本標六營及葛沽、祁口二營。清同治十一年（1872），大沽營設副將一人，公署位於新城，即水師都統舊署址。

　　天津縣：

　　天后宮在東門外，元朝建，明永樂元年重建，正德十年參將楊節重修，禮部簡付道士邵振祖領道藏經一部，春秋二祭。

　　注：《道藏》是道教經典的總集。明代《正統道藏》則是現存最早，也是唯一的一部官修《道藏》，共有 5305 卷，校訂刊印於明代正統十年（1445）。本來《正統道藏》頒之天下，藏於各名山道觀。明初天津設衛以後，道教空前發展，明代始建、重建的道教廟宇達三十餘座。在眾多的道教廟宇中，獨

獨選中東門外天后宮作爲《道藏》的藏書地，可見這座天后宮在津門道教廟宇中的重要地位，亦可窺見其在中國道教廟宇中的影響。

對於天后宮的祭廟祭神活動，從元代就已經開始。本志書纂修於清乾隆四年（1739）。文中記載天后宮當時已經實行春秋二祭。農曆二、八月由官府出面，舉行隆重的祭廟祭神活動。

卷十二「田賦志」：

天津縣

水司（師）營天后神祠祭祀銀 40 兩。

本縣天后神祠祭祀銀四十兩。

注：結合卷 10 中關於水師營城隍廟和本文中開列官府在水師營天后祠祭祀銀的記載，我們可以確定水師營裏曾經存在過祭祀天后之所——城隍廟。同時 40 兩祭銀爲官銀，無需住持「叩化」，由國家出資，對天后娘娘進行隆重的祭祀活動，顯示出天津天后宮濃重的「官廟」色彩。後來隨著水師營的裁撤，水師營城隍廟存世 41 年，即完成自己護衛海疆的歷史使命。

卷四十「雜記志」：

直沽設廣通倉（《元史・百官志》）

世祖定都於燕，合四方萬國之眾，仰食於燕。以中吳水所聚也，故建漕府，萬艘如雲，畢集海濱之劉家港。於是省臣、漕臣齋戒卜吉於天妃靈慈宮，卜既協吉，仍率其屬金鼓以統漕，建纛置牙，莫敢後。先每歲春夏運糧，再將抵直沽，即分都漕運官出，接運中書省。復遣才幹重臣，從至海壖交卸，石以數百萬計而較計。至於合勺顆粒，畸不得□，盈不得溢，是亦難矣。（貢師泰《玩齋集》）

注：元朝開始實行大規模的漕運，直沽（天津）地處漕運路線之要衝，大量的江南糧米，在通過直沽（天津）中轉運抵大都（北京）。元朝政府爲了配合大規模漕運活動的需要，特意選擇在直沽（天津）修建天妃宮，成爲祭祀天妃之場所。元政府每歲漕運開始，漕運官都到天妃宮祈禱平安。天妃宮的建立，成爲當時舟商、漁民、船工聚集和活動的地方，宮廟朝拜活動和廟會吸引著四面八方的朝拜者和客商，當地的商貿活動也迅速開展起來，因而促進了直沽（天津）港口的繁榮與發展。

5、沈家本、榮銓修，徐宗亮、蔡啟盛纂：（光緒）《重修天津府志》，清光緒二十一年（1895）修　二十五年（1899）刻本。

卷二十六「風俗」：

三月二十三日天后誕辰，預演百會，俗呼爲「皇會」。十六日日送駕，十八日日接駕，二十、二十二兩日日輦駕出巡，先之以雜劇，塡塞街巷，連霄達旦，遊人加狂，極太平之景象。（《縣志》）

天津皇會之盛，致遠近闐傳，數百里內乘船來者鱗集河下，滋事百端，官府嘗出示預禁，以故大會數年以出，即每年從簡舉行，商民集費，男女肆遊，亦屬漫無禁制。又四月城隍會，雖較皇會稍殺，所費亦屬不貲。

注：「皇會」曾經是在天津自發形成的眾多娛神活動中的一種。起初叫「娘娘會」，是舊時天津民間爲慶祝天后誕辰而舉辦的祭祀慶祝活動，傳說曾因受到康熙和乾隆兩位皇帝的封賞，而改名爲「皇會」，並一直流傳至今。文中詳述每年媽祖誕辰期間，天津舉辦皇會的盛況。「皇會」作爲天津媽祖信仰傳播中重要的民俗活動，曾經發揮過重要的作用。

卷二十七「經政一・田賦（旗租附）」：

光緒二十一年：天津府：大沽營天后神祠祭祀銀四十兩；海神廟祭祀銀十四兩八錢。天津縣：天后神祠祭祀銀四十兩。

注：文中所載清代光緒年間天津府和所屬天津縣境內，天后宮祭祀祀銀的數量十分翔實，對於研究當地媽祖信仰的傳播，具有重要的參考價值。同時說明由官方出面在天后宮舉行的祭廟祀神活動，此時仍然在進行之中。

另結合（乾隆）《天津府志》以及本文中的記載來看，大沽營中的大佛寺同樣應該爲祭祀天后之所，而如同水師營裏的城隍廟一樣，大佛寺的祭祀用銀同樣爲官銀，其地位十分重要。

卷三十四「經政八・祀典」：

天后宮：一在東門外，元朝建，明永樂元年重建，正德十年參將楊節重修，禮部箚付道士邵振祖領道經一部，春秋二祭（前志按正德，縣志作「正統」）。國朝嘉慶間賜額曰「垂祐瀛壖」，同治間賜額曰「贊順敷慈」（縣志）；一在陳家溝，一在丁字沽，一在鹹水沽，一在賀家口，一在葛沽，一在泥沽，一在東沽，一在前辛莊，一在後尖山，一在秦家莊，一在城西如意庵南，一

在大直沽。(俱同上。按此廟元代建,天曆間賜額,至正間官重修,有危素碑記,文載「金石」)

注:文中詳細介紹天津各天后宮在元明清時期創建、重修,清代嘉慶、同治間朝廷賜額的情況,以及介紹天津縣各天后宮廟的數量和分佈情況。如今除了天津天后宮外,其它絕大多數都已不存,因此這些記載對於媽祖信仰在環渤海地區傳播的研究,具有重要的意義。

實際上除了以上文中反映的十六座天后宮外,根據如今相關記載和學者的考察,如今已屬天津市的轄區內曾經有各類天后宮達27座之多。

卷三十八「藝文二‧金石」:

天津縣:

大直沽去今城東十里許,廢寺中,有至元間危素所撰碑(明胡文璧與倫彥式書)。按:碑文危素撰,見《天津縣志》。敘至正十一年,萬戶逯魯曾督海運,舟幾覆,呼天妃獲安,因奏請發帑修建天妃廟始末。其題首云:《河東大直沽天妃宮碑記》。(新通志)

注:文中主要介紹元代創建直沽(天津)天妃靈慈宮的情況。

6、薛柱斗修,高必大纂:(康熙)《天津衛志》,清康熙十四年(1675)抄本。

卷三「寺觀宮廟」:

天妃宮:在本衛城東河邊,元朝建,明永樂元年重建。正統十年參將楊節重修,禮部箚付道士邵振祖領道藏一部。

靈慈宮:在河東大直沽,去城十里,元至正年建。

注:天津海河兩岸各有一座天妃廟:一在海河東岸大直沽,俗稱「東廟;」一在海河西岸小直沽,俗稱「西廟」。文中詳細記載了兩座天妃廟坐落的地點,以及歷朝始建和重修情況。據危素《河東大直沽天妃宮舊碑》中介紹,元代尊崇佛教,因此天妃宮在元代多由僧人住持。因此明代正統以後,天妃宮已經改由道士住持,說明媽祖信仰在明代曾經受到道教深刻的改造。

天妃(后)宮創建於元泰定三年(1326)八月,明永樂元年(1403)重建。正統十年(1445)參將楊節重修,禮部付道士邵振頤《道藏》一部。萬曆三十年(1602)復重建。嗣後,清順治十七年(1660)、康熙十三年(1674)、

乾隆十四年（1749）、乾隆四十五年（1780）、乾隆四十九年（1784）、道光二十七年（1847）、同治五年（1866）、光緒二十一年（1895）、光緒三十年（1904）數度重修和擴建。又於民國十二年（1923）、民國二十四年（1935）、民國二十七年（1938）先後重修。一九四九年後，進行過局部加固與維修。「文革」期間天后宮遭到嚴重破壞，一九八五年進行大修，宮殿坐東朝西，面對海河。整個天后宮建築群有戲樓、幡杆、山門、牌坊、前殿、正殿、鳳尾殿、藏經殿、後殿，以及分列南北的鐘鼓樓、配殿、碑廊和張仙閣諸建築組成。

卷四「藝文上」：

求志舊書（天津整飭副使胡文璧）

……元統四海，東南貢賦集劉家港，由海道上直沽，達燕都，舟車攸會，聚落始繁，有宮觀，有接運廳，有臨清萬戶府，皆在大直沽。去今城東十里許，廢寺中有至元間碑，柳貫、貢師道、危素所撰，頗載其概。沿直沽而北為丁字沽，取水形象丁字也。又北為倉上，為南倉，為北倉。元朝儲集之地，時移物換，舊名仍存。明永樂初，始賜今名，建三衛。宣德中，建戶部分司。正統中，建衛學。弘治中，建按察司。……

注：元朝中央政府實行大規模的漕運活動，天后直接落戶天津，帶動直沽（天津）政治、經濟地位的日益提高，開啟天津古代城市化的進程。明代自永樂朝開始在天津設衛建城，陸續設立各種管理機構，天津古代城市化的進程進一步加快。

大直沽作為海運碼頭，借元朝政府推行海運之際，建起海船到達和返航時酬神的天妃靈慈宮，設立負責轉漕的辦公機構接運廳和臨清萬戶府。為管理繁雜的漕運事宜，元政府分別於至元二十年（1283）和二十五年（1288），設置海道運糧萬戶府和漕運使司。前者專管海上運輸，後者專管內地水陸運輸，接運海運糧斛及各倉收支。海漕糧船上有萬戶府的官吏押送，待到直沽交卸，漕運使司委官前往查驗接收，名為接運。接收漕糧後，再由漕運使司負責運往各倉存儲。接受之際，中書省都將派員前往督導、監察，以防舞弊，有時還派遣軍隊協防。而三岔河口一帶則具有河海交通的區位優勢。其時，為存儲轉輸的漕糧，在軍糧城設直沽海運米倉，在南倉、北倉設廣通倉，楊村碼頭也為卸糧處。偌大的卸存糧範圍，均為漕運使司職權所轄之地，足見大直沽的繁忙與發達，大直沽作為這一地區政治、經濟中心地位是十分突出的。

7、朱奎揚、張志奇修，吳廷華等纂：（乾隆）《天津縣志》，清乾隆四年（1739）刻本。

卷八「學校志附壇廟寺觀」：

天后宮：在東門外，元朝建，明永樂元年重建。正統十年，參將楊節重修，禮部箚付道士邵振祖領道藏一部，春秋二祭。

（按：宋宣和中遣使高麗，中流遭風，賴神以免。使者歸上其事於朝，詔立祠。迨後神蹟顯赫，海內遍祀之。又按元史泰定帝本紀，泰定三年八月作天妃宮於海津鎮，此則天津立廟之始也。舊衛志僅云元建，不詳年月，特補錄之。）

注：文中介紹天津天后宮（西廟）的位置、創建和重修的時間。關於東、西兩座廟創建的確切時間，學術界一直存在爭議，本文只是代表了其中的一種觀點。

卷二十二「藝文」：

（1）直沽謠　（元）臧夢解

（略）

注：本詩同載於梅成棟輯：《津門詩抄》卷二十五，見第六章「詩詞類的媽祖史料」。

（2）直沽　（元）王懋德

（略）

注：見第六章「詩詞類的媽祖史料」。

（3）直沽口　（元）傅若金

（略）

注：本詩同載於梅成棟輯：《津門詩抄》卷二十五，見第六章「詩詞類的媽祖史料」。

（4）代祀天妃廟　（元）張翥

（略）

注：這首詩同載於（乾隆）《寶坻縣志》卷十八「藝文志」中，見第六章「詩詞類的媽祖史料」。

卷二十三「藝文」：

天后宮　于廷獻

（略）

注：見第六章「詩詞類的媽祖史料」。

8、吳惠元修，蔣玉虹、俞樾纂：（同治）《續天津縣志》，民國十七年（1928）補刻本。

卷首「天章」：

仁宗睿皇帝御製額聯

御製天后宮額：「垂祐瀛壖」。

注：嘉慶皇帝題寫《天津天后宮匾額》的時間不明，而據《嘉慶重修一統志》卷二十四：「（嘉慶）十三年，仁宗睿皇帝巡幸天津，御書額曰『垂祐瀛壖』」。（見穆彰阿、潘錫恩等纂修：（嘉慶）《重修大清一統志》卷二十四「天津府二·祠廟」，民國二十三年（1934）刊印本）

今皇帝御製額

御製天后宮額：「贊順敷慈」。

注：文中同治皇帝所題《天津天后宮匾額》時間不明，據《清代媽祖檔案史料彙編》記載，該匾文應題於清同治四年（1865）。

卷三「城池附渡口」：

天后宮義渡，楚雄府知府李錦施設。

注：天后宮一帶的海河沿線曾經是天津城市的交通要道，故曾經在此設立渡口。

卷四「學校附祠廟」：

天后宮十六，東門外，元建，明永樂元年重修，仁宗睿皇帝御製額聯，今皇帝御製額恭紀《天章》。陳家溝，丁字沽，鹹水沽，賀家口，葛沽，泥沽，東沽，前辛莊，後尖山，秦家莊，城西馬莊，河東唐家口，蘆北口。城西如意庵南名「天后行宮」，大直沽。

注：文中簡要介紹清代天津縣境內以天后宮爲代表，共16座媽祖廟的具體位置。更準確地說，說除當時這16座天后宮外，尚有閩粵會館和千福寺兩

座天后行宮。雖然這些媽祖廟絕大多數已經不復存在，但對研究歷史上媽祖信仰在天津的傳播情況，則具有重要的參考價值。

卷八「風俗附歲時」：

三月二十三日天后誕辰，預演百會，俗呼爲「皇會」。十六日日「送駕」，十八日「接駕」，二十、二十二兩日輦駕出巡。先之以雜劇，填塞街巷，連霄達旦，遊人如狂，極太平之景象。

注：「皇會」曾經是在天津自發形成的眾多娛神活動中的一種。起初叫「娘娘會」，是舊時天津民間爲慶祝天后誕辰，而舉辦的祭祀慶祝活動，據傳曾因受到康熙和乾隆兩位皇帝的封賞，而改名爲「皇會」，並一直流傳至今。

卷十九「藝文四」：

津門迎神歌　沈峻

（略）

注：本詩同載於張燾的《津門雜記》卷中。詩中對於皇會場面的描繪，可與楊一昆《皇會論》互參。見第六章「詩詞類的媽祖史料」。

津門雜詠　王韜徽

（略）

注：本詩同載於張燾的《津門雜記》卷中，見第六章「詩詞類的媽祖史料」。

津門雜事　汪沆

（略）

注：本詩見第六章「詩詞類的媽祖史料」。

9、高淩雯纂修：（民國）《天津縣新志》，民國二十年（1931）金鉞刻本。

卷二十五「舊迹附寺觀」：

天妃宮，一在大直沽東岸，一在直沽西岸，皆元建，史云：「泰定三年作天妃宮於海津鎮」，即在直沽者也。其在大直沽者至元年建，泰定間被火重修，時稱東、西廟。每歲海運駛至海濱劉家港，省臣、漕臣齋戒卜吉於天

妃靈慈宮，謂東廟也。其後東廟廢而西廟存，加封「天后聖母」，列入祀典，今名天后宮。

注：文中簡要介紹天津天妃宮（東廟）和天后宮（西廟）兩座媽祖廟在元代創建，及發展變化的情況。關於東、西兩座廟創建的確切時間，一直存在爭議，本文僅代表其中的一種觀點。

10、宋蘊璞纂修：（民國）《天津志略》，民國二十年（1931）北京蘊興商行鉛印本。

第一編 第十章 名勝古蹟 第四節 寺廟

天后宮，俗稱娘娘宮，在東門外，元泰定三年作天妃宮於海津鎮，蓋天津有廟之始也，明永樂元年重修，今香煙之盛，爲諸廟之冠，每逢初一、十五二日進香塞途，舊曆元日各娼妓禱祝於此，粉紅黛綠，滿院光輝。

第十一章 禮俗 第四節 歲時俗尚

三月二十三日爲天后誕辰，天后宮進香者甚多。

注：文中簡要介紹天津天后宮（西廟）在元、明兩代創建和重修的情況，那裏香火旺盛，居天津各宮廟之首，每年農曆正月初一、十五間和天后聖誕日，當地媽祖信徒都要到宮裏進香，因此場面十分壯觀。

11、黃掌綸纂修：（嘉慶）《長蘆鹽法志》，嘉慶十年（1805）刻本。

卷三「天章一」：

天后宮，在天津東門外小直沽，元泰定三年八月作天妃宮於海津鎮，即此。歷前明屢加修葺，國朝敕賜天后宮，加封天后聖母，神爽式著，載在祀典，最爲一方護祐。

凡海舶之遇風險者，禱尤響應，每歲三月神誕期，城市鄉陬皆詣廟迎賽。幡□節仗、□舞笙歌遍街衢，遮道里以答神庥，老弱歡□，必誠必敬，乾隆四十九年（1784）天津運同孟淦護送。

巡幸御舟河流淺阻，禱於神，舟行遂利，乃捐俸重修廟宇，撰文樹碑。嘉慶六年（1801）六月，永定河決，天津爲眾水彙注之區，立秋先海不納流，水勢洶湧日增，橫溢漂沒，文武員弁暨闔邑士庶詣廟虔禱，忽一晝夜，各處泛濫之水頓消落二尺許，以次順流而納軌。居民奠定，咸驚喜以爲海之先期

納水，實從來所未有。天后庇庥之力靈且速如此，鹽臣那蘇圖具奏，奉旨頒發藏香祀謝，眾商重修殿宇。

注：文中簡要介紹天津天后宮在元、明、清三代創建和重修，以及在清代被朝廷加封「天后聖母」稱號的情況。每年農曆三月二十三（即天后誕辰日）期間，天津的媽祖信徒都要到宮前舉辦隆重的賽會，呈現歌舞昇平，一派繁榮的景象。

12、（日）中國駐屯軍司令部編，侯振彤譯：《天津市史志叢刊》（一）（原名《天津志》）「二十世紀初的天津概況」」，日本明治四十二年九月（清宣統元年，1909）印行，天津地方史志編修委員會總編輯室出版，1986 年 4 月印。

在本書中，日本人如實狀寫天后宮大殿、道士及天后宮風俗的狀況，既有對大殿污穢和道士無知的厭惡，也有對結婚拜娘娘的白描，進而把清末天后宮每況愈下的情景，作為情報提供給那些企圖魚肉天津的侵略者。如：

第 118 頁第七章「宗教」「第二節　佛教及道教」介紹天后宮的宗教屬性，說：「道教，也叫做老子教。這種教成了迷信的根源。像宮北的天后宮、河北的三大爺廟，是最迷信的府廟」。

第 119 頁至 120 頁第七章「宗教」「第三節　神體、神像」介紹天后宮時，說：

「分不清宗教是什麼的迷信界，他們禮拜的神佛，種類非常之多，這些神佛雜然地排列於空壇之上，禮拜時絲毫不感到害怕」。「平時主要禮拜的神體、佛像的稱呼，大略如下：

……。娘娘神：守護少年男女之生死及天花。三月十五日為娘娘神的誕辰，所以稱為娘娘會，捧供物祈求小兒的長命。五月二日稱為眼光娘娘會，祈求眼睛無病。十二月八日稱為跳牆留髮式，缺少男孩的父母祈求其子的成長，將長有髮辮及未婚的當年九歲（過了九歲的話，則以十二歲）的小兒，從早晨集中在娘娘廟，設板牆使之越過，即刻剃去髮辮。

「中國人一般有珍重子女之風，隨之而來的是信仰娘娘神的很多。這是因為父母有賴於子女，以期老年的幸福。」

注：天后娘娘本是海神，祈求她保祐出海平安是順理成章之事。可是昔日百姓生活中的苦難與煩惱是多種多樣的，單單祈求一位令人景仰的海神，

似乎仍舊滿足不了他們的精神和心理需求，他們需要尋求精神寄託的專業神。而繁衍子嗣，接續香火，求醫問藥，治療疾病（尤其是天花），是百姓最爲關心的熱點問題。爲此，天后宮道士針對百姓的這種心理、願望和要求，遂將各司其職、不同身份的幾位娘娘請到宮內天后娘娘的身旁來，供香客朝拜。也就是說這些娘娘都是天后娘娘的分靈，是從天后娘娘那裏派生出來的。

天后娘娘昔日在天津民間威望頗高，是一位多功能神。不僅能護航、助戰、驅魔，而且能夠袪病、保護子嗣，甚至能夠拓及婚姻。

> 「一般結婚的方法，是拜見娘娘神，由女子的雙親將婚禮帖交
> 給男子的雙親，此時貧窮的女子雙親從男子一方領取數十弔的錢
> 糧。據說，年少夫婦大多直至結婚還不知此事」。

注：文中的記載表明，天津人曾有過訂婚拜娘娘的習俗。訂婚拜娘娘的習俗，應該與天后娘娘掌管生育，又多行善舉、常成人之美有關。

該志在第 130 頁至 131 頁「附祭壇寺觀」中，介紹天津的廟宇，其中有關天后宮的內容爲：

> 「天后宮的地址在東門外宮北，爲元朝所建。明永樂元年（1403
> 年）重建。正統十年（1445）參將揭（應爲「楊」，筆者注）節重修之。
> 據史書記載，宋朝宣和年間（宋宣和元年爲公元 1119 年）派遣使
> 者赴高麗，途中偶遇風暴，向神祈禱，才得免於難。歸來後上奏朝
> 廷，詔建神祠。以後神續顯赫，海內普遍祭祀之。另外，元朝《泰
> 定帝本紀》記載，泰定三年（1326 年）八月在海津鎮建立天妃宮，
> 這是天津建廟之始。

表門有「敕建天后宮」匾額，裏面有「靈護萬方」匾額。門前有一個戲臺。進入門內，進而有牌坊形狀之門，上懸「百穀朝宗」之匾額。

第二道門的前面有「三津福主」之匾額。進入第三道門，左方有火帝，右方有龍神、藥神三殿。正殿懸有「護國保民」的匾額，安放叫做天后聖母的女神體。現在主要是做爲婦女、兒童的保護神。每年在正月初日、九日、十二日等舉行大祭。天后聖母還保護海上船舶的安全。在正殿內奉獻船隻模型的不少。殿內排列有三十多個神體。並在殿內外懸有數十個匾額。舉其重要者有「贊順敷慈」，爲嘉慶手書；其他最近的有盛宣懷等書寫的「河海之慈」、「至哉坤元」、「寰海鏡浦」等等。

　　注：天后信仰始自北宋，天妃宮的出現同樣是自北宋。而天津作爲中國北方的水陸交通樞紐，在元代即開始實行大規模的漕運活動，那裏的天妃宮隨之創建於元泰定三年（1326）。伴隨著天后由人及神地位的不斷提高，其職能也有單一「護航」的海神，以其民眾的信賴和官方的推崇，轉變爲天津城多功能的地方保護神。天后宮內懸掛的「靈護萬方」、「護國保民」等各種牌匾，即是絕好的明證。

　　當兒女發生天花病或其他各種疾病之時，在殿內購買由黃紙及金紙等製作的冠、衣帶、靴、帽子、褲等各種模型物品，放入殿內甕中燒化，以祈求疾病早日痊癒。此時，道士在旁打大鼓及撞梵鐘。按照神的靈告進行服藥。

　　注：「謝奶奶」是天津民間爲酬謝天后娘娘保祐而舉行的一種特有的民俗活動。「奶奶」指天后和其他各位娘娘。它以「紮綵」爲主要內容，是香客還願、酬神的方式之一，在當地曾經成爲一種時尚。從前，由於沒有種牛痘的方法，小孩子得了天花，極易夭折。做家長的，爲了保住後代的生命，除了請大夫治療，就是到天后宮來燒香祈禱。他們到各位娘娘神像前許願，等到孩子平安脫險，必來酬神還願。小孩子出天花後，平安無事，要「謝奶奶」。後來種牛痘了，掉痂後也要「謝奶奶」，有的在家舉行，有的到天后宮請道士辦。「謝奶奶」活動一般多選在出天花後的脫痂之日舉行，也有的此後另擇吉日。所謂「紮綵」，就是紮綵作坊仿照天后宮所供有關子嗣、天花各神及衣履、冠帶、輿輦、儀仗和使用物品，用彩紙紮糊成的象形物品。在二十世紀三十年代，「謝奶奶」之俗尚盛行，後來隨著醫療科技的發展，封建迷信的逐步消退，這種舊俗就完全消失了。

　　現在，住在宮內的道士有二十餘名。他們依靠出賣神簽及香資維持生活。他們在殿內神前隨便飲食，幹各種事物（情），因此，廟內非常污穢。道士無知，參觀問及廟內事迹，回答也不得要領」。

　　注：天后宮屬於道教的兩大教派之一——正一派，道士居家修行，以符籙爲主，除齋日外平時不忌口，不蓄髮，可以娶妻生子，戒律不很嚴格，這就使得他們更加貼近正常的社會生活，易於爲世俗所染。加上天后宮的道士本來就良莠不齊，及至清末，他們的素質更加每況愈下。個中原因在於當時的內憂外患加劇，社會環境動盪不安，道士的生活來源缺乏穩定的保障，只得各行其道，自食其力，缺乏外部管束與自身修養等原因所致。

13、靜海縣

（1）唐執玉、李衛修，陳儀、田易纂：（雍正）《畿輔通志》，清雍正十三年（1735）刻本。

　　卷五十一「寺觀」：

　　天津府：

　　天妃宮在靜海縣，宋宣和中，遣使高麗，中流遭風，賴神以免。使者歸，上其事於朝，詔立祠，有邱濬碑記。

（2）郜相修，樊深纂：（嘉靖）《河間府志》，1964 年《天一閣藏明代地方志選刊》本。

　　卷三「建置志・古蹟」：

　　靜海縣：

　　天妃宮一在大直沽，一在小直沽。永樂初，成祖皇帝親駕渡此，祈福獲應。宣宗皇帝征樂安州，賜金幡二。正統十年（1445），漕運右參將都指揮湯節重建。

　　注：靜海縣在明代曾屬河間府管轄。文中介紹天津兩座天妃宮（東廟和西廟）的方位。同時對於永樂初「靖難之役」時，明成祖駕臨天津三岔河口，在此祈福獲應；明宣宗御駕親征樂安州，征討朱高煦時曾借助媽祖的神威，御賜天后宮兩條金幡；以及正統時重修天后宮的情況都有簡要的介紹。

（3）徐可先纂修：（康熙）《河間府志》，清康熙十七年（1678）刻本。

　　卷六「寺觀」：

　　靜海縣：天妃宮，其神為女，三人俗傳神姓林氏，遂實以為靈素三女。太虛之中，惟天為大，地次之，故製字者惟一大為天，二小為示，故天稱皇，地稱祇，海次於地者，宜稱妃耳。其數從三者，亦因一大二小之文。蓋所祀者，海神也，元用海運，故其祀為重。司馬溫公則謂「水，陰類也，其神當為女子」，此理或然。宋宣和中，遣使高麗，攜閩商以往，中流遭風，賴神以免，使者路允迪上其事於朝，始有祀。出丘濬碑。

　　注：靜海縣在清初曾屬河間府管轄。文中介紹天后的身世、地位，以及

自宋代開始，歷經元代，逐步將天后信仰納入國家祀典的情況。

（4）李梅賓、程鳳文修，吳廷華、汪沆纂：（乾隆）《天津府志》，清乾隆四年（1739）刻本。

卷十「壇遺志附寺觀」：

靜海縣：

天妃宮：宋宣和中，遣使高麗，挾閩商以往，中流遭風，賴神以免。使者路允迪上其事於朝，始有祀。（出邱濬碑）

註：文中引用明代邱濬碑記中的內容，認爲媽祖受到官方的奉祀，應該始於北宋宣和年間路允迪奉使高麗歸來之後。

（5）沈家本、榮銓修，徐宗亮、蔡啓盛纂：（光緒）《重修天津府志》，清光緒二十一年（1895）修　二十五年（1899）刻本。

卷三十四「經政八・祀典」：

靜海縣：

天后宮在西門內迤南。

卷三十八「藝文二・金石」：

靜海縣：

天妃宮碑，宣和中立，邱濬撰「靜海」。（《畿輔待訪碑目》按：此碑文前志與縣志不載）

註：靜海縣的天后宮位於南運河沿岸，可以推知是在明代永樂年間以後形成的。因爲這時會通河已開，海、陸二運皆罷，所以自永樂十二年（1414）起，專事河漕，於是媽祖信仰向運河兩側擴散而逐漸形成的。文中所介紹清代靜海縣天妃宮的情況，如今雖然已不存，但有關內容對研究媽祖信仰在當地的傳播，卻具有很重要的參考價值。

（6）閻甲胤修，馬方伸纂：（康熙）《靜海縣志》，清康熙十二年（1673）刻本。

卷四「寺觀」：

天妃宮在縣北天津衛。

註：文中提及有關天妃宮的說法很籠統，據此難以做出準確的判斷。

（7）鄭士薰纂修；（同治）《靜海縣志》，清同治十二年（1673）
　　刻本。

卷二「建置志‧壇廟」：

天妃宮在縣城西門內迤南。

按：天妃海神，閩之林氏女，以童眞得，道神靈喧赫，洋溢海壖，累受
敕封，號稱天上聖母。海船遇風濤危險，長跪高呼天后，空際有紅燈一盞，
來住桅上，立獲平安。法華經普門品云「或漂流巨海，龍魚諸鬼難念彼觀音
力，波浪不能侵，自來尋聲救苦，惟普門大士有呼必應，故稱廣大靈感觀世
音天妃，殆觀世音三十二應之身歟，不然何靈異若此。說部載天后亦稱媽祖，
海航遇危急，呼天后不如呼媽祖之捷，謂呼天后須待整列對仗而行，呼媽祖
則聞聲立至也，理或然歟。

　　注：早期海神林默在南方常常被稱爲「媽祖」，在北方常常被稱爲「天
后」。本文中的「媽祖」一詞，屬較早在天津歷史文獻中出現的記載，到1936
年地方報刊中已經較多使用。「媽祖」爲海神的俗稱，「天后」爲海神的雅稱，
兩者雖然在敘述的主題內容上保持著一致，而在現實應用中卻有了人爲的區
別和功能的差異。俗稱更加貼近民心，附和民聲，符合民意；雅稱則明顯與
信眾和民眾保持著距離。相傳假如在海上遇到危機時刻，呼請媽祖聖名，海
神必會聞聲而至，立即前來救助；若呼天后，則需待其盛裝打扮、衣冠整齊
之後才來援救。爲避免耽誤營救時機，信徒有求於神，必稱媽祖，而不冠其
稱號，媽祖俗稱對百姓的親和程度要遠遠高於雅稱。本文對此問題進行一定
的探討。其實稱謂並不重要，所敬神靈功能的實用才是信徒最爲關注的熱點。

　　媽祖信仰自身在元代曾經兼具一定的佛教色彩。佛教將媽祖視作南海觀
世音菩薩的化身，許多佛教寺廟也供有媽祖的神位。

14、寶坻區

（1）唐執玉、李衛修，陳儀、田易纂：（雍正）《畿輔通志》，清雍
　　正十三年（1735）刻本。

卷四十九「祠祀‧順天府」：

天妃祠在霸州苑家口，一在寶坻，一在新河，一在盧（蘆）臺。

　　注：寶坻即今天津市寶坻區。文中記載寶坻、新河、蘆臺各曾經有一座

天后宮（天妃祠），新河今屬天津市塘沽區，蘆臺今屬天津市寧河縣。這些天妃祠（宮）都早已不存，但其史料價值卻十分重要。

（2）牛一象修，范育蕃纂：（康熙）《寶坻縣志》，清康熙十二年（1673）刻本。

卷六：

天妃祠一在新河，一在蘆臺。

注：寧河原屬寶坻縣，於清雍正九年（1731）析出，縣治設在蘆臺。由蘆臺經黑洋河、蠶沙口、青河至灤州，爲元漕糧抵海河口後主要分運路線之一，因此蘆臺天妃祠的建立也和漕運直接相關的。文中所記載的天妃祠（天后宮）雖然如今都早已不存，但對於研究媽祖信仰在天津一帶的傳播，卻有十分重要的參考價值。

（3）洪肇懋修，蔡寅斗纂：（乾隆）《寶坻縣志》卷十八「藝文下」，清乾隆十年（1745）刻本。

卷十八「藝文下」：

張翥《代祀天妃廟》（略）

注：該志書中所載元人張翥的《代祀天妃廟》一文，所載内容與（乾隆）《天津縣志》卷二十二「藝文」相同。

15、寧河縣

（1）唐執玉、李衛修，陳儀、田易纂：（雍正）《畿輔通志》，清雍正十三年（1735）刻本。

卷四十九「祠祀・順天府」：

天妃祠，在霸州苑家口，一在寶坻，一在新河，一在盧（蘆）臺。

注：文中記載的蘆臺今屬寧河縣。

（2）丁符九修，談松林纂：（光緒）《寧河縣志》，清光緒六年（1880）刻本。

卷十六「雜識・廟觀」：

娘娘廟：本城一，邢家坨一，營城一，鐵獅坨一，赤城灘一。

　　注：中國北方很多地區都習慣稱天后爲「娘娘」，文中具體介紹清代寧河縣各娘娘廟的分佈情況，但其中所記載的絕大多數「娘娘廟」，已經無法準確辨識所奉祀的究竟是否與媽祖相關。而據前文所引（雍正）《畿輔通志》卷49的有關記載，位於「本城」的娘娘廟極有可能爲天后宮。

二、北京市方志的媽祖史料

　　根據地方志中的記載，北京媽祖信仰的傳播始於元代。這裏雖然遠離大海，但其天妃祠廟的建造緣由，主要還是爲護衛漕運。元代實行大規模的漕運，漕糧運自東南沿海，天妃宮廟一般設在漕運樞紐，即漕運的節點上。北京的天妃宮位於通惠河的終點，亦即漕運的終點。

1、李鴻章修，黃彭年等纂：（同治）《畿輔通志》卷十一「帝制紀十一・宸章四」，清光緒十年（1884）刻本。

　　道光皇帝御製詩三首〔略〕。

　　注：見第六章「詩詞類的媽祖史料」。

2、王樹枬、張國淦等纂修：《河北通志稿》，民國二十四年（1935）鉛印本。

　　卷二十「古蹟篇・寺觀表中」：

名目	年代	所　在　地	備　　　考
天妃宮	明	北平朝陽門外大橋北西河沿	原名「天妃廟」，景泰辛未（景泰二年，1451）道士邱然源請升爲宮，內有明丘濬碑記。

　　注：清代于敏中等編《日下舊聞考》引用這條記載，並加「臣等謹案：天妃宮，今存。其地名大橋北西河沿，邱濬碑文亦存」。（于敏中等《日下舊聞考》卷 88）可見該宮及碑刻在乾隆晚期（1776～1795）尚存。據考明代的「都城巽隅大通橋」，即今北京站東街原東便門外通惠河上的大通橋，爲元代漕運的終點。20 世紀 80 年代，其橋與閘仍在，後因修路拆去。由丘濬之碑又可知，北京的官建媽祖廟宇原稱天妃廟，明景泰二年（1451）重修後，始陞格爲天妃宮，它與南京天妃宮同爲朝廷祠祀廟宇，體現朝廷對天妃護漕神功的褒揚。

3、萬青藜、周家楣修，張之洞、繆荃孫纂：（光緒）《順天府志》，清光緒十二年（1886）刻本。

卷六「京師志六・祠祀」：

惠濟祠在綺春園，內祀「護國庇民妙靈昭應弘仁普濟福祐群生誠感咸孚顯神贊順垂慈篤祜安瀾利運澤覃海芊天妃」之神。道光二十八年加「恬波宣惠」。咸豐二年加「道流衍慶」，三年加「靖洋錫祉」，五年加「恩周德溥」，又加「衛漕保泰」。七年加「振武綏疆」。嘉慶六年議准封天后父爲「積慶公」，母爲「積慶公夫人」，道光二十三年加「衍澤」，同治十一年加「嘉祐」，每歲春秋擇吉致祭。

注：據《清會典》、《圓明園大事記》等所載，惠濟祠、河神廟位於綺春園的西南部，落成於清嘉慶二十二年（1817）。惠濟祠正殿高懸嘉慶御書「宅神天沼」、「德施功溥」二匾，殿內神龕供天后神牌，刻百齡從清江浦惠濟祠抄錄的乾隆五十三年（1788）媽祖24字封號：「護國庇民妙靈昭應宏仁普濟福祐群生誠感咸孚顯神贊順天后神位」。清光緒二十六年（1900），惠濟祠亦隨綺春園毀於八國聯軍的入侵戰亂。由詩題「奉命」一語可知，本詩應作於清嘉慶二十二年（1817）惠濟祠建成之後，嘉慶二十五年（1820）嘉慶皇帝去世之前。「三弟」當指嘉慶帝第五子、道光三弟愛新覺羅・綿愉，封惠端親王。

卷十七「京師志十七・寺觀二」：

天妃宮在朝陽門外大橋北西河沿。舊稱「天妃廟」，明天順間升稱宮。據丘濬廟碑「元祭祀志：凡名山、大川、忠臣、義士在祀典者，所在有司主之。惟南海女神靈惠夫人，至元中以護海運有奇應，加封「天妃」神號，積至十字，廟曰「靈慈」。祝文云：年　月　日，皇帝遣某官致祭於護國庇民廣濟福惠明著天妃。

又舊有明丘濬所撰碑。邱濬《重編瓊臺稿》載碑略云：京師舊有廟，在都城之巽隅大通橋之西。景泰辛未（1451），主持道士丘然源援南京例，請升爲宮，然規制尚存其舊，弗稱宮之名也。成化庚子，然源乃募材鳩工，拓大而一新之。

注：文中概述北京天妃宮的位置、重修和演變情況，還就天妃的神號、職能作了簡潔的說明。

4、（元）熊夢祥撰，北京圖書館（現國家圖書館）古籍善本組整理，（至正）《析津志輯佚》，北京：北京古籍出版社 1983 年 9 月出版。

熊夢祥（1299～1390），字自得，江西豐城人，至元間鄉貢，至正元年（1341）以茂才異等薦爲廬山白鹿洞書院山長，授大都路儒學提舉、崇文監承，以老疾歸。他在出任崇文監承期間，接觸大量內府藏書和文獻資料，並周覽析津地區（今北京）所屬的山川名勝，故能撰寫出北京地區的第一部翔實地方志《析津志》，惜此書後來散佚。1983 年北京圖書館（現國家圖書館）古籍善本組從《永樂大典》等古籍中輯成《析津志輯佚》一書。

北京圖書館（現國家圖書館）善本組輯元代熊夢祥的《析津志輯佚》中的「祠廟・儀祭」，是日前所見最早關於元代北京天妃祭祀的記載，略云：

> 幽州鎮山、海漕天妃……未時遣使致祭，先用雅樂，而後用俗樂。天妃，姓林氏，興化軍莆田都巡君之季女，生而神異，有殊相，能知人禍福，拯人急患難，室居三十年而捐世，邑人祠之，靈應。自宋紹興廿年封「靈德夫人」，歷封。至景定間，加封「靈惠溥濟嘉應善慶妃」。寶祐間，仍封。神之父母姊兄以及神佐，皆有錫命。迨我元累封，加「護國庇民廣濟福惠明著天妃」廟額。興化莆田廟額「順濟」。天曆二年改曰「靈慈」。神父：興化路祐德廟。神父名孚，宋仕福建總管，至都巡公，封「積慶侯」。神母：王氏，宋封「顯慶夫人」。神姊：大娘、十九娘、廿娘、廿一娘，俱自昔敕封；廿三娘，宋寶祐間封「慈惠夫人」。神兄：洪毅，未封神佐。額名順濟廟。佐神朱大夫，名先，宋寶祐封「靈威侯」，加封「靈威嘉祐侯」。

注：本文使我們不但得知媽祖在元代之祭祀時刻，使用音樂以及封號、廟額，而且了解媽祖父母、五位姐姐以及佐神朱先亦皆有封號。這些記載爲他書所罕見，其中「神姊」記載尤爲他書所未曾出現，因此學術價值頗高。

5、（明）張爵：《京師五城坊巷胡衕集》，明嘉靖三十九年（1560）刊印。

東城：在崇文門裏，街東往北至城牆並東關外：明時坊……朝陽東直關外，五牌三十七舖。朝陽關外，河沿往南，至都城東南角大通橋新城便門：東郊（朝日壇）、小石橋、南北通法寺、盛官人胡衕、米市口南中街、

天妃宮、火神廟、靈官廟、東嶽廟。河沿往北至東直關頭：二三四五六七條胡同……（下略）

注：文中詳列包括天妃宮在內，北京各宮廟的分佈情況。

6、英廉等奉敕編：《日下舊聞考》，全書名《欽定日下舊聞考》，清乾隆五十三年（1788年）武英殿刻本。

清乾隆三十九年（1774）由乾隆皇帝欽命廷臣增補重修，清初名士朱彝尊所輯有關北京地區地理風俗內容的志書《日下舊聞》。由于敏中、英廉任總裁，竇光鼐、朱筠任總纂，於清乾隆五十（1785）至五十二年（1787）刻版成書。朱氏原書共四十二卷，是一部關於今天北京的都邑志。《日下舊聞考》編次仍然沿用《舊聞》的分類，新增加了部分內容，並對原書中的錯訛之處進行考訂，數量比原來增加三倍，達到一百六十卷。是書雖然沒有題名為「志」，但無論從形式，還是到內容，都是一部迄今所見清代官修的規模最大，編輯時間最長，內容最為豐富，考據最為翔實有關北京的史志性文獻。其中也有許多關於北京地區天后宮和媽祖信仰的內容。

卷八十八「郊坰東一」：

原：出朝陽關，沿河往南有天妃宮。（《京師五城坊巷胡衕集》）

原：天妃林姓，閩王時統軍兵馬使願之女，能乘席渡海，雲遊島嶼，人呼曰「龍女」，宋雍熙四年升化，湄洲父老相率祠之，名其墩曰「聖墩」。（《閩書》）

原：天妃世居莆之湄洲嶼，五代時閩都巡檢林願之第六女，生於晉天福八年，以雍熙四年二月二十九升化，厥後嘗衣朱衣，飛翻海上，里人祠之。宣和癸卯，給事中路允迪使高麗，中流遇風，人舟俱溺，獨路舟神降於檣，無恙。使還，奏於朝，特賜廟號曰「順濟」。紹興乙卯，海寇入江，神駕風一掃而遁，加封「昭應崇福」。乾道己丑加封「善利」，淳熙間加封「靈惠」。慶元、開禧、景定間，累加封「助順顯衛英烈協正善慶」等號。元以海漕有功，賜額「靈濟」。（《東西洋考》）

原：凡名山、大川、忠臣、義士在祀典者，所在有司主之，惟南海女神靈惠夫人至元中以護海運有奇應，加封「天妃」神號，積至十字，廟曰「靈慈」，祝文云：年月日皇帝遣某官致祭於「護國庇民廣濟福惠明著天妃」。（《元史・祭祀志》）

　　原：洪武初復有護海運舟之功，五年封「孝順純正孚濟感應聖妃」。（《閩書》）

　　原：邱濬：《天妃廟碑》京師舊有廟，在都城之巽隅大通橋之西。景泰辛未（1451），主持道士丘然源援南京例，請升爲宮，然規制尚存其舊，弗稱宮之名也。成化庚子，然源乃募材鳩工，拓大而一新之。祠神之宮，茲其稱矣。（《瓊臺會稿》）

　　補：天妃，宋徽宗宣和間，路允迪使高麗，八舟溺其七，見妃朱衣坐桅上，舟藉以安。歸，聞於朝，賜祠額名「順濟」。高宗朝封「崇福靈惠昭應夫人」，孝宗朝以助剿溫臺寇，封「靈慈昭應崇善福利夫人」，光宗朝以救旱封「靈惠妃」，寧宗朝以救澇加封「助順」，又以淮甸退敵，屢加「顯衛護國助順嘉應英烈妃」，理宗朝以濟興泉饑，加封「協正」，又封「靈惠助順嘉應慈濟妃」，尋以錢塘堤成加封「善慶」，既又以顯靈焚寇進「顯濟妃」。元世祖封「護國明著天妃」，進加「顯祐」，成宗加封「輔聖庇民」，仁宗加封「廣濟」，文宗加封「靈感助順福惠徽烈」，賜額「靈慈」。皆以漕運危險，立見顯應故也。明太祖封「昭孝純正孚濟感應聖妃」，成祖封「護國庇民妙靈昭應弘仁普濟天妃」，莊烈帝封「天仙聖母青靈普化碧霞元君」，已又加「靜賢普化慈應碧霞元君」。（《使琉球雜錄》）

　　臣等謹案：天妃宮，今存。其地名大橋北西河沿，邱濬碑文亦存。

　　注：文中細述北京天后宮的數量、方位。同時還就媽祖的身世，媽祖信仰的來歷，以及宋、元、明、清歷代朝廷對媽祖的封號，所賜廟額的等有關情況，一一進行詳細的說明。

　　泰山的碧霞元君女神，本是在山東和中國北方廣爲崇祀的一位神靈。文中所載的碧霞元君與媽祖一樣，在明末也曾經有過「天妃」的封號，而且各地行宮遍佈，因此許多地方志中記載媽祖與碧霞元君一廟共祀，或者毗鄰而祀的現象就十分普遍，信徒們往往也將海神媽祖和陸神碧霞元君誤作一人了。其實媽祖與泰山女神（碧霞元君）本身屬於兩位神靈，她們能夠共享稱號的原因，還是由於兩位女神的神職趨同、神性合一所導致的信仰融合。

7、吳長元撰《宸垣識略》，清咸豐二年（1852）刻本。

　　吳長元撰《宸垣識略》，係根據清康熙年間朱彝尊編輯的《日下舊聞》，以及清乾隆皇帝敕編的《日下舊聞考》兩書提要鉤玄，去蕪存菁而成。該志

詳細記載北京的歷史沿革、名勝古蹟、衙署府邸、名人故居、州縣會館等方面的情況，具有較高的史料價值。

卷十二「郊坰」：

天妃宮：出朝陽門，沿河往南，明成化時建。其地名大橋北，西河沿有大學士丘濬碑。

注：《宸垣識略》作爲清代北京一帶私人編修的志書，文中所載天妃宮（天后宮）內容與其它官修志書相同。

8、高天鳳修，金梅纂：（乾隆）《通州志》，清乾隆四十八年（1783）刻本。

卷二「建置・壇廟祠宇」：

天妃宮：一在州北門內，始建無考，明崇禎十三年修。一在州北門外。

注：通州即今北京市通州區。元代朝廷開通京師漕運，從江南海運漕米到直沽（今天津），再由白河至通州，最後經通惠河運到大都（北京）。雖然有關記載通州（今通州區）的這兩座天妃宮史料很少，但文中的記載至少可以說明通州的天妃宮不但與漕運有關，而且創建時間大體與天津天后宮差不多。

作爲元大都的北京，當時已是全國統治中心。元廷開通海上漕運，從江南海運漕米到直沽，經通惠河運到北京大通橋下。爲祈保漕船裏糧平安，元泰定二年（1326）官府便在北京大通橋邊建立天妃廟。同時期在北京通州北門內外也建起兩座天妃宮，可見當時朝廷視媽祖爲國家經濟命脈的重要守護神。當時通州位於通惠河的終點，即漕運的終點，在這裏建造天妃宮，顯然是爲了酬謝海神天妃對漕工的庇護。

同載本文的志書還有：高建勳等修，王維珍等纂：（光緒）《通州志》卷二「建置・壇廟祠宇」，清光緒五年（1879）刻本；萬青藜、周家楣修，張之洞、繆荃孫纂：（光緒）《順天府志》卷 234「地理志五・祠祀上」，清光緒十二年（1886）刻本。

三、河北省方志的媽祖史料

媽祖信仰在河北省一帶的傳播，是由於當時全國經濟和政治形勢密切相關。元代實行大規模的漕運政策，媽祖信仰隨著漕糧北運自東南沿海傳播而

來。當時由蘆臺經黑洋河、蠶沙口、青河至灤州，爲元漕糧抵海河口後主要分運路線之一。代表媽祖信仰存在的第一座天妃宮在元泰定三年出現以後，清代天后宮廟的數量已達三十餘處。根據這些宮廟的形成時間及分佈情況推測，元代的媽祖信仰是沿海河、北運河及天津以北渤海沿岸地區傳播的。

明代由沿海繼續向北推進到山海關，沿灤河向內地推進到長城南側，並由天津向南沿南運河兩側擴展。出於當時軍事形勢的需要，明代在冀東地區的防衛力量大大加強，除修建和加固薊鎮長城之外，還大量派置兵將。永樂年間遷都北京後，冀東形勢更加重要。這些軍戶的分佈以長城內側較爲集中，軍糧供應沿海濱和灤河向北，達於軍營所在地。所以在山海關南海口、灤州西門外出現了天妃宮。根據當時的軍事形勢等情況，可以判斷出分佈在樂亭、遷安和山海關城西北的天妃宮廟也是在這一時期建造的。清代天后宮續修和重修的數量明顯增加。

（一）秦皇島市

1、臨榆縣

（1）（乾隆）《大清一統志》卷十四「永平府 2」，穆彰阿、潘錫恩等纂修；（嘉慶）《重修大清一統志》卷十九「永平府 2」，同載：

天妃宮：在臨榆縣永祐寺西，乾隆八年皇上御題榜額曰「珠宮湧現」，十九年重修。

注：臨榆縣，古縣名，又稱「榆關」，即今河北省秦皇島市山海關區。清乾隆二年（1737年）建臨榆縣，1954年撤縣。文中記載山海關天妃宮（天后宮）的位置，以及清乾隆間皇帝御書賜匾和重修的情況。先後兩部大清一統志均曾經對山海關天妃宮進行介紹，足見其在環渤海一帶，乃至全國範圍內都具有重要的地位和影響。

（2）宋琬纂修；張朝琮增修；徐香，胡仁濟增纂：（康熙）《永平府志》，清康熙五十年（1711）刻本。

卷六「祀典」：

天妃宮：山海二，一在南海口關，一在城西北。

（3）李奉翰、顧學潮修，王金英纂：（乾隆）《永平府志》，清乾隆
　　三十九年（1774）刻本。

　　卷五「建置志二・壇廟祠宇」：

　　天妃宮，一名廟。灤州在治西門。遷安二：一在治北，一在建昌營東關。
臨榆二：一在南海口永寧寺西。明初海運時建，我朝乾隆九年知縣鍾和梅修，
十二年御書賜額曰「珠宮湧現」。一在城西北。

　　案：江淮之間多祀天妃，其神爲女子，三人俗傳神姓林氏，司馬溫公謂
「水陰類神當爲女子。太虛之中，天爲大，故天稱皇，地稱后，海次於地，
宜稱妃耳」。元通海運，郡邑多濱海，故祀之，俗稱「聖母廟」。

（4）遊智開修，史夢蘭纂：（光緒）《永平府志》，清光緒五年（1879）
　　敬勝書院刻本。

　　卷三十九「建置志八・壇廟祠宇下」：

　　天妃宮：臨榆在南海口永寧寺西。明初海運時建，我朝乾隆九年知縣鍾
和梅修，十二年御書賜額曰「珠宮湧現」。一在城西北。

　　案：江淮之間多祀天妃，其神爲女子，三人俗傳神姓林氏，司馬溫公謂
「水陰類神當爲女子。太虛之中，天爲大，故天稱皇，地稱后，海次於地，
宜稱妃耳」。元通海運，郡邑多濱海，故祀之，俗稱「聖母廟」。明祁順山海
關天妃廟碑記云。……。（略）

　　注：本文與（乾隆）《永平府志》中的相關內容，對天妃神號的由來和天
后信仰的重要地位，都進行深入的探討，並介紹元明間媽祖信仰在山海關一
帶的傳播情況。

（5）詹榮纂修：（嘉靖）《山海關志》，明嘉靖十四年（1535）刻本。

　　卷七：

　　天妃廟在南海口關西，國初通海運時所建。主事祁順記（碑文略）。
　　注：文中記載山海關天妃（後）宮的位置和創建時間等。

（6）陳天植等修，佘一元纂：（康熙）《山海關志》，清康熙九年
　　（1670）刻本。

卷六：

海神廟，在南海口西，明初通海運時所建，萬曆十二年主事王邦俊重修。前朝嘉靖四十三年甲子春，蒙古萬騎屯關東海口欲渡，俄然冰解，相顧失色遁去，事聞天子嘉海神之功，特遣官報祀。御製祭文云：朕惟皇天保定家邦，以命百神受職，赫著靈奇，以昭示非常之征應，頃者強敵匪茹窺伺邊關，神祇奉帝敕之預戒，蜇候未臨，堅冰忽泮，彼眾失途而退遁邊圉，爰賴以載寧，是用遣官祭告，惟神歆答益濬天險，永翊萬載金湯於孔固，謹告。

注：文中記載山海關南海口永祐寺西天后宮在明代創建、重修，嘉靖年間朝廷派員致祀的情況。

出於當時軍事形勢的需要，明代在冀東地區的防衛力量大大加強，除修建和加固薊鎮長城之外，還在當地大量派置兵將。這些軍戶的分佈以長城內側較爲集中，而軍糧供應則沿海濱和灤河向北，達於軍營所在地。所以在山海關南海口等地出現了天妃宮等。

卷九：

祁順：《天妃廟記》（碑文略）

（7）鍾和梅纂修：（乾隆）《臨榆縣志》，清乾隆二十一年（1756）刻本。

卷三「秩祀」：

祀於宮者一曰「天妃宮」，在永祐寺西。乾隆八年御書賜額曰「珠宮湧現」，十九年知縣鍾和梅修。

（8）趙允祐修，高錫疇纂：（光緒）《臨榆縣志》，清光緒四年（1878）刻本。

卷十一「建置編・壇廟」：

天后宮二：一在南海口永祐寺西，明初海運時建，國朝乾隆九年知縣鍾和梅修。御書賜額曰「珠宮湧現」。一在城西北。

（9）仵瀟、高淩霨修，程敏侯等纂：（民國）《臨榆縣志》，民國十八年（1929）鉛印本。

卷十一「建置編・壇廟」：

天后宮二：一在南海口永祐寺西。明初海運時建，清乾隆九年知縣鍾和梅修。額曰「珠宮湧現」，清乾隆九年御書。一在城西北。

注：文中所記載山海關天后宮的創建、位置、重修，以及朝廷派員致祀，乾隆皇帝御賜匾額等情況，同載於前志。

（二）滄州市

1、青　縣

（1）沈家本、榮銓修，徐宗亮、蔡啓盛纂：（光緒）《重修天津府志》，清光緒二十一年（1895）修　二十五年（1899）刻本。

卷三十四「祀典」：

青縣天后廟：一在城東北衛河濱，乾隆四十六年典史石濰重修。一在興濟鎮南，一在林缺屯大道西。

注：青縣今屬滄州市管轄。文中介紹青縣天后宮的數量、分佈，及個別宮廟的重修者和重修時間。這些宮廟雖然早已不存，但對於研究天后信仰在運河沿岸的傳播，還是具有重要的參考價值。

2、鹽山縣

（1）沈家本、榮銓修，徐宗亮、蔡啓盛纂：（光緒）《重修天津府志》，清光緒二十一年（1895）修　二十五年（1899）刻本。

卷三十四「祀典」：

鹽山縣天后宮在東門外小北街。

（2）王福謙、江毓秀修，潘震乙纂：（同治）《鹽山縣志》，清同治七年（1868）京都文采齋刻本。

卷末「寺觀」：

天妃宮在東門外小北街。

注：鹽山縣今屬滄州市管轄。文中介紹鹽山縣天后宮位置。

3、東光縣

周植瀛修，吳濤源纂：（光緒）《東光縣志》，清光緒十四年（1888）刻本。

卷十二「雜稽志·寺觀」：

天妃廟在城東南大石莊，明正德間邑人馬□得石像，上有「天妃」二字，因建祠祀之，景州成名撰碑記。

注：文中詳載青縣、鹽山縣和東光縣境內天妃廟的具體位置、創建或重修時間。其中青縣和東光縣均位於南運河沿岸，鹽山縣也距運河不遠。這些天妃宮的建立，均與漕運密切相關，係明代永樂十二年（1414）後罷海運，專事河漕，媽祖信仰向運河兩側擴散而逐漸形成的。

4、任丘市

劉統修，劉炳、王應鯨纂：（乾隆）《任丘縣志》，清乾隆二十七年（1762）刻本。

卷二「建置志」：

天妃廟：一在縣南門外，明行人邊永建。一在縣西關。

注：任丘縣今為任丘市，屬滄州市管轄。文中介紹任丘縣境內天妃廟的具體位置。環渤海一帶天妃（后）廟的創建，除了漕運、駐軍外，還有外交官員因在出使海外過程中受到媽祖的庇祐，故在家鄉修建天妃宮的現象。明代時行人「職專捧節、奉使之事」（張廷玉等撰：《明史》卷74「職官三」），負責國家的外交事務，出使外洋，多遇風浪，因而在出使前後對媽祖的祈求和崇報儀式十分莊重。明代行人邊永在家鄉任丘縣南門外修建的天妃廟，應為其出使海外獲媽祖庇祐，平安返回後還願所建。

（三）廊坊市

1、唐交等修，高濬等纂：（嘉靖）《霸州志》，1963年《天一閣藏明代地方志選刊》本。

卷二「宮室志·壇遺」：

天妃祠二：一在三官廟右，一在苑家口。

2、朱廷梅修，孫振宗纂：（康熙）《霸州志》，清康熙十三年（1674）刻本。

卷三：

天妃祠：一在苑家口。

注：霸州市今屬廊坊市管轄。以上各文中記載明清時期霸州天妃祠的分佈情況，這些宮廟今已不存，且始建年代無考。

（四）唐山市

1、玉田縣

（1）何崧泰等修，史樸等纂：（光緒）《遵化通志》，清光緒十二年（1886）刻本。

卷十八「建置志・壇廟」：

玉田縣：天后行宮在西關前。

注：玉田縣在清代隸屬遵化直隸州，今屬唐山市。文中介紹玉田縣天后宮的位置。

（2）謝客纂修：（乾隆）《玉田縣志》，清乾隆二十一年（1756）刻本。

卷二「建置志・祠廟」：

天妃行宮在西關前。

（3）夏子鎣修，李昌時纂，丁維續纂：（光緒）《玉田縣志》，清光緒十年（1884）刻本。

卷十一「建置四・壇廟」：

天妃行宮在西關前。

謹按：此廟宜改稱「天后行宮」。神蓋莆之湄州嶼人，五代時閩都巡檢願之第六女，生於石晉天福八年（943），宋雍熙四年（987）二月二十九日化去後，嘗衣朱衣往來海上，里人虔祀之。宣和癸卯（五年，1123），給事中路允迪使高麗，中流遇風，他舟皆溺，神獨集路舟，得免還，奏特賜廟號曰「順濟」。紹興乙卯（五年，1135），海寇至，神駕風一埽而遁，封「昭應

崇福」。乾道己丑（五年，1169）加封「善利」，淳熙間加封「靈惠」，慶元、開禧、景定間累封「助順」、「顯衛」、「英烈」、「協正」、「集慶」等號。（見張燮《東西洋考》。）又《夷堅志》載「興化軍海口林夫人廟，靈異甚著，今進爲妃」云，是宋時已封妃矣。元至元中護海運有奇，加封「天妃」神號，曰「護國明著靈惠協正善慶顯濟天妃」。（見《元史》）。似由夫人而妃，至此始加「天」字，故或謂「天妃」之名，自有元始。何喬遠《閩書》載妃生卒與張燮同，又謂生時即能乘席渡海，人呼爲「龍女」，升化後名其墩曰「聖墩」，立祠祀之。明洪武五年（1372），又以護海運功封「孝順純正孚濟感應聖妃」，則又有「聖妃」之稱。永樂後仍稱「天妃」，吳氏《吾學錄》謂初封「靈惠夫人」，歷元明累封「天妃」。

　　國朝康熙二十三年（1684）加封「天后」，嘉慶六年（1801）追封神父爲「積慶公」，母爲「積慶夫人」。蓋定神爲林氏女，累封至「護國庇民妙靈昭應宏仁普濟福祐群生誠感咸孚顯神贊順垂慈篤祐天后」，故祀於莆田也。趙氏翼書別引張氏《使琉球記》云天妃姓蔡，閩海中梅花所人，爲父投海身死，蓋未見。嘉慶初詔旨又謂今江湖間俱稱「天妃」，天津之廟並稱「天后」，豈「天后」之號獨加之天津神廟乎？殆亦未聞康熙二十三年（1684）詔旨耳。今海中當危急時號救，往往有紅燈或神鳥來，輒得免，皆神之靈，亦見趙書如此，則祀典封號，洵不誣矣。丁維謹識

　　　　注：文中除介紹玉田縣天妃行宮的方位外，還保存許多關於媽祖的身世、名號、歷朝皇帝的封號及傳說的記載，以及編修者對相關的問題進行的分析、考辯，內容十分豐富。其中有關媽祖信仰功能等領域的內容，對於當今媽祖信仰的研究，具有重要的啟發作用。

　　　　綜合玉田幾部方志中的記載，應該可以確定天妃（后）宮的準確地點。

2、遷安市

（1）宋琬纂修；張朝琮增修；徐香，胡仁濟增纂：（康熙）《永平府志》，清康熙五十年（1711）刻本。

　　卷六「祀典」：

　　天妃宮：遷安在治北。

（2）李奉翰、顧學潮修，王金英纂：（乾隆）《永平府志》，清乾隆三十九年（1774）刻本。

卷五「建置志二・壇廟祠宇」：

天妃宮，一名廟。遷安二：一在治北，一在建昌營東關。

（3）游智開修，史夢蘭纂：（光緒）《永平府志》，清光緒五年（1879）敬勝書院刻本。

卷三十九「建置志八・壇廟祠宇下」：

遷安：天妃宮在治北，一在建昌營東關。

（4）韓耀光修，史夢蘭纂：（同治）《遷安縣志》，清同治十二年（1873）文峰書院刻本。

卷十一「建置志下・壇廟」：

天妃廟有二：一在縣治東北，一在建昌營東關。

（5）滕紹周修，王維賢纂：（民國）《遷安縣志》，民國二十年（1931）鉛印本。

卷三「建置篇下・壇廟」：

天妃廟有二：一在縣治東北，一在建昌營東關。

注：遷安市（縣）今屬唐山市管轄。根據遷安幾部方志的記載，應可以確定天妃宮（廟）的準確數量和具體地點。

出於當時軍事形勢的需要，明代在冀東地區的防衛力量大大加強，除修建和加固薊鎮長城之外，還大量派置兵將。這些軍戶的分佈以長城內側較爲集中，軍糧供應沿海濱和灤河向北，達於軍營所在地。遷安一帶等的媽祖宮廟顯然與此有關，據考證或爲軍糧運輸而建，或爲在當地駐軍中的南方軍人所建。遷安建昌營東關的天妃宮，或與明修冷口關長城時在此安營紮寨有關。

3、樂亭縣

蔡志修等修，史夢蘭纂：（光緒）《樂亭縣志》，清光緒三年（1877）刻本。

卷三「地理・風俗」：

三月下旬……，新撥臨榆社拜天妃廟。

注：樂亭縣天妃廟雖然未列入該志「寺觀」目中，但根據文中的有關記

載，大體可以確定該廟的情況。樂亭天妃宮的創建，同樣和明代加強冀東一帶的軍事防衛力量直接相關。

4、灤　縣

（1）宋琬纂修；張朝琮增修；徐香、胡仁濟增纂：（康熙）《永平府志》，清康熙五十年（1711）刻本。

卷六「祀典」：

天妃宮：灤州在治西門外。

（2）李奉翰、顧學潮修，王金英纂：（乾隆）《永平府志》，清乾隆三十九年（1774）刻本。

卷五「建置志二・壇廟祠宇」：

天妃宮，一名廟。灤州在治西門外。

（3）游智開修，史夢蘭纂：（光緒）《永平府志》，清光緒五年（1879）敬勝書院刻本。

卷三十九「建置志八・壇廟祠宇下」：

灤州：天妃宮在西門外，一在蠶沙口。

（4）吳士鴻修，孫學恒纂：（嘉慶）《灤州志》，清嘉慶十五年（1810）刻本。

卷末「外志・寺觀」：

天妃宮：在西關外，明嘉靖三年重修。

注：灤縣（州）今屬唐山市管轄。以上各文中均記載清代灤州（今灤縣）天后宮的數量、分佈、創建和重修情況。

（5）楊文鼎修，王大本等纂：（光緒）《灤州志》，清光緒二十四年（1898）刻本。

卷八「封域上・山水」：

蠶沙口天妃宮詩　史璿（略）

注：見第六章「詩詞類的媽祖史料」。

四、山東省方志的媽祖史料

山東東南、東北瀕臨黃海、渤海，沿海的港灣、島嶼因爲海運航線（東）途經而建有很多媽祖廟。迄今爲止中國北方建立最早的媽祖廟，當屬北宋宣和四年（1122）由福建海商倡建，位於廟島的顯應宮。元代海運新航線的開闢，不但成就了山東沿海地區經濟的繁榮，還促進了與海運業密切相關的媽祖信仰的廣泛傳播。明永樂年間改海漕爲河漕，京杭大運河逐步成爲明清兩朝政治、經濟的生命線。善於經商的福建商人不僅將本地特產，也將媽祖信仰傳播到運河沿線，尤以運河而生的濟寧、德州等城市。明清時期，來到山東的閩商由於擁有相當的經濟實力，又對媽祖信之篤深，因而是興建媽祖廟的有力推動者。山東西北的德州、西南的菏澤（曹縣在菏澤最南，即山東的最南端）、濟寧、聊城（茌平）等地區，因京杭大運河流經於此，也都建有媽祖宮廟。可見，山東內陸州縣的媽祖廟是以京杭大運河這條漕運幹線爲依託，分佈在運河兩岸和支流的各主要港口、河道和一些水流湍急的閘口之處。媽祖海神兼職河神的現象，說明媽祖信仰影響範圍由沿海滲入到內地。山東一帶的媽祖宮廟多創建於明清，尤其是清代居多，反映媽祖信仰在這一時期的傳播十分興盛。

（一）煙臺市

1、煙臺市

（1）穆彰阿、潘錫恩等纂修：（嘉慶）《重修大清一統志》，民國二十三年（1934）刊印本。

卷一七三「登州府‧祠廟」：

靈祥廟有二：一在府北水城內丹崖山之陽，一在沙門島。（縣志）祀天妃。

注：登州府即今山東煙臺市，靈祥廟即天妃廟，沙門島即今廟島

（2）岳濬、法敏修，杜詔、顧瀛纂：（雍正）《山東通志》，清雍正七年（1729）修　乾隆元年（1736）刻本。

卷二十一「秩祀」：

登州府

天妃廟一在府城北丹崖山之陽，一在北海中沙門島上。按：天妃，福建

莒田人，宋都巡檢林源之女，歿為神。於海上屢著靈應，瀕海郡縣建祠祀之。宋崇寧間賜廟額曰「靈祥」，元天曆間改額「靈應」，加封「輔國護聖庇民廣濟福惠明著天妃」，皇清康熙十九年准江、浙、閩、廣各撫鎮奏請，詔封為「護國庇民妙靈昭應弘仁普濟天妃」。

注：我國北方建造最早，影響最大是建於北宋宣和四年（1122）的長島顯應宮。顯應宮在山東省長島縣的廟島（古稱沙門海島），原稱海神娘娘香火院，此為顯應宮香緣之始。它位於渤海與黃海分界處廟島群島中的一個小島，處於山東半島和遼東半島之間渤海海峽中心偏南的要衝位置，扼守東西南北交通的要塞之處，自古就成為中國北方的航海中心。

廟島在唐代被稱為「大謝島」，宋代被稱為「沙門海島」，是我國早期神仙崇拜和海神傳說的誕生地，因此成為媽祖信仰北傳的第一站。北宋年間南北貿易頻繁，海運日見繁榮，這裏成為南方海船進入渤海灣的必由之路。北宋宣和四年（1122）福建船幫集資興建，元朝海上漕運日見繁榮，廟島成為南方閩浙一帶往來漕船必經之地。元代至元十六年（1279）閩浙漕工出資在香火院原址增修屋宇殿堂，改香火院為專門祭祀海神娘娘的道場。明代廟島顯應宮已經成為北方沿海媽祖信仰傳播的中心，至明崇禎元年（1628）朝廷詔立官廟，由山東左都督楊國棟奉旨擴建媽祖廟，崇禎皇帝御賜廟額為「顯應宮」，媽祖廟的聲名和規模達到鼎盛。清代歷經康熙、乾隆、道光朝的累世增修擴建，形成了以顯應宮為主體的古建築群。

（3）楊士驤等修，孫葆田等纂：（宣統）《山東通志》，清宣統三年（1911）修　民國四年（1915）山東通志刊印局鉛印本。

卷三十八「疆域志第三·建置」：

登州府附郭蓬萊：天妃廟一在城北丹厓山，一在北海中沙門島上。按：天妃，福建莒田人，宋都巡檢林源之女，歿為神，於海上屢著靈應，瀕海郡縣建祠祀之。

注：元代海運航線的開闢，不但成就山東沿海地區經濟的繁榮，而且促進與海運業密切相關的媽祖信仰的廣泛傳播。文中簡要記載蓬萊境內天后宮（天妃廟）的數量、分佈、身世，以及確立為國家正神地位的過程。

（4）方汝翼、賈瑚修，周悅讓等纂：（光緒）《增修登州府志》，清光緒七年（1881）刻本。

卷十一「廟壇」：

登州府：天后宮在水城丹崖山上，本名「靈祥廟」，道光十六年毀，十七年知府英文重修。又一在沙門島（廟島），曰「靈顯宮」，一在稟（欒）家海口，一在長山島。

按：神爲宋初福建莆田人，都巡檢林源之女，歿爲海神。始封「靈惠夫人」，崇寧間賜廟額曰「靈祥」，元天曆間改額「靈應」，至正間加封「感應神妃」，元統二年加封「輔國護聖庇民廣濟福惠明著天妃」。國朝康熙十九年敕封「護國庇民妙靈昭應弘仁普濟天妃」，二十三年加封「天后」。雍正十一年定制，直省地方官春秋致祭。乾隆二年加「福祐群生」四字，二十二年加「誠感咸孚」四字，五十三年加「顯神贊順」四字。嘉慶五年加「垂慈篤祐」四字，六年敕封后父爲積慶公，母爲積慶公夫人，春秋致祭於後殿。道光六年頒「安瀾利運」匾額及祭文。《會典》「直省禦災捍患諸神，於民有功德者加封號，立專祠，每歲春秋所在守土官具祝文，香帛，羊一，豕一，尊一，爵三，朝服行禮，與祭關帝同」。

春秋二祀祝文

維□神湄山得道，海島興靈，風浪不作，舟楫以安，上裨國祚，下益民生。茲屆仲春（秋），謹以剛鬣、柔毛、牲帛、醴齍、粢盛庶品，式陳明薦尚饗。

福山縣：天后宮在煙臺海口。

寧海州（注：今牟平縣）：天后宮在州北十里，元至元四年建，至大四年修。

卷六十六「金石・存目」：

黃縣：龍口重修天后宮碑記，尹繼美撰。

蓬萊縣：重修天后宮碑記，國朝道光十二年英文撰。

重修天妃海廟碑記，國朝康熙二十五年沙澄撰。

注：文中既介紹登州境內所屬各州縣天后宮的分佈、創建年代，又概括天后的生平、身世、神號逐步確立的過程，還通過記載官方的祭文、祭品等，突出天后作爲國家正神的重要地位。煙臺一帶的海運業自古就十分發達，不但成就山東沿海地區經濟的繁榮，還促進與海運業密切相關的媽祖信仰的廣泛傳播。

（2）王陵基修，于宗潼纂：（民國）《福山縣志稿》，民國二十年
（1931）鉛印本。

卷五之一「祠廟」：

天后宮在北大街。

注：原福山縣爲今煙臺市福山區。煙臺天后宮，又稱爲福建會館，在清
光緒十年（1884）由福建船幫創建，光緒三十二年（1906）竣工。位於煙臺
芝罘灣畔，毓嵐街南側。起初僅構築一草堂，後經福建船幫捐銀，逐年建起
大門、戲樓、山門、大殿、戲臺和東西廊廡等。

（3）宋憲章修，于清泮纂：（民國）《牟平縣志》，民國二十五年
（1936）石印本。

卷二「地理志・壇廟」：

天后宮在城北十里。元至元四年建，至大四年重修，存。……。海神天
后宮春秋致祭。

注：原牟平縣即今煙臺市牟平區。文中記載當地天后宮的位置、創建、
重修和祭祀情況。

2、蓬萊縣

（1）高崗纂修：（康熙）《蓬萊縣志》，清康熙十二年（1673）刻本。

卷一「祀典」：

海神廟：蓬萊閣西側，春秋致祭。

注：在環渤海一帶奉祀海神林默的廟宇，名稱繁多，文中的「海神廟」
即是其中之一。

（3）王文燾修，張本、葛元昶纂：（道光）《重修蓬萊縣志》，清道
光十九年（1839）刻本。

卷三「文治志・祀典」：

海神廟，即靈祥廟，在丹崖山。宋崇寧間賜額，元至正間加「感應神妃」
碑額，順帝元統十三年加號爲「輔國護聖庇民廣濟福惠明著天妃」，國朝康
熙十九年封「護國庇民妙靈昭應弘仁普濟天妃」，二十三年封「天后」，乾隆

三年封「護國庇民妙靈昭應弘仁普濟福祐群生天后聖母」，二十二年封「護國庇民妙靈昭應弘仁普濟福祐群生誠感咸孚天后」，五十三年加封「顯神贊順慈惠碧霞元君」，嘉慶五年加封「垂慈篤祐天后聖母元君」。道光六年加封「安瀾利運」匾額，頒降祭文，春秋致祭。十六年毀，十七年知府英公文重修，有記。

（5）鄭錫鴻、江瑞采修，王爾植等纂：（光緒）《蓬萊縣續志》，清光緒八年（1882）刻本。

卷三「文治志・祀典」：

天后宮補注：光緒六年邑人司銘三、張建封、黃宗敬、張吉甫等募緣重修。一在欒家口。一在長山島。

按：按神爲宋初福建莆田人，都巡檢林源之女，歿爲海神。始封「靈惠夫人」，國朝嘉慶六年敕封后父爲積慶公，母爲積慶公夫人。道光六年頒「安瀾利運」匾額及祭文。《會典》「直省禦災捍患諸神，於民有功德者加封號，立專祠，每歲春秋所在守土官朝服行禮，與祭關帝同。

注：蓬萊閣天后宮是我國北方最早建立的天后宮廟宇之一，位於蓬萊縣城北丹崖山巔。相傳蓬萊閣天后宮始建於宋崇寧年間（1102～1106 年），廟額爲「靈祥」。元朝元統元年（1334）加封「輔國」，至正年間加封「感應神妃」。清朝康熙二十三年（1684）加封「天后」，清朝道光十六年（1836）毀於火，翌年重修，改廟額爲「顯靈」。

卷十四「藝文志下・詩歌」：

謁海神廟觀海（明）黃克纘（略）

注：見第六章「詩詞類的媽祖史料」。

3、萊州市

劉國斌修，劉錦堂纂：（民國）《四續掖縣志》，民國二十四年（1935）鉛印本。

卷五「寺觀」：

天后宮在城西北海廟口，清同治年建修。

注：掖縣即今山東萊州市。文中記載清代山東掖縣天后宮的位置和重修情況。

4、龍口市

（1）袁中立修，毛贄纂：（乾隆）《黃縣志》，清乾隆二十一年（1756）刻本。

卷三「建置志・壇廟」：

天妃廟在南關。

注：山東黃縣即今龍口市，文中記載當地天后宮的位置。環渤海一帶奉祀海神林默的廟宇，名稱繁多，「天妃廟」即是其中之一。

（2）尹繼美纂修：（同治）《黃縣志》，清同治十年（1871）刻本。

卷二「營建志」：

天后廟在南關，一在龍口，一在黃河營。

（3）方汝翼、賈瑚修，周悅讓等纂：（光緒）《增修登州府志》，清光緒七年（1881）刻本。

卷十一「廟壇」：

黃縣天后宮在南關，又一在龍口，一在黃河營。

注：以上各文中均詳載龍口境內天后宮的數量和分佈情況。在環渤海一帶奉祀海神林默的廟宇名稱繁多，文中的「天妃廟」和「天后廟」即是其中的代表。

6、海陽市

（1）包桂纂修：（乾隆）《海陽縣志》，清乾隆七年（1742）刻本。

卷四「祀典」：

海神廟在縣南三里。

（2）方汝翼、賈瑚修，周悅讓等纂：（光緒）《增修登州府志》，清光緒七年（1881）刻本。

卷十一「廟壇」：

海陽縣天后宮在縣南三里。

注：兩文均記載海陽縣境內天后宮（海神廟）的確切位置。環渤海一帶奉祀海神林默的廟宇，名稱繁多，文中的「海神廟」和「天后宮」即是其中的代表。

（二）威海市

1、威海市

（1）郭文大纂修，王兆鵬增訂：（乾隆）《威海衛志》，民國十八年（1929）鉛印本。

卷十「外志・寺廟」：

天后宮在衛東北三里，康熙四十八年守備費允倫重修，乾隆年唐拱儉重修。

注：本文記載威海衛天后宮位置和在清代的重修情況。

（2）方汝翼、賈瑚修，周悅讓等纂：（光緒）《增修登州府志》卷十一「廟壇」，清光緒七年（1881）刻本。

文登縣：天后宮在縣南六十里，又一在蘇門島，一在威海司，康熙四十年建，乾隆間重修。

注：文登今屬威海市管轄。文中記載文登天后宮的數量、分佈、創修時間。

（3）蔡培，歐文修；林汝謨纂：（道光）《文登縣志》，清道光十九年（1839）刻本。

卷七「寺觀」：

天后宮，威海，康熙四十八年，乾隆年間重修。

（4）李祖年修，于霖逢纂：（光緒）《文登縣志》，民國二十二年（1933）鉛印本。

卷四上「祠廟」：

天后宮在城東南五十里張家埠，乾隆五十七年郡癢生陳儀建。又一在蘇門島。一在威海司，康熙四十年建，乾隆間重修。

《寰宇記》：海神廟在城南六十里，今無考。按：神爲宋初福建莆田人，都巡檢林源之女，歿爲海神。元封天妃。國朝康熙二十三年加封「天后」。雍正十一年定制，直省地方官春秋致祭。

注：文中記載文登天后宮的數量、分佈、創修時間。

2、榮成市

（1）李天騭修，岳賡廷纂：（道光）《榮成縣志》，清道光二十年（1840）刻本。

卷十「外志・寺觀」：

天后宮一在石島，一在里島。道家住持。

（2）方汝翼、賈瑚修，周悅讓等纂：（光緒）《增修登州府志》，清光緒七年（1881）刻本。

卷十一「廟壇」：

榮成縣：天后宮在縣東召石山下，又一在石島，一在里島。

注：榮成今屬威海市轄區。文中記載榮成天后宮的數量和分佈情況。其中石島天后宮始建於清代乾隆十六年（1751 年），由山西省洪洞縣商人王一德創建。

（三）濰坊市

（1）毛永柏修，李圖、劉耀椿纂：（咸豐）《青州府志》，清咸豐九年（1859）刻本。

卷二十六「營建考」：

益都天后宮：大清通禮，祀天后於福建省城及莆田湄洲，又於江蘇清口惠濟祠，及各省濱海各州縣。益都不濱海，非所得祀，故列於後。

注：益都今屬山東青州市轄區，那裏的天后宮雖然建廟地址和時間未詳，但可以表明媽祖信仰除集中在沿海一帶和運河沿岸附近傳播外，在山東的其它內陸地區也有傳播。

（2）陳嘉楷修，韓天衢纂：（光緒）《昌邑縣續志》，清光緒三十三年（1907）刻本。

卷四「祀典」：

天后廟，光緒二十一年奉文，二、八月中丁日及三月二十三日誕辰，一併致祭，祀以太牢（古代祭祀用的豬、牛、羊之類的犧牲稱為「太牢」。筆者注）。按：時廟尚未建，設位於節孝祠。

卷七「寺觀」：

北鄉：天后宮在下營，光緒二十六年船商捐貲新建。

注：昌邑縣（今山東昌邑市）屬濰坊市轄區，那裏曾經建有兩座天后宮，分別在「縣城節孝祠旁」和「下營」，其中前者建廟的時間早於後者，後者由船工和商人捐建。文中記載天后宮祭祀的日期和所用祭品的情況。

（3）羅邦彥、傅齎予修，李勤運修：（光緒）《高密縣志》，民國二十四年（1935）鉛印本。

卷四「典禮」：

天后：每歲春秋仲月仲丁日及三月二十三日致祭。

（4）余有林、曹夢九修，王照青纂：（民國）《高密縣志》，民國二十四年（1935）鉛印本。

卷四「典禮」：

天后：每歲春秋仲月仲丁日及三月二十三日致祭，今廢。

注：高密縣隸屬山東省濰坊市，地處膠東半島和山東內陸的結合部。那裏的天后宮雖然建廟地址和時間未詳，但從以上記載來看，媽祖信仰在當地曾經得到傳播當是十分明確的。

（四）青島市

1、膠　澳（今青島市）

（1）楊士驤等修，孫葆田等纂：（宣統）《山東通志》，清宣統三年（1911）修　民國四年（1915）山東通志刊印局鉛印本。

卷三十八「疆域志第三・建置」：

膠州直隸州天妃廟在州治東。

（2）趙琪修，袁榮叟纂：（民國）《膠澳志》，民國十七年（1928）
　　鉛印本。

卷三「民社志・遊覽」：

天后宮：天后之祀不見於正史，然漁航業奉祀維謹，故沿海口岸恒有是
廟。廟東有老衙門，爲章高元建牙之所，二者均屬開埠以前所建，純粹華式，
爲本埠所罕覯。初德人曾欲毀廟，因華商傅鴻俊等竭力阻止，今年商會復集
資修理，廟貌一新。今漁航移泊小港，廟中則雜供財神地祇，一般迷信之市
民朔望入廟，拈香祈福。

注：青島天后宮建於明代成化三年（1467），明、清和民國時期都有重修，
後毀，並保存有清同治四年（1865）和同治十三年（1874）重修天后宮碑記
兩方。與其它天后宮的情況相同，青島天后宮內供奉的神祇很雜，既有媽祖、
龍王，也有財神、土地等，充分顯示媽祖信仰的兼容與多元特色。

2、膠州市

（1）龍文明修，趙燿、董基纂：（萬曆）《萊州府志》，民國二十八
　　年（1939）鉛印本。

卷四「祀典」：

膠州天妃廟在州治正東隅。

（2）嚴有禧纂修：（乾隆）《萊州府志》，清乾隆五年（1740）刻本。

卷四「祀典」：

膠州天妃廟在州治正東，有司春秋致祭。

（3）周於智修，劉恬纂：（乾隆）《膠州志》，清乾隆十七年（1752）
　　刻本。

卷一「建置」：

天后宮：東門外。

注：原膠州縣爲今膠州市，屬青島市轄區。文中記載膠州天后宮的位置和祭祀情況。

（4）張同聲修，李圖等纂：（道光）《重修膠州志》，清道光二十五年（1845）刻本。

「志二・建置」：

天后宮：天后姓林氏，明《莆陽天妃聖母廟記》唐牧裔，都巡檢林公願女（《山東通志》誤作「源」），母王氏。宋太祖建隆庚申三月二十三日生妃於莆陽湄嶼，太宗雍熙戊子九月九日化升，鄉人立祠於莆陽，後屢著靈應，瀕海郡縣多建祠祀之。宣和四年始賜「順濟」廟額，紹興二十六年始封「靈惠夫人」，紹熙元年始進爵「靈惠妃」。元至元十八年始進封「護國明著天妃」。《明史》：永樂七年封「護國庇民妙靈昭應宏仁普濟天妃」。國朝康熙二十三年江、浙、閩、廣撫鎮奏請加封「護國庇民妙靈昭應宏仁普濟天后」。宋慶元六年追封天后父曰「靈感嘉祐侯」，母曰「顯慶夫人」，國朝道光二十三年加封天后父曰「靈感嘉祐衍澤公」，母曰「顯慶衍澤夫人」。宮在城東南半里，始建不詳，康熙六十一年知州成永建重修，以後續修皆由海商，不具載。

注：文中詳細記載天后的身世、神迹，以及宋元明清歷代朝廷所賜予其的封號。膠州天后宮創建時間不詳，清康熙六十一年（1722）知州成永建重修，以後續修都由海商捐資。

3、即墨市

林溥修；周翕鍠纂：（同治）《即墨縣志》，清同治十二年（1873）刻本。

卷十二「寺觀」：

天后宮三：一在縣東北九十里金家口，一在縣西南五十里女姑口，一在縣西南九十里青島口。

注：原即墨縣爲今青島市轄區。金口天后宮位於即墨金口鎮的金口村內，創建於清乾隆三十三年（1768），係由南北客商捐資所爲。

（五）德州市

1、金祖彭修，程先貞纂：（康熙）《德州志》卷五「祀典・廟祠」，
　　清康熙十二年（1673）刻本。

　　天妃廟在南關。

2、楊士驤等修，孫葆田等纂：（宣統）《山東通志》，清宣統三年
　　（1911）修　民國四年（1915）山東通志刊印局鉛印本。

　　卷三十八「疆域志第三・建置」：

　　濟南府德州天妃廟在南回營西。

3、王贈芳，王鎮修；成瓘，冷烜纂：（道光）《濟南府志》，清道光
　　二十年（1840）刻本。

　　卷十八「祠祀・德州」：

　　德州天妃廟在南回營西，即天后廟。詳「長山」。

4、李樹德修；董瑤林纂：（民國）《德縣志》，民國二十四年（1935）
　　刻本。

　　卷四「輿地志・祠廟」：

　　天后宮，舊在北廠運河東岸。清道光間本邑駐防旗人武狀元昌伊蘇自臺
灣總鎮任旋里後建。近因年久圮廢，其後人移像於城內大營東街，其住宅南
園另建神殿供奉。

　　按：舊志載天妃廟在南回營西，《長河志籍考》載有天妃廟，云在南關，
已廢。考天后海神，名亦稱天妃，宋福建莆田人林願第六女，幼而神異，兄
商海上，遇暴風，女瞑目出神救之，年二十而卒。屢顯靈應於海上，泛海者
皆禱祀之。明永樂中封天妃，立廟於京師，後晉封天后。

　　注：德州曾經擁有兩座天后宮。一處為天妃廟，位於南回營西，曾經在
明代天順四年（1460）、成化十四年（1481）、嘉靖三十四年（1555）三次重
修。另一座為昌伊蘇在道光年間所建，原在北廠運河東岸，後遷至城內大營
東街。

　　昌伊蘇（1792～1850 年），字樸園，德州滿族正黃旗人，那木都魯氏。清

嘉慶二十一年（1816年）武舉人，嘉慶二十五年（1820年）一甲第一名武進士，授頭等侍衛。清道光十年（1830年）出任四川夔州協副將。道光十二年（1832年）任四川督標中協副將。歷官陝西潼關協副將、署陝西洮岷協副將、署陝西河州鎮總兵、甘肅寧夏鎮總兵。道光二十一年（1841年）授甘肅西寧鎮總兵，次年暫署陝西固原提督。道光二十二年（1842年），任伊犁鎮總兵，署直隸提督。道光二十三年（1843年）五月擔任臺灣鎮總兵，任內平定洪協起事，道光二十五年（1845）初卸任，後曾出資在德州城北南運河東岸修建天后宮。

（六）棗莊市

王振錄、周鳳鳴修，王寶田纂：（光緒）《嶧縣志》，清光緒三十年（1904）刻本。

卷十「祠祀」：

天后聖母宮在城東南六十里，臺莊閘西。《歷代封典錄》云：聖母姓林氏，福建莆田縣人，父諱惟愨，母王氏，誕降於宋太祖建隆元年三月二十三日，太祖雍熙四年九月九日化升。時顯靈異湄嶼間，鄉人立祠祀之後，神功屢著。宣和四年給事中路允迪奏請立廟，紹興二十五年敕封「崇福夫人」，明年加封「靈惠夫人」，紹熙元年進爵「靈惠妃」。元至元十八年進封「護國明著天妃」，明永樂七年加封「護國庇民妙靈昭應宏仁普濟天妃」。國朝雍正二年加封「天后聖母」，十一年通行直省列入祀典。咸豐三年，復募福建士商重修。

注：在環渤海一帶奉祀海神林默的廟宇，名稱繁多，文中的「天后聖母宮」也是其中之一。

嶧縣即爲今山東棗莊市嶧城區。嶧縣的天后宮於清咸豐三年由福建商人捐資建在「城東南六十里臺莊閘西」，位於京杭大運河漕運幹線的一個閘口上。文中此類記載體現出媽祖兼具海、河二神的職能，對於研究媽祖信仰在山東內陸傳播的問題，具有重要的參考價值。

（七）濟寧市

1、胡德琳、藍應桂修，周永年、盛百二纂：（乾隆）《濟寧直隸州志》，清乾隆四十三年（1778）刻本。

卷十「建置四・壇廟」：

天后宮在天井閘河北，乾隆三十一年總河李清時建，三十二年奏請御題「靈昭恬順」額。（採訪）

2、徐宗乾修；許瀚纂：（道光）《濟寧直隸州志》，清道光二十一年（1841）刻本。

卷五之二「秩祀志・壇廟」：

天后宮在天井閘河北。乾隆三十一年總河李清時建，年奏請御題「靈昭恬順」額。

注：位居大運河之畔的濟寧，歷史上也曾經建有兩處媽祖廟。其中一處爲清乾隆三十一年河道總督李清時所創建，天后宮地點位於濟寧天井閘上。濟寧乃當時漕河之襟喉，當漕艘孔道，商民帆檣往，在該州天井閘河北處則有一座「天妃閣」，充分說明媽祖信仰是在隨著漕運沿線向山東縱深傳播的。

（八）濱州市

侯蔭昌修，張方墀纂：（民國）《無棣縣志》，民國十四年（1925）鉛印本。

卷二十四「叢志・寺觀」：

天妃廟在大沽河口孟家莊，清同治十三年建。

注：無棣縣今屬山東省濱州市管轄，位於中國山東省東北部沿海一帶。在那裏也曾經出現天后宮，體現清代媽祖信仰曾經在山東全境得到廣泛的傳播。

（九）淄博市

倪企望修，鍾廷瑛、徐國行纂：（嘉慶）《長山縣志》，清嘉慶六年（1801）刻本。

卷二「建置志・廟觀」：

天后宮在周村，乾隆三十九年僧緒汪募建。邑令葉觀海撰記，飛閣周廊宏麗，爲一鎮冠。

注：周村在清代西接濟南府，東臨青州府，北對黃河平原，南靠沂蒙山區，今爲山東淄博市轄區。清初官道改從此地經過後，周村逐步成爲山東商

貿重鎮和交通樞紐。那裏不僅與兩廣及沿海各省都有貿易關係，還可由運河轉運，並可以通過龍口、煙臺、蓬萊、膠州等港口南下，因此客商雲集。周村天后宮曾經創建在漕運所經的清河隘口旁，凡過往船隻均在此虔誠祝禱，祈求媽祖保祐平安得逾此閘，因此吸引眾多的信徒前來朝觀。清乾隆三十九年（1774）進行重修。

（十）臨沂市

范築先修；李宗仁纂：（民國）《續修臨沂縣志》，民國二十四年（1935）鉛印本。

卷十四「文獻志・典禮」：

天后宮：每年夏、仲春、仲秋吉日，地方官致祭天后。祭品牛一、羊三、豕三，三牲、香燭、燎柴、木盤等項，行再拜禮。

注：臨沂縣即今山東臨沂市。臨沂的天后宮雖然建廟位置和時間無從查考，但從文中記載來看，媽祖信仰在當地曾經得到的傳播，應是不爭的事實。

（十一）日照市

1、陶錦修，王昌學、王橚纂：（康熙）《青州府志》，清康熙六十年（1721）刻本。

卷八「祀典」：

日照縣狄水廟：城西南河海交會之處，今改爲『天妃庵』。

2、李希賢修，潘遇莘、丁愷曾纂：（乾隆）《沂州府志》，清乾隆二十五年（1760）刻本。

卷十四「秩祀」：

日照縣狄水廟在城西南三里河海交匯之處，祀天妃。

注：在環渤海一帶奉祀海神林默的廟宇，名稱繁多，文中的天妃庵和狄水廟即是其中的兩種。

3、陳懋修，張庭詩、李堉纂：（光緒）《日照縣志》，清光緒十二年（1886）刻本。

卷二「營建‧壇祠」：

城南閣天后祠，同治十二年縣紳許維榕偕紳士重修。

天后宮在濤洛、夾滄、龍汪各海口。一在衛城西南三里河海交匯處，名「狄水廟」。

注：在環渤海一帶奉祀海神林默的廟宇，名稱繁多，文中的「天后祠」即是其中之一。

日照縣即今山東日照市，那裏共有五座天后宮，分別稱爲「天后祠」、「天后宮」、「天妃庵」等，分佈在沿海重要的港灣城鎮。其中日照濤雒天后宮位於濤雒鎮北，清乾隆三十一年（1756）建。兩城天后宮在兩城鎮街裏，建年無考，清光緒十七年（1891）重修。

（十二）菏澤市

1、穆彰阿、潘錫恩等纂修：（嘉慶）《重修大清一統志》，民國二十三年（1934）鉛印本。

卷一百八十一「曹州府一‧祠廟」：

天妃廟在曹縣楊晉口，祀海神。

2、陳嗣良修，孟廣來、買乃延纂：（光緒）《曹縣志》，清光緒十年（1884）刻本。

卷六「祠祀志‧祠廟」：

天妃廟，一名娘娘廟，在楊晉口，見「陳策志」。按：天妃，海神，河達於海，是時政諡俗醇，故無雜祀，而祭者猶本先河後海之意云。

注：曹縣屬於山東菏澤市轄區，位於魯西的黃泛區，也屬於京杭大運河流域。文中關於曹縣天后宮的記載，表明媽祖已兼具海神、河神的法力，也是媽祖信仰在山東內陸得到廣泛傳播一個有力佐證。

3、郁濬生修，畢鴻賓等纂：（民國）《續修鉅野縣志》，民國十年（1921）刻本。

卷一「建置志‧秩祀」：

天后宮即白衣堂，在城隍廟東北。正殿樓三間，大門三間，西靜室共土

房九間。光緒二十一年邑侯許公倡修，是年奉藩憲箚，添春秋祭及三月二十八日（校：此處疑爲二十三日。編者）誕辰祭。

注：巨野縣屬於山東菏澤市轄區，位於魯西南黃河沖積平原上，也屬於京杭大運河流域。文中關於巨野縣天后宮的記載，是媽祖兼具海、河二神職能的突出體現，對於研究媽祖信仰在山東內陸地區傳播的問題，具有重要的意義。

（十三）聊城市

牛占誠修，周之楨纂：（民國）《茌平縣志》，民國二十四年（1935）鉛印本。

卷二「地理志・寺觀」：

天妃係海神，爲閩省林氏女，以童眞得道，亦號「普門大士」，有稱「廣大靈感觀世音」。天妃清時神靈煊赫，洋溢海隅，累受敕封，號稱「天上聖母」。昔時海船若遇風浪，苟長跪高呼「天后」，空際即有紅燈一盞來往桅上，立獲平安，法甚靈異。若此，華經普門品謂爲「觀世音三十二應之身」，而說部則謂「天后」，亦稱「媽祖」。航海遇急，呼「天后」不如呼「媽祖」之應急，蓋呼「天后」，須待整列隊仗而行，若呼「媽祖」，則聞聲立至，故沿江沿海各州縣多祀之。茌宮在城北三十里，今已圮矣。

注：茌平縣屬於山東聊城市轄區，位於魯西南黃河故道和京杭大運河相彙的地區。文中關於茌平縣天后宮的記載，表明媽祖已兼有海、河神的法力，對於研究媽祖信仰在山東內陸地區傳播的問題，具有十分重要的參考價值。

五、遼寧省方志的媽祖史料

遼寧一帶媽祖信仰的傳播始於明，盛於清。明朝統治中原以後，從東南沿海派兵渡海進抵遼東，糧餉和軍服要從這裏登陸，於是遼東各港口就成爲航運中轉地。此後南方的糧米、布匹等商品，與遼東的馬匹、毛皮、藥材等商品，均經遼東半島各口岸交易往來，各種形式的天妃宮隨之陸續興建起來。

清代康熙年間開放海禁，加上海運技術的提高，海運成爲南北商品流通的主要渠道，也促使沿海各口岸逐漸興盛起來。媽祖不僅是海運的保護神，也成爲長途販運商人，特別是依靠海運商人的行業在各地的保護神，成爲他們聚集的固定場所，甚至可以說有海運商人的地方就有天后宮。這些海運商

人不僅包括來自閩粵江浙的商人、船工，也包括山東沿海的商人，尤其在遼東半島，沿海貿易和闖關東的移民潮，促使大量的山東商人也修建天后宮，主要形式就是通過商人和移民修建商業會館。當時遼寧一帶許多會館往往都是和天后宮的建築合爲一體的，或在天后宮附設會館，或在會館裏特建一座天后殿。

（一）瀋陽市

1、翟文選等修，王樹枏等纂：（民國）《奉天通志》，民國二十三年（1934）鉛印本。

　　卷九十二「建置六・祠廟一」：

　　瀋陽縣天后宮在地載關三皇廟西，乾隆年建，爲閩江會館。又在懷遠關外，爲山東會館。

　　注：本文中詳載瀋陽縣境內天后宮的數量、坐落地點、創建時間、殿宇結構、產權性質，以及所祀神位等內容。遼寧瀋陽天后宮迄今是中國境內所發現，地處最北端的天后宮。

2、趙恭寅修，曾有翼等纂：（民國）《瀋陽縣志》，民國六年（1917）鉛印本。

　　卷十三「宗教・道教」：

　　天后宮有二。一在地載關三皇廟西，乾隆年建，爲閩江會館，每歲陰曆上巳重九爲會期。一在懷遠關外，爲山東會館，每歲陰曆上巳七夕作會。

　　注：瀋陽天后宮始建於清代，由福建旅瀋商人陳應龍等創建。起初盛京城（即今瀋陽）商賈行市興起，關內南方各省的買賣人紛紛奔赴東北經商，把南方的絲綢、水果、海鮮與東北的人參、鹿茸、皮毛、蘑菇通過海陸渠道交易。當時有一些福建，江浙籍的旅瀋客商經常往來此地，他們在古城的地載門（小北門）外的地載關（小北門）街修建了一處閩江會館，奉祀媽祖。而山東會館則由旅瀋的山東商人創建，大體位於今瀋河區山東堡一帶，現早已不存。

　　據文中記載，瀋陽的兩座天后宮也都曾經有相應的會期，體現出本地媽祖信仰民俗活動的特色。

（二）鞍山市

1、翟文選等修，王樹枏等纂：（民國）《奉天通志》，民國二十三年（1934）鉛印本。

卷九十二「建置六・祠廟一」：

天后宮在城大南門內。（縣志：乾隆初年，山東黃縣同鄉會捐資購地，建築會館，因祀海神，稱「天后宮」。）

天妃廟在城西四十里牛莊城西關。（縣志：明永樂中封「天妃」，立廟京師，清康熙二十二年晉封「天后」。按：天妃，宋莆田人林願第六女，幼而神異，年二十而卒，屢著靈異於海上，渡海者皆禱祀之。）

小姐廟在牛莊城北八里遼河南，村名亦曰「小姐廟」。（縣志：清乾隆二十五年三月重修，臨榆縣廩生常雲撰文，稱爲「岨山聖母」，並頌海上功德，與牛莊西關天妃小姐廟詞義髣髴。）

注：海城縣即今遼寧省海城市。文中記載海城縣境內天后宮、天妃小姐廟（小姐廟）的數量、分佈地點、殿宇結構等內容。尤其著重介紹創建天妃小姐廟（小姐廟）的來龍去脈，具有濃鬱的地方特色。

媽祖在中國北方又稱「天妃」、「天后」、「天上聖母」、「娘媽」、「娘娘」，甚至在一些地方，還被稱「天妃小姐」。眾多的稱號都是人們對媽祖的褒稱，媽祖信仰在中國北方的廣泛傳播，使她成爲歷代船工、商人和漁民等社會各階層共同敬仰的神祇。

2、海城縣

（1）廷瑞、孫紹宗修，張輔相纂：（民國）《海城縣志》，民國十三年（1924）鉛印本。

卷三「地理・壇廟」：

天后宮在城大南門內迤西，正殿五楹，地樓三楹，東西配廡各五楹，戲樓三楹，耳房三楹。清乾隆初年，山東黃縣同鄉會捐資購地建築，會館因祀海神娘娘，又稱「天后宮」。

天妃小姐廟在城西四十里，牛莊城西關，俗呼「娘娘廟」。考：廟中碑碣曰「天妃小姐廟」，清順治二年建。時「天妃小姐」尙未晉封「天后」，俗稱「天妃」，爲海神娘娘故，又曰「娘娘廟」。考「天后傳」：天妃小姐，宋

莆田人，林願第六女，幼而神異，兄商海上，遇暴風，小姐瞑目出神，救之。年二十九卒。後屢顯靈應於海上，渡海者多禱祀之。明永樂中封「天妃」，立廟京師。清康熙二十二年晉封「天后」。

　　小姐廟在牛莊城北八里遼河南岸，村名亦曰「小姐廟」，蓋先廟後村也。建置年月無考，俗呼「小姐廟」，土人又稱「蕭姬廟」，不知何據也？或曰「蕭姬，即梟姬之誤也」，蜀漢昭烈帝孫夫人大歸於吳，後聞昭烈帝戰敗，崩於白帝城，夫人至江岸望祭，遂投江死。後人為之立廟，曰「梟姬祠」，此附會之說也。考廟中碑碣，乾隆二十五年三月重修，臨榆縣廩生常雲撰文稱為「岨山聖母」，並頌海上功德，與牛莊西關天妃小姐廟詞義髣髴，蓋因后父林願曾官都巡檢，故稱後為小姐，乃當時之通稱也。天后聖母有功海上，齊魯閩粵之人到處立廟祀之，此廟既在河干，當為天后聖母無疑，世人不知來歷，遂疑小姐之名為不經，妄擬蕭姬之稱以代之，今以廟碑為據，仍稱「小姐廟」，以存其真。

　　天后宮在城西四十里牛莊，俗呼「北會館」，今改設國民學校。

3、岫岩縣

（1）翟文選等修，王樹枏等纂：（民國）《奉天通志》，民國二十三年（1934）鉛印本。

卷九十四「建置八・祠廟三」：

岫岩縣：

天后宮，西山，山東客商建修。

天后宮，三區紅旗溝，清乾隆年修。

注：岫岩縣今屬鞍山市轄。文中記載岫岩縣境內天后宮的數量、坐落位置、殿宇結構、創建與重修時間等情況。

（2）劉景文、高乃濟修，郝玉璞纂：（民國）《岫岩縣志》，民國十七年（1928）鉛印本。

卷三「商業・商務會」：

山東會館原係山東客籍商人發起募捐，在西山真武廟西建，修天后宮一所，山門、正殿各三間，東、西兩廊各三間。歷年天后聖會由商會承辦。

「宗教」：

岫岩縣全境廟宇一覽表

名　別	地　址	房間數	住持僧、道數	附　設	備　　考
天后宮	三區紅旗溝	正殿三，正房三，廊房五	住持人一	海善堂、公所	清乾隆年赫祥建修，現有住持
天后宮	西山	正殿三，東西廊各三			由山東客商募資建修，商會經理

注：岫岩縣的天后宮也和遼寧其它地方一樣，大部分都是由山東移民集資所建。

（三）營口市

1、營口市

（1）翟文選等修，王樹枏等纂：（民國）《奉天通志》，民國二十三年（1934）鉛印本。

卷九十二「建置六・祠廟一」：

營口縣：天后宮在埠內西大街，雍正四年建。（縣志：歲以陰曆四月二十八日為致祭之期。）龍王廟在天后宮之西，藥王廟在天后宮之東。

注：營口天后宮正殿主祭天后，西側殿為龍王廟，東側殿為藥王廟，其餘還有觀音、財神等神靈的祭祀場所。顯示隨著天后的神位不斷上陞，其職能已經取代四海龍王。

（2）楊晉源修，王慶雲纂：（民國）《營口縣志》，民國二十四年，僞康德二年（1935）油印本。

「祀典篇」：

天后宮，一稱「西大廟」，在埠內西大街，於前清雍正四年創建。正殿三楹，左右配殿各三楹，東西廊各五楹，前殿三楹，兩翼鐘鼓樓各一，院前戲樓一座，東西樹牌坊一方，巍然高聳，上書四大金字，文曰「紫氣東來」，慈光普照，前後輝映。西面有觀音閣一座，臺基崇高，遙遙相對。其中名人匾額、楹聯頗多，石碑屹立，規模宏壯。山門外懸有匾額一方，上書「天后行

宮」四大字，咸豐九年己未孟秋，係山海鈔關道誠明所立，民國十九年經該院住持萊山法師募化重修。繪塑神像，丹楹刻桷，金碧輝煌。集款達七、八千元之譜。考：天后俗稱「娘娘」，爲宋莆田人林願第六女，幼而神異，年二十九卒，屢顯靈異於海上，相傳輪舶在海洋中遇險，往往見天際霧中有紅燈出現，叩爲天后來救，必能脫險，屢見不爽，渡海者多禱祀之。明永樂中封爲「天妃」，立廟京師。清康熙二十二年晉封「天后」，以每年陰曆四月二十八日爲致祭之期，迄今香火猶盛。

　　注：營口天后宮因位於營口西部（今遼河大街西端），故習慣稱之爲西大廟。始建於清雍正四年（1726 年），是原龍王廟舊址上修建的，首建者是江、浙、閩一帶來營口的「客幫」和本埠的富商，雙方集資修建。1930 年（民國十九年），又由廟院住持萊山禪師募化重修。廟宇規模宏大，氣勢雄偉，後因年代久遠已經破敗，現存的建築是上世紀九十年代末期將廟址整體後移後重新修建的。

　　在每年的四月二十八，許多善男信女都會來到這裏上香祭拜，奉祀海神娘娘。尤其是一些漁民家庭，來這裏虔誠的上香祈禱一年平平安安，因此香火很盛。早期的廟會還僅限於一種祭祀活動，後來隨著經濟發展和人民交流的需要，廟會在保持祭祀活動的同時，逐漸融入一些集市交易活動，並且增加了娛樂性才藝表演等內容，因此規模和影響不斷擴大。

2、蓋州市

（1）阿桂等修；劉謹之等纂：（乾隆）《欽定盛京通志》，清乾隆四十四年（1779）活字本。

　　卷九十七「祠祀一」：

　　蓋平縣天后祠在縣治東南，正殿三楹，後殿五楹，耳房六楹，大門三楹，康熙五十五年重建。

　　注：蓋平縣即今蓋州市，屬遼寧營口市轄區。文中記載當地天后宮的位置、殿宇結構、重建時間等內容。

（2）翟文選等修，王樹枬等纂：（民國）《奉天通志》，民國二十三年（1934）鉛印本。

卷九十二「建置六・祠廟一」：

蓋平縣：海神廟在城內福建會館，南門裏偏西。又在三江會館，縣署前街路北。又在山東會館，北馬道偏東路北。

天后祠在縣治東南，康熙五十五年建。

注：本文所記載的內容，與蓋州其它方志都是一致的，據此可以對那裏天后宮分佈狀況有一個明確的認識和瞭解。

（3）章運熺修，崔正峰、郭春藻纂：《蓋平縣鄉土志》，民國九年（1920）石印本。

卷之下「祠祀廟宇」：

天后祠在縣治東南，康熙五十五年建，殿、廡均不及載。

（4）石秀峰、辛廣瑞修，王鬱雲纂：（民國）《蓋平縣志》，民國十九年（1930）鉛印本。

卷二「建置志・祠宇」：

海神廟：城內海神廟有三。一曰「福建會館」，在南門裏偏西路北。一曰「三江會館」，在縣署前街路北。一曰「山東會館」，在北馬道偏東路北。

天后祠在縣治東南，康熙五十五年建。

注：在環渤海一帶奉祀海神林默的廟宇，名稱繁多，文中的「天后祠」和「海神廟」即是其中的代表。文中記載蓋平縣境內天后宮（以及海神廟）的創建時間、數量和分佈情況。

營口在清代又稱沒溝營，由東、西沒溝營兩部分組成，分別隸屬於海城縣與蓋平縣，此地位於遼河入海口。天妃廟也稱天后宮，本是與南方航海活動密切相關的文化符號，明代遼東海上航運事業發展比較緩慢，只有幾處港口修建天妃廟。明末清初時，東北一帶社會經濟遭到嚴重破壞。清順治年間，朝廷頒佈遼東移民招墾令，當地經濟逐漸恢復。隨著土地的開墾，糧食輸出量的增加，航海業的發展，遼東沿海各口岸的天妃廟也得以恢復和修建，也促使天妃廟的數量和功能也發生了很大的變化。清代遼河航運碼頭香火最為興旺的當屬營口天后宮。

蓋州原有天后宮，即福建會館、三江會館和山東會館。

邑境祠神考：

……

天后宮，一稱海神廟。

天后，俗稱海神娘娘，後爲宋時蒲（注：應爲「莆」。筆者注）陽（今福建屬）林氏處女，父名願。相傳其母率之紡績，一日坐機杼間，狀似微睡，其母以手拍之，突驚而歎曰：「幾敗大事！」母詢之，答曰：「適見父與兄在海上某處遭風厄，余一手拯父，一手援兄，適一拍喚，幾俱溺殺」。未久，父兄歸，言遇女相救事，若合符節。後有遊人曾於海上見之。又李富公出使高麗，停舟峃島，神靈顯異。李公焚香禱祝，歸，言於朝，遂敕封「護國庇民天妃」。至清康熙間晉封爲「天后」，我國沿海無處不有其廟。（按：舊《浙江通志》載海神相傳姓羅，名清，好修黃白飛升織，統海中諸龍王，祈雨輒應云。據此當另有一海神。）即沿海舟子，亦百奉爲至靈，且老於江湖者每言之娓娓，信益篤焉。

按：天后宮就中，以山東掖縣之東海神廟爲最著稱。建築之巍峨宏敞，爲各省所三（注：應爲「不」）及。廟中碑碣、聯額，多爲清名宿翟雲升所撰之隸書。香火特盛，每歲由夏曆三月，不日直至九月九，會期延八閱月之久，竟有數百里往而頂禮者，遼寧則以蓋平爲最名。昔以西河口岸爲南北省海上交通之中樞，輪蹄叢集，舟帆交並，故我邑執三省商業之牛耳。（詳見本志「交通」）因之一城中有同一之海神廟三首（疑爲「座」。筆者注），曰「福建會館天后宮」，二曰「三江會館天后宮」，三曰「山東會館天后宮」。福建會館初修時，曾於嘉慶間奏明列注祀典，而三江會（此處原缺「館」字。筆者注）因而傚之，山東亦援例請祀。洎後營口開港，各會館會務皆隨之轉移，此間之主事者悉聽命於營口總會。然此間三會館之產業勝於他廟疇，昔除辦會、演劇、祭神、酬賓外，並襄辦各項善舉。近復鑒於潮流趨勢，皆停止演劇，積款興學，各自創立國民小學一處，（見本志「學校」）不收學費，成績頗著云。

注：文中記載媽祖的身世、事蹟，以及被逐步納入國家祀典的過程。同時介紹蓋平依託自身獨特的區位優勢，曾經吸引大量的山東移民，先後創建三座天后宮（會館），以及民國間廢廟興學的情況。

卷五「教育志・學校表」：

第一學區

地址	校名	職別	學生班數	學生人數	校舍間數	成立年月
山東會館	私立文化小學校	校長初錫令，正教員一人，教員一人	初小二	八十六	瓦房十間	民國十七年七月
三江會館	私立啓明小學校	校長沈啓霖，教員二人	初小二	八十四	瓦房十一間	民國十八年二月

　　注：清末民初蓋州和其它各地天后宮一樣，舉辦「破除迷信，拆廟興學」的活動，並取得不俗的成績。

（四）大連市

1、瓦房店市

（1）阿桂等修；劉謹之等纂：（乾隆）《欽定盛京通志》，清乾隆四十四年（1779）活字本。

　　卷二十五「山川一」：

　　復州娘娘宮山：城西四十里，即天妃宮。

　　注：媽祖在環渤海一帶很多地方，都被稱爲「娘娘」，這種稱謂自身更加具有一定的親和力，並被賦予多重職能。

　　卷九十七「祠祀一」：

　　復州天后廟在城西南四十里，正殿三楹，大門三楹。

　　注：復縣（復州）即今遼寧省瓦房店市，屬大連市轄區。文中記載復州境內天后廟的地點和殿宇結構等情況。在環渤海一帶奉祀海神林默的廟宇，名稱繁多，文中的「天后廟」即是其中之一。

（2）翟文選等修，王樹枬等纂：（民國）《奉天通志》，民國二十三年（1934）鉛印本。

　　卷九十二「建置六・祠廟一」：

　　復縣天后宮，娘娘宮，明萬曆年建。

　　注：文中記載復縣天后宮始建於明代，在東北一帶天后宮中應該屬於最

早的媽祖廟宇之一。在中國，南方和環渤海一帶對林默的稱謂不同。南方人俗稱林默爲「媽祖」，北方人俗稱林默爲「娘娘」，因此南方所建廟宇多叫媽祖廟，北方所建廟宇多叫娘娘宮。

（3）程廷恒修，張素纂：（民國）《復縣志略》，民國九年（1920）石印本。

第四十一「宗教略・祠廟」：

復縣祠廟建自明清者爲多，產則公私參半焉。

第四十三「祠廟表」：

名　稱	所在地點	建設年代	官公私產	基　　址	改存廢	備　考
天后宮	娘娘宮	明萬曆	公	一（畝）	存	

注：天后宮在環渤海一帶民間多被稱爲「娘娘宮」，體現出媽祖具有相當的親和力，被賦予多重的職能。民國時期復州天后宮建築的產權性質比較複雜，公產和私產均有。

2、莊河市

（1）翟文選等修，王樹枏等纂：（民國）《奉天通志》，民國二十三年（1934）鉛印本。

卷九十四「建置八・祠廟三」：

莊河縣：天后宮在本城下街，清乾隆二十九年建。

　　　　天后宮在城東青堆子上街，清道光四年建。

　　　　天后宮在城東大孤山，清光緒十四年建。

注：文中詳載莊河市（原莊河縣）境內天后宮的數量、分佈和創建時間。

（2）廖彭、李紹陽修，宋掄元等纂：（民國）《莊河縣志》，民國十年（1921）鉛印本。

卷二「古蹟・廟宇」：

天后宮在本城下街，乾隆三十九年建，祀關壯繆天后聖母，住持僧一，今中學校在焉。

天后宮：城東青堆子上街，道光四年建，住持僧一。

天后宮：城東大孤山，光緒十四年建，祀海神娘娘，住持道士一。廟內有木質輪船多艘，係乙未年日軍敬送懸掛者。

注：莊河縣即今莊河市，屬遼寧大連市轄區。文中記載莊河縣境內天后宮的數量、坐落地點、殿宇結構、創建與重修時間、住持僧道等多項內容。據《太上老君說天妃救苦靈驗經》中稱：媽祖爲斗中妙行玉女所化，受太上老君之命降生人間救民疾苦。從明代開始，明代由皇帝欽定媽祖爲道教神，許多媽祖廟歸入道觀，由道士住持。

（3）王純古、王佐才修，楊維嶓、李其實纂：（民國）《莊河縣志》，民國二十三年（1934）鉛印本。

卷二「建置志・祠宇」：

天后宮：在本城下街，乾隆三十九年建，祀關壯繆天后聖母，住持僧一，今中學校在焉。

天后宮：治東青堆子上街，道光四年建，住持僧一。

天后宮：邑東大孤山，光緒十四年建，祀海神娘娘，住持道士一。廟內有木質輪船多艘，係乙未年日軍敬送懸掛者。

注：文中記載莊河縣境內天后宮的數量、坐落地點、殿宇結構、創建與重修時間等，同時體現當地的媽祖信仰中佛道雜糅的特徵。

卷二「建置志・神考」：

天后宮（一稱海神廟）

天后，俗稱海神娘娘，後亦稱天妃，宋莆田（今蒲陽屬福建）人，林氏處士，父名願之第六女。幼而神異，相傳其母率之紡績，一日坐機杼間，狀似微睡，其母以手拍之，突驚而歎曰：「幾敗大事！」母詢之，答曰：「適見父與兄在海上某處遭風厄，余一手拯父，一手援兄，適一拍喚，幾俱溺殺」。未久，父兄歸，言遇女相救事，若合符節。後有遊人曾於海上見之。年二十而卒。又李富公出使高麗，停舟嵋島，神靈顯異。李公焚香禱祝，歸，言於朝，時明永樂中，遂敕封「護國庇民天妃」。後至清康熙間晉封爲「天后」，我國沿海無處不有其廟。即沿海舟子，亦百奉爲至靈。且老於江湖者每言之娓娓，信益篤焉。按：舊《浙江通志》載海神相傳姓羅，名清，好修黃白飛

升織，統海中諸龍王，祈雨輒應云。據此當另有一海神。

　　按：天后宮就中，以山東掖縣之東海神廟爲最著名。其建築之巍峨宏敞，爲各地所不及。廟中碑碣、聯額，多爲清名宿翟雲升所撰之隸書。香火特盛，每歲由夏曆三月三日，直至九月九日，會期延八閱月之久，竟有數百里。往而頂禮者，奉天首爲蓋平，次則本屬，如治城天后宮，打拉腰子廟，夕陽宮，青堆子天后宮，大孤山聖水宮、天后宮，各鄉之端陽廟，朝陽觀，朝陽宮，清龍觀，雙陽寺，白雲宮等，皆祠有海神。

　　注：大連一帶的媽祖信仰多由山東移民或者福建商人帶過來，並在那裏曾經先後建起多座天后宮。其中大孤山天后宮位于丹東市西部，大連、鞍山、丹東三地交界之處，南瀕黃海。始建於清乾隆二十八年（1763 年），清光緒六年（1880 年）被大火燒毀後重修。來此朝拜的人很多，天后宮的香火一直很盛，除了娛神之外，每年的農曆四月十八日都要舉辦廟會，各地來的船隻帶來本地的土特產品進行交易，逐步成爲該地重要的集市貿易中心。

　　而青堆子天后宮位於遼寧省大連莊河市，南臨黃海，始建於清乾隆八年（1743），曾經先後於清同治年間、民國十年（1921）重修，原宮廟已經不存，現宮廟係在原址復建。青堆子天后宮的創建，與當地商貿經濟的發達密不可分。清代青堆子是當時遼東半島比較繁華的商埠和港口，往來舟船繁忙，交通發達，商貿繁榮。

卷十三「宗教志・佛教」：

佛教祠廟僧徒表（民國二十三年（1934），僞（注：滿洲國。筆者注）康德元年六月調查）

祠　名	區　界	道　士	人　數
天后宮	一區	住持僧	一
天后宮	二區	住持僧	一

卷十三「宗教志・道教」記載：

道教觀廟士徒表（民國二十三年（1934），僞（注：滿洲國。筆者注）康德元年六月調查）

祠　名	區　界	道　士	人　數
天后宮	五區	道士	一

注：大連一帶的媽祖信仰體現佛道雜糅的特色。

（五）錦州市

1、阿桂等修；劉謹之等纂：（乾隆）《欽定盛京通志》，清乾隆四十四年（1779）活字本。

卷九十八「祠祀二」：

錦縣：天后祠在城內白塔後，正殿五楹，配廡十九楹，大門三楹。

注：錦縣（今凌海市）爲錦州市管轄。文中詳載錦縣（今凌海市）境內天后宮的地點、殿宇結構等內容。

2、翟文選等修，王樹枏等纂：（民國）《奉天通志》，民國二十三年（1934）鉛印本。

卷九十三「建置七・祠廟二」：

錦縣：天后祠在城內白塔後，正殿五楹，配廡十九楹，大門三楹。

天后宮在城內西街。清雍正三年建修，乾隆二十八年重修。嘉慶二年又重修，六年工竣。

注：錦州天后宮又稱天后行宮，坐落於廣濟寺塔西，始建於清雍正三年（1725），乾隆二十八年（1763）、嘉慶六年（1801）及同治年間均有修葺。

錦州天后宮創建時，正值「康乾盛世」，錦州又是關內外海陸路運輸的樞紐，東北最大的物資集散地。隨著海上貿易的不斷發展，南方客商通過海運不僅將南方的物資運到錦州，而且將媽祖信仰帶到錦州。錦州天后宮是由江浙和福建茶商集資建立的，他們集資修建了「三江會館」，並擴建了天后宮，以祈保航海平安。那裏既是同業行會，又有江浙閩三江會館之稱。每年陰曆三月二十三天后誕辰之日，三江會館都會出鉅資請梨園演酬神戲，爲錦州市最大的廟會。

3、田徵葵編：《錦縣鄉土志》，清光緒三十三年（1907）修　清宣統二年（1910）抄本。

天后祠在本城白塔後。

注：在環渤海一帶奉祀海神林默的廟宇，名稱繁多，文中的「天后祠」即是其中之一。

4、王文藻修，陸善格、朱顯廷纂：（民國）《錦縣志略》，民國九年
　　（1920）鉛印本。

　　卷四「建置志下‧祠祀」：

天后宮在城內西街大廣濟寺右。正殿七楹，東西廊各三楹，東西耳房各
二楹，中門五楹，西廊七楹，正門三楹。戲樓一座，東西碑亭各一座，東西
外門各一楹。雍正三年修，乾隆二十八年重修，嘉慶二年又重修，六年工竣，
有碑記其事。

　　注：文中詳載錦縣（今淩海市）境內天后宮的地點、殿宇結構等內容。

（六）葫蘆島市

1、翟文選等修，王樹枏等纂：（民國）《奉天通志》，民國二十三年
　　（1934）鉛印本。

　　卷九十三「建置七‧祠廟二」：

興城縣天后宮在八區釣魚臺村海口山上，縣城東南十二里，創建年月無
考，清光緒二十三年重修。

　　注：興城市（原興城縣）今屬遼寧葫蘆島市轄區。文中記載興城市境內
天后宮的位置、創建和重修情況。

2、恩麟、王恩士修，楊蔭芳等纂：（民國）《興城縣志》，民國十六
　　年（1927）鉛印本。

　　卷十三「宗教」：

佛教：

天后宮在八區釣魚臺村海口山上，距縣城東南十二里，創建年月無考。
清光緒二十三年丁酉重修，正殿三楹，前殿一楹，左右廂房各三楹，住持僧
一人。

　　注：文中介紹興城市（原寧遠州，興城縣）境內天后宮的分佈、創建、
重修時間、所祀神位和住持僧道等狀況。由於媽祖信仰在當地兼具佛、道二
教色彩，故天后宮一般都由僧人或道士住持。

　　遼寧興城天后宮始建年代無考，曾經於清代光緒二十三年（1897 年）重
修。

（七）丹東市

1、翟文選等修，王樹枏等纂：（民國）《奉天通志》，民國二十三年（1934）鉛印本。

卷九十四「建置八‧祠廟三」：

安東縣：天后宮在元寶山前，清光緒二年建。

天后宮在北甸子東首，清光緒十二年建。

注：遼寧丹東天后宮迄今發現是中國境內地處最東的天后宮，位於今丹東市元寶區。文中詳載丹東市（原安東縣）境內天后宮的數量、位置、殿宇結構、所祀神位、創建時間等。

2、關定保等修，于雲峰等纂：（民國）《安東縣志》，民國二十年（1931）鉛印本。

卷七「祠廟」：

天后宮在元寶山前，清光緒二年建，八年十二月頒給匾額。（見《東華錄》，文字失考）

按：神爲宋初福建莆田縣人，都巡檢林源第六女，幼而神異，兄商海上，遇暴風，女暝目出神，救之。年二十而卒，屢顯靈應於海上，渡海者皆禱祀之。始封「靈惠夫人」，元至正間加封「感應神妃」，元統二年加封「輔國護聖庇民廣濟福惠明著天妃」。清康熙十九年敕封「護國庇民妙靈昭應宏仁普濟天妃」，二十三年加封「天后」。雍正十一年定制，直省地方官春秋致祭。乾隆二年加「福祐群生」四字，二十二年加「誠感咸孚」四字，五十三年加「靈聖贊順」四字。嘉慶五年加「垂慈篤祐」四字。《會典》「直省禦災捍患諸神，於民有功德者加封號，立專祠，每歲春秋所在守土官具祝文，香帛，羊一，豕一，尊一，爵三，朝服行禮，與祭關帝同。夏曆三月二十三日爲天后聖誕，安東艖船公會及各船戶皆備香帛，詣天后宮致祭，自朝至午，絡繹不絕，歲以爲常。

注：文中所載内容在清實錄和清史檔案中也都有明確的記載，可以相互印證和參照。

天后宮：在北甸子東首。清光緒十二年建，正殿三楹，中間天后聖母，

東間三霄娘娘，西間空，東西廊各五間，山門三間，東西二間，有巡海夜叉像。山門外東西廂各七間，戲樓一座，左右各設看樓六間，山門左右有鐘鼓二樓，現大東溝商會私立小學校在焉。

　　注：文中介紹丹東天后宮廟的位置、創建、祀神、殿宇結構等狀況。根據本文的內容可以看出，早年間這裏也曾舉辦「廢廟興學」的活動。

第二節　其它地方史類的媽祖史料

　　地方文獻往往能夠充分彙集鄉邦史料，展示地域風情，突出媽祖信仰在各地傳播的特色，因此具有重要的參考價值。

一、張燾輯：《津門雜記》，清光緒十年（1884）刻本。

　　卷上「會館」：

　　閩粵會館在北門外針市街，係該省官商捐造，館內專祀天后聖母，無僧道住持，俗呼「洋蠻會館」。

　　注：閩粵會館和千福寺都屬於天后行宮。閩粵會館於清乾隆四年（1739）由福建和廣東的客商所募建，館內亦有天后殿。閩、粵商人因時常航海往來南北經商，素仰天后神靈，於是其中對天后聖跡十分熟悉的人們，便發起了在天后聖誕三月二十三日之前接駕巡幸駐蹕的事。最初，他們是將天后聖駕接到閩粵會館內接受香火。在老天津衛的人們看來，天后本是福建林氏之女，接駕到閩粵會館，就如同是民間接姑娘住娘家一般。後來，因閩粵會館地勢狹小，多有不便，遂改在西頭如意庵。如意庵的道士依照民間傳說，並加以附會，另在其後殿塑了一對翁媼神像，稱之為天后父母，從此天后住娘家一說在民間流傳下來。待到庚子年間如意庵被焚，再出皇會，天后駐蹕則改在千福寺了。

　　各廟宇：

　　津城內外真君夥居道士約二百餘眾，和尚共三百餘眾，尼僧共三十餘眾，本邑僧官住持西大藥王廟，道官住持天后宮內，管束不法僧道云。

　　注：文中反映清末天津一帶道、僧、尼的數量，以及當時僧道住持所在的宮廟，當時天后宮成為天津一帶道教住持中最具代表性的廟宇，也是道士活動最為集中的場所。後在民國時期，天津道教協會也移設天后宮，故在天

津地方天后宮多被列為道教宮廟。凡屬道教正一派的廟，住持都是天后宮的道士。天后宮與其他道教廟宇是子孫廟關係，其它廟隸屬於天后宮管理，連道長也須天后歸來指派、任命，同時天后宮的住持多具雙重身份，不僅任職本廟，而且在當地的道教行政管理機構身居要職。

歲時風俗：

（農曆三月）二十三日天后誕辰，預演百會日「皇會」，備極熱鬧。

注：每年天后誕辰期間，在天津舉行的「皇會」不是指專門的某一道「會」，而是各「會」的總稱。

迎春：

立春前一日曰「迎春」。是日辰刻，地方官自府縣以下，皆衣朝服，乘暖轎，全幅儀仗，鼓樂前導，恭詣東門外天后宮，致祭芒神春牛。祭畢，將春牛昇至府署，俟明日葭琯應律之時，照例行打春之禮，觀者甚眾。

注：祭芒神是中國傳統的歲時風俗之一。所謂「芒神」，即春神。春天為四季之首，立春為二十四節氣之首。舊時從皇帝到地方官府乃至平民百姓，無不重視這一歲節，都要舉行隆重的儀式來迎接。津門也不例外。

卷中：

三月二十三日，俗傳為天后誕辰，天津係瀕海之區，崇奉天后較他處尤虔，東門外有廟宇一所，金碧輝煌，樓臺掩映，即天后宮，俗稱娘娘宮。廟前一帶，即以宮南、宮北呼之，向例此廟於十五日啟門，善男信女，絡繹而來，神誕之前，每日賽會，光怪陸離，百戲雲集，謂之「皇會」，香船之赴廟燒香者，不遠數百里而來，由御河起，沿之北河、海河，帆檣林立，如芥園、灣子，茶店口、院門口、三岔河口，如有可以泊船之處，幾乎無隙可尋，河面黃旗飛舞空中，俱寫「天后進香」字樣，紅顏白髮，迷漫於途。數日之內，廟旁各鋪店所賣貨物，亦利市三倍云。

注：每年的農曆三月二十三為天后娘娘的誕辰日。在天津，皇會原稱「娘娘會」，它既與天后娘娘的誕辰有關，也與民間為慶祝天后娘娘誕辰而表演的各種文藝節目有關。文中記載天津天后宮的地理位置，描寫舉辦皇會期間的盛況，以及皇會給天津帶來巨大的經濟效益。

附王輯徽的《津門雜詠》和沈峻《津門迎神歌》，同載於（同治）《續天津縣志》卷十九「藝文四」。（見第六章「詩詞類的媽祖史料」）。

媽祖文化與民俗文化的結合，在天津民間集中表現爲「皇會」。很多文獻中都有對於天津皇會場景的描繪，其中最著名的當屬楊一崑的《皇會論》。

楊一崑（1753～1807年），字二愚，號無怪，清天津人。清乾隆五十三年（1788）舉人，但屢考進士卻未中。知識廣博，對諸子研究尤深，現今流傳最廣的是描寫天津的長篇白話詩《天津論》和《皇會論》，均收入張燾的《津門雜記》。其中《皇會論》如下：

皇會論

國泰民安，時移歲轉，春光明媚豔陽天。只聽得鑼鼓聲喧，又見那兒童歡喜、婦女爭妍，卻原來是皇會重興第二年。月未逢三，早將會演。有一等遊手好閒，家家去斂，口稱善事，手拿知單。有錢無錢，強派上臉，圖了熱鬧，賺了吃穿。這盛事直辦到三月間。

跨鼓聲喧，中幡耀眼，看會的來到街前。吃了早飯，換了衣衫，行走間先問門幡。買賣齊聲喊，喧嘩有萬千，亂嚷嚷早聽見冰糖梅蘇丸。

一群村嫗站街前。河沿上早來了香火船，手持竹竿，身穿布衫，靠定欄杆，人人等把擡閣看。急忙忙莫容緩，來復往不憚煩，數杆黃旗在會前，上寫著掃殿。逞精明，露強幹，薄底兒靴亦穿武備院，夾套褲簇新月白線。腰巾兒長，帽梁兒短，青洋褶緞袍把齊袖挽。無事呢，揚揚得意，有事呵，磕了個頭山，好和歹出了些汗。

通網擡閣是新演，今年會勝似去年。節節高，乏人辦；蓮花落，不耐看；猴扒杆，亦有限；槓箱官，委實可厭。稍可的、是侯家後什不閒兒。秧歌高蹺數見不鮮，惟有那溜米場高蹺人人稱讚。

不論女，不論男，顛倒爭把青蛇看。貌似嬋娟，名勝梨園，是何時結了喜歡緣。他面龐兒俏，意思兒甜，一架嬌癡墨牡丹，掩映在紅綠間。舞花本自戲中傳，四海昇平見一斑。說什麼長亭嬝娜，繡毹燈爛。有一等結綵鋪氈假充官宦，廊簷外派下跟班，會一到將閒人趕散，點心包拿在眼前。有幾個老斗圍著小旦，詢饑渴，問寒暄，殷勤體貼不怕心煩。叫管家時把茶兒換，到晚來下了個名慶館。

意翩翩，美少年，有那些良家子弟雜其間，好叫我難分辨。風動簾角，

時來偷眼。靜悄悄，不敢言；細留神，遮遮掩掩；側耳聽，嚦嚦鶯聲花外囀。你亦看，我亦看，簾外簾中隔不遠。碧玲瓏不是萬重山，野花時卉偏正妍，兩廊下穿紅掛綠抱女擁男。脂粉膩，笑語喧，花兒朵兒插鬢邊，自覺得好看，不知是憎厭。未語人前先映臉，一見人，把頭還，羞容滿面。都是些濃眉大眼，高擁髻鬢。

晚妝樓上杏花殘，風過處，應怯衣單。夜兒黑，影兒暗，氤氳馥鬱不辨釵鈿。又不是輕雲薄霧，惟有些人氣香煙。半掩香扉捲簾，出頭露面不怕春寒。又見燈火高懸，青煙四散。

寶塔仍是章家辦，花瓶會到底讓口岸店，打頂馬的數周家露臉 —— 衣帽新鮮，頂帶齊全，人物頭面勝似當年王壽田。還有管事的，雙雙對對穿的是大鑲大沿。小馬夫，溫唇善面。跟班的，光滑臉蛋似粉團。茶挑子，亮光光淨素玻璃片。耳旁邊金鼓震連天，會兒多，記不全，法鼓還算大圍小圍，一到茶棚敲的更熟練。翻來覆去離不了七二麼三。

夜色漫漫，行人緩緩，一更之後，眾會蟬聯。一夥子清音大樂聲悠遠，兩當子河南雅樂喧。後跟一行道士調笙管，西洋德照，前後光懸，少不了老鶴齡在和平音樂前，不知不覺已過了四駕輦。法鼓聲猶近，鶴齡音不遠。提燈傘扇來到跟前，手執請駕羊角燈，說：「駕到了，靠後罷」。一個個俱都氣靜神安。有那女眷拈香拜街前，一種情思無兩般，無非是求子育男。

霎時間，夜闌人散，攔輿拜罷各回還。香銷粉減，漏盡更殘，好似神仙歸洞天。難消遣，怎留戀，夜深門掩梨花院。繁華都在眼中收，記不清珠簾掩映芙蓉面。

注：本篇是迄今僅見最早反映皇會的敘事歌，其寫作年代據《沽水舊聞‧楊無怪之〈皇會論〉》：「嘉慶初年春，天津舉行第二次皇會，楊因作《皇會論》」。按：天津皇會起源有二說：一說是康熙三十年帝幸天津，觀民間作百戲以娛神，遂有皇會之稱；一說是乾隆下江南，泊舟三岔河口，時值慶祝天后華誕，諸會特從御舟前走過，紛紛獻藝，帝大喜，賞賜兩面龍旗，因有「皇會」之名。但二說均源於民間傳說，缺乏史料依據。唯楊氏本篇文字以白話長詩為論，重彩濃筆，把皇會活動描繪得淋漓盡致。全詩約千餘字，不拘五言七律，詞句簡練，多有押韻，風格樸素清新，通俗易懂，讀來朗朗上口，易為人所接受。

年年在此：

東門外宮南宮北，及估衣街一帶，萬商雲集，百貨羅陳，雖道旁隙地，亦爲小本經營者擺攤交易。每當臘月初間，店鋪門前隙地，均貼有紅籤，上寫『年年在此』四字，爲賣年貨者佔先地步。沿途一望，遍處皆是。亦有因佔地相爭者，所謂年貨，即香蠟、紙錁、鞭炮、門錢、歲朝清供各品。

注：「年年在此」是舊時天津商販收貨的一個習俗，既告訴同行不要到此跑馬圈地，又告訴顧客此攤點繫年節常攤，給人一種連續性與信任感。

二、丁運樞等撰：《張公襄理軍務記略》卷三，清宣統二年（1910）石印本。

前三年（清咸豐三年）夏，訥制軍保奏梁中丞寶常在籍團練，於東關外天后宮設立義民局，派闔邑捐輸經費。

注：張公即張錦文，字繡岩，世居天津的鄉紳，曾經在咸豐年間在天津組織團練，抵禦太平天國北伐軍的武裝進攻。本書是張錦文一生主要軍務活動的記錄。

清代天后宮一帶曾經駐有團練。團練又稱爲鄉勇、鄉兵，是清朝政府利用紳士建立起來的地方武裝組織，成爲清王朝維持地方治安的主要工具，這種組織在清咸豐年間曾經盛極一時。

三、石小川撰：（宣統）《天津指南》六卷，清宣統三（1911）年天津文明書局鉛印本。

卷一「總綱・東區」：

本區東自海河沿岸，西迄城內鼓樓南北大街，南起日本租界，北至金家窯之河岸。區中商務最盛者，首推南市大街，妓館酒樓，觸處皆是，至酒綠燈紅，笙歌盈耳。晚七鐘後，往來遊人如織，爲津埠最勝之地也。次爲東、北兩條馬路，再次天后宮大街，是街分宮南街、宮北街，南北均自天后宮起算，商務之盛，與針市街相拵，其街道之窄狹亦近似之。

注：清末天津的華界行政上分爲東西南北中五區，以東、中兩區最爲繁盛，天后宮屬東區管轄。當時的宮南、宮北大街成爲天津本地主要的商業中心之一。

天后宮創建數百年間，經朝歷代，隨著社會生活的演進，其地址稱謂幾

經變動，從中可以窺見天后宮的滄桑之變，社會不斷前進的足迹。文中關於宮南、宮北的定名，也是首次出現在文獻中的記載。

卷三

名稱：民立初等商業學堂。地址：天后宮。管理員數：3。教員數：5。學生數：36。全年出款：635。

注：該校創立於清光緒 33 年 11 月 29 日（1907 年 1 月 13 日）。

名稱：民立第五半日學堂。地址：天后宮。管理員數：3。教員數：3。學生數：21。全年出款：252。

注：文中反映清末實施「新政」，興辦新式教育期間，天后宮曾經創辦多所學校的情況。

卷六：

五　金店

名目：永興銀樓　地址：天后宮　電話號數：七七六

名目：敦昌金店　地址：宮北　　電話號數：二〇七

注：在早年間，天津天后宮內有許多由配殿改成的商業店鋪，有的整間出租，有的部分出租，不少道士就靠出租店堂贏利。其中就包括賣金銀首飾的店鋪。

四、劉孟揚撰：《天津拳匪變亂紀事》，清抄本。

卷一：

光緒二十六年（1900）5 月 19 日午後，有人將天后宮北教堂拆毀，恐燒時連及街鄰也。

22 日下午 6 點鐘，有洋人偵探隊數十人，探至河東娘娘廟地方，匪首曹福田帶領拳匪數千人，與練軍合力攻打，洋兵寡不敵眾，遂逃去。23 日下午 5 點餘鐘，河東又竄來洋兵數十人，娘娘廟、西方庵並民房數處，皆被縱火焚燒。

六月初十日，南頭窯、姚家灣、宮南、宮北、金家窯、鍋店街、估衣街、侯家後等處，皆見炮彈，皆有被擊傷者。』

十一日，天后宮戲樓後某民房被擊焚，人有死傷者。

注：清光緒二十六年（1900），八國聯軍進攻天津時，義和團曾經利用大直沽天妃宮、陳家溝天后宮等廟宇，對列強的野蠻行徑曾經進行強有力的抵抗。因此，天津的眾多廟宇便成為列強攻擊的重要目標。

自第二次鴉片戰爭以來，儘管外國侵略者曾經佔據東門外天后宮，但所幸那裏尚未直接遭受戰火的嚴重影響，相比之下大直沽天妃宮（娘娘廟）則命運多舛，直接遭到戰火襲擊，受到毀滅性的破壞，留下難以治癒的戰爭創傷。

五、郝福森撰：《津門聞見錄》，稿本。

卷二「東園實紀」：

婚姻前定確乎不移。家三兄繼配嫂陳氏少時多病，其母曾許巡香之願。蓋津門三月出皇會，崇祀天后，凡許願之女童梳道冠而隨之，非家道小康，難以措辦。嫂家少替，故較他人出巡差長家，家三兄與張雲卿等一同看會，曾目睹而私議之。過門日至好者同來賀喜，中有雲卿在焉，觀之駭然。出，告家三兄曰：「今日之三嫂，殆當日之女道童歟？」問之，果然。

注：早年參與皇會出會活動，並擔任其中一些重要角色的人物，往往家中都具備較充裕的財力做後盾。

卷六：

英兵因大雨連綿，從海光寺移營於城內城隍廟、天后宮等處，夷人仍復屯□，將神像移出。夷人把城上磚石灰土墊於街巷，以便出入，本地官未有敢言者。

注：天津地處華北水陸要衝，是京都的門戶。西方列強在第二次鴉片戰爭中為擴大在華權益，曾經屢屢染指這裏，並簽訂一系列屈辱的《天津條約》。在這場浩劫中，天后宮也難以幸免。

據本文記載，為配合清軍防衛在山東一帶活動的捻軍自南面進攻天津，清咸豐11年（1861）4月30日，英國侵略軍馬步千餘人進駐海光寺。5月26日因大雨積水，英軍移營天后宮和城隍廟，並將宮內神像悉數挪出，又拆城磚鋪墊道路。英軍此舉表面上是由於天后宮地勢較高，更重要的原因是在此前一個月，英國聖道堂傳教士殷森德，已經借助英軍上尉軍官戈登的「幫助」，在天后宮落腳傳道了。

六、中華輿圖學社撰：《津門精華實錄》，民國七年（1918）11 月刊印。

第 64 頁：

天妃宮在天津縣東門外。（按《元史》：元泰定三年作天妃宮於海津鎮，即此。）

第 73 頁：

宮北大街天后宮，一名娘娘宮。每逢朔望，焚香者絡繹不絕。每年三月初一至二十三日，謂係天后聖辰，香火尤盛。

注：文中簡要介紹天后宮一年中香火最為旺盛的日子。

七、朱啟明撰：《天津貧民半日學社記略》，天津：中外印字館民國九年（1920）刊印。

學社別：東區第四分駐所　第五學社　地址：天后宮內　產別：廟產　學生人數：61 名　講室間數：講室兩間

注：該學社成立於民國四年（1915），屬於天后宮助學善舉之一。

當年，天津警務處為便於貧民學習文化知識，積極倡辦貧民半日學社。辦學地點或借官產，或借廟產，或借民產，或用捐產。開辦費由警長發放，教學設備、書籍、筆墨等，由各分署聯絡紳董捐集，亦不費公家一文錢。教員選自巡警，學生則由警兵勸募，不拘年齡，是否識字，皆施以同級教育。本文中記載在此情況下，天后宮無償拿出兩間房子當教室，成立起東區第五學社，先期招收 16 名貧民學生，後擴展至 61 名。1919 年 9 月，經過四年的半日學習，學社學生補習期滿，有兩名學生被評為最優生，有兩位學生被評為優等生，有 20 名學生被推薦到各處謀生。

八、古蓀孫撰：（民國）《天津指南》，民國十一年（1922）刊印。

卷一：

宮南宮北街因娘娘宮峙其中，故有宮南宮北街之稱。該街街道狹小，貿易尚稱繁盛。商業以銀號錢舖為最多，故有「錢街」之稱。

注：如今天津人習慣於都習慣稱本地的解放北路為「金融街」。其實這條金融街是自庚子年以後才逐漸發展起來的。若論歷史，宮南、宮北大街才是

天津最早的金融街。而天后宮的存在又是與其密不可分的。本文以簡潔的語言闡明天后宮和宮南、宮北大街的關係，宮南、宮北大街的商業屬性和金融業在該街所佔的比重，並著意介紹「錢街」的由來，從而使我們對天后宮的存在影響到天津最早金融街的生成，有一個簡明的認識和瞭解。

　　天后宮的存在及活動，刺激、帶動周邊地區的經濟發展，形成具有活力新興的經濟發展區域。這個經濟區域在拓展的過程中，在相當的歷史時期內，是以天后宮為中心的。而各行業的蓬勃興起，又促使銀錢兌換業成為十分活躍的因素。明永樂年間天津已經產生錢業，同時流通以白銀為本位的銀子和制錢。入清以後，兌換的錢業，即「兌錢攤」，逐漸發展為錢鋪、錢局或銀號。天后宮左近街道即為津門早期錢鋪、錢局的集中地。天津最早的錢局設立於清乾隆四十年（1775），當時錢局主要集中在估衣街、宮南和宮北大街一帶。正是基於宮南、宮北大街金融業發達的現狀，天津第一個第一個錢業的行會組織——錢號公所，才於清咸豐年間在天后宮內成立。以後雖然歷經幾度興衰，直到二十世紀三十年代，宮南、宮北大街一帶依然是天津的金融中心之一。

　　卷三：

　　民立第一乙種商業學校，宮北大街天后宮內。

　　注：本校前身是創立於 1907 年 1 月 13 日的民立第一初等商業學堂。

　　王宮廟（娘娘宮），東門外。

　　天津廟宇之多，為各埠所不及。曾聞昔時士女焚化紙者，肩摩轂擊，朝夕於是，亦足見其習俗之一般矣。革新以來，多數改為學校，然娘娘宮繁盛如故。

　　天后宮俗稱娘娘宮，在東門外。元朝建，明永樂元年重修。《元史》泰定三年八月作天妃宮於海津鎮，蓋天津有廟之始也。今香煙之盛為諸廟之祖，每逢初一、十五二日，進香塞途。舊曆元旦，各娼妓禱祝於此，粉紅黛綠，滿院光輝。

九：李琴湘編：《天津過年歌》不分卷，民國十一年（1922）天津社會教育處鉛印本。

　　元旦日，鋪戶把門關，不作買賣竟吃飯，還許是賭錢。大街上，行人減，

好不淒慘，把一個繁華世界，變作了逃反後的庚子年。雲淡風輕近午天，殘妝婦女街頭見，花花朵朵，接二連三，非等閒，天后宮去還願，一來爲兒女，二則求平安。開廟門，頭一天，擺攤的，列兩邊，要貨玩物十樣大全。打鑼打鼓人聲亂，往後去又看洋篇。廟裏面人海人山，燒香婦女走中間，男子兩旁站，如同站班，不得看，往裏鑽。巡警出力將人趕，只許老道周旋其間，這算是香火因緣。

注：李琴湘即天津近代鄉賢李金藻。李金藻字芹香、琴湘等，號擇廬，教育家、詩人。《天津過年歌》作爲一首白話敘事詩，全篇長達 1900 多字，對天津的年俗進行了意趣盎然的描摹，讀來朗朗上口，回味悠長。其創作緣由是「辛酉（即 1921 年）除夕，余（指李金藻本人。筆者注）自九江發南京。舟中無事，夜不成寐，走筆作《過年歌》，以代守歲」。其創作靈感，因披覽清乾嘉年間津人楊一昆（無怪）所作《皇會論》而生，「《皇會論》敘述會中情形甚詳。偶讀一遍，猶逛會也。今譜是歌，猶過年也」。

本詩中生動描繪出早年間天津婦女在農曆正月初一（春節），前往天后宮燒香、購買年貨的熱鬧場景。

十、甘絳羊撰：（民國）《新天津指南》第 13 頁，民國十六年（1927）刊印。

天后宮俗稱娘娘宮，宮東門外。元泰定三年八月作天妃宮於海津鎮，蓋天津有廟之始也。明永樂元年重修。今香煙之盛爲諸廟之冠，每逢初一、十五二日，進香塞途。舊曆元旦，各娼妓禱祝於此，粉紅黛綠，滿院光輝。

注：除了農曆初一和十五兩日，每年除夕之夜，妓女們都要到娘娘宮燒香。她們的燒香活動要從夜間十二點開始，一直持續到黎明。這天晚上，妓女們都要身著無比光鮮的大紅衣裳，頭別紅花，腳踏紅繡鞋，到這裏來燒頭股香。他們三三兩兩，相攜入宮，焚香禱告，以求新的一年裏自己的皮肉生意順遂、火爆。本文中對於相關內容的反映，暴露出作者的嘩眾取寵之心，也表明當時妓女到天后宮燒香敬神，是多麼惹人注目，多麼獨具特色。

十一、天津市市志編纂處編：《天津市概要》，天津：百城書局民國二十三年（1934）刊印。

「網要編」第 3 頁：

天后宮內屬第一警區。

注：清代文獻記載天后宮的地址一般比較籠統，都是東門外。而自清末至民國時期漸呈具體化：1911 年為東區天后宮大街。1928 年為公安一區宮南大街。1931 年為第一自治區二十一坊宮南大街。1937 年為第一區宮南大街。1945 年為第八區宮南大街。1948 年為第八區東門外宮南大街 2 號。

「綱要編」第 39 頁第三章「名勝古蹟」：

天后宮，俗稱娘娘宮，在東門外，元泰定三年所建也。明永樂間曾重修，今香煙之盛為諸寺冠。

注：早期的天后宮香火旺盛，為津門各宮廟之冠。

「綱要編」第 41 頁第五章「宗教」第三節「道教」：

天津自毀廟興學後，道士寺觀已日見衰微，所存者不過天后宮數處，此輩道士又甚少能闡明道家精義。

「教育編」第 4 頁：

天后宮民眾補校　地址：天后宮

注：1934 年。天津市教育部門聯合各機關團體、學校，紛設民眾補習學校，對民眾進行義務補習教育，在市立民眾補校結束後，繼續成立私立民眾補習學校。天后宮也於此時在宮內設立民眾補校，校址就選在天后宮小學內，晚間上課，繼續對民辦教育給與支持，風行助學善舉。

「自治編」第 4 頁第二章「現制」第二節「區建設辦事處」：

名稱：第一區建設辦事處，地址：宮北大街天后宮內。主任姓名：劉道平

「工商編」第 7 頁「紡織工業」：

廠名：大經工廠，廠址：宮北福神街，電話 2 局 3492，產品：桑田牌線春軟緞、各種呢布

「工商編」第 13 頁「建築品工業」：

建築材料業除建築舊式房屋外，要皆仰給外貨。自啟新洋灰公司成立，始挽回其一部，而本市只有德盛、模宏二三家耳。

廠名：德盛窰業廠，廠址：東門外天后宮，電話：2局301，產品：德勝牌耐高熱缸磚、耐火缸磚、耐高熱水泥、耐熱火泥建築缸磚，五□磁青花瓷雙軸缸管、雙軸缸管

注：天后宮一帶作爲天津城的商業中心，歷來是廣爲人知的。而有關天后宮裏工廠的記載確是以前很少見到的，因此類似記載具有重要的參考價值。

第28頁「商業」：

磁器店：德盛，地址：天后宮

注：自清末民初以來，天后宮的道士們爲了生計，廣泛開闢財源，兩側配殿不斷被出租，逐漸爲商民、居民等混雜使用，按其所需的商鋪、居室、作坊和學校等進行拆改。

十二、齊堯封撰：（民國）《簡明天津指南》，北平：中華印書局民國二十五年（1936）刊印。

第58頁：

天后宮在東門外，俗稱娘娘宮。元泰定三年八月作天妃宮於海津鎮，蓋天津有廟之始也。明永樂年又重建。宮之大街曰宮南、宮北大街。

注：明末清初，天后宮一帶經過較長時間的孕育、積蓄和發展，商鋪民房等建築日益增多，逐漸形成以宮南、宮北爲主要代表的街道。到乾隆末年，已經成爲一條人流、物流、信息流彙集的繁華街區。清光緒八年（1882），天津第一條採用國外新法修建的鋪築磚石路面的馬路建成，這是天津採用新法鋪路之始。這條馬路就在天后宮戲樓前經過，對天后宮一帶商業區的發展起到一定的促進作用。到宣統二年（1910），宮南、宮北的商業店鋪已近二百家，進一步表明這條古街在天津商業街區中所佔有的重要位置。街以廟生，廟以街興；廟以街張揚，廟以街發展。這就是天后宮與天津早期街道相生相長的關係。

十三、燕歸來簃主人撰：《天津遊覽志》，北平：中華書局民國25年（1936）1月刊印。

編者本名張江裁，爲京津一代的掌故名家，本書中介紹了大量有關天津自然環境和社會生活方面的有關內容。

第三章：

天后宮在東門外，俗稱娘娘宮。元泰定三年八月作天妃宮於海津鎮，明永樂元年重建。今香火極盛。

附廟會：

津市香火最盛的廟宇，當推東門外的天后宮。這裏每逢朔望，開放廟門，善男子、善女人都來虔誠拈香。其餘一年之中，舊曆正月是從初一，一直到十六，餘如九月重陽、臘月初八等日期，凡其它各廟之例會會期，娘娘宮都要開廟。這裏所供神道，最高是天后聖母，俗稱老娘娘。關於老娘娘的神話，荒誕不經者甚多，多一半是從航海者口中傳來。嘗聞南中航海者最敬觀音，但在北方則視天后為無上神靈。

娘娘宮對峙在東門外的玉皇閣，香火便遠不如娘娘宮為盛了。這裏只在娘娘宮開放時，有一班捎帶燒香的前來點綴。

注：早年間，天后宮香火之盛，道士的的香火錢之多，使道教掌管的玉皇閣和佛教掌管的大悲院等佛道寺院均望塵莫及。

第十五章：

第一區建設辦事處　宮北大街天后宮內。

第二十四章：

東門外天后宮供奉垂慈篤祐天后聖母金身，梵宇琳宮，輝煌金碧。每歲自元旦起至元宵節，百貨雲集，十色五光，而燕趙佳人，往往敬爇瓣香，處誠頂禮。而少年裙屐，錯雜其中，耳鬢斯磨，了無解忌，蓋亦及時行樂之一端也。

第一○八章：

注：每逢舊曆正月初一至十五日，宮南宮北大街便形成一個繁華的年貨市場，那裡百貨雲集，品種豐盛。過年時到天后宮裡燒燒香，並順便逛逛那裡一帶的年貨市場，已經成為天津人過年時的重要活動之一。

十四、《天津皇會考》、《天津皇會考紀》和《津門記略》

徐肇瓊所撰《天津皇會考》與望雲居士、津沽閒人所撰《天津皇會考紀》，各自獨立成書，均成書於民國二十五年（1936）。都是記述天津皇會的地方文

獻，內容相近，經張格、張守謙點校，天津古籍出版社於 1988 年 6 月正式出版。《天津皇會考》是根據史志的有關記載和當時的文人學士對皇會的描寫編輯而成，全文共計五千餘字，是對天后宮導遊性的概括介紹。在本書中，作者除收集一些史料之外，還根據耳聞目睹的原始材料，對天后宮和天津皇會乃至天津的風土人情作了詳細的記述，對瞭解盛極一時，並延續了二百多年的天津皇會是一部難得的文獻資料。

《津門記略》十二卷，（清）羊城舊客撰，本名、生卒年皆不詳。晚於張燾《津門雜記》十四年刊行，可以補《津門雜記》之缺，全方位記載晚清天津的社會生活，具有重要的史料價值。

1、關於媽祖神話的由來

《天津皇會考》根據《福建省志》中《天后傳》的有關記載，介紹媽祖神話的由來。

《天后傳》又云天后「長能乘席渡海，乘雲遊島嶼間。宋雍熙四年二月十九日升化。是後嘗衣朱衣，飛翔海上，里人祠之」。……更云：「天后即媽祖。海舟危難，有禱必應。洋中風雨晦暝，夜黑如墨，每於檣端見神燈示祐。莆田林氏婦人將赴田者，以其兒置廟中，日：『姑好看兒！』去終日，兒不啼不餓，不出閾。暮歸各攜去。神蓋篤厚其宗人也云云。則天后不獨為司海之神，抑亦保赤之神矣」。是故往往人家小孩有疾病時，亦往祈禱。是則天后宮之香火又不獨只享漁家者矣。

關於天后的家世云：「天后，莆林氏女也。始祖拔公，生子九人俱賢。當唐憲宗時，九人各授州刺史，號『九牧林氏』。曾祖保吉公，乃邵州刺史蘊公六世孫，州牧圉公子也。五代周顯德中，為統軍公馬使。時劉崇自立，為比漢周，世宗命都檢點趙匡允督戰於高平山，保吉有功焉，棄官歸隱於莆之湄洲嶼。子孚承襲世勳，為福建總管。孚子諱願，為都巡官，即后父也。娶王氏，生男一，名洪毅。女六，后最少。願夫婦行善事，樂施濟，敬祀觀音大士。年四旬餘，每念一子單弱，朝夕焚香祝天，願得哲允為宗支計。歲己未夏六月望日，齋戒虔贊於大士，當空禱拜日：『某夫婦兢兢自恃，修德好施，非敢有妄求，惟冀上天鑒茲至誠，早錫佳兒，以光宗祧。』是夜太君夢大士告之日：『爾家敦善行，上帝式祐。』乃出丸葯示之云：『服此當得慈濟之貺。』既寤，歆歆然如有所感，遂娠。二人私喜日：『天必錫我賢嗣矣。』越次年，宋太祖建隆元年庚申三月二

十三日，方夕，見一道紅光從西北射室中，晶輝奪目，異香氤氳不散。俄而太君腹震，即誕后於寢室。里鄰咸以爲異，父母大失所望。因其生奇，甚愛之。自始生至彌月，不聞啼聲，因名曰「默」。幼而聰穎，不類諸女。甫八歲，從塾師訓讀，悉解文義。十歲餘，喜淨几焚香，誦經禮佛，且暮未嘗少懈。十三歲時，有老道士元通者，往來其家，見后喜曰：『若具佛性，應得度人正果。』乃授后元微祕法。后受之，悉悟諸藥典。十六窺井得符，遂靈通變化，驅邪救世，屢現神異。能駕雲飛渡大海，眾號曰『通元靈女』。越十二載，道成，白日飛升。時宋雍熙四年丁亥秋九月重九日也」。

對此問題，《天津皇會考紀》則載：

天后，海神也，亦稱天妃。宋朝莆田（現在福建省莆田縣）人林願之第六女。幼而神異。其兄經商，航行海上，遇暴風雨。白浪滔天，舟搖搖，勢極危急。女瞑目出神救之。年二十而卒。其後屢顯應於海上，度海者皆祀之，明永樂中封天妃，立廟於京師，後晉封太后。

航海者祀之極爲虔誠，一般人民亦漸信仰，尤以婦孺所有各事，莫不祀天后而求順遂。於是，天后遂成爲掌司各事之神，而爲婦女心靈中惟一之主宰矣。

2、關於天后宮

天津皇會由來已久。它的緣起、沿革、儀式、路線，以及它的形式、盛況，在兩書中都有詳述。

《天津皇會考》載：天津爲濱海地帶，居民多以魚鹽爲業。且地當遼瀋之西，燕京之東，爲北方諸省出海咽喉。來往船艘，又多借運輸貨品爲生者，則其一歲生活悉悉託諸於海矣。天后爲海神之最有靈顯者，故天津居民亦重天后，爲築宮於東門外。考康熙《天津衛志》云：宮在本城東河邊，元朝建，明永樂重修，正統十年參將楊節復修，禮部箚付道士邵振祖領道藏一部。則是宮爲元時建，賜諸羽士者無疑。

對此問題，《天津皇會考紀》則載：

天后宮在天津東門外，元朝建，明永樂元年重建。正統十年，參將楊節重修。禮部箚付道士邵振祖領道藏一部。春秋二祭。

天后宮鼎盛時代之紀事詩

在前清鼎盛時代，因爲皇會之年年舉辦，天后宮的香火異常興盛。有許

多的名士們作文作詩，以紀其盛。不過據現在已有多年，詩篇零散，無法尋覓，以致考查無法。就是《津門雜記》上有天津學者沈存圃（沈峻）和明經岐合作的一首詩，詳敘皇會情節，可以窺見當時天后宮之盛況。現在錄在下面。（略）

天后宮現在概況

在宮南北大街，遠遠就可以看見那一對矗出雲霄的桅杆了。這一對桅杆是多少根杉高（篙）木接成的。底下是埋在土裏，兩旁又有兩根五尺多長的粗杉高（篙）木，綁在一個桅杆的兩旁。地下砌著石塊，看來是很堅固，大風是吹不倒的。這一對桅杆總有幾十丈高，所以在遠處就可以看見。杆的盡頭處是一個木旋的圓頂，圓頂下邊便是一個小小的弔斗。弔斗的旁邊繫以滑車，有繩子由滑車的中眼直通到下方。每逢廟會，或是夏曆初一、十五進香之日，就用此繩將幡繫於空中，隨風飄舞。幡長丈餘，作黃色。廟會入夜不散時，將幡換以紅燈。這種紅燈，是和平常住宅所掛的一樣：亦是外為鐵絲胎，內糊以紅棉紙，一串數十，飄舞空中，遠看煞是美觀。

天后宮的廟前，便是一個戲臺。這個戲臺的形式是同宮殿差不多的。它是蓋在一條街的中間，兩邊騎著的房子。都是商號鋪面，戲臺底可以隨便走人。這條街是直對著天后宮的正門。戲臺的面積總有二三丈見方，兩旁有明柱，戲臺的東面是上下場門，全臺均為紅色。上場門橫額有兩個字是「揚風」，下場門的橫額字是「挖雅」；臺的中間有一塊橫匾，匾上黃底綠字有四個字是「樂奏鈞天」。據說已經有三十餘年未曾演戲了。

在宮和臺通北的大街上，有一座過街樓。樓的窗欄亦都作紅色，有三間寬大，橫在街上。東頭是騎著一家賣乾花鋪的屋頂，西頭壓在宮的左邊牆頭上。樓梯就位在這牆的裏邊。進宮的北便門即上樓梯。直達閣中。在這過街樓的正中間有一塊橫匾，是黑漆的底，大赤金的字，寫著是「張仙閣」。進到閣中，中間有一個神龕，裏頭便是這位「張仙爺」，是專保護人家兒女的。身穿藍袍，五綹長鬚，有弓，有箭。北邊人常供在屋裏，懸在靠煙筒的左近。他的像紙是左手張弓，右手掌箭，仰面作擬射狀。像紙的右上角繪一天狗。據民間習俗云：民人住宅的煙筒，有時常鑽進天狗來興妖作怪。人民就把張仙爺像紙掛到煙筒的左近。張仙爺就可以將天狗射走，趨妖避邪。所以民間就叫他做「射天狗的張仙爺」。在張仙爺的左方供著是一位「觀世音菩薩」，右方是一位「傻哥哥」。據說傻哥哥姓白，是專治民間百病的。除了這二位神

仙之外，閣中就沒有什麼了。

天后宮大門有三個，中間是正門，兩旁是兩個便門。正門是半圓形，便門是長方形。正門的橫額上有以整磚雕成的五個字，藍底金字，寫著是「敕建天后宮」。橫額的上首有「乾隆己巳秋九月」等字樣。

一進宮的大門，首先觸進眼簾的是一座牌樓。牌樓新漆畫尚未竣工。分三孔，中間略寬，兩旁稍狹，由中間往內穿過中殿直達娘娘殿，這牌樓顏色分金紅黃三色，金紅輝煌，古色古香。牌樓中間，上邊立著一塊木牌，寫著「天后宮」三字；下面橫著四個大字是「海門慈筏」。上首題著是「康熙十三年歲次甲寅春王正月」，下首題款是「天津道副使加六級關中薛柱斗立」，俱都是藍底金字，別具古色。這前院靠牌樓邊的柱子，從一進門至中殿的牆前，是兩道鐵欄杆，每間數十步，有一個鐵柵欄門可以橫著通過。想像從前廟會看會的人一定是擁擠不堪，才設立這兩道鐵欄杆，分出人們的男女出入道，免掉混雜出事的。現在那兩排欄杆左右都是些個耍貨：氣球、空竹、賣金魚的攤子。院子的左方，靠張仙閣樓梯的旁邊，有一個「化紙爐」。這化紙爐的形象就和北方人院內供的仙家樓差不多。爐有八尺多高，面積六尺見方，上亦如廟脊形房頂。頂分四角，嵌以琉璃瓦，黃球形琉璃瓦頂尖。頂下三面以磚砌成牆，前方一面開一半圓形洞，用以焚化黃錢紙錁、殘香廢紙之用。半圓形洞口之上，橫題（二）字曰「□鳥」，字已為煙炙成黑色，模糊不清。化紙爐旁系一首飾店，昔亦為神殿改營者，該店同人，已不知為何神之殿矣。

院子的右方，靠南邊門旁是該廟的「門房」。門房往裏便是「竈君殿」，殿只一間，與院左的化紙爐是遙遙相對。進到殿裏來，便看見一個很大很大的神龕，高居中間的就是竈王爺。竈王兩旁站著二個童子。由竈君殿往西（即向廟內行），矗出竈君殿有三間大樓，樓上下的窗戶均裝有透明體的玻璃。在樓下的中間門上有一塊橫匾，寫著是「誠議獻茶老會」，上款是「乾隆己巳年，民國二十二年五月重修」，並列著兩行字，下邊題著「趙元禮」的款（趙元禮是天津有名的書家）。向樓房屋內看，中間陳列供桌，供桌的裏邊掛著神像，兩旁的桌子上具皆陳列些葫蘆、古玩等物，甚是雅潔肅靜。樓上中間門上亦有一塊橫匾，寫著是「善緣堂」三字，下款署名「大方」（大方，名地山，名詩人也）。頭道院除去通中院的兩個角門外，便是通中院的中殿。

中殿是一座三間大小的過堂殿，裏邊只有五座塑像。這五位塑像，一位是像火神似的站在一個神龕內，四位是頂天立地的凶神。神龕裏站著的這

位，神名「王靈官」，是保護老娘娘聖駕的。神係紅臉，三眼，如火神然；
通身著盔甲，左手持風火輪，右手持單鐧，怒目張眼，面目可猙。四大神，
總名爲「四大海神」，分站於殿內兩旁地上。右起第一名「千里眼」，此人出
自說部《封神榜》，所塑如陰曹鬼形，四肢裸露，散披衣褲，右手持叉，左
手打涼棚做遠視狀。左方與「千里眼」相對立者爲「順風耳」，亦出自《封
神榜》，四肢亦均裸露，略披袍褂，散胸露肚；狀尤凶於「千里眼」：左手持
一紅蛇，蛇身纏繞其臂，右手持一方天畫戟，狀作聽形。其挨近「千里眼」
者名「加惡」，面黑齒露，全身鎧甲，頭戴金盔，右手持一大板斧，亦極盡
兇惡之能事。挨近「順風耳」之海神名「加善」，面白而善，亦爲裝盔披甲，
其右手，執掌長矛。

出了中殿的後門便到了中院。中院道中有一如鼎式之化紙爐，高度過
人。院右行，面西一殿，昔爲「龍師殿」，今已改業首飾店，殿內神像已無
存矣。龍師殿前，面南一化紙爐，如前院爐形，洞上橫題是「淨香」二字。
淨香化紙爐的間壁是三間大殿，雖然已經改了「益豐成首飾店」，然而在殿
外的門上，還在懸著「藥王殿」的匾額。首飾店裏，碩果僅存的只有一個藥
王的頭了——因爲藥王塑像的全身，都被首飾鋪的貨架給擋住，所以只有一
個藥王的面目露在外。可是鋪中的人，仍將香爐等放在櫃檯的前面，以備香
客們進香。再後行，有單間小殿，內供「千手千眼觀世音菩薩」位於玻璃罩
中，兩旁兩小童子，均作赤金色。裏邊還有三間大殿，中間是過堂殿，直通
後邊小院。院中兩旁是走廊，中間還有三間大殿。這三間大殿是「關帝殿」，
殿內在供桌上有三座大龕，龕門均嵌了玻璃，都露著裏面的塑像：中間龕是
關帝，兩童子站在兩旁；靠左邊的是唐明皇，衣黃袍，兩邊亦爲兩個童子；
右邊的是財神，雍容華貴，秉像尊嚴。這殿內的兩旁，擺著四駕寶輦，這就
是五位娘娘出巡所用的了。

過了中院的南面，一起首，面西的是一間大殿，外面寫著「火帝」字樣。
在供桌上亦是神龕，裏邊坐著的便是「火神」。火神是通紅而兇惡的面目，
兩眉的中間多著一隻眼。手是比別的神多加了六隻，合起來是四對手。八隻
內各持有不同的器具，有的持劍，有的拿火球，有的拿火輪。地下兩旁有四
位戰神：左首是一個全身盔甲，手持紅蛇，白面的神人，爲「一火龍」；其
旁一如豬形面目之神，黑袍藍臉，頭戴豬形帽子，其名爲「避火豬」；右首
第一人係一猴形，尖嘴紅腮，身著黃袍，名爲「食火猴」；猴旁爲一面白武

裝之士，頭戴老虎帽，這位神名爲「圍火虎」。出了火神殿，坐南又是一個化紙爐，額上兩字是「藏冶」。化紙爐往裏走是三間大殿，這殿已改「榮魁成繡花局」。該殿原係「河伯殿」，所供的就是「金龍四大王」。河伯殿的隔壁是財神殿，財神亦是供在神龕裏。龕的左邊是「岳武穆」，五綹長鬚，左「張保」，右「王橫」。武穆旁是關帝，兩邊是周倉、關平。龕右「呂祖」，藍衣長帽，肅潔莊嚴，罩在玻璃罩內。又在靠左邊牆前，桌子上有一排玻璃罩子，裏邊有四位小型的神像：從外邊第一位是「施不全」；第二位是「地母娘娘」，身下騎一位鼇魚；第三位是「雷祖」，道士裝束，左手持天上之「虹」，右手持劍。前站兩人：一爲「雷公」，四肢裸露，手掌一釘一斧；另一女神人，雙手各一鈸，爲「行雨閃電娘娘」；第四位是「疙疸劉爺」。再裏爲一小間「文昌殿」，殿內僅係一文昌帝君之塑像。

　　天后聖母的大殿，是被這南北的各殿包圍在中心的。大殿周圍，都有很寬的月臺，月臺上邊，都是方磚鋪地，青石圍邊。四周全是鐵欄杆，有上下地各處石階。正殿的前階兩旁有一對石獅子。大殿一共是九間，相併在一塊，後邊還加上一大間倒座。娘娘殿正門一塊大匾，上寫「護國保民」。上款是「萬曆元年癸酉仲冬」等字，下款是「欽命順天巡撫部院關中楊兆書」。兩旁明柱上有兩副對聯，其一副爲「擊楫泝黃流，但求利濟澄清，不惜難危憑造化；翔舫來翠羽，幸賴神靈呵護，敢云忠信涉波濤」。其二聯爲「捷響應乎聲息之微，誠通呼籲；昭靈感於同波之險，苦撥沉淪」。大殿中間供奉的就是「天后聖母」。方面大臉，頭戴鳳冠，身著黃袍。其右，左爲「眼光娘娘」，手捧人目；其旁爲「癍疹娘娘」，手捧疹花；一爲「子孫娘娘」，手抱泥塑小孩，身披口袋，袋中亦均盛小孩；一爲「送生娘娘」。以上五位即皇會出巡之五位娘娘。其餘如「千子娘娘」、「百子娘娘」、「奶姆娘娘」、「乳母娘娘」等，其服裝均爲鳳冠霞帔。天后聖母兩旁地上立有站像八位，除六位爲專司天后聖母之侍奉者，其餘一爲小童，名「靈童」，一爲「挑水哥哥」，肩擔水筲。還有一位高居於小神龕內小型之神人，係「南海大士」。這都在娘娘大殿前面的這些神像。倒座殿，是緊在天后聖母的背後，亦有一位娘娘，叫做「泰山娘娘」。兩旁地下有站有坐的幾位神像：右邊的四位是「散行痘疹童子」、「隨胎送生變化娘娘」(兩腮前善後惡)、「逐姓催生郎君」、「送漿哥哥」；左邊四位是「散行天花仙女」、「救濟施藥仙官」、「兼管乳食宮官」、「撓三大爺」。

在娘娘殿後是一所大院子，座西有三樓三底，這殿名爲「起駕殿」。皇會臨出巡的前天，把寶輦先擺這「亮駕」。這樓後還有三間殿，內裏有另外出巡的五位小型的娘娘，寶輦可以坐得下的。樓的上邊有一位「白老太太」，還有一位是「憨娘娘」。這便是現在天后宮大概情形。因了這次出皇會，各殿已經彩畫一新，神像也皆重新塑畫，較比過去幾年已經壯觀的多了。

皇會之由來及其沿革

「皇會」原名「娘娘會」，因爲「天后聖母」俗稱「老娘娘」。在當初，在國泰民安昇平之時，一般農商官紳對於天后神靈信仰極爲虔誠。三月二十三日爲天后壽誕之辰，一般善男信女特爲規定莊嚴之儀式，籌備隆重之禮節，爲天后聖母出會，以求祛災賜福。

至於這會的起源，現已無法追憶。不過是爲慶賀天后壽誕，而發起辦會之舉。會期分爲四日，所有參加人眾，各秉誠心，或盡財力，或盡人力，或爲表演，或爲執事，共襄盛舉。參加的會名，專司事務的，有掃殿會、淨街會、請駕會、護棚會等；參加出會行列、表演各種技藝的，有法鼓、大樂、；鶴齡、重閣、獅子、跨鼓、中幡、高蹺、五虎槓箱、拾不閒、慶壽八仙……；關於儀仗鑾駕一類的，有門幡、太獅、廣照、寶鼎、接香會、日罩、燈扇、鑾駕、寶輦、華輦、護駕……出會之時全是各本心願前來伺候老娘娘。大會出發，沿途表演，各自炫耀。

由娘娘會變爲皇會，期間有一段光榮的歷史。當前清乾隆年間，乾隆皇帝下江南，途經天津，適逢會期，一時高興，要看看會。乾隆的船就泊在三岔河口地方，各會打從船前經過，竭力表演，各顯其能。當時乾隆皇帝對於大會頗加盛讚，更喜歡鄉祠「跨鼓」，表演很是精彩，特御賞黃緞馬褂四件，叫四名鼓手各穿一件；還有鶴齡會演唱得很好，四位鶴齡每人賞給金項圈一個，其外龍旗兩面。大會因得寵錫，從此以後，「娘娘會」就名爲「皇會」了。嗣后皇會興盛不衰，直到前清末葉。

皇會會期爲三月十六日、十八日、二十日、二十二日四天。會期全是雙日，單日好叫人們休息去，以免太乏了，所以隔日一會。

第一天（十六日），名爲「送駕」。由掃殿會領導各會上香，然後起駕。門幡、太獅前導，各會依規定順序魚貫而列，最後爲鑾駕、四位娘娘寶輦、天后華輦。大會出發，沿途表演。送至西頭如意庵（業已毀於火），由接駕會跪香迎入，升殿拈香獻戲。十七日留如意庵中受西頭萬眾之香火竟日。

第二天（十八日），爲「接駕」日。各會均集於如意庵，接駕返迴天后宮，經過路線雖有不同，但表演大致無異。

第三、四日（二十日、二十二日），爲「巡香散福」。大會由天后宮出發，沿經各通衢大道，各地善男信女願進香者，即候大會經過，將香燭投入接香會所擡之香鍋中，即爲致意。各會仍照舊表演，最後仍迴天后宮。其取義爲天后散福，俾各家男女兒童護福快樂。

最後一日（二十三日），爲天后壽誕之正日，即在宮中受人間香火之祝賀。大會亦即在宮中表演一番最精節目。進香之客自晨至夕絡繹不絕，大殿之上無時不在擁擠。通宵如是，直至夜闌人散，燭滅香消，未覺東方之既白。盛大皇會，乃告終矣。欲瞻此景，須待來年也。

皇會之起始年期，因無正史可考，無法查明。據一般父老傳說，則謂起始於前清康熙四年，並謂錢商之門幡會亦係同時成立。但另一說則謂始於康熙三十年，其爲是否，尚待考證。

三月十六日送駕，最初係送至北馬路閩粵會館天后殿中供奉。因天后爲福建莆田縣林氏女，常顯靈應於海上，故潮、建、廣三幫客商禮之甚虔。其後改爲送駕西頭如意庵。後如意庵因皇會出會之日香燭燃及彩綢飾物，致生火災，將前後兩殿均付之一炬，其惟中殿幸免，遂改在千福寺駐蹕。

《津門記略》中介紹天后宮和皇會時，云：

三月二十三日爲天后誕辰。天津係瀕海之區，崇奉較他處尤虔。東門外有天后宮一所，金碧輝煌，樓臺掩映，俗稱「娘娘宮」也。廟前一帶即以宮南、宮北呼之。向例此廟於十五日啓門，善男信女絡繹而來。神誕之前，每日賽會，光怪陸離，百戲雲集，謂之「皇會」。香船之赴廟燒香者，不遠數百里而來。由御河起，沿至北河、海河，帆檣林立，如芥園灣子、茶店口、院門口、三岔河口，所有可以泊船之處，幾於無隙可尋。河面黃旗飛舞空中，俱寫「天后進香」字樣。紅顏白鬢，連袂於途。數日之內，廟旁各鋪戶所賣貨物，亦利市三倍云。（摘自（清）羊城舊客撰，張守謙點校：《津門紀略》卷五「風俗門・皇會」，天津：天津古籍出版社出版，1988 年 6 月第 1 版）

3、關於皇會的緣起

皇會之起始年期，據傳在康熙年間。乾隆戊申舉人楊一崑字無怪所撰《皇會論》一文，描寫皇會風光，刻畫入微，繪影塗形，栩栩如生，讀其文

不亞如親自觀會。

皇會日盛一日，成爲北方各省唯一的神話盛事，名聞遐邇，全國各地，沒有不稱讚天津皇會隆重熱鬧的，誰都恨不親來天津觀光一次。

那時閉關自守，海禁未開，人民富庶，國泰民安。在安居樂業之餘，很有光陰和經濟力量來從事這樣神仙故事的盛典。朝廷對於人民的這種信仰，也表示著十分的援助，一屆皇會期間，各種貨物一律免收釐稅，那時，河路交通甚便，各地船隻先後的載客運貨咸集津門，各河內幾乎排滿了船隻，客店一樣住滿了看會進香的客人，近者四鄉八鎮，遠者各縣以及各省通都大邑客商來津的很多，更因爲天后本是福建林性的女兒，成神后主海上之安危，所以南方各省的航戶，遠來天津參加皇會朝聖的也是不少。

一進三月以內，到處聽到的全是擊鼓鳴鑼，看見的全是些舞蹈表演，無地沒有皇會風光，真是一片昇平氣象。

自乾隆以迄清末，是皇會的全盛時代，那時因爲市面風光，地方安寧，人民富庶閒暇，所以皇會的儀仗一切的確是極盡奢華之能事。

皇會因爲受了政治影響，停辦多年，到了民國十三年春天，那時北方政局，可以說是小康之象，省長公署准了紳商之請，許出皇會」。

4、關於舉辦皇會帶來的商業利益

「皇會影響於市面之利益。津市商會呈請市府舉辦皇會，說是繁榮市面，振興工商。市府批示，也說是事關繁榮津市，應予批准，由此看來，此次舉辦皇會的動機，其意義已有宗教的變爲政治的了，出皇會的確是可以振興一部分工商業，雖然有人說這種經濟活躍是消耗的，但看這一時，是有幾業實受其惠。

綢緞布匹商，是解決人們衣的問題的，在皇會期間，正是春服既成的時候，一般人爲了看會，誰不做兩件新衣服？尤其是一般女人，所以綢緞店第一要利市三倍的，各會參加人員的制服彩衣也要製做，當然不會是少數的。

洋廣百貨，金銀首飾，這是和綢緞店一樣有好處的，除了做新衣服，當然要添置首飾及其他一切裝飾品，化妝品了。

飲食等物，爲了看皇會，家家都要接親迎友，四鄉八鎮，外縣遠道來的，住在親友家中，當然要有一番款待……。消費踴躍，各商營業當然要發達的。

點心茶食，各方親友，往來增多，點心鋪爲了備置禮品，生意當自興隆，更有出會時截會的事，都要預備點心截會，消耗數目更多。

此外大的如銀行、銀號等，小的各雜貨鋪，都可以接受皇會直接或間接的利益，即各旅棧等也不會沒有好處，香店營業更是興隆。

出皇會前，修理製備各種應用事物，各重輕工藝工人，得到工作的也不少，如木匠、瓦匠、油漆匠等。到出會的時候，各會應行擺設旗幟、燈牌等項，除去會員自行辦理以外，要雇傭「打小空的人」，打執事，挑擔子。預料出會時行列要有萬人參加，雇用的閒人也要三五千之多，可以臨時解決生計」。

注：《天津皇會考》運用大量的史料，對天津天后宮以及皇會的概況進行了介紹，《天津皇會考紀》的相關記載最爲翔實、全面。而《津門紀略》則將天后宮和皇會作爲近代天津社會生活中的一個重要組成部分，作了綜合性的說明。三種文獻史料價值各具特色。

十五、高淩雯撰：（民國）《志餘隨筆》，民國二十五年（1936）天津金氏屏廬刻本。

本書爲高淩雯在編纂《天津縣新志》時所撰隨筆四百餘則，內容大都爲其對編修新志的感想、體會，以及對體例制定、內容增刪所作的說明，並附一些在新志中不宜載入的民間掌故舊聞等，其中有涉及天后宮的內容。

如：

卷三：

香林院道士王野鶴，初簪冠於天后宮。時東溟讀書廟中，故幼即與之相稔。野鶴至香林頗讀書，喜交名士，東溟始識笨山即在香林座中。東溟隨從子宧遊江南，又相從山東，及倦遊故里，笨山已下世，惟野鶴在。殆不日不與抱甕老人往還也。

卷五：

「……明人文字傳於今猶可得見者，有母□鎮倉關王廟碑記、汪來毛公德政碑、任天祚重修天妃宮碑記、後復得劉壽鬻滄州志序，僅此四首而已。津門詩鈔存劉公詩三首，云得自劉氏家譜獻縣紀香聽謂□磯廟一首，曾於他人集中見之，恐非公作或者公偶錄他人作，其家誤以爲公詩耳，又存張巡撫

一首，鄭孝子一首」。

汪碑文收入衛志，乾隆志屏而不錄，而母任劉文又爲其所未見，是舊縣志於縣中明人文字竟無一存者。

關王廟舊址爲浙人所有，置碑壁間，外人不能問鼎天妃宮，東廟院在大直沽，荒原風日碑石凋殘，母任兩碑日久必就湮滅，今幸物色得其拓本。

注：本文對涉及天津天后（天妃）宮的碑文情況，進行了簡要的介紹。

卷六：

天后宮，元稱天妃宮。

十六、王守恂撰：（民國）《天津政俗沿革記》，民國二十七年（1938）天津金鉞精刊本。

王守恂（1865～1936）字仁安，別號阮南。天津人。1898 年光緒戊戌科進士。授刑部山西司主事。1905 年巡警部成立。任警法司員外郎、郎中。1906 年巡警部改民政部，任警政司郎中、總辦兼掌印參議上行走。1910 年出任河南巡警道。辛亥革命後，曾任內務部顧問兼行政咨詢特派員、內務部僉事、考績司第二科科長、浙江錢塘道尹。1920 年任直隸煙酒事務局會辦。早年負有詩名，學問文章亦見重於時，晚年參與組織城南詩社和崇化學會。著有《王仁安集》、《天津政俗沿革記》、《天津崇祀鄉賢祠諸先生事略》等。《天津政俗沿革記》分輿地、河渠。水利、郵遞、戶籍、田賦、貨殖、鹽業、工藝、文化、禮俗、善舉、訟讞、防禦、兵事、外事，共 16 卷。記述至宣統三年（1911）止。篇幅不大，以反映近代天津發展變化爲特色，有民國二十七年（1938）刻本。

卷十「文化・學堂」：

民立初等商業學堂

地址：天后宮

職員：3 人

教員：5 人

學生：36 人

經費：635 兩

民立第五半日學堂

地址：天后宮

職員：3 人

教員：3 人

學生：21 人

經費：252 兩

陳家溝兩等官小學堂

地址：河東娘娘廟

職員：2 人

教員：7 人

學生：高等 33 人，初等 195 人

經費：2984 兩

注：晚清至民國年間，天后宮等廟宇順應社會潮流，利用自身經費，紛紛興辦教育，曾經創辦多所初等、高等學校。

卷十一「祠祀三・壇廟」：

（天津）城東南隅有天后宮。……。天后宮者，元泰定三年作天妃宮於海津鎮，即此也。是皆於漕運興時，仰天助順，以繫人心，與福田利益意別有在也。

注：文中記載天后宮的時間、地址和創建的原因。

「祠祀三・歲時」：

其三月二十三日之皇會，為天后誕辰，扮演雜劇，百會填塞街巷，通徹宵旦，遊人如狂。相傳前代聖祖、高宗南巡嘗駐蹕天津，鄉人演作戲劇，用備臨覽，或作神仙故事，或作鄉俗形象。有以童子數十人，各持小銅鈸，舞跳之始，伏地排天下太平四字，頗近古人舞法。恐回鑾後再逢駐蹕，各戲技藝生疏，因於每年天后誕辰賽會之期，一演試之，此皇會之名所由來也。故仍舊志記之，可以想太平之景象焉。

十七、天津特別市公署宣傳處民國三十二年（1943）編，石鼓輯：《津津月刊》第 2 卷第 1 期第 11 號「天津寺廟」。

天后宮

天后宮之正祀爲天后聖母，所供神像甚繁，雖不如千福寺之眾，亦爲津市各廟之冠。天后宮即娘娘廟，元泰定三年所建，明永樂間奉敕重修，香火極盛。每逢朔望婦女絡繹途上，每年三月十八日廟會（傳天后宮娘娘聖誕）各地來此者亦多，該廟內有各種商號，廟內匾物多元明清各代顯宦所獻，香火至今不衰。

十八、天津市政府秘書處編譯室出版：《天津市周刊》第 1 卷 3 期，民國三十五年（1946）12 月刊行。

寺廟多傾圮

吾國自元建都北平，多起建浮屠，以求祈福，延至明清不輟。故北平之佛剎道觀，迄今猶稱宏偉。天津雖近在咫尺，地處海隅，明設天津衛，遜清始改府治，寺觀之建始增，然巨大之叢林宮觀，尚無多處。據社會局最近調查，所有全市之寺觀，共九十餘處，其著者，道觀則有福神街之玉皇閣。爲唐貞觀二年所建，廟房百餘間，爲學校佔用大半，尚有唐時銅像一尊。宮南大街天后宮，爲元泰定三年建，至今朔望香火極盛，存有經典百部，津之道士多出該系，皆火居道派，蓋皆有家室也。……。

注：兩文中簡要介紹天津本地宗教信仰的歷史，以及各類寺廟的數量。其中對於天津天后宮的創建年代、香火、宮內所存經卷和所屬道教派別等，都有明確的反映。

十九、集思堂居士撰：（民國）《天津縣地理教科書》，民國間石印本，集思堂藏版。

第十章　地方志

第六十二課　城外廟宇

（天津）城外廟宇尤多於城內，其最著者，東門外有天后宮，爲天津立廟之始。

注：文中簡述天津城內外的宮廟分佈情況，其中天后宮的歷史最爲悠久。

第四章　碑記類的媽祖史料

天后宮碑記是媽祖史料的重要組成部分。各地創修天后宮的碑文，都能夠完整記錄其創修的過程。這些內容在有關碑文中都有反映。

媽祖碑刻銘文文獻既展現了中國古代文字學，如碑文的韻律和格式等風貌，又具有豐富的史料價值。通過對一些歷史事件的記錄，可以補充傳世文獻。一般年代久遠的碑刻銘文存佚狀況不詳，大都只保留下文字著錄在文集、方志等形式的史料中。碑文載體多以石刻為主，內容包括廟記、會館記等。

一、天津市

1、河東大直沽天妃宮舊碑　　國子監丞危素

慶國利民廣濟福惠明著天妃祠，吳僧慶福主之，泰定間弗戒於火，福言於都漕運萬戶府，朝廷發官帑錢使更作焉。嗣慶福者二人，始吳僧智本主六年，以至正十一年圓寂，眾請主西廟僧福聚來繼其任。然東廟素卑下，潮汐漸經，棟宇摧壞。會覃懷遂公魯，曾以海道萬戶督運行海中，所乘舟觸山石幾被覆，乃虺踞呼天妃，俄火發桅杆，若捩其柂，遂得免。請於朝，加神封號。福聚具以修廟告，遂公以文書至戶部，監察御史海岱劉公真、工部郎中魯郡白公守忠，交章以達，中書發錢八百五十緡，命大都路達魯花赤高昌公，以京府務繁不遑躬涖工役，屬同知漷州事脫歡庸責其成，因增築基地，高至八尺有餘，蓋瓦級磚，為之一新。於是工部郎中棗城魯公銓，員外郎馬邑王公朵羅臺，皆以接運至中書，斷事官知事張允秉中，張師雲其咸竭力相助，

脫歡恪承太府之意，又出俸錢爲之倡，裒眾資增置地基，漕民吳中郁慶國、徐珍等各施財，即廟前僧聚（縣志無僧聚二字）創觀音堂。慶國又塑觀音、阿羅四十餘像，過者竦然爲之敬畏，乃因會稽沙門元復來請爲之記。福聚之主西廟，能率其師之志，多與興創，至是益竭其心思以治東廟，鐘梵魚鼓之聲，蓋朝夕相聞云。鄉使食君之祿，居一官效一職，舉若福聚之爲，庶政其有不治者乎！乃者加天妃之廟額，天曆間所賜也。（摘自薛柱斗修，高必大纂：（康熙）《天津衛志》卷四「藝文上」，清康熙十四年（1675）抄本。）

　　注：天妃宮位於天津河東區，那裡是天津市歷史上形成最早的城區，區內「大直沽」一帶是天津的發祥地。歷史上那裏運興旺，廟宇林立，商貿繁榮。作爲元朝海運的終點與當時南北物資交流的中心，元朝曾在大直沽設置了接運廳、臨清萬戶府等一系列重要的直屬機構。天妃靈慈宮始建於元世祖至元年間（1282～1294 年），明萬曆六年（1578）重修，清代數次修葺。清光緒二十六年（1900 年）毀於兵燹，光緒三十一年（1905 年）復建大殿三間，1950 年以後逐漸成爲遺址，是我國海上漕運發達的重要遺存。它與天津衛城東門外三岔口海河西岸的天后宮，東西相望，成爲海運和內河漕運的交會點。關於這兩座廟的創建時間，後來存在不少爭議，至今也無明確的結論。

　　危素（1303～1372），元明間江西金溪人，字太樸，一字雲林。師從吳澄、范梈，通五經。元至正年間授經筵檢討，與修宋、遼、金三史，累遷翰林學士承旨。入明爲翰林侍講學士。與宋濂同修《元史》，兼弘文館學士。有《危學士集》等。

　　本文作於元至正十一年（1351）。清（康熙）《天津衛志》、（乾隆）《天津縣志》、（同治）《畿輔通志》、（光緒）《重修天津府志》、（民國）《天津縣新志》等並載，（康熙）《新校天津衛志》所載內容上與前者有一定的差異，可以相互參照。

2、河東大直沽天妃宮舊碑

（〔校注〕原次第十縣志舊碑作碑記）　　國子監丞　危素

　　慶國利民廣濟福惠明著天妃祠，吳僧嗣（〔校注〕縣志無嗣字）慶福主之，泰定間弗戒於火，福言於都漕運萬戶府，朝廷發宮帑錢使更作焉。嗣慶福者二人始，吳僧智本主六年，以至正十一年圓寂，眾請主西廟（〔校注〕原本「廟」作「廊」字，據新志改）僧福聚來繼其任。然東廟素卑下，潮汐漸湮，（〔校注〕新志、縣志「湮」均作「經」）棟宇摧壞。會覃懷逯公魯，

曾以海道萬戶督運行海中，所乘舟觸山石幾被（〔校注〕新志、縣志均無「被」字）覆，乃踣踞（〔校注〕縣志新志均無「踞」字）呼天妃，俄火發於栰杆（縣志、新志「栰杆」均作於「桅」），若捩其柁，遂得免。請於朝，加神封號。福聚具以修廟告，逯公以文書至戶部，監察御史海岱劉公眞，工部郎中魯郡白公守忠，交章以達，中書發錢八百五十緡，命大都路達遠魯花赤高昌公，以京府務繁，不遑躬蒞工役，屬同知漷州事脫歡庸責其成，因增築基地，高至八尺有餘。蓋瓦級磚，爲之一新。於是工部郎中橐城魯公銓，員外郎馬邑王公朵羅臺，皆以接運至中書，斷事官知事張允秉中、張師雲其咸竭力相助，脫歡恪承太府之意，又出俸錢爲之倡，裒眾資，增置地基，漕民吳中郁慶國、徐珍等各施財，即廟前僧聚（〔校注〕縣志新志均無「僧聚」二字）創觀音堂，慶國又塑觀音、阿羅四十餘像，過者悚然爲之敬畏。乃因會稽沙門元復來請爲之記。福聚之主西廟，能率其師之志，多所（〔校注〕原本「所」作「與」，茲據縣志改）興創，至是益竭其心思以治東廟，鐘梵魚鼓之聲，蓋朝夕相聞云。鄉使食君之祿，居一官效一職，舉若福聚之爲，庶政其有不治者乎。乃者加天妃之廟額，天曆間所賜也。（摘自（康熙）《新校天津衛志》卷四「藝文中」，民國二十三年（1934）鉛印本。）

注：本文内容接近（康熙）《天津衛志》卷四「藝文上」的内容，其中補充了校注。

由於火災以及管理不善等原因，大直沽的天妃靈慈宮逐漸衰敗，只得請東門外小直沽的天后宮住持福聚和尚來管理。經過福聚和尚持續的精心運作，加上眾僧的大力配合，才使大直沽天妃宮重見起色。隨著明朝政府於永樂初年，在三岔河口東南設置天津三衛並修建衛城，並隨後在永樂十三年（1415）罷海漕，專行河漕，大運河遂成爲南北物資交流的大動脈。衛城北門外南運河尾閭經三岔河口至東門外海河沿岸成爲漕船商舶停靠的碼頭，形成天津衛新的經濟增長點和發展中心，使得天津城市的政治、經濟重心，呈現出沿海河向西北轉移的態勢。而此時遠離城區的大直沽影響則日漸減退。旨在爲海漕「保駕」的靈慈宮，也因海運漸廢而作用日益減小。

3、

（1）薊州新開運河碑記　（明）李賢

君子受一方之寄者，其要莫先於興利，然必有過人之才識。見高遠灼，知有利而無害，然後興焉。不然則率意妄作，利不可得而害已隨之。古人所

謂「興一利不如除一害」者，良有以哉！洪惟我朝奠安海宇，以康濟生民，而防邊一事尤爲加密。東北二鎮控弦之士無慮十數萬人，而糧餉之需大抵取給於江淮。是以大河諸衛歲運三百六十餘艘抵薊州，爲倉而貯之。往時由直沽循海道，而近海多風，船至海濱而不敢遽行，必淹及旬月，甚至彌月，候風色止息，方敢一渡。或至中流，遇風濤迅作，遂罹飄蕩覆溺之患，歲損船不下數十，而糧斛動以萬計，主漕運者恒以爲憂。天順改元，皇上光復大位，政令一新，天下臣民莫不忻忭鼓舞。興起事功，而巡守薊州諸臣深慮及此，詢諸父老之熟於地理者，雲海濱有二沽，一曰「水套」，一曰「新開」，相去才十里，可以開河通潮，以便運艘避海難。遂以其事聞，上命守臣都督僉事宗勝董其役，勝尋以疾在告，覆命參將都指揮僉事馬榮代之，又以監察御史李敏、工部主事李尚共蒞其事，三人者才識俱優，乃同心協謀，相度高下，起薊州諸衛戍夫萬人，撫恤獎勵，罔有不至，以故眾役感悅，爭先效力。以是歲三月始事於甲午，訖功於丙午，人皆驚異，以爲成功之速如此，必有神明默相其間。遂建天妃宮於新河之左，且謂斯舉便國家之漕運，通商旅之往來，公私之利在焉，非小補也。乃立石於傍，走書於京師，乞予言以紀其事。予嘗考唐神龍中於漁陽開渠，傍海穿漕以避海難，當時便之，今二三君子能興私利於數百載之後，蓋非率易妄作者矣。嗚呼！興利固難而保利尤難，若大繼諸君而巡守此地者，尚體諸君之心，以興起繼修之志，用保此利於無窮焉。是宜大書，傳之久遠，且以爲來者勸。（選自（明）李賢撰：《古穰集》卷四，《影印文淵閣四庫全書》第 1244 冊「集部 183・別集類」，上海：上海古籍出版社，1987 年 6 月第 1 版。）

（2）新開運河記 節本 明大學士李賢（鄧人）

洪惟我朝奠安海宇，康濟蒼生，而防邊一事尤爲加密。其東北一帶控弦之士無慮十數萬人，而糧餉之需大抵取給於江淮。是以大河諸衛歲運三百六十餘艘直抵薊州，爲倉而貯之，以便支用。往時由直沽循海道，備歷艱險，不免疏虞。蓋近海多風，船至海濱而不敢遽行，必淹及旬日，甚至彌月，候風色止息，方敢一過。忽至中流忽遇風濤迅作，遂罹飄蕩覆溺之患，歲損船不下數十，而糧斛動以萬計，主漕運者恒以爲憂。天順改元，一新政令，天下臣民莫不忻忭鼓舞，興起事功，而巡守薊州諸臣深慮此患，詢諸父老之熟於地裏者，雲海濱有二沽，一曰「水套」，一曰「新開」，相去才十里，可以開河通潮，以便運艘以避海難。於是具陳其事，上命守鎮守總兵都督僉事宗

勝董其役，勝尋嬰恙，覆命右參將都指揮僉事馬榮代之，又以監察御史李敏、工部主事李尚共蒞其事，三人者才識俱優，乃同心協謀，相度高下，起薊州諸衛、寶坻等處軍夫萬人，撫恤獎勵，罔有不至，以故眾役感悅，爭先效力。於是歲三月始事於甲午，訖功於丙午，人皆驚異，以爲成功之速如此，必有神明默相其間者。遂建天妃宮於新河之左，僉謂斯舉便國家之漕運，通商旅之貨殖，公私之利，實非小補。乃立石於旁，走書於京師，乞予言以紀其事。予嘗考唐神龍中於漁陽开平遠渠，傍海穿漕以避海難。當時便之，於今不泯，諸君子是舉，端有合於前人之所見矣，安得而不書？獨是興利難，保利尤難，後之君子苟慕義者視此刻文，庶幾興起繼修之志，用保此利於無窮，是又廣推立碑之餘意，以爲來者勸云。（摘自丁符九修，談松林纂：（光緒）《寧河縣志》卷十三「紀載」，清光緒六年（1880）刻本。）

注：寧河縣原屬寶坻縣，於清雍正九年（1731）析出，縣治設在蘆臺。

李賢（1408～1467），字原德，鄧州（今河南鄧州市）人。明天順元年（1457）七月，至成化二年（1466）三月任首輔。天順五年（1461年），加太子太保。成化元年（1465年），憲宗即位，晉賢爲少保、吏部尚書兼華蓋殿大學士知經筵事。成化二年（1466年）十二月病故，特進光祿大夫，左柱國太師，諡號文達，著有《天順日錄》、《古穰集》。《古穰集》中也有此文，但方志中所收碑文内容與《古穰集》中相比，具有一定的變化，可進行比對。

明初繼元代之後繼續實行大規模的漕運，作爲漕運中樞的直沽（本文中指薊州）依然佔據重要的戰略地位，天妃（媽祖）的「護漕」職能繼續得以體現。新河天妃宮的創建，也正是緣於漕運。

4、「重修天妃宮碑記」

碑在大直沽，高七尺八寸，廣二尺七寸，十三行，行四十字，正書「重修敕建靈慈宮天妃碑記」。

重修敕建靈慈宮天妃碑記　（明）任天祚

賜進士承德郎兵部武庫吏司主事前職方守山海關雲津道人槐庭任天祚沐手拜撰

神毓秀於閩，顯化於湄，先朝感其靈異，代代褒封。曰夫人，曰天妃，十五餘更。是時雨暘疫癘，舟航危急，無禱不應，故陸行舟載，若或使之，莫不祀奉其神焉。而巍然煥然，保治世於無虞，感人心於沖漠，不特一時一

處已也。傳至延祐，茲大直沽乃古建天妃靈慈宮。我國初，歲取東南之粟以實京師，以天下至險莫過於海，天下至計莫重於食，海運糧儲，舟航無虞，神之陰祐默相者萬萬也。乃因其古廟而擴大之，立人以奉祀。弘治時，每每顯化，又敕命重修而更新之。按《禮》，能禦大災則祭之，能捍大患則祭之。斯神上以護國家，下以庇生民，其禆益于天下後世豈淺淺哉！是宜報德報功無盡。我朝二百餘載矣，神功貫徹萬古如一日，凡有險危，非神以徼靈，罔克有濟。于戲！發迹於莆湄，而大昌於異世，夫豈偶然也哉！

　　今本邑善士周得水等有感，相與贊成重修，聖像殿宇各圖其新。起工於春三月，訖工於夏五月，乃爲之落成，神其永孚於休矣！慮時久則湮，不刻之石，何以廣其傳？因謀於予，敘其事以爲記。

時大明萬曆六年歲次戊寅夏五月吉旦立

　　（摘自高淩雯纂修：（民國）《天津縣新志》卷二十四之一「碑刻一」，民國二十年（1931）金鉞刻本。）

　　注：任天祚，天津衛人，明隆慶五年（1571）進士。

　　本篇作於萬曆六年（1578），在多部天津地方志中同載。原碑戍額已在天津大直沽天妃宮（東廟）遺址出土。文中所謂「傳至延祐，茲大直沽，乃古建天妃宮」一語頗含混，因而引起學界對東廟創建年代的爭議，或引清雍正《畿輔通志》之記作「元至元年建」，迄無定論。

5、重修北斗閣記

　　天妃殿之南偏有斗姥閣（即北斗閣。筆者注），閣三楹，倚於財神殿之陰。臺平而樹曲，牖洞而窗幽，人迹罕至，亦靚也。上祀北斗元君，其左右則日宮鬱儀帝君，月宮結磷皇君之位，閣下屋爲道士景承緒樓止處。緒之言曰，斗姥之閣自道光庚辰，李君採施以梁栱板檻之腐黑撓折者、蓋瓦級磚之破缺者、赤白漫漶之不鮮者，釀金修治，工竣施匾額、楹帖於上。咸豐八年夷人來，天妃廟中悉被佔據，而斯閣亦波及，肆意毀棄，不堪目睹。事定後，或補焉，或略焉。同治中，李君煦林承父志，兩加繕葺。殘者整之，敗者完之，不足者加之，丹青土木，煊赫一新，屆重陽日及除夕，焚香展拜，歲無間，然迄今又十餘載，雨淋日曝，隳壞者夥，視茲景象，感喟不禁。一日固請余，余曰：「始吾先王父採施公逸、先君子煦林公承理斯閣，備極美善，似無可增加，惟神位舊爲金身，精光暗淡，其它應塗以丹臒，飾以黝堊者亦不乏，蓋

歲月駸駸，無久而不敝之理也」。於是諏吉命應熊佋督工重修，不日蕆事。聞者、觀者，罔弗忻然，主持者益如願，而余之心，轉不可以已也。夫餘家敬祀北斗元君，更四代，無異初時。四代之後，余不得而知；四代之中，余可得而信。假令後之人不余繼，亦已矣。誠能繼余之志，以繼我先人之志，則余之幸，斯閣之幸也。閣中舊有簽板，今缺如，應熊重刊焉。是不可不敘其涯略，以告我後人，爰泚筆而爲之記。

大清光緒十四年歲次戊子三月穀旦

四品銜舉人知縣李春棣謹撰

舉人李春澤敬書

千總銜李應熊監修

住持道士景承緒募化

（摘自董季群著：《天后宮寫眞》，天津：天津社會科學院出版社 2002 年 8 月第 1 版。）

注：該匾爲橫匾，木質，原存天津天后宮。

李春棣，舉人，時任天津知縣，餘未詳。本文作於清光緒十四年（1888）。其以簡潔的文字，飽含激情，記錄庚子年間的社會變故以及天后宮某些附屬殿閣的歷史沿革。其中尤爲眞實反映第二次鴉片戰爭期間，西方列強在天后宮內所犯下罪行的內容，爲後人留下可貴的歷史資料。

6、重修天后宮後樓碑紀

天尊位於上，地尊位於下，天覆地載而萬物育焉。然冥冥之中，猶有神靈主宰，默祐斯民，故能廟宇崇閎，壯觀瞻於百代；神像赫奕，顯威靈於四方。善男信女，供香花而跪拜；無學無識，仰廟宇而肅然。福善禍惡，報施不爽，其所以警惕兇惡，化導愚頑者，其力深矣。然則神之爲德，豈不盛乎！今者，諸善士重修天后宮後樓，其熱心爲善，蓋可知矣。天后宮在天津東門外，天后聖母，靈護萬方，載在祀典。正殿後有樓在焉。該樓建自大明成化十九年，迄今四百餘載，其間雖有修葺，然代遠年深，柱石下陷，山敧欲傾，院牆各門，瓦敗垣頹，故諸善士糾合同志，捐資重修。按原址增高二尺，公推津郡善士永興益劉君永波督飭建築。經始於中華民國癸亥年仲夏之月，至冬月完全落成，又經福安堂張坤將全樓神像塑畫金身，於是廟貌屹然峙於津郡。登樓瞻拜，則見左右棟宇，列肆無楹，森然環衛，若群山萬壑，拱太華

而獨尊也。巍乎！崇乎！美輪美奐矣。乃於冬月下旬，舉行三日開光落成慶賀禮。懸燈結綵，呈供獻樂，男女瞻拜，來者如雲。仰廟樓之輝煥，敬聖像之尊嚴，又歎夫諸善士之勇於爲善，非他人之所企而至者。斯樓固千古不朽，諸善士之功德亦與斯樓而俱在矣，詎不盛哉！所用一切工料，實開實報，計用磚、瓦、木、石、洋灰及匠作工價等，共用銀柒仟三佰伍拾壹元玖角；重修便門、廚房、門房等，共用銀壹佰伍拾肆元零壹分；行上樑禮，供品、茶點等，用銀貳拾三元伍角；行開光禮，所用香燭、茶點等，用銀伍拾玖元貳角壹分；作黃布輦圍罩，添銀拾元；安長年電錶，押款銀貳拾元；刻碑兩角工資，共肆拾元。以上總計用銀柒佰陸佰伍拾捌元陸角貳分。茲將發起承辦人及助款諸君臺銜刊列於左：

發起承辦人：掃殿會、香燭社；總理建造人：劉永波；總督工料人：楊沛霖。

中華民國十四年乙丑農曆孟秋立。

紳商善士助款列下：

福德堂魏，助洋三佰伍拾元。

德遠堂趙、竹遠堂范、靜遠堂鄭、義善堂趙、遵義堂陳、曹士岱，各助洋貳佰元。

陳積三、李子琴、劉海峰，各助洋壹佰元。

……（以下捐助名號款額從略，詳見《天后宮寫眞》）

女士助款列下

張呂氏，助洋壹佰元。羅王氏，助洋三拾元。左陳氏，助洋貳拾伍元。

楊吳氏、趙士英、隱名氏，各助洋拾元。

又入賣洋灰口袋入洋肆拾玖元，以上共入洋柒仟肆佰肆拾元。

實虧洋貳佰壹拾捌元陸角貳分。

劉永波，續助洋貳佰壹拾捌元陸角貳分。

出入相抵。

王少三，助瓦木作工人上樑酒資洋三拾貳元。

楊沛霖，助各作茶水點心西瓜足用。

中華民國甲子年荷月上浣穀旦掃殿會、香燭會仝立。信士弟子楊開誠敬書。（摘自董季群著：《天后宮寫眞》）

注：民國十二年（1923）因藏經閣「代遠年深，柱石下陷，山欹欲傾，

院牆各門，瓦敗垣頹」，由眾紳商重建，掃殿會、香燭社監修，重建活動由仲夏之月至冬月完工。民國十四年（1925），為紀念這次重建活動而作此文，碑存天津天后宮，被分刻於藏經閣樓下北牆和南牆的壁碑。其中碑文考證「該樓建自大明成化十九年（1483）」，為僅見之史料記載。

天后宮歷史上共有兩通石碑和一處壁碑。其中位於天后宮前院的兩通石碑已毀，而本碑至今依然完好。

7、無字碑套錄文　清・佚名

（上缺）本朝御宇，祀典罔弗由舊，茲廟精爽，亦久而彌濯。雖今海運久廢，神可端拱無為，而至於水旱刀兵瘟疫，以及祈嗣保嬰之屬，士女至心虔禱，蓋未嘗不與興化、臨安諸廟同一響應。是用記其始末，俾崇信者知所考證云。愚既援譜勘史而為是記，記畢，不禁撫然曰：然則天妃生於三月二十三日，得道於九月十五日，飛陞於八月初六日，何據乎里人之酬神賜者，偏在正月、五月之初一、二日也。甚哉！習俗之移人。不可畏哉！（摘自陳鐵卿：《天津天后宮》。載《天津文史叢刊》第四期。）

注：此篇殘文錄自天津市文史館員陳鐵卿遺著《天津天后宮》，（載《天津文史叢刊》第四期），據作者介紹：天津天后宮院前有無字碑二塊，似為人磨去者。其中一塊另有木框嵌白絹碑套，上錄碑文，廟會時套在碑石上，夜間裏面燃燈供人閱覽。但從以上這段文字看，似為全篇之下半部份，而上半部當在另一碑套上，惜已佚去。茲據文中尚稱「天妃」分析，其年代當在清康熙間或更前，估置於此。又，文中關於天妃「得道」和「昇天」的兩個日期，未見其他文獻記載，不知其所據出處。

二、北京市

1、重修京都天妃宮碑記　（明）丘濬

天所覆者，地也；地之盡處，海也；海之所際，則天也。蓋氣之積為天，而凝結以成地，所以浮乎地者，水也。水源地中，而流乎地之外，其所委之極，是則為海，海之大際天，其為體也甚巨，而其用則甚險而莫測焉。冥冥之中，必有神以司之，然後人賴之以利濟。中國地盡四海，自三代聖王，莫不有祀事。在宋以前，四海之神，各封以王爵，然後所祀者海也，而未有專神。宋宣和中，朝廷遣使航海於高句麗，挾閩商舟以往，中流適有風濤之變，

因商之言，賴神以免難。使者路雲迪以聞，於是中朝始知莆之湄洲嶼之神之著，靈驗於海也。高宗南渡，紹興丙子始有「靈惠夫人」之封，紹熙壬子加以妃號。元人海運以足國，於是始配妃以天。我太祖高皇帝，革去百神之號，惟存其初封。迨我太宗文皇帝建國幽燕，初資海道以餽運，繼又造巨艦，遣使通西南夷。乃永樂己丑之歲，詔中貴鄭和，建宮祠神於南京儀鳳門。太常少卿朱焯齋祝，封神為「護國庇民妙靈昭應弘仁普濟天妃」。京師舊有廟在都城之巽隅，大通橋之西。景泰辛未，住持道士邱然源援南京例，請升為宮。然規制尚存其舊，弗稱宮之名也。成化庚子，然源乃募財鳩工，拓大而一新之。既成，礱石為碑，介天官副郎雲間張天駿徵予以記。惟天為大，物不足以儷之。儷之者，地也。地之所以為地，具山與川之形以成。然山有限界，足力可以盡之。惟川之為川，液融於地，氣通於天，形浮於地之外，而委於天之際以為海。淵源之流，積而不溢也。炎炎之焰，暵而不幹也。汪洋浩渺之浸，無所如而相通也。是則海之大與天同，而司海之神稱天以誄之，而且假以伉儷之名，厥亦宜哉！今海濱之地，神祠在在而有，矧茲京師密邇天宮，凡天下之人浮海而利涉，欲之北東南西，以盡乎輿地之所止，而又外而極於車轍馬足所不至之域，其啟行也，咸於是乎伊始焉。祠神之宮而無壯夫高廣之制，豈得為稱哉？茲其稱矣，人侈其觀，則神妥其靈。神妥其靈，而益著其感通利濟之效，俾大怪風駭濤之險等於平夷，足國之用於無窮，廣帝之化於無外。予生海之南，備知海之大而險，神之功之駿而捷也。既為文畀張君書以刻石，而繫以詩曰：

皇明聲教兼華戎，車馬絕迹舟以通。飄飄一葦萬仞中，崩雲屑雨掀巨風。四聲瞬息歸溟濛，誰能拯濟神之功。一念所至神斯從，收風平濤攝蛟龍，神光閃爍來半空，驚波駭浪平地同。徽章懿號昭皇封，峨峨廟宇都城東。天下祀典始此宮，千祀作配齊穹窿，國祚與之無終窮。（摘自（明）丘濬撰：《重編瓊臺稿》卷十七，明天啟元年（1621）瓊山丘爾穀刊本。）

注：本篇作於明成化十六年（1480），碑佚。北京天妃宮肇創於何時不詳，碑文稱景泰辛未（1451）已升廟為宮，故很可能創於永樂遷都北京而大興漕運之際。

丘濬（1418～1495），字仲深，號瓊臺，海南瓊山人。明景泰五年（1454）進士，授翰林院編修，累官至禮部尚書、文淵閣大學士。贈太傅，諡文莊，有《丘文莊公集》，《四庫全書》稱《重編瓊臺稿》。

2、天妃宮重造碑　清・劉密正

蓋聞神威赫奕，千秋肅悠祀之。瞻廟貌巍峨，萬世□□，□德之重，是以聖朝鼎建，山川群后效靈，海晏河清，嶽瀆諸神受職。吾郡娘娘宮，創自前朝，舊□□無□降太乙之壇，金闕瑤臺翠伏。惟中古之□□□不星罷紫府，帶□神州；今也甃□□棘，難伸俎豆之儀，霜露沾裳，莫展□□之□。地固因神而靈，而廟必得人爲守護。本宮住持虔心起造，立願重□□□。長□春雨，非一木之可成；無寢清□，賴十方之協力，因而□求本莊施主□□□□人，錢糧齊備，急命工人重整大殿，聖母之□□得所，後修兩廡諸神之□託有依，前殿新兩重門煥，圍壁補而歌臺建。故□□刻再起□俊之□□□帶翠飛爰徵輝煌之色，緣是神忻人悅，均霑潤□。冀□瑞應祥徵，俱慶風調風律，敢告同心，受茲□□。

大清乾隆二十二年歲次丁丑□夏月。

住持□心，亮□□□、□末……、處士劉……馬朝室、陳萬財、高……□□康寧布施錢拾千。（摘自中國國家圖書館「中文石刻拓片資源庫」）

　　注：本篇作於清乾隆二十二年（1757），碑石原存北京懷柔天妃宮遺址，風化嚴重，字迹大多模糊難辨，故校讀難以準確。碑額刻楷書「萬古流芳」四字，署款除住持僧人外，尚有姓名約四十餘人，因無法認清而從略。此碑文可證：自明代南方民間稱天妃曰「娘媽」，而北方則稱娘娘。至清代，南方改稱媽祖，而北方仍沿襲舊稱「娘娘」。

　　劉密正，仕履不詳。

三、河北省

1、天妃廟記　祁順

天地間，海爲最鉅。海之神，天妃爲最靈。凡薄海之邦，無不祀天妃者，由能驅變怪，息風濤，有大功於人也。山海去城南十里許，爲薄海汪洋萬頃，不見崖涘，海旁舊有天妃祠，相傳謂國初時海運之人，有遭急變而賴神以濟者，因建祠以答神貺，歷歲滋久，故址爲浪衝擊，幾不可支，而堂宇隘陋，亦漸頹毀。天順癸未太監裴公瑠，以王事駐節山海，諗神之靈，就謁祠下，顧瞻咨嗟，語守臣及其屬曰：「天妃顯應，功利聞天下，而廟貌若茲，非所以崇名祀也。盍撤其舊而新是圖？」遂施白金三十兩，以倡於眾。時鎮關兵

部主事楊君琚，暨參將吳侯得各捐資為助，而凡好義者亦皆致財效力，以後為愧。於是市材傲工，擇時興役，崇舊基而加廣焉。為祠前後各三間，堅緻華敞，足歷永久，其像惟天妃因舊以加整飭，餘則皆新塑者。復繪眾神於壁間，威儀蹌蹌，森列左右，遠近來觀，莫不肅然起敬，以為前所未有也。肇工於甲申年秋七月，落成於是年冬十月。眾以麗牲之石未有刻辭，徵予紀其始末，用傳諸後。夫能禦大災，能捍大患，以安生人者，徵諸祭法於祠，為稱我國家明制度，尊祠祀，豈無意哉，亦為生民計耳。嘗聞東南人航海中者，咸寄命於天妃，或遇風濤險惡變怪，將覆舟，即疾呼求救，見桅檣上火光燦然，舟立定，是其捍患禦災，功罕與比，故在人尤加敬事，而天妃名號居百神之上，亦莫與京焉。渤海之廣，無遠不通，神之流行，無往不在，人賴神以安，神依人而立，然則斯祠之建，庸可後乎。當祠成之歲，居其旁者，厄於回祿，勢焰赫然，及祠上人遠望之，見煙光中人影上下，意其為護祠者，既而旁居蕩為灰燼，而祠一無所損，向所望煙中人影皆無之，乃知其神也。噫！神之顯赫不可掩如此，所以惠福於是邦，豈淺鮮乎哉！順既為敘其事，復作迎享送神之辭，俾邦人歌以祀云。其辭曰「蓀壁兮藥房，辛夷楣兮蘭橑桂，梁雜芬菲兮成堂，神之奠兮海旁，吉日兮將事，女巫紛兮至止，蕙肴蒸兮薦芳，醴衣採兮傳葩，吹參差兮舞婆娑，神不來兮奈何，輕風颼颼兮水揚波，神之來兮容與，載雲旗兮駕風馭霆，成再拜兮傳神語，旋焱不留兮使我心苦，神廟食兮無窮，神降福兮曷其有終，海波恬兮偃蛟龍，弭怪雨兮驅暴風，災沴弗作兮時和歲豐，人有壽考兮無懷恫，永世不磨兮神之功」。（摘自詹榮纂修：(嘉靖)《山海關志》卷八，明嘉靖十四年（1535）刻本。）

　　注：文中記述山海關天妃宮的地理位置、創修的歷史。山海關碼頭在唐代以前就是儲存軍糧、接運轉輸海運糧秣的口岸，遼金時荒廢，明初修築長城和關城，動用大量的屯兵、匠役和民夫，其糧食和部分建築材料就是依靠海運。另外大量南來的物資在此地進行儲存，並通過海漕轉運到遼東，於是明朝政府在這裏修建天妃宮。山海關天妃宮創建於明天順七年（1433），清乾隆皇帝曾經御賜額「珠宮湧現」。本文曾經載於明清兩朝多部方志中，現碑已佚，因此其參考價值顯得更高。

　　山海關原有兩座天后宮，一座在南海口永祐寺西，始建於明初，明天順八年（1464）祁順曾經作《天妃廟記》於此，後毀於近代戰火。另一座位於關城西北，時間年代無考。

祁順（1434～1497），明代廣東東莞人，字致和，號巽川。明天順四年（1460）進士，授兵部主事，進郎中。成化中使朝鮮，不受金繒，拒聲伎之奉，累官至江西左布政使，著有《石阡府志》和《巽川集》。本文作於明天順八年（1464），可證山海關天妃廟肇創於明初經略遼東行海運時。

鍾和梅纂修：（乾隆）《臨榆縣志》卷十三「藝文」，清乾隆二十一年（1756）刻本；趙允祜修，高錫疇纂：（光緒）《臨榆縣志》卷十一「建置編・壇廟」，清光緒四年（1878）刻本；陳天植等修，佘一元纂：（康熙）《山海關志》卷九，清康熙九年（1670）刻本；游智開修，史夢蘭纂：（光緒）《永平府志》卷三十九「壇廟祠宇下・天妃宮」，清光緒五年（1879）敬勝書院刻本；仵濤、高凌霨修，程敏侯等纂：（民國）《臨榆縣志》卷十一「建置編・壇廟」，民國十八年（1929）鉛印本等，多部志書同載祁順的《天妃廟記》。由此可見，山海關天妃宮在環渤海一帶的影響是非常廣泛的。

2、

石河口、湯河口皆可通船，向由奉省運糧接濟民食。同治十三年奉省有糧石出境之禁，海運不通，邑中乏食，五六月間米斗東錢八千有餘，甚有持錢入市不能得米者。秋間奉旨開運，乃得通暢如常。（有陳邑侯曉諭，見「記事」）

向來糧船到口有應交規費，但日久弊生，不免需索過多，致糧船稀少，於民食大有妨礙，賴官府隨時詳查嚴禁以清弊端，所以糧船踴躍，源源接濟。

山海關副都統福、山海路都司額、臨榆縣正堂馬，示為嚴禁各衙門兵役需索規費，以招商船而便軍民事：照得臨榆境內，依山傍海，地土瘠薄，所產糧食無多，不足軍民之食，歷來全賴奉省商販糧艘到來，源源接濟，所以糧價不昂。近年來商船稀少，糧價漸增，究其所由，乃因各衙門兵役藉查察之名，需索規費，以致商人裹足不前，業經各衙門迭次嚴禁在案，茲據舉人辛永祿、傅德謙，武舉周揚，武拔貢傅毓沂，生員張燕緒，廩生田繼薌、王樸、李培元等呈請，將示禁勒石海口，以垂永久等情，自應俯如所請，各衙門彼此照會，均各立案，飭令勒碑海口，永遠禁止，以裕商民，合行刊石示禁，為此示仰商賈人等知悉。爾等販載米糧到境，即自定價值糶賣，倘有兵役需索規費，及斗紀把持多索用錢，爾等指名到縣稟報，定當按法嚴懲，決不寬貸。各宜懍遵毋違，特示。

道光六年碑在天后宮

副都統富，遊府景，縣正堂孔，示爲申禁需索以招商船而濟民食事：照得臨榆縣境內向賴奉省商販糧船接濟，所以米價不昂，惟米船到口，恐各衙門兵役有藉端需索情弊，前曾會銜出示勒石海口，永行嚴禁在案。茲查近年以來，海口糧船雖尚不少，而嚴禁需索章程奉行已久，恐兵役人等視爲故常，仍有需索情弊，致商船不前，大於民食有礙。當經本縣呈移各衙門申明舊章，出示嚴禁亦在案。茲據候選都司計清元，前任吉林學正程儒珍，前任薰城縣教諭傅毓沂，候選訓導田繼薌，議敘五品銜曹開文，候選通判王保庸，舉人李培元、魏式曾、傅大鯤、郭長清、郭定柱等以嚴禁需索舊章告示，一經風蝕雨剝，勢難歷久不磨，呈請呈移各衙門會銜出示勒石海口，以期永遠遵行等情具呈前來，自應俯如所請，除呈移各衙門會列銜名，並各立案外，合行刊石示禁，爲此示仰商賈人等知悉，自示之後糧船到境即自定價值糶賣，倘有兵役需索斗紀把持，並閒雜人等滋擾情弊，許爾等指名扭稟本縣衙門，照例究辦，決不寬貸，各宜懍遵毋違，特示。

道光二十六年刊石南海口天后宮

（摘自趙允祜修，高錫疇纂：（光緒）《臨榆縣志》卷十四「武備編·海運」，清光緒四年（1878）刻本。）

注：臨榆縣即今青皇島市山海關區。本文無篇目，從文中的記載來看，山海關天后宮在清代多次得以重修，與當時清廷向東北地區大規模漕運糧食等物資是密切相關的。

3、天妃廟碑記 劉漢儒

天地間盛衰，理也；成敗，勢也。即衰而復盛，敗而復盛，亦一定之數也。故卦有泰否，月有盈虧，四時之寒而暑，暑而寒者，何一非盛衰成敗之寓於其間？豈城郭、村落、廟宇觀瞻獨不然乎？即以吾鄉而論，當其盛也，泰山行宮與藥王行宮金碧相映，復以柳蔭橫遮，綠波環繞。遊人行至橋東，見樓影倒垂，目迷五色，幾不知其爲水中岸上，然佛閣僧廬星羅棋佈，參差於菰蒲竹樹之中者，實景幽而地僻也。今雖柳殘橋斷，遊人迹希，父老猶能爲余言，曰某也樓，某也閣，某也靜室，某也臺榭，可不謂一時之盛乎！未幾明運式微，天將大有盛衰於中土也，聖主東來，中原鼎革，近都三百餘里盡設旗丁。忽而林木陰森者變爲荒榛蔓草，層樓飛閣者變爲寒煙冷風，轂擊

肩摩，連袂成云者變爲瓦礫荊棘，鬼火狐鳴之域，能不令人動盛衰之感乎？幸而運不終衰，旗丁改戍，畿南漸有起色，會羅刹宇數亦當興，先大人與比邱輩商略指顧，按休咎顧嚮背漸次部署。閱大其規，曲折其徑，由柳蔭而入，過榮園數武爲山門，由山門而入，爲十王殿居左右。又入爲太山行宮，東西三楹，前後亦三楹，面供天妃三像，及司福祿、子嗣、災殃之神，無不畢具。背面向水復供三大士及一切水府之神，於是遊其地者無不曰彩畫莊嚴，冠絕一時。蓋其爲地也，以林木勝，以水月勝。其爲僧也，以戒律勝，以詩畫勝，以幽淡枯寂勝，於是四方百里之遙，求福者無不於是奔，求祿者無不於是禱，即求名、求利求子嗣、求免災殃者，亦無不於是祈也。使數不當盛，盛事不當成，何以禱爲之應，祈爲之靈。凡有入廟干求，無不顯報，而令數千萬人匍匐恐後也哉！今遠近數百里共計千萬姓，咸欲勒石以誌其盛，吾知此地此刹將有盛而無衰也，有成而無敗也，將由衰而盛，由敗而成，更咸與興而無窮也，於是爲之記。（摘自趙炳文、徐國禎修，劉鍾英、鄧毓怡纂：（光緒）《大城縣志》卷十一「金石志」，清光緒二十三年（1897）刻本。）

　　注：據碑文記載：「聖主東來，中原鼎革，近都三百餘里，盡設旗丁」。可知此篇當作於清順治初年，碑佚。碑文稱泰山碧霞元君與「天妃三像」對面而祀，雖然可以證明碧霞元君非天妃，但二神關係無疑是十分密切的。大城和霸州一帶的天后宮廟，都位於南運河沿岸附近，應該系明代永樂十二年（1414）以後，罷海運，專事河漕，媽祖信仰向運河兩側擴散而逐漸形成的。

　　劉漢儒（？～1665），北京大興人。明天啓二年（1622）進士，崇禎間曾累官四川巡撫，罷歸。入清，起授都察院左副都御史，尋以病乞休。

四、山東省

1、重修德州天妃廟碑記　　（明）王叔

　　德州舊無天妃廟，廟初立，殊荒陋，無文字紀歲月，天順庚辰再經恢拓，至成化辛丑復從而新之。吾境內多泰山元君祠，恭謁天妃廟者恒以元君視之，而漫無所識別，蓋以庚辰具碣其言質俚無可證，辛丑樹碑而記者略之故也。嘉靖乙卯棟宇垣壁復就圮壞，鄉耆宋君鏐，暨徐君存仁、韓君福、王君實輩相與捐金結社，爲鄉人倡。以圖增置而侈大之，已而施者雲委，艮材堅甓罔弗備，工役遂舉。正殿仍四楹，兩廡仍各六楹，夾儀門特創二廡，殿東偏益一室，與西偏神室相直，門廊、寢室咸倍壯於舊，廟貌鼎新，金碧閎耀，

觀者肅然生敬焉。諸君假庠友姜子懇余言勒諸石。余按《大明一統志》：天妃廟在福建興化府莆田縣湄洲嶼。妃，莆人，宋都巡檢林願之女，生而神靈，能言禍福，沒後，鄉人立廟於此。宣和中，路允迪浮海使高麗，中流風大作，諸船皆溺。允迪所乘舟，妃降於檣，遂獲安濟。歷代封至天妃，國朝洪武、永樂中凡兩加封號，列諸祀典。竊謂國家敕建群祀非但詳於報賽而已，將以震民之底滯而立教也。其載在祀典者，上□道通明，下以誘愚俗。雖若不能無可議於其間，要使民同歸於善，而莫之知其意良亦美矣。然自帝王聖哲，以及忠臣孝子諸□□□風，天下之為丈夫者，語之而□□，□之而□□，其足以省官師之訓，而助刑罰之不及，亦□為有□，而其□於習而難化者，莫如婦人、女子。顧責之以丈夫之所敬畏而崇信者，彼則語之而弗□，勉之而弗從，何也？婦人、女子所服從者，姆訓也，而以教男子者教之，其孰從而聽之？試觀諸閨閤之間，有談士人之奇節異行者，彼不相視錯愕，即藐藐焉弗入。一及曹娥聶姊之事，則群聚而叩之，且盡然動心而傾聽之，不厭從其類焉耳矣。天妃有廟，諒職以教天下之婦人女子□之，以靈異懼之，以禍福固使之，易知易行，自不敢□其內□，以自貽罹而為神羞。蓋陰教舉，而陽教於是乎益備矣。廟創於先而葺之於後，固均宜不朽，其功以啟後人，雖然靈峻一作，至今有餘誚焉。余後生小子敢張皇幽杳，以迷亂吾人之視聽哉！惟擄國志云「爾夫，固有所受之也」。（摘自金祖彭修，程先貞纂：（康熙）《德州志》卷五「祀典·廟祠」，清康熙十二年（1673）刻本。）

　　注：明初的德州只是一處重要軍事重鎮，京杭大運河全新開通才逐漸形成城市。德州的媽祖文化資源十分豐富，據明人王權云：「德州舊無天妃廟，廟初立無文記歲月，天順庚辰，成化辛丑兩新之」，不難看出德州早在明代天順四年（1460 年）以前就出現了天妃廟。據有關專家考證，德州的天妃廟最早應在明永樂、宣德年間出現，德州歷史上至少修建過四座天妃廟。

　　本文題目為筆者所加。

2、重修膠州天妃廟碑記　成永健

　　以海之險，貢艘商舶之所通，而無颶風蛟浪之恐者，惟神是憑，而其最靈曰「天妃」。宋迄元、明，聖治翔洽，蠻裔向風，海波不揚而百靈順，厥典更加，春秋命有司祭於其宮。膠州海口當南北，無何盛衰，消息之間傾頹若是，爰有商賈恢營舊址，殿宇鼎新，再采蘋蘩，益隆香火，闕亦貸千金，

止以二十五畝償之，紳以退地恤商之義，鳴諸當事商，以垂永久。廟僧暨商及紳丐予文勒石，予曰：惟神靈應，滄波乃平，扶餘諸服，朝於闕廷，帆檣鱗鱗，獻檠獻賓。我皇懷柔，百靈式從，珠山膠水，紺殿穹隆，載薦之蘋，載錫之封，土田祚供，典禮永崇。

賜進士出身，文林郎，署膠州事，日照縣知縣成永健撰。王於輝、邵爾芳等置贍地二十五畝，計十六段，坐落於延家莊社。康熙六十一年壬寅夏六月立石。（摘自張同聲修，李圖等纂：（道光）《重修膠州志》卷三十九「考三‧金石」，清道光二十五年（1845）刻本。）

注：膠州天后宮創建時間不詳，清康熙六十一年（1722）知州成永建重修，以後續修都由海商捐資。文中記載本次膠州天后宮的重修情況。

本文題目為題者所加。

3、天后閣記　乾隆三十九年　邑令　葉觀海（閩縣）

嘗考天妃所司者，海也。於宋建隆元年三月廿三日，生於福建莆田林氏，紅光滿室，異香氤氳，至彌月不聞啼聲，因名曰「默」。漸長，喜潔淨，焚香禮佛，有道士元通者授以元微秘法，遂靈通變化，驅邪救世，駕飛雲渡大海，僉號曰「通賢靈女」。道成，白日飛升，當宋雍熙丁亥重九日也。自是救世現身，歷元迄明，代著顯異，金泥玉簡，先後褒封。我朝克復廈門，得神陰助，敕封「護國庇民妙靈昭應宏仁普濟天妃」。又以默相臺灣取捷，敕建祠於原籍莆田湄川（疑應為「洲」），加封「天后」，固所謂「有功德於民」者也。南直淮安清河隘口，古有天妃閣，閣下有閘，其間洶湧澎湃，濁浪奔騰，往來舳艫虔誠祝禱，得踰此閘，方幸無虞。國家漕運固賴神功，而行旅商賈亦資呵護，長山周村鎮商賈雲集，各行貨物皆出南省，凡採買運載俱安然無恙。其為商賈庇蔭者，尤未易更僕數也。眾商以欲建祠虔拜，因艱於地，故遷延未就，幸碧霞元君宮前舊有南廳基址，眾商公議建立高閣五楹，群樓數間，彩樓對列，長廊環衛，剎門僧舍罔不畢具，為周村闢一名勝。工作鳩庀約費六千餘金，皆出自外省、本省客商以及紳士。工既竣，首事等屬余記閣所由建，並擴姓名、時代永垂貞珉。余詢厥創始在乾隆戊子，越七年，甲午告成。倡義董事諸公幾瘁心力，然非天后之感人速而入人深，烏能人心踴躍，有此創建也哉！至閣之妥侑，夫神與神之裨益，夫民則有非毫端之所能罄者矣。是為記。（摘自倪企望修，鍾廷瑛、徐國行纂：（嘉慶）《長山縣志》

卷十三「藝文志二」，清嘉慶六年（1801）刻本。）

　　注：在環渤海一帶奉祀海神林默的廟宇，名稱繁多，本文中的「天后閣」即是其中之一。

　　文中記載清乾隆三十九年（1774）周村天后宮的重修情況。媽祖信仰在山東閩籍商人，以及宦遊山東的閩籍官員中十分普及，這些人也是當時山東各地修建媽祖廟的有力推動者，所需資金不少往往也都由他們捐出。文中記載天妃（后）與碧霞元君同祀的現象，在環渤海一帶十分常見。

4、天后宮記　邑人金鏞

　　大清統一海宇，百神受職，兆民賴之，百四十九年於今。文邑僻處天東，土地磽鹹鹵，自菽、稗、魚、鹽而外，所產無幾。惟南北距海，舟楫之利達於江淮、遼東，天之設斯地也，不爲無處矣。明季東人凋敝，民食維艱，賦徭積欠，逋負之家捐田廬而遠，逝者載道。無他，水利不通故也。國朝生齒日繁，而食用乃漸裕，則來自江海者居多。父老云：「歲豐，無出口之船，則穀賤，國課無以完。歲欠，無入口之船，則穀貴，口食無以給」。蓋文邑之所缺者，非但竹、木、布、棉、器用已也。自順治至雍正間，海商猶有屬禁，乾隆辛未、壬申年饑，武彥陳思恭以智仁聞於鄉，邑人以汛舟乞糴屬焉。陳公慨然聞於官，束裝航海，布帆無恙，粟米源源而來。文、榮兩邑藉以全活者，自是以爲常，遠近倍沾餘潤，而公之家道以昌。邇來商人接踵而興，安瀾有慶，於以順聖天子解阜之化，其利溥哉！陳公令孫郡癢生儀念乃祖遺意，建天后宮於張家埠海口，設有田畝若干，將勒於石而屬記於余。竊維至治翔洽，海波不揚，苟思利人，神必祐之，官斯土，居斯鄉，入斯廟者，其亦思懋遷化居，彼此兼利，通水陸而悅神人，必有道矣。（摘自李祖年修，於霖逢纂：（光緒）《文登縣志》卷四上「祠廟」，民國二十二年（1933）鉛印本。）

　　注：文登爲今山東威海市的轄區。本文開篇云「大清統一海宇，百神受職，兆民賴之，百四十九年于今」，據此可知本文當作於清乾隆五十八年（1793）。文中介紹天后的身世和封號，以及文登天后宮的創建、重修和分佈情況。

5、龍口重修天后廟記　尹繼美

　　天后，海神也，閩人，林姓，舊封天妃，康熙間加封天后，累著靈異，海隅莫不廟祀。龍口有廟，始於道光十九年，廟三楹，東西廂各四楹。先是

龍口有龍神廟，不知創自何時，敝陋甚，至是改建於後廟之東，共爲一區，周以垣墉，總以閈閌，樓廡畢備，費三千五百緡有奇。同治八年秋，時和歲豐，海波不驚，東海關徵稅委員裴君恩明，黃縣巡檢周君長盛，汛官高君紹功欲新廟且增建歌臺，以報賽轉，慮貲之難集也，發策以筮，遇鼎之中，孚其繇曰：「新則取之，涉則利之」。前於後喎，從龜協著，喜相語曰：「噫！神命之矣」。咨於眾，不數日釀錢兩千餘緡，遂諏吉程。工苴，其缺者塡，其剝者黝堊，其闇汶者於臺也。基址翹跂，簪牙高啄，礱甓雕甍，丹楹刻桷。落成後，求余記，頻至不倦。余曰：「廟之建與修，其貲皆出瀕海之肆，泛海之舟，食力於海，報本於海神，宜也；夫何言無已，請仍繹以筮辭可乎！」《易》曰「中孚豚魚，吉」。豚魚，魚名也，出則兆風，忠信可格。豚魚，況神乎！神福人馨德，非馨祀能忠且信於涉風波也，何有重求，言者意之勤，故爲進一解。如此，輸貲姓名則書於碑陰雲。庚午（同治九年，筆者注）冬月。（摘自尹繼美纂修：（同治）《黃縣志》卷十三「藝文志下」，清光緒間刻本。）

　　注：本文詳載清同治九年（1870）重修龍口天后廟的情況。

五、遼寧省

1、重修三江會館碑記　平江　沈時

　　蓋平自開海以來，三江士商乘槎而至者絡繹不絕。始於康熙四十二年，同志捐資購地，於縣之東南隅創建三江會館，內供天后聖母諸神聖像，以爲久遠遵崇之地，共昭誠敬焉。復於雍正八年恭遇諭旨賜額，凡天下原建有天后祠宇，擇其規模洪敞者，令照例春秋致祭，載入祀典，誠百代之盛典也。向時，先輩諸公原議有照貨捐輸之約，以備修葺殿庭及香火、僧人之需，果爲良法。於十數年前，有縣佐葉公及董事諸人將捐積之項曾爲修葺，厥後照貨捐輸之例僅同鏡花水月，每致紙上空懸。歲月遞遷，風霜剝落，殿宇傾圮，香火蕭條，住持遁而灑掃稀，借寓踞以污穢積。於時也，有余漢英、陳乾業、程人臣、金方升等，念先輩創立維艱，豈忍一旦輕廢，復集同志，議將捐例暫爲停止，倡議勸輸於庚午歲。值三江之商雲騰而至，咸願樂輸，於是鳩工庀材，至辛未夏中而棟宇維新矣。餘資已典置市椽地產，計每年之出息，上供香火，下饍僧人，多寡羨餘貯爲修葺。俾得祠宇長新，僧有固志，永無缺乏，眞百代不磨，千古光昭之盛舉也。嗚呼！天后神靈，澤惠海濱，普天率土，莫不尊親，福我三江，祐我商民，艫艬沐德，艘艦沾仁，捐資公舉，弈

世其馨，光昭百代，千古長新，爰敘始末，刊記以文，立碣樹本於世，同興也云爾。

清乾隆十七年三月

（摘自石秀峰、辛廣瑞修，王鬱雲纂：（民國）《蓋平縣志》卷十六「藝文志・碑記」，民國十九年（1930）鉛印本。）

註：文中詳載營口天后宮（三江會館）在清代乾隆十七年（1752）三月重修的情況。

2、

（1）大連旅順天妃廟碑

□□□□□□□□□西淮程樗撰，干越白圭篆額，干番易何謙書□□□□□□□依者人也神而依人，則足以顯其靈而揚其威；人之所以□□□□□□而事神，則足以賴其休而蒙其福。夫以神之與人，初未嘗不□□□□□也，使其相須而不相依，抑何足有以顯其靈而賴其福哉！此神之不可以無人，而人之不可以無神者，然也。金州之旅順口舊有天妃聖母靈祠，歲久傾塌，不堪瞻仰。永樂丙戌春三月，推誠宣力武臣保定侯以巡邊謁廟，睹其事，召其郡之耆舊，謂曰：「天妃聖母，海道敕封之靈神也，克庇於人，食民之祭，往昔然矣。今之渡鯨波而歷海道者，莫敢不致祭敬於祠下，咸蒙其祐，□欲重新創造，汝輩其效勤焉。」眾曰：「諾。」於是各捐帑輸金，鳩公掄材，興工於永樂丙戌之二月二十六日，畢工於永樂丁亥之八月十五日。殿堂門廡，□堊丹□，粧塑廟貌，煥然一新，豈意久稽奠□，致形夢寐不可為言者乎！於是遣官進禮於祠下，而立石焉。嗟夫！世謂神□人而靈，人依神而立，是抑蓋有田者矣。於此見吾侯之心誠感孚，而神之所以至祐吾侯者，有不可為言者歟？於是乎書。

永樂六年歲次戊子夏四月吉日奉天靖難推誠宣力武臣特進榮祿大夫柱國保定侯孟善立石

（摘自王晶辰主編，王菊耳副編：《遼寧碑志》，沈陽：遼寧人民出版社2002年12月第1版）

註：本碑刻於永樂六年（1408），現藏於旅順博物館。該天妃廟始建於元代，是目前東北最早的天妃廟。

（2）創建天后宮碑　徐賡臣　肥鄉縣知縣

　　聞之記曰：「能禦大災，則祀之；能捍大患，則祀之。凡有功德於民者，皆宜有俎豆馨香之報」。此固古今之通義，而人心之不可自己者也。我復地濱大海，雖通省之下游，實舟行之孔道。北通牛口，西通析津，西南通利津、萊州，南通煙臺、登州，而東南則茫乎其未有涯矣。蘇之滬，浙之寧、慈，福之同安、臺灣，嶺南之佛崗、廈門，凡商賈之有事於北者，其往來皆必經於此，而更有大焉。我國家自閘河者淤塞以來，江南漕運改道於海，雖以天儲正供上挽回空，必由此而進，以達於京通而登之十七倉焉。且不止此也，前年長蘆宅戶被災，鹽行缺額，轉請於朝，得旨允行，許採奉天島鹽以濟商綱之運。是鹺務之盈虛，銷數之多寡，亦必由此以達於三沽，而始無貽誤焉。總計數十年來，商貿輻輳，絡繹不絕，漕之艘，鹽之舶，無不風靜浪恬，揚帆而去，利涉大川，未聞有檣傾楫摧之患者。此固我國家水利之溥，亦我天后聖母之默為庇祐者，無一夫不得所也。入我復城關，天后之廟獨缺，邑之父老子弟往往感慨歔欷，歎功程之大而圖始之難也。沙門心靈，乃奮然起矣。持戒行深，蓄願宏達，苦心孤詣，有志竟成。爰於北門外龍王廟之側，度地開基，鳩工庀材，特建大殿三楹，以為賽神之所。而又恐後來者不知緣起，而怠於修理，並恐布施者姓名之湮沒也，乃勒諸貞石以紀其事，而書芳銜於左。嗚呼！山九仞而功虧，水一勺而非少，今雖無藉，後利有因，揚簸者在前，積薪者居上，果使傳燈不息，香火長然，金碧之輝煌無替，棟楹之巍煥如新。居此土者，白叟黃童，趨蹌恐後。遊於市者，行商居賈，頂祝偕來。而漕運之飛挽，鹺引之乘除，上有關於國帑，下無闕於民倉，則我皇上之鴻基永固，而我天后之惠澤無疆，知此日之報神庥於既往，而邀福庇於將來者，其創垂豈有涯涘也哉！（摘自程廷恒修，張素纂：（民國）《復縣志略》第四十六「藝文略」，民國九年（1920）石印本。）

　　注：復州今為大連市瓦房店，位於遼東半島南部，渤海灣東岸。明代為復州衛，清康熙年間設城守尉，清雍正十二年（1734）升為復州。復州歷來為南北海上交通樞紐和商貿中心，是明清間海漕物資在東北一帶重要的集散地，在當地創建一座天后宮，具有十分突出的現實需求。復州天后宮創建於明朝萬曆年間，以後曾經多次重修。

3、天后宮記　曲廣平

蓋聞岣嶁古蹟昉目神禹，則凡有功於世者，率皆精勒貞珉，以昭久遠。沙河自乙亥設鎮以來，黃龍青雀，航海渡津，咸蒙聖母默祐。由是客船感激，願獻香資，商賈悅服，樂修吉地，故呈請委員上詳道憲恩准領照，撥給元寶山前並廟地二十四畝，建築廟宇，時在丙子之七月也。蒙前縣尊張復給執照，諭商民甫修正殿四所，希冀馴致成功，奈因招募住持，性情未定，有始無終，逐滋妄耗藝瀆等弊。延至三年，居然廢弛，即行路且為傷心。況商等能忍坐視，同詞稟官，幸逢仁明縣尊高好善惡惡，上慰聖心，下合民願。嚴飭街舖修工等事，諭各棧輪流值年，總司其事，支領應用香資按季列榜，通為週知，免其濫用。至隨廟所有山場、房地、器皿等物，俱歸天后聖宮存案備證，不與主持相涉。嗣後即另招妥靠住持，惟是拈香奉經係伊專責，而香資、修工、重物勿令假手，免去侵蝕。庶幾萬善同歸，倏起松扉雲棟，果是普天并渡，咸登寶筏慈航，以與天地同其覆載也哉！是為記。（摘自關定保等修，於雲峰等纂：（民國）《安東縣志》卷七「祠廟」，民國二十年（1931）鉛印本。）

　　注：安東縣即今遼寧丹東市。文中介紹媽祖的身世以及宋元明清歷代朝廷賜予她的封褒，同時還記載清光緒初年在丹東市（原安東縣）元寶山修建天后宮的狀況。

　　安東元寶山天后宮，舊址位于丹東市元寶山下八道溝教堂街的最北側。始建於清光緒二年（1876），是目前丹東市區內現存最古老的建築。當時安東的天后宮是由體船會為祈求海上的平安而集資修建的，可見當年那裏體船業的發達。以後圍繞天后宮周圍，又陸續修建了關帝廟、三官廟、祖師廟、火神廟、九靈宮、碧霞宮、藥王廟等道教宮觀。清光緒八年（1882）欽贈御匾，（詳見前文《清德宗實錄》卷 157 和《戶部尚書崇綺為請賜天后封號頒給匾額事奏摺》），致使當時東北最大的媽祖廟——丹東天后宮名揚海內外。由此，元寶山下逐漸形成了丹東地區時間最久、建築規模最大的佛道教廟宇群。

4、

（1）重修天后宮碑記光緒十四年九月　山佐張松齡

　　孤山舊有天后宮，由來久矣。感應異常，慈悲昭著，贊靈顯順，當颶風而遠賜明燈；救苦循聲，冒蛋雨而宏開寶筏。聖德允同，坤載母儀，克配乾行，誠澤國之福星，實海邦之生佛也。光緒庚辰年春，不戒於火，自正殿燃及兩廂，悉為灰燼。其何以安靈爽而妥式憑耶？監院宋法師諱空岫，字虛谷，

發願重修，竭誠募化，於本年經始，至壬午年落成，凡寒暑三移，而工程告竣矣。基宇仍舊，廟貌聿新。丹閣亙雲，四壁仰丹青罨畫；金容滿月，重簷瞻金碧輝煌。越明年，宋法師功修甫畢解脫，旋聞化白鶴以西歸，騎青牛而東度。嗣徒座蓮尹道友虔遵遺範，恪奉清規，已完者守之，未備者修之。邇時欲建豐碑以銘師德，緣貞瑉莫搆，遂勒石未能。今者既爲住持，難忘繼述，齋居素室，俟服闋以終三；卷衍黃庭，知法門之不二。行見千艘萬艇，頂禮裝金，並期商舶估帆，捧資香火，九天宮闕被神化於孤山，滿地江湖沐慈恩於洋水，所以經堂接武，邇觀厥成，維茲懸碣鐫文，永垂不朽云爾。（摘自廖彭、李紹陽修，宋掄元等纂：（民國）《莊河縣志》卷十二「藝文‧碑記類」，民國十年（1921）鉛印本。）

　　注：大孤山天后宮始建於清乾隆二十八年（1763年），清光緒六年（1880）被大火燒毀後開始進行重修，至清光緒八年（1882）完成，歷時兩年。本文完整記述了這一過程，同載於王純吉、王佐才修，楊維嶓、李其實纂：（民國）《莊河縣志》卷十七「藝文志‧碑記類」，民國二十三年（1934）鉛印本。

（2）東港大孤山重修天后宮碑記

　　孤山舊有天后宮，由來久矣。感應異常，慈悲昭著，贊靈奰順。當颶風而遠賜明燈，救苦循聲；昌蛋□而宏開寶筏，聖德允同。坤載母儀，克配乾行，誠澤國之福星，實海邦之生佛也。光緒庚辰年春，不戒於火，自正殿燃及兩廂，悉爲灰燼。其何以安靈爽而妥式憑耶？監院宋法師諱空岫，字虛谷，發願重修，竭誠募化，於本年經始，至壬午年落成，凡寒暑三易，而工程告竣矣。基宇仍舊，廟貌聿新。丹閣亙雲，四壁仰丹青罨畫；金容滿月，重簷瞻金碧輝煌。越明年，宋法師功修甫畢解脫，旋聞化白鶴以西歸，騎青牛而東度。嗣徒座蓮尹道友虔遵遺範，恪奉清規，已完者守之，未備者修之。邇時欲建豐碑以銘師德，緣貞珉莫搆，遂勒石未能。今者既爲住持，難忘繼述，齋居素室，俟服闋以終。三卷衍黃庭，知法門之不二。行見千艘萬艇，頂禮莊金並維。茲懸碣鐫文，永垂不朽云爾。募化遲俊選、楊榮泰、周長盛、同和福、通順棧、謙德棧、廣順棧、福昌萃、通成合、協元棧、雙合慶、福豐號、允興棧、日豐當、福德恒。山左張松齡撰文，浙紹周良圖書丹，監院宋空岫承修。

大清光緒十四年歲次戊子秋九月吉日立

（摘自王晶辰主編，王菊耳副編：《遼寧碑志》，瀋陽：遼寧人民出版社
2002年12月第1版）

註：本碑刻於清光緒十四年（1888），記述天后宮在光緒六年（1880）遭火
災，於光緒八年（1882）重修始末。此碑現立於東港市大孤山古建築群天后宮
前，相關方志中也有本碑文的記載。兩者內容有一定差別，可以進行比對。

5、

（1）錦州乾隆貳拾捌年增建天后宮碑記

陸放翁詩云：「神靈祖宗，如我聖母。祥光顯應，恩波默祐。」其護國
也，特旨祀典，尊封天后；其祐商也，若保赤子，不二慈親，真所謂民之父
母也。咸叨垂庇之仁，能無崇奉之議？謹於雍正貳年，錦府李公諱太，受勸
捐。三年，擇地興建正殿，粧塑聖像，大殿三楹，東西配殿四楹，圍砌玉嶠
牆二門，期用銀壹千玖百捌拾兩。雍正五年，擇地起蓋頭門三楹，用銀肆佰
捌拾伍兩。乾隆陸年，圍砌隱碑、東西轅門、引道，用銀貳百零肆兩。乾隆
十年，錦縣蔡公諱長楚，勸捐重建二門三楹，兩廊公約所六楹，用銀陸百柒
拾五兩。乾隆拾柒年，買二門外西邊周家空地一所，用銀伍百伍拾兩。乾隆
貳拾肆年，起蓋戲台，重建頭門，用銀壹千貳佰兩。乾隆貳拾伍年，二門外
因東邊榭屋損壞，天德天和尚向眾客相商，捐銀重蓋，以為兩廟壯觀，又西
邊新蓋九楹，共成拾捌楹，用銀玖佰肆拾兩。乾隆貳拾陸年，重建大殿伍楹，
東西配殿二楹，二門五楹，東庫房二楹，西廚房二楹，頭門伍楹，用銀貳仟
柒佰兩。

乾隆貳拾捌年　　月　　日　　江浙福建兩幫金記序

（摘自王晶辰主編，王菊耳副編：《遼寧碑志》，瀋陽：遼寧人民出版社
2002年12月第1版）

註：本碑刻於乾隆二十八年（1763），現藏錦州市博物館天后宮碑亭內，
碑文記錄了當年增修天后宮的始末，是研究錦州天后宮古建築不可多得的實
證資料。

（2）錦州天后宮公捐修費碑記

蓋凡公舉之事，全賴典守者善為經理，庶整頓於一時者可綿延於久遠。

錦郡天后宮建自雍正五年，東西兩海口商賈絡繹，帆檣雲集，仰神靈之照佑，固已久矣。迄今世遠年湮，失修既久，改廟貌剝落，眾商仰望之下，靡不歉然於心。於是公議捐貲整葺，自乾隆六十年起，至嘉慶五年止，陸續公捐銀萬餘金，邀武林朱名顯司其事，於丁巳年四月興工，至辛酉年十月告竣。遂使殿宇巍煥，法像莊嚴，與夫台榭墉垣，華麗鞏固，從此永叨聖母之宏庥，得遂士商之虔奉矣。本幫計麋工料等費之外，尚存關錢二萬二千吊，分交泰來、萬隆、祥茂三大店存貯，每店七千吊，每年一分生息，存錢票執照，其票按年倒換，所有利錢必由兩幫中在錦司事之人經手，別人不得取用。每歲給廟中住持僧香火錢一十（疑應作「千」，筆者注）四百吊，又倩人敬惜字紙工錢丁百五十吊，餘息以為廟內歲修之資，所貯本錢二萬十千吊，毫不動用，子母既生生不竭，會費遂綽綽有餘，又安得不錦延久遠哉！是為記

　　　　　　嘉慶七年八月一日　　江南浙江兩幫眾商公立

（摘自王晶辰主編，王菊耳副編：《遼寧碑志》，瀋陽：遼寧人民出版社
2002 年 12 月第 1 版）

　　注：本碑刻於清嘉慶七年（1802），現藏錦州市博物館天后宮碑亭內。此碑記載了從清乾隆六十年（1795）至嘉慶五年（1800）間江南、浙江兩幫眾重修天后宮，捐資餘額的存貯與其生息支使項目等情況。

（3）嘉慶六年重修天后宮碑記

　　天地生成萬類，而神靈分職澹災，屯濟坎險，即與天地同功。海邦之賴我天后，自有宋以來，靈迹彰彰，在人耳目。鯨波瀙洞之區，凡商賈往來，帆檣如織，罔不仰托帡幪，視同安宅。夫神無所不在，即人之瞬息呼吁，亦無所不虔然。顯應日益徵，則敬凜日期切，而崇奉祈禱之地亦日益新。是固本乎人心之所同，而非作而致者矣。奉天祚起巋岐，物產充盈，甲於天下。業□中外一家，永弛海禁，三省上腴，洋溢宇內，而揚舲趨赴，百貨貿遷，則錦州兩海口實據其勝，天后疊膺聖天子褒封，其所以輔翊化元而福我商旅者，不於此尤赫赫哉！州故有廟，刱始雍正五年，屢經增葺，迄乾隆二十六年，規模粗具，嗣後歲久失修，幾於頹廢。嘉慶二年春，眾商咸集，顧瞻殿宇，雜然興嘆，謂淪浹於恩施，因循於廟貌。嗚呼！可爰議作新，斂資庀材，諏日鳩工，經始於丁巳四月，越四稔，辛酉月竣事。神殿五楹，右舍二椽，西廂、寢門各三楹，鼓吹之榭，碑碣之亭，繚垣四周，一斤而新之。又立外

閛三楹,東西戟門二,中霤前筑爲通道,溝其下以滲水,深廣七尺,礱石覆之。余悉繕葺有加,翼然以整,法象莊嚴,金碧彌煥,以至雕鏤丹艧之工,儀從張設之器,攻致精詳,弗陋弗簡,記縻奉天市錢四萬八千吊正餘緝。既落成,具牲幣駿,奔走旁皇,周浹儼乎質臨,我眾商歡欣瞻仰之忱將於是而稍展,既我后神所憑依庶於是乎在。爰綜其厓略,勒諸石,以詒將來。繼自令商斯土,昔潔誠祈報,綿延於弗替,則永叨天后洪慈之覆,與海天而無極也,不其褘歟?是爲記。福建幫共用錢貳萬肆千吊,江浙幫共用錢貳萬肆千吊。

嘉慶六年月日江浙福建兩幫眾商公立

(摘自王晶辰主編,王菊耳副編:《遼寧碑志》,沈陽:遼寧人民出版社
2002 年 12 月第 1 版)

註:本碑刻於清嘉慶六年(1801),記錄了清嘉慶二年(1797)繼乾隆重修天后宮後,又一次重修的情況。此碑現藏於錦州天后宮。

(4)錦州天后宮碑記

蓋聞錦州大地爲眾商雲集之區,而客艇往來,悉賴神庥之永庇。所以崇奉天上聖母,擇地建宮,始自雍正三年,粧塑金身,欽隆祀典,福幫捐銀壹千玖百參拾兩,江浙兩幫捐銀壹百壹拾捌兩。雍正五年,頭門起蓋,福幫又捐銀肆百捌拾五兩,江浙兩幫又幫又捐銀肆捨五兩。維時廟貌可觀,神靈永托。至於乾隆三十九年,修理一次,共費關錢五千五百三十餘吊,福幫均攤貳千柒百餘吊,江浙兩幫均攤貳千柒百餘吊。迨後歷有年所,不無剝落之虞,故福幫王永炳復激(疑爲「邀」。筆者注)武林朱名顯共商重整,冬又捐修,乾隆丁巳孟夏興工,辛酉孟冬報竣,遂使神明群欽顯赫,殿宇益壯觀瞻,華而且堅,無非久遠之計矣。統核工料等費共用關錢四萬捌十吊,福幫捐關錢貳萬肆千吊,江浙兩幫捐關錢貳萬肆千吊。本幫除修理外,尚存關錢貳萬參千餘吊,月交各店,每年生息壹分。遞年開堂、聖誕、普度等用,應交僧家會錢壹仟肆百吊,帝君聖誕雇工敬惜字紙用關錢壹百伍十吊,以及西海修井、插樵等項,略用關錢三百餘吊,開除尚有存剩。本利相生,日增日長,庶幾貲充積綿,祀典於千秋云爾。

嘉慶玖年菊月吉旦福建幫眾商公立

（摘自王晶辰主編，王菊耳副編：《遼寧碑志》，瀋陽：遼陽人民出版社，
2002 年 12 月第 1 版）

注：本碑刻於清嘉慶九年（1804），記載了本年由福建幫眾商公立此碑，
並追溯雍正三年擇地建天后宮，及以後八十年歷次重修天后宮的過程中，閩、
浙各幫並商眾捐貲，又及修建餘資作爲寺廟各項支用的情況。此碑現藏於錦
州市天后宮。

第五章 近代報刊類的媽祖史料

　　報刊作為近代史料研究和整理的重要資料來源，是記載晚清和民國時期地方社會生活及歷史事件的第一手文獻，具有全面性、具體性、及時性、連續性的特點。在目前媽祖信仰研究已經取得豐碩成果的情況下，充分利用各類報刊史料，不斷開拓新的領域和空間，具有重要的意義。《大公報》（1902～1949 年）、《益世報》（1915～1949）和《北洋畫報》（1926～1937）作為記載天津近現代城市發展史的重要歷史載體，因此在天津眾多的近代報刊文獻中佔有重要的地位。三種報刊中所涉及天后宮、皇會及其他媽祖（或天妃、天后）的內容，已經成為天津媽祖史料的重要組成部分。內容主要包括：1、媽祖信仰的起源，以及在天津傳播的原因和過程。2、天津「皇會」的形成、演變，及為天津城市經濟發展帶來的具體表現與影響。3、以天后宮為中心，宮南和宮北大街一帶的商業發展狀況，折射出天津近代城市經濟的發展變化。4、揭示媽祖神祗功能在天津的變遷過程，對「拴娃娃」等各項民俗活動的形成、傳播造成的影響。

第一節　《大公報》中的媽祖史料

　　《大公報》由英斂之創辦，1902 年 6 月在天津出版，1916 年由安福系的王郅隆繼續經營，至 1925 年 11 月 25 日停刊。1926 年 9 月 1 日起由吳鼎昌、胡政之、張季鸞等接辦。1937 年 8 月日軍侵佔天津，移至漢口出版，漢口淪陷後又移至重慶出版。抗戰勝利後，1945 年 12 月 1 日在天津復刊，到 1949 年 1 月天津解放時停刊。曾經與《申報》、《益世報》、《民國日報》一起，被人們並稱為舊中國「四大報」，具有廣泛的社會影響。

《大公報》1903 年 4 月 5 日

中外近事：

本埠：

「鄉媼進香」

天后宮每年三月進香之期，外縣鄉愚婦女舊年間屆時蜂擁而至，並夾帶鄉貨，侯易錢，再由津郡購貨而還，希圖省納稅貲。不過零星貨物，其出入大宗貨件，不得取巧偷漏，在案刻下。香期將屆，聞鄉媼香船陸續而來，因查貨甚嚴，皆停泊西北營門外沿河一帶云。

注：文中簡要介紹每年舉辦皇會期間，由於政府提供稅收政策上的優惠，促使天津城鄉之間商品交流活動十分頻繁，給當地民眾創造出無限的商機。

《大公報》1903 年 11 曰 9 日

中外近事：

本埠：

「免釐續紀」

「前紀」皇太后萬壽聖節期內前後，循照天后宮皇會之例，分別豁免釐捐一則。頃聞此節係由商務公所紳董稟請天津府沈太守，會同天津縣唐大令代行，詳由直督批行，海關道、天津道各憲會同釐捐局憲、核辦示遵云。

注：文中簡要介紹每年舉辦皇會期間，天津當地政府為了刺激本地經濟的發展，都按照慣例給與稅收上相應的優惠。

天津皇會最初由民間舉辦，後來政府逐漸介入，並在其中發揮重要的作用，因此皇會便具備一定的政治色彩。清末這一色彩愈加濃厚，體現政府在每年舉辦皇會活動日期不僅定在媽祖誕辰期間（即每年農曆三月二十三前後），而且在光緒二十九年（1903）、光緒三十年（1904）慈禧太后的生日也要舉辦類似的活動，試圖以此來聚斂人氣。

《大公報》1903 年 11 月 27 日

中外近事：

本埠：

「舉辦皇會」

十月初十恭逢皇太后萬壽之期，商務公所紳董等藉此盛典，稟請舉辦皇

會，豁減釐捐，以便疏通市面，業蒙直督批行，司道府縣會同釐捐局核議等情形，均記前報。聞現已妥議詳准，飭經該紳等邀集天后宮掃殿會首，及闔津四季水會會首等會議，照例舉辦皇會。奉憲諭，預於初九日起至十一日止，凡出入零星貨物在三十兩以內者，一律免釐。擬於初十日在天后宮列擺陳設，懸燈結綵，華輦黃轎出巡，並有法鼓、跨鼓、大樂、童子京秧歌等會云。

　　注：文中介紹每年舉辦皇會期間，本地政府除按照慣例給與稅收上相應的優惠，同時在舉辦皇會各項活動的程序上，也分別作具體的安排。

　　舉辦天津皇會的初衷除娛神之外，只是為了促進衣食住行行業的發展，而在民間商品交換需求，以及後來政府免稅政策共同作用下，經濟活動持續時間更長，物資集散活動規模更大，從而帶來更大的鉅額效益，才是皇會對周邊地區不斷產生吸引力的根源，也使經濟功能逐漸成為皇會的另一重要主題。

《大公報》1903 年 11 月 28 日

中外近事：

本埠：

「府縣會銜免釐示諭」

　　為曉諭事，十月初十日恭奉皇太后萬壽聖節，率土臚歡，現蒙釐捐局憲詳奉督憲批准，自十月初九日起，至十一日止，所有天津來往集船，攜帶零星用物估價在三十兩以內者，免抽釐金，以示格外體恤。其大宗貨船不在此例，至關稅一項，仍照常徵收。飭行天津府縣，查照示諭遵照等因，合亟先日曉諭所有天津商民人等，一體遵照特示。

　　「張燈結綵」：本日為皇太后萬壽之期，邑侯唐大令預先諭行津邑城廂內外，居民鋪戶均懸掛龍旗一對，並在門首張燈結綵云。

　　「皇會再紀」：舉辦皇會一則略紀，昨報聞於本日下午三點鐘出會，路行宮北，過榷署前鐵橋，督署前鐵橋，至督轅而返。走單街，估衣街，或走針市街，或走北門，西馬路，進西門，出東門，由宮南進廟云。

《大公報》1903 年 11 月 29 日

中外近事：

本埠：

「官助會款」

　　舉辦皇會，遙祝萬壽盛典，並免釐金各則，均紀本報。聞所出者共二十

一會，皆預先有諭，不准斂化錢文，擾累鋪商。是日一切會中需費之項，皆由總理辦會某某籌備，並奉由海關道唐觀察飭行，府廳縣撥發官款五百兩，以充各會之需。是日出會之際，大街小巷人山人海，居然太平歌舞云。

《大公報》1903 年 11 月 30 日

中外近事：

本埠：

「皇會餘聞」

初十日出賽皇會，街市觀會人等擁擠不堪，東門外馬路一馬車之馬忽被驚跳躍，撞倒路旁立燈，將坐洋車一幼童頭顱砸破，鮮血淋漓後，未知所終。此次看會人等，不但男子填街塞巷，而婦女亦混雜期間。群相告曰：「不意今年又得觀盛會。此會既出，將來城隍、藥王等會，亦必按期出賽，我天津又見太平景象矣」。其間有稍明時局者謂：「看此次之會，不過為聊作紀念，以後我天津尚不知成若何景象也」。聞此次跨鼓等雜會，多蒙官場賞給洋銀或十數元，或數十元不等。

注：伴隨晚清皇會政治色彩的日益濃厚，從出會路線的設定，時間的確定，資金的籌措等方面，官方勢力介入的程度愈加明顯。導致人們認為如果這樣變更出會時間，便使皇會發生質的改變，失去原有的意義，導致操辦者和參與者熱情驟減。本次皇會為期三天，僅出了天后一架輦，有 21 道花會參加。

《大公報》1904 年 3 月 3 日

中外近事：

本埠：

「遊廟遭侮」

華人陋習皆以廟會為最鬧熱之地，無論男婦皆爭往觀覽，而其中最易惹事，刻有遊手好閒之徒每在天后宮內，雜入婦女群中，隨擠至上樓時，乘間脫搶婦女之靴，輕薄已極。該匪等之可恨固不必論，而婦女輩因纏足之故，遭人輕薄，何不從此力戒纏足之惡習乎！

注：皇會乃人流密集之場所，歷來容易滋生一些治安問題。

《大公報》1904 年 10 月 31 日

中外近事：

本埠：

「諭令出會」

十月初十日恭逢皇太后萬壽聖節，是日普天同慶，現因佳期在邇，邑侯奉上憲之諭，於昨日將天后宮道士劉希彭傳案，諭令屆期出會。該道士供稱舊年會首均不承辦，又兼物件不齊，未易復興，去年黃轎係綱總墊辦等語。於是飭候商妥綱總，再諭舉辦云。

注：天后宮的住持劉希彭具有官方身份，地方官府爲慈禧七十大壽令皇會延辦，他明知不妥，再三推託，爲保烏紗卻不得不如此。

《大公報》1904 年 11 月 10 日

中外近事：

本埠：

「預紀恭賀萬壽事」

皇太后七旬萬壽聖節，闔城官商慶祝，已記前報。茲聞屆期龍亭演戲一臺，督署內妥備戲臺兩座，署後之操場擺設戲臺一座，洋務局前一座，銀元局前一座，均於是期演劇慶祝。茲約各學堂教習學生，同往觀看。綱總約集之皇會，亦屬不少。其南頭窯之法鼓等會，已然料理矣。督署並有電影戲一臺，擬由新鐵橋（貫家大橋。筆者注）至老鐵橋（今金鋼橋西側。筆者注）接設電燈，以照行人。闔郡各署及官所地方，均搭燈棚。沿馬路各商所設之燈棚，約有數十座之多，想屆時必有一番熱鬧也。

注：天后宮舉辦皇會通常是在農曆三月二十三日。可是光緒三十年（1904）適逢慈禧太后七十歲大壽，天津地方官府爲曲意逢迎，特意將本次皇會推遲到慶賀慈禧誕辰活動期間舉行。爲了將活動搞得排場、熱鬧，地方官府在放電影、搭戲臺、設燈棚的同時，亦不惜重金架設臨時路燈，以備皇會的出會隊伍晚間出行之需。這次安裝路燈的時間雖然不長，距離僅僅幾百米。不過，這件事在天津來說畢竟尚屬首次，倒也讓當地百姓從中感受到現代科學技術給生活帶來的便利與實惠。因此，在某種程度上講，皇會還是促進了天津的社會經濟生活的發展與變化的。

《大公報》1904 年 11 月 13 日

中外近事：

本埠：

「免釐照准」

商務公所諸紳稟請列憲於萬壽之期前後，將出入客貨免釐一則，已紀本報。茲聞當蒙批准，昨見天后宮前黏貼官紳字樣黃報，諭行週知。商民由初九日起，至十一日止，凡有零星貨物數在三十兩者，一概免釐云。

注：本次皇會制定減免捐款政策，是目前所能見到最早頒發利於皇會期間商品交流的政策。在以後若干年中斷續舉辦的皇會，似乎可以說均仿此「照方抓藥」，依樣畫葫蘆，制定出若干更加寬鬆的經濟政策。而這種經濟政策的出臺與實施，無論是對商貿的發展，還是對市民日常生活的消費，客觀上都會帶來一定的促進作用。

《大公報》1904 年 11 月 17 日

中外近事：

本埠：

「皇會出賽」

昨日皇太后萬壽皇會奉上憲諭，於是日出賽一節，已記本報。是日該會進東門，出西門，皆興高采烈。觀會者亦紛紛如蟻，兼之各處懸燈結綵，高揭龍旗，其情形頗為熱鬧云。

注：清光緒三十年（1904）舉辦的皇會，是一次頗受政治侵擾的皇會。當年正逢慈禧太后七十歲大壽，天津地方官府為慶祝「皇太后萬壽聖節」，便借花獻佛，將這次皇會變成了單純給慈禧個人祝壽的活動。為了阿諛媚上，不僅將以往在農曆三月二十三日之前出會的日期隨意延後，改在十月——即與慈禧誕辰同月份舉行，而且連名稱也隨意改變，稱皇會為「皇太后萬壽皇會」，從根本上改變了這次皇會的性質，將以酬神（天后）為目的的活動，變成在酬神招幌下酬人（慈禧）的活動，導致本次皇會的政治色彩十分濃厚。一般的皇會行會路線一經確定，即不得隨意變動。本次皇會的出巡路線有所調整，概因官府要求途中必須進出北洋大臣衙門的東、西轅門所致。

《大公報》1906 年 10 月 8 日

時事：

「創辦小學」

天后宮內，經陳君等創設商務小學堂，一區刻已經營一切，不日稟請開辦。

注：清末天津縣官府將本地各寺廟的廟產，不論有無住持，一律劃為縣學善產。由於興學之廟可以不被廢棄，趨於廢廟興學的潮流，為迎合形勢，千方百計保護廟產，亦作些福蔭後代的善舉，天后宮道士於是利用廟中的香火錢來興辦各種學堂。當時天后宮住持劉希彭屢次與人商議，共同創辦小學堂。本文中提到的商務小學堂亦即民立第一初等商業學堂。該學堂後於 1907 年 1 月 13 日開學，校址就選定在天后宮後樓南跨院的三間空房內。本次天后宮申辦學堂，由於住持劉希彭擁有官方身份，通過他與天津商會出面，不僅很快獲得通過，而且還藉此減免了廟租。

《大公報》1907 年 5 月 3 日

時事：

「是宜重懲」

天后宮自會期已准，遠近村鎮婦女進香者絡繹於途。十九日下午一點餘鐘，廟內異常擁擠，聞有不法之徒在婦女叢中任意嘲謔，當被警兵瞥見，一併扭獲，帶局究辦矣。

《大公報》1907 年 5 月 7 日

時事：

「擇尤嘉獎」

天后宮會場，各區隊弁長警等竭力梭巡，並無遊人意外滋事者，足見彈壓得力，深堪嘉尚。現經總局傳飭各區隊，將在場彈壓之官弁長警最為出力者，擇尤開單呈閱，分別嘉獎。

注：舉辦皇會期間，由於有關場所聚集的人群非常密集，治安問題往往顯得十分重突出。

《大公報》1907 年 5 月 8 日

言論：

「論天津皇會宜禁」　皖南翠微居士

天下之亂，由於飢寒者半，由於迎神賽會者半。迎神賽會之地，易爲宵小匿迹之區，小則結黨成群，大則揭竿而起。昔洪楊之亂，包藏禍心非一日，其肇事實起於關帝會。鎮江都天會，歲出必傷人。皖、贛青苗會，刁紳劣董藉此斂錢，民不勝擾，此律例所以必禁也，此禁之所以必嚴也。近年朝廷屢頒上諭，凡迎神賽會等款移作學堂經費，化無益爲有益，正人心而端風俗，理不外是，不圖天津仍復有皇會之舉也。夫會而曰「皇會」，吾想必有動國民之感情，增國民之智識，從外人之觀聽，如泰西水陸軍會、工業博覽會、內國紀念會，乃竟一群無業遊民手之，舞之，足之，蹈之。喧嚷嘈雜之聲，不堪入耳。紅男綠女，肩摩轂擊，相望於途，既傷風化，貽笑外人，吾竊爲天津不取也。況天津爲中國文明之地，天津如是，則直隸百州縣尤而傚之，其害伊於胡底。或曰「天津現開商業勸工會，欲藉皇會之名，發達天津商業」。夫商業發達與否，視乎工業興敗。工業興，則商業與之俱興；工業敗，則商業與之俱敗。今津地工業始有萌芽，不及早圖之，爲抵制洋貨之策，而欲以戲弄之法，召集商旅，暢銷貨品，是又愚謬之甚者也！處此春日方長之際，農工商賈各有本業，不遠千里而來至天津觀會者，係遊民歟？抑或有恒業者歟？如有恒業之民必不至，又安望遊民能銷貨品乎！況街衢擁塞，車馬如雲，步行尚不能貨品，又安得購乎！賢愚混淆，男女無別，向非巡警彈壓，禍端百出，可斷言也。或又曰「天津皇會創自數十年，與民偕樂，垂爲典訓。一旦禁之，未免違民之所好」。不知在昔盛時，民康物阜，天下治安。皇會此舉爲樂民之樂，亦無不可。乃處此危急存亡之秋，聖王宵旰憂勞，士大夫臥心嘗膽。外侮方乘，內憂孔急，江北水災未竣，雲南旱患又告。讀二十日《中外實報》，載乘人演說中國情形，並論及瓜分圖，心驚肉悸，汗浹背衣。吾想稍有國民心者，必痛哭之，不假起而補救□，爲一髮千鈞之繫，尙恐不能，亦安有心作此勞民傷財之皇會乎！黃白競爭，優勝劣敗，爲農者能於農業上講求新法。如林土、蠶桑、槐麻之利，如何而可以兼收，如土地荒蕪之區，如何而可以獲利，共立一農業會。爲工者能於工業上勾心鬥巧，本中國舊有器俱如何而可以改良，外洋物品如何而可以仿製，以我之所爲如何而可以投人之所好，共立一工業會。爲商者如商業上航業轉運、理財、交通諸大

端，如何而可以權操自我，如何而可以抵制外洋，共立一商業會。但使個人
為國民一分子，盡國民一分力，使黃帝後裔不至步印度、波蘭之後。吾想較
之皇會，勝於萬萬也。

　　《傳》曰：「君將納民於軌物者也，不軌不物謂之亂政，亂政亟行，所以
敗也」。皇會此舉未始，非不軌不物之亂政也。世風日下，勿以皇會之舉無關
社會，而實足以啓民間佻撻之風，貽外人頑固之誚。吾願津門有學識家，與官
斯土者，自今以往，凡皇會、娘娘會一律禁之，與風俗、人心不無小補云耳。

　　注：清末天津城內外各種集市、店鋪紛紛建立，經營各種商品的街道與
市場一片繁榮，同時周邊大小市鎮經濟能力提高，日常商貿場所不斷發展，
故城鄉居民對皇會商品交換功能的需求逐漸減小。同時因為經濟中心由天后
宮周圍轉到了北門外，宮前廟市的規模和經營範圍日益萎縮，對商民的吸引
力銳減。再加上當時新興的市場經濟和商業競爭，都促使人們對皇會的經濟
功能產生新的認識，對皇會與天津經濟發展關係重新進行解讀。

《大公報》1907 年 5 月 4 日

時事本埠：

「禁止戲報」

　　天后宮張仙閣下兩壁黏貼戲報，來往觀者聚人甚眾，殊屬有礙行人，聞
警局現經示諭，暫行禁止黏貼，以免阻滯云。

　　注：天后宮戲樓是目前見到天津市最早的戲劇演出場所。它的建立當不
晚於清乾隆五十三年（1788），主要意在酬神，是天津百姓為答謝天后娘娘恩
德而專門設立的一個民俗活動場所，方式專門為戲曲演出。每逢戲樓演出戲
劇，雖說打的都是酬神的旗號，但就當時文化生活極度貧乏的天津而言，在
娛神的同時，更多的卻是娛人，使平民百姓得到精神上的愉悅與享受。文中
記載天津商務總會借天后誕辰之際舉辦第一次商業勸工會，為提前將戲樓演
出內容告知於民眾，遂在天后宮張仙閣（過街樓）下兩壁黏貼戲報，誰知此
舉竟招來警局的相關警示。

「皇會紀勝」

　　二十二日（5 月 4 日）為天后宮行香之期，由前二日各會在街拜客者頗多，
沿街高搭看棚，遊人如織，至日更必熱鬧異常矣。

注：歷次舉辦皇會期間，街道上總是一派人流如織，熙熙攘攘的景象，可以看出天后信仰在天津本地影響之深。

《大公報》1907 年 5 月 5 日

時事本埠：

商業日興

商業總會日昨傳知在會各行商，凡有出入口各貨，稟准關道，減免兩成。由三月二十一日起，滿一個月爲止，所有在商會各號，均攜帶字號牌懸掛天后宮戲樓下，並有各該號應報關稅，預先稟明商會，以便發給執照，前往鈔關起草放行，以示體恤。

《大公報》1907 年 5 月 8 日

時事：

「開會有期」

天后宮廟改歸商業勸工會，早紀前報。聞該會係在廟內陳列貨品，以便提倡工業而廣銷路，其開會日期聞擬於二十七日爲始。

注：天津商業總會成立於清光緒二十九年（1903），是近代天津工商業資本家的第一個法人團體。上文中的商業勸工會即國貨商品展銷會。舉辦第一次商業勸工會，就是天津商會成立不久成功舉辦的一次大型商業活動。當時對於會址的選擇，綜合考慮認爲非天后宮莫屬。除了天后宮具有地理位置優勢，規模大，風水好外，最重要的是清光緒三十年（1904），天津商會曾在這裏舉辦過皇會，體驗過借天后誕辰和天后廟會的名目，行發展經濟之實所帶來的便利與益處。儘管當時風行廢廟興學，天后宮已成頹勢，但天后的影響力猶在，廟會對經濟的促進作用還是顯而易見的。爲此，經過努力，商會的計劃不僅得以實施，官府還給與參加的商户相關的優惠政策。這次勸工會持續一個月，當時在社會上取得不俗的反響，基本達到預期的目的。

《大公報》1907 年 5 月 13 日

時事：

「廟捐減半」

天后宮道士劉某因該廟現辦勸工會，稟請商務總會及署縣豁免捐款，已

經邑尊酌予減半，每年捐錢一百五十弔，隨即行知，以示體恤。

　　注：清光緒三十三年（1907）皇會的舉辦，緣起於光緒二十九年（1903）誕生的天津商務總會。新生的商會為振興民族工商業，於是將目光瞄準天后宮，鎖定皇會。這是因為皇會舉辦期間的經濟政策，對於他們具有極大的吸引力。為此，他們擬每年三、臘兩月在天后宮舉辦勸工會，借助皇會對商家和民眾的影響力，推銷勸工會。而天后宮也瞅準時機，積極行動。雙方一拍即合，於當年農曆三月十六日（4月27日）便將「商業勸工會」的匾額懸掛在天后宮門首。隨後還在舊城南北門內及河北大街、竹竿巷等交通要道設立牌坊。巡警總局為配合皇會與勸工會同期舉辦，幾天后向下屬發出指令，強化社會治安管理。

　　自從舉辦皇會的日期確定下來，天后宮一下變得熱鬧起來，那裏聚集的圍觀者越來越多，阻礙了宮南宮北的通行。連日來，觀會場面十分的熱鬧和火爆，因此而發生一些治安事件。皇會的舉辦，為勸工會的順利舉行鋪平了道路。農曆三月二十七日（5月9日）開始舉行為期一個月的勸工會，果然取得不凡的成果。而商業勸工會的召開，又無異於延長皇會的會期，擴大天后宮對外界的影響。

　　天后宮為振興天津的民族工業盡一己之力，同時借助於第一次商業勸工會的召開，稟請商務總會及署縣，每年消減一半廟捐，節省150弔錢，亦為樂事。

《大公報》1908 年 3 月 14 日

要聞

本埠：

「皇會出賽之預聞」

　　聞天后宮皇會訂定於二十二日茶會，其賽會日期均經妥定，仍於三月十六日將偶像送至呂祖堂供奉。是日出廟仍進舊城之東門西行，於十八日送還，繞針市街、估衣街及宮北大街入廟。二十日出廟遊行，進舊城之北門南行，經閘口南斜街回廟。二十二日復為遊行，由東門入西行，越雙廟、鈴鐺閣、針市各街回廟。二十三日祝壽云。

《大公報》1908 年 3 月 21 日

要聞

本埠：

「皇會照章請會」

前紀天后宮皇會照舊出賽一則，聞日前經會首等已繕帖照章請會，以便屆期巡行

注：除以上《大公報》的兩條消息外，媒體上再無關於 1908 年舉辦皇會的信息，因此本次皇會的具體情況不得而知。

《大公報》1908 年 3 月 27 日

白話：

「論天津皇會」　　徐忠鑒稿

一國的文明野蠻，比在國民的道德上分別。道德盛，國雖小必強；道德衰，國雖大必弱。國民有道德，即有愛國心、公共心。要知國民的道德，必由風俗上考查。國民品性的優劣，風俗的美惡，實與國家的治化大有關係。上古時代，風俗樸實，人心敦厚。近世以來，風俗日趨浮華，百弊叢生，未必盡皆純良。其不完善的，也該設法改良才是。歐西諸國，都注意風俗，日本亦然。如公園，花木羅列。動物園，鳥獸咸備。賽馬場、博物院、蠟人院、萬國博覽會、油畫會、美術會、運動會，諸如此類，不可勝數。其餘結社集會，歡迎宴會，無有不從教育上發出來的，如法國京城三歲的小孩子都有運動會。無論什麼會，皆與人有益處。至於演戲唱歌，遊逛玩耍，衣服飲食，動靜狀態，也莫不有野改入文明。如電車之中，坐客雖不認識，無不彼此相讓。中國舊有的好風俗真不少，外國新添的壞風俗也很多，所以不能一概而論，可以常常比較。古人有云「擇其善者而從之，其不善者而改之」。現在聽說，日本國議定開萬國博覽會於東京，到那時候必有一番好景象，如此還愁工業商業不發達嗎？中國風俗，講究行香走會。若是天津沒有皇會便罷，要是有呢，請你們看看天津皇會。喝，有高蹻會、秧歌會、中幡會、鶴齡會、重閣會，還有什麼杠子會，稀奇古怪那些花樣，說也說不盡，最後是擡著木偶出巡。到那幾天，一定是人山人海，熱鬧非常。你瞧看會的人們罷，精神比庚子年強多啦！男女混雜，亂亂嘈嘈。無恥的男子，不過是衣服精緻，劉海髮長，東張西望，神色倉惶，指手畫腳，交頭接耳，品評人家的婦女。無

知的婦女們，那情狀更新鮮，衣服短小，髮髻下垂，柳葉眉描成桃葉眉（就怕出汗），櫻桃口染如火盆口，杏核眼漬成山楂紅，豬蹄一雙不必說了，眞可以笑死褒姒，氣死楊妃。諸公請想，人要不知羞恥，不知自愛，還能有愛國合群的思想嗎？我想要將迎神賽會的熱血心，移在多立女學堂的思想上，或將皇會裏頭那些野蠻會，改成有教育的會。等不到幾年工夫，那些野蠻國民，自然都成文明國民了，豈不是改良風俗的好方法？強國的好根本嗎？按說迎神賽會，已見新結社集會律第八條並不阻止，如我卑鄙愚見，本不應胡言妄語，怕是同胞樂極生悲，後悔已晚。又見同胞大半仍在夢中，不是新聞紙鼓動的緊，幾乎睡死不少。同胞哇，同胞！全沒有看見報上登的那些要緊新聞嗎？還有心辦這些快樂嗎？正寫完這段拉雜白話，又看見大公報的新聞說，皇會將復停止。因請減稅則二成未邀允准，固有停辦之說。如此因爲減稅停辦，可就不如有礙風俗應行阻止了。識者諒之。

　　注：清末隨著本地商貿經濟的快速發展，中外文化交流和融合的趨勢逐漸確立，新的社會風氣日益形成，時人不斷對傳統皇會進行針砭，與時俱進地提出新的改良建議，這些建議在當時都是很有見地的。

《大公報》1915 年 3 月 20 日第三版

「皇會決定實行」

　　津邑眾紳商提議於本年舊曆三月間舉辦皇會一事，早有所聞，茲悉邇來核議各節，均經楊廳長（指天津警察廳長楊以德。筆者注）允可，故已決定實行，各區董事刻正勸辦一切進行手續。

《大公報》1915 年 3 月 24 日第三版

請辦勸工會之原書

　　津郡眾工場商號爲請求舉行商業勸工會，聯名上商務總會書云：「爲陳清事，竊查自民國成立以來，百度維新，趨勢之所在。非工商講精良，不足以強國，是以近年來我國工業研究深造，加以政府之權力提倡於上，人民群相究討於下，故土貨百般設法改革，人民風氣亦漸開通。然鄰邦外貨較比土貨，銷路仍未稍煞於前，漏卮不能塞止者，何耶？當經商等揣奪調查，實外貨較之稅輕，況且人民習慣者中，注重外貨之外表華麗，殊不知土貨堅固延年，而且適用，商等工業向來本小利薄，與外貨抵抗，難收效果。惟查我大

總統督直之時，維持商業勸工會，當經批准，凡出口國貨價值在三十兩以內，開免稅釐。以一個月爲限，會期分兩季，舊曆三月、九月，以天后宮、公園兩處爲會場等因，津埠商民感戴莫銘。現查津埠工業一項目自受歐洲開戰影響以來，市面疲滯，各工場十室九空，無力支持，工人坐以待斃，商等請求援照前案，稍加變通，仍請開辦商業勸工會，以蘇商困，挽救工業，商等對於暢銷國貨起見，援案請求各種國貨出口，凡值價在三十兩以內者，開免稅釐，一年兩次，分三月、九月，每次以一個月爲限期。國貨凡值價在三十兩以外者，照章納稅。除國貨外，他貨商等概不請求，以期達到暢銷國貨之完全目的。商等不揣冒瀆，謹陳管見，敬祈貴總會轉請巡按使，咨請財政部恩准，提倡國貨，挽回利權，實爲公德兩便」。

《大公報》1915 年 4 月 20 日第三版

「皇會有期」

邑紳辦理皇會一事，早有所聞。茲悉該會定於舊曆本月二十二日實行，出會一日，業經報請行政官屆時保護。

《大公報》1915 年 4 月 21 日第三版

「皇會緩辦」

昨紀津埠之皇會已定期實行，並呈請行政官保護一則，茲聞警察廳楊廳長（指楊以德。筆者注）昨特召集會董等面諭，係令暫行停止，改辦勸講大會，俟磋商妥協，再行維持進行。

《大公報》1915 年 4 月 28 日第三版

「商董開會」

昨紀商業總會於前日下午二時，召集工場商董事開會，核議舉辦商業勸工會一節，茲悉是日到會董事爲楊曉林、宋則久、韓錫章、李政菴、傅子餘、孫少文、孫思吉、張昇甫、趙善卿、張豪臣、苑士林、張仰周、趙蓮舫諸君，當場討論勸工會須與皇會並舉，已定於舊曆本月二十二日舉行，惟勸工會凡國貨三十兩以下免稅之稟，尚未經海關監督批回，遂公舉協理下月庭往謁海關監督，詢問准駁情形，旋即回會報告。謂□□□允許，電請北京稅務處核示祇遵云云。遂定於昨日下午二時，仍開會討論，預備舉行一切進行手續。

《大公報》1915 年 4 月 29 日第三版

「兩會同時並舉」

　　商務總會於前日下午二鐘召集工場商董事繼續開會，討論舉辦勸工會。是日到會董事爲楊曉林、宋則久、韓錫章、孫恩吉、龔升甫、傅子餘、趙善卿、張豪臣、苑士林、張仰周、趙蓮舫諸君，首由該會協理卞月庭報告，鄙人刻已謁見巡按使，面稟籌備勸工會一節，諸君對於提倡國貨銷路，藉以疏通市面，極端贊成，前稟已面交警察廳，及海關監督核議，具覆□□，該二長□接洽磋商，旋與警察廳長接洽，□□云勸工會既□俟北京稅務處，復□往返需時，皇會定於二十二日舉行，恐兩會不能同時並舉，此次舉辦商業勸工會，本爲提倡國貨銷路起見，若徒以舉行皇會，毫無裨益，故令皇會停止云云。各董事僉請若皇會停止，恐難號召各縣外客，貨物一定滯銷，當與提倡國貨大旨不合，須請皇會會友到會，請該會緩期，俟稅務處□准，該兩會一併舉行，旋將該會友張月丹、輦主玉源齋王君等請到面商，該會友已允爲緩期，惟不得過舊曆三月，商業勸工會定期一月，此次設擺國貨均在天后宮內，皇會日期在勸工會中間，每早八點鐘開廠售貨，下午六點鐘收攤。皇會聖駕出巡之期，停止銷貨一日。限定時日，分別男女遊覽。

《大公報》1915 年 5 月 3 日第三版

「勸工會布告」

　　啓者：溯自海禁大開，天津爲北洋著名交通之口岸，商業異常發達。至庚子、壬子兩次浩劫，市面大受損傷，迄今元氣未復。茲又逢歐洲戰事，商業凋敝已達極點，種種狀況難以勝言。各行商號□歇業者絡繹不絕，□卡稅入減及過半，商業之如何有明證焉。若不趕爲設法維持市面，何堪設想！曾於前清光緒三十二年因埠面一時蕭疏，舉辦勸工廟會，商業藉資振興，現處此時局多艱之際，勢不得已，不得不再援舊例，復辦勸工廟會，請減稅。若僅興辦勸工，範圍最窄，必須廟會輔助，則四外遠商庶可以廣招來。

《大公報》1915 年 5 月 18 日第二版

「研究所開會」

　　前日下午二鐘，工商研究所開成立大會，各工商董事到者一百五十餘人。首由卞月庭報告開會宗旨，次有宋則久、王伯辰、王松樵、李政菴、孫恩吉、

韓錫章相繼演說，又楊曉林宣讀援案，再請舉辦勸工會稟稿，其文大致須九月間開辦，遂通過工商聯名上書，以期暢銷國貨。……。

注：1907 年皇會與天津第一次商業勸工會同期成功舉辦，爲審時度勢，因勢利導發展天津商業闖出一條新的路子。舉辦皇會也成爲商界振興經濟，吸引客商的重要手段。後來天津商界鑒於本地受到第一次世界大戰的影響，日貨大量湧進，國貨的市場受到巨大衝擊。天津商會爲了提振經濟，仍欲援用前清舊例，於當年早春就計劃將籌辦勸工會和傳統皇會一道兒舉行，但因呈送涉及勸工會的公文覆函需要時間，周轉較慢，而皇會一般只在農曆三月二十三日天后誕辰期間舉行，這樣時間交錯，兩者恐難同時並舉。因此這一請求起初遭到警察廳長楊以德的婉拒，但各方熱情未減，繼續設法促成此事。4 月 27 日商務總會召集工場董事開會討論，最終達成緩期舉辦皇會的協議，但最晚不得超過農曆三月。商業勸工會定期一個月，早八點至晚六點在天后宮內擺設、銷售國貨。皇會在勸工會中間舉辦。皇會聖駕出巡之期，勸工會停止銷貨一天。同時限定時日，讓男女香客到天后宮遊覽。4 月 29 日，《大公報》發佈「兩會同時並舉」的消息，5 月 3 日再發「勸工會布告」，鼓動兩會並舉，再請免稅。5 月 18 日，《大公報》發佈「大致須九月間開辦」的消息，以後再無相關的信息，本屆皇會的具體情況也無從得知。

《大公報》1917 年 2 月 20 日第七版

「因看會軍警衝突」

聞葛沽鎮娘娘廟日前出巡賽會時，有巡防隊隊長親屬因看會被崗警驅逐，致起衝突，而該處署員又不善處理，遂惹起巡兵多人，將門窗什物摔砸一空，該署員逾垣而逸，現經魯仲連輩出面調停，風潮始息。

注：在天津，媽祖總是被人們習慣成爲「娘娘」，每年農曆正月十八傳爲娘娘的接駕日。葛沽鎮位於現天津市津南區，那裏天后宮的遺址也是天津現存的媽祖宮廟之一。那裏在天后娘娘接駕日舉辦的酬神活動歷史悠久，其中天后娘娘所乘寶輦出巡活動作爲重要的主題，遠近聞名。

《大公報》1924 年 1 月 30 日第六版

「天后宮舊年景之大點綴」

本埠天后宮歷年舊曆年關，由十二月一日起，至正月二十日，爲香火最盛之時期，善男信女大燒其香，一要貨攤大賣其錢，流氓大逛其廟，老道大

發其財。今年宮南宮北一帶，因警廳折退馬路，該宮山門未能及時竣，於是該宮住持在山門遺址，雇用京綵手，搭起五座京式綵牌樓，以代山門，頗壯觀瞻。聞今日即可竣事，故一般善男信女無不眉飛色舞，喜形於色云。

　　注：在天后信仰傳入天津幾百年的過程中，經過官方的大力宣傳，持續的褒封，定期的祭祀，必然會對民眾的宗教信仰產生深刻的心理影響。同時民間所流傳大量的天后神話，使得天后在天津民眾心中慢慢植根，祭祀的香火日益興旺。天津的善男信女認為娘娘有求必應，可賜福祉，保大吉大利，大福大順，因此頗為虔誠地敬奉娘娘。對天后的信仰已經從保護航海擴展到乞求子嗣，渴望消災祛病，天后成為天津地方的保護神，百姓心目中不可缺少和分離的精神主宰。尤其是農曆臘月和正月期間，天后宮一帶更是一派人流湧動，香火旺盛的景象。

《大公報》1924 年 4 月 19 日第六版

「皇會未了又鬼會」

　　本埠皇會雖經省教育會舉代表謁請省長禁止，因已至期，無可挽回。各玩藝會於前日已出踩街，向各富戶住宅演練，所得洋錢、點心頗多，故各會極為精神。而皇會尚未鬧清，日前一班大善士又會議籌備鬼會，又分頭向各處斂錢，黏貼黃報，籌備進行。警務處長楊以德以藉皇會活動市面，雖允眾商所請，然以地方治安關係，已限制十六、十八兩日之皇會，至晚以下午七時為止，不准逾時。對於四月之鬼會，擬通飭各區，嚴行禁止云。

《大公報》1924 年 4 月 22 日第六版

「娘娘險難回宮」

　　天后宮香火極盛，為津人所共知。五位娘娘三十年來未出廟門，本埠紳商體貼神意，操辦皇會。已於前天將五位娘娘均接至千福寺小住，於昨日（二十一日）送駕回廟。不料好事多磨，忽生變故，幾乎五位娘娘不得回宮。因接娘娘赴千福寺日，有某廳張某，在鼓樓西將跨鼓會頭於某，打了頭破血流，致激起公憤，聲明停止。張某因掃殿會諸位各處奔走，毫無效果。張某見事不佳，向玉源齋、義永立找轎夫擡輦，均被拒絕。後經某廳楊某，找出寧紫垣、杜筱琴、杜克臣等，向各方勸導，始允照舊復。楊某擔任飭令各警隊，不准打人，至前夜一鐘，始行了結，故昨日照舊出會云。

注：由於舉辦皇會的過程往往十分複雜，以致在辦會某些重要環節上出現紕漏，可見當時的情況是多麼的混亂。

《大公報》1924 年 4 月 23 日第六版

「轟動一時之皇會後」

前日（二十一日）之皇會，送五位娘娘回宮，由千佛寺起會，經鈴鐺閣街，太平街，針市街，宮北，入天后宮。隨駕的各會就多一夥秧歌，看會者可是較比日前尤多。自早晨各街男女看會者，即擁擠不堪，至出會時，往河北大胡同、河北大街等處交通，已濟被人遮斷。估衣街看棚，擠毀並婦女被摔者，共有兩處。其時小絡，大走紅運，被竊皮夾首飾者不計其數。婦女在人群中被擠鬧出之笑話真是不勝枚舉，其中最可笑者有太平莊某姓婦，自早九點將門鎖閉，即出來看會，至天夕，伊夫下工回家，又饑又渴，門被鎖，亦不能開，氣極，赴會找尋伊妻，在南閣將該婦找著，即揪住痛打，經旁觀者勸回。又致美齋樓上，看會之某婦，在人群中小解，流在樓下某婦身上，被該婦大罵。又有劉氏同伊妹崔氏，在雙廟街被河北高公館汽車撞倒，均被軋傷。又有某工廠學徒在南閣被擠過甚，羊角風大發，幸被警察救出，未致踏斃。又雙廟街警察持棍毆人，被法鼓會頭將棍搶去。其它笑柄趣談，不一而足。至九點餘鐘，始行散會。此時但聞小兒尋母，婦女找兒之聲，喧嚷嘈雜，有如鼎沸，怪相畢露，醜態百出。此皆皇會之所賜，而看會者所得之結果也。

注：由於舉辦皇會的過程十分複雜，觀會人群擁擠不堪，從而留下許多令人啼笑皆非的談資，反映出天津皇會在民間的影響是十分廣泛的。

《大公報》1924 年 4 月 25 日第六版

「楊處長禁止鬼會」

本會皇會舉行之原因，由於去年宮南北拆修街道，人民反對，楊處長雲加寬街道可以發達商業，或可出皇會等語，係無意之談。而杜某竟聯合張某等舉辦皇會，向警廳遞稟，楊處長未加可否，轉呈省長。省署只批具呈已悉字樣，而彼等竟能實行，當時經警察竭力維護秩序，未出意外危險，亦稱不幸中之大幸。現聞一般頭腦腐舊之紳商，又將籌備鬼會，即陰曆四月初八日，查初四日即國恥紀念日，正國民痛心疾首之日，而彼輩別具肺腑，不知國家安危，貽笑外人。聞楊處長已發手諭嚴禁，誠如是，則津埠治安可免第二次擾亂，並望各界竭力阻止，無論如何，絕不使其實現，以維治安，而免意外云。

　　注：1924 年的皇會是在一片反對聲中舉行的。本次舉辦皇會事出偶然，此前天后宮南北拆修街道，遭到當地居民的反對。爲安撫百姓，平息民怨，天津警察廳警務處長楊以德解釋拆修、加寬街道的理由有二：一是可以發達經濟，活躍市面；二是可以出皇會。當時他不過是闡述個人的看法，且說者無意，而本埠紳商竟抓住機遇，順其說法，向警察廳申辦皇會。楊以德未置可否，遂轉呈省長，省署只批「具呈已悉」，皇會就如此簡單地被發放了舉辦通行證。

　　但在皇會籌辦階段，省教育會曾派代表謁請省長禁止，惟因省廳和警察廳業已批准，皇會期至，無可挽回，才使皇會得以如期舉行。熱心辦會的紳商們於 4 月 13 日在天后宮舉行茶會，公議皇會在 4 月 19 日（農曆三月十六）、和 21 日（農曆三月十八）兩日舉行，前日送駕，後日接駕。18 日「掃殿會」踩街。警務處長楊以德爲治安計，下令皇會最遲到晚七時止。實際上由於皇會舉辦過程十分複雜，這一限令後來並未得到嚴格執行。

《大公報》1924 年 4 月 28 日第六版

「迎神賽會將永久禁止歟」

　　天津縣教育會前日（二十六）下午四鐘開評議會，到會者十二人，公推李少軒主席，首由主席報告。王子光提議，迎神賽會妨害公安，影響教育，應設法呈請禁止，以杜將來。請致函各機關、各學校聯絡抵制，先函各機關，定於三十日本會會議商酌，並議定致函各機關、直隸省教育會、天津縣教育局、天津自治研究會、社會教育辦事處、男女各學校及中等學校，又公推劉激情爲起草員。

　　通知各機關學校函云：致啓者，敝會前以迎神賽會妨害公安，影響教育，爲患規範，因開會公決聯絡各教育機關及各自治團體，一致呈請省長，令行警務處永遠禁止，茲訂於本月三十日下午四點，在敝會討論辦法，屆時務乞貴處推舉代表一人與會，實紉公誼云。

　　縣教育會評議員請議永遠禁止迎神賽會之提議，書□文，迎神賽會妨害公安，影響教育會，應設法呈請禁止，以防將來。擬由庚子以還，天津辦學較早，尤以破除迷信爲先進。今不知何故，以前清專制時代，所不敢辦而恐爲嚴禁者，竟在共和時代，通商大埠之天津，公然大出皇會。往事已矣，來日方長，若不亟圖作根本解決，將來相率效尤，後患即不堪設想也。辦法擬

由本會聯絡教育機關，及自治團體，一致呈請省長，令行警務處，以後無論何項迎神賽會，以杜弊端。對如何進行之處，請召集評議會公決云。提議人：王子光，連署馬千里、劉激情。

　　注：1924 年的皇會是在一片反對聲浪中舉辦和落幕的。這次皇會在舉辦前就遭到天津教育會的反對，認爲學校教育會受到很大影響。而在 4 月 26 日皇會結束之後，天津縣教育會仍然召開評議會，希冀永遠禁止迎神賽會。這種現象反映出在進入二十世紀後，隨著天津城市人口的大量增加，社會結構的改變，城市經濟功能的轉移，媽祖崇拜的社會基礎逐步消失，於是民國初年媽祖崇拜便成爲破除迷信的對象。在廢廟興學的活動中，天后宮雖然被保留下來，并在宮內西南角設立「第一乙種商業學校」，1939 年改爲天后宮學校。但本來每隔幾年才出一次的皇會越來越少，有記載的只有 1924 年和 1936 年兩次了。

《大公報》1924 年 5 月 21 日第六版
「青鎮又將有荒謬之皇會」

　　本埠前者曾有一般人民舉行皇會，教育界及智識階級極力反對，呈請省長嚴禁此種賽會之舉，因之將又發現之鬼會，遂寂然無聲。不料近日楊柳青鎮又將有出會之舉，日期爲夏曆四月二十三至二十八日，並預定兩日，通宵達旦，假祈雨之名，陰施括斂之技。昨有自該鎮來者云，藥王廟前貼有許多黃紅報條，如高橋、秧歌、龍燈、少林等字，一般迷信婦女接親喚友，進廟燒香，全村若狂。聞會首爲張某，口稱某大官太太將來青看會，並帶衛隊數百名駐紮官斗局彈壓，可保地方之安寧。且有村□王某、石某從中讚助，欲將安氏私立小學校作爲萬善會會所。未知該鎮之有智識者與學界人員，□及地方警署，亦知設法禁止否？

　　注：楊柳青鎮今屬天津市西青區，歷史悠久。天后信仰在天津的影響廣泛而深入，故相應舉辦的各類迎神賽會也是遍及城鄉。

《大公報》1933 年 2 月 13 日第十三版
本地風光：「談談天后宮」
──天津百餘廟宇均廢　娘娘宮中香火獨盛　和許多迷信習俗都有關係

　　當初天津衛大小廟宇，統計起來也有一百多處。自從庚子以後，有的改做學校，有的做了警察區署或機關，只有天后宮和玉皇閣兩處，至今沒被人

佔用。裏面形形色色，各有其名的泥像，依然坐享他們的香火，其中名稱最多而又奇特的，要算天后宮裏的泥像了。除去「老娘娘」、「送生娘娘」、「眼光娘娘」、「耳光娘娘」、「子孫娘娘」這五位主角娘娘以外，尚有「痘哥哥」、「花姐姐」、「撓散大爺」、「催生郎君」、「跑道奶奶」這些奇怪名稱的泥像。各有其職，連帶著發生了不少神話。所謂「痘哥哥」、「花姐姐」、「撓散大爺」全是專管人間小孩種痘的事。小孩種痘以後，在相當的日期裏，有「謝奶奶」的舉動。謝奶奶的辦法，就是叫紮彩匠，用那紅綠雜色的紙，紮糊些衣、帽、靴、鞋，以及各樣的大小紙花，所紮糊成的東西，名叫「紮飾」，有整份、半份、一角的分別，這就看人家的經濟充足與否而定了。紮彩匠把那紮飾送到本主家裏，本主就把紮實擺列在桌上，點燭燒香，坐守一夜，轉天早晨再把紮飾燒了，這叫「燒紮飾」。本主的親戚在這天也可以送禮。爲什麼要酬謝奶奶呢？原來在小孩種痘之後，能平平安安不出兇險，小孩的母親就認爲這是「痘哥哥」、「花姐姐」、「撓散大爺」保祐得周到，所以送些紮彩以當報酬。還有那「催生郎君」和「跑道奶奶」，他們兩個是掌管婦人生產小孩的，那些欠缺常識的一般愚婦，說來也眞怪笑煞人的，她們生小孩認爲是天后宮裏老娘娘給送來的，「催生郎君」的職務專管婦人生小孩的時候快而平安，「跑道奶奶」是送小孩的，有許多女人結婚以後，沒有生過小孩，到了想要有小孩時，便到天后宮，跪在子孫娘娘面前，焚香求子。

天后宮裏的老道，也眞有手段愚弄他們，在子孫娘娘身旁羅列許多的小泥娃娃，求子的若拿走一個小泥娃娃，準保生子，他們也會願意上這種當，把娃娃拿到手裏，不能算白給，多少總得給老道幾個錢，將來果眞生了小孩，必須買九十九個小泥娃娃，送到天后宮去還願。假使不這樣，小孩就有夭折的危險，所以求子的婦人把小泥娃娃拿回家裏，不能隨便亂扔，必須放在一個地方，早晚兩餐，弄些飯食擺在娃娃面前，等到人吃完飯，再把他的那一份飯撤去。過了一年，須把小泥娃娃，送到洗娃娃的鋪子裏，重新改造一次，頭腦身軀，增大一些。你若是走在宮北大街、襪子胡同，或是估衣街，看見鋪子櫥窗裏面，擺著赤身裸體，高矮不一樣坐著的泥娃娃，那就是小泥娃娃改造成了的。假使認爲這鋪子是賣泥娃娃的玩具店，那可就錯了。泥娃娃不僅洗一次就算完事，隔上一兩年，必須再去洗一回，每洗一回，體格就增長一回。洗的價錢，在當下說，一次總得花一塊兒八角吧，由小泥娃娃改造成泥娃娃之後，彷彿待遇像眞孩子一樣，也得四季穿衣服，睡覺也舖褥蓋被，

碰巧因爲有了一個泥娃娃，果眞生了小孩，這泥娃娃就算大哥，自己的孩子只能排行老二。還有一種人家，因爲孩子生的稀罕，膝下只有一個活寶貝，恐怕多災多難，便到天后宮去拜認老道做師父的，直到小孩長成到十二歲，方才還俗，師徒才算斷絕關係。在小孩沒有還俗時，他的師父若知道這徒弟家裏有錢，每到年節臨近時，吩咐夥計挑著一擔稀鬆平常的禮物，自己拿著個紅帖兒，到徒弟家裏散給些果品。徒弟若是個小戶人家，他們就不肯光顧了。

至於每年天津的女人開始往天后宮去燒香，最早的要數妓女們了，在舊曆的年初一，天色剛發亮，她們便兩三成群的到宮裏燒香，究竟求的是什麼，眞也說不出所以然來。一般閒著沒事的男子，在她們沒去燒香之前，老早的先到宮裏，站在月臺上等著看她們燒香，這還有個名兒叫作「看滿堂紅」。因爲她們每到新年，從頭到腳，周身上下穿的戴的，無一不紅的緣故。

提到天后宮是津市香火最盛的廟宇，在當年承平時代，每年四月間必出一次皇會，所有天津出的會，也數這皇會最熱鬧而又完備，什麼高蹺、秧歌、法鼓、鶴齡、中幡、獅子等等，吹打鼓舞，應有盡有，前邊是這些玩意那，後邊便是天后宮中五位娘娘的駕輦，從天后宮按著規定的路線，出到西頭如意庵，五位娘娘在如意庵享受兩天香火，才駕返天后宮中。據說天后宮是娘娘的婆家，如意庵是娘娘的娘家，所以才擡到如意庵裡中去。但是既有了婆家，誰是她們的丈夫，至今還是個秘密，沒有人說得出來。記得在清季光緒二十年以後，五位娘娘正在娘家住著，一個不小心，燭火將席棚給引著了，火光熊熊，烈焰騰天，焚燒了起來，裏面一般善男信女，有不曾逃出來的，全都焦頭爛額，葬身火窟。至於因爲往外掙扎逃命，擠傷擠死的也很不少，至今回憶起來，還叫人憧憬到那時候的慘狀呢。（仲）

注：「謝奶奶」是天津民間爲酬謝天后娘娘保祐而舉行的一種特有的民俗活動。「奶奶」指天后及其他各位娘娘。它以「紮彩」爲主要內容，是香客還願、酬神的方式之一，在當地曾經成爲一種時尚。從前，由於沒有種牛痘的方法，小孩子得了天花，極易夭折。做家長的，爲了保住後代的生命，除了請大夫治療，就是到天后宮來燒香祈禱。他們到各位娘娘神像前許願，等到孩子平安脫險，必來酬神還願。小孩子出天花後，平安無事，要「謝奶奶」。後來種牛痘了，掉痂後也要「謝奶奶」，有的在家舉行，有的到天后宮請道士辦。「謝奶奶」活動一般多選在出天花後的脫痂之日舉行，也有的此後另擇吉

日。所謂「紮彩」，就是紮彩作坊仿照天后宮所供有關子嗣、天花各神及衣履、冠帶、輿輦、儀仗和使用物品，用彩紙紮糊成的象形物品。

　　進香也是天后宮重要的習俗之一。天后宮進香歷來是「重女輕男」。平時，香客可以隨時到天后宮進香。皇會期間因逢盛典，香客倍增。爲此，天后宮對皇會期間進香者的進香日期，曾經作出明確的規定，這也是一年或幾年、十幾年才能遇到的一次特例。天后宮的香客素來女多男少，並不意味著婦女地位的提高，或是對女性修行者的特別關照，只不過是天后宮道士借機多往口袋裏掙些香火錢罷了。

《大公報》1936 年 3 月 7 日第六版

「停辦已久之皇會今歲將舉辦」

　　（本市特訊）本市舉辦皇會之說，自經市商會，暨錢業，綢布紗業，呈請市府批准後，日來甚囂塵上。按津俗三月娘娘廟出皇會之舉，自遜清乾嘉以來，盛行逾百數十年，與四月城隍廟之鬼會，同爲民間所樂道。當時迎神賽會，四鄉八鎮皆來趕趁廟會，香火船來津者，河爲之塞。廟會期內，凡由香火船上攜帶貨物，概免捐稅，以是市面繁榮，民生活躍。至各種賽會，如門旛，中旛，擡閣，節節高，獅子，高蹻，秧歌，槓箱等等，名目繁多，統共不下五六十種。其後爲五架寶輦，前隨通綱全副燈鑾駕。與會者率多錢、鹽、當商，富麗堂皇，競尙奢華，以較量富貴。其時出皇會以講究穿章爲爭競，多備單夾棉及珍珠毛全套衣服，招搖過市。會期以三月十六爲送駕，十八日爲接駕，二十、二十二兩日爲出巡。送駕自天后宮出發，至西頭如意庵，沿途皆於巷口搭架看棚，爲終年不出門之婦女解放時期。自光緒十七年陰曆三月十七日，如意庵發生火警，焚斃男女百餘人後，嗣即逐年冷落，至清末二十年來，又因外患頻仍而停辦。民國十年（此處應爲民國十三年。筆者注）曹錕政府時代，曾一度重出皇會，惟已無復當年舊觀，略具雛形而已。

　　「紀仲石談」：記者昨晤市商會主席紀仲石，據談：關於舉辦皇會之緣起，去年終，市長雖咨詢地方紳商對於繁榮市面辦法，除減免捐稅，廢除苛雜以外，可否由民眾方面舉行賽燈過會等事，俾使鄉民與市民得有大量金錢財物交換之機會，裨益生產建設，誠非淺鮮。當時已預知舊曆元宵，各商決定恢復燈彩，華商公會會長張淅洲先生，並向市長描述先年天后聖母出巡之盛況，在鄉民心目中影響甚深。適蒙市長極端贊許，隨即囑請王曉岩、李少

田、張淅洲及鄙人等，並各銀錢業，鹽商，設法籌款，市府必予讚助。對於消防治安交通各節，更須先事籌劃，以期萬全。現在此事業奉市府明文舉行，並已由市府行知財政、公安、社會三局分別負責，對消防、治安、交通、財務諸端詳細籌劃，預料屆時必有一番盛況云。

　　注：皇會尚未開辦，天津地方的媒體已經急不可耐地開動宣傳機器，爲皇會鳴鑼開道，先期造勢，試圖弔起讀者的胃口。

《大公報》1936年3月9日第六版
「津市官紳籌備皇會忙」
—— 施驥生任大會主任　經費共需一萬餘元　衣冠服飾照舊辦理

　　津市官紳曾爲繁榮地方，發展商業，提倡舉辦皇會，並組皇會籌備會。該會於昨日下午三時，在天后宮內舉行官紳聯席會議，討論進行籌備一切事宜。出席者：市府施秘書長驥生，財政局長常鴻鈞，津市商會主席紀仲石，錢業公會主席王曉岩，蕭少棠，劉道平，張淅洲，李頌臣，王少三等四十餘人，公推施秘書長主席，張耀華記錄。決議案十二項：（一）推定發起人數案。決議以發函未否認者，及本日到會諸君爲發起人。（二）大會主任案。公推市府施秘書長爲大會主任，常財政局長爲副主任。（三）出發路線案。決議：夏曆三月十六日起駕，經過宮南大街，磨盤街，進東門，出西門，橫街子，葦馱廟，進千佛寺，十八日由千佛寺，經過雙廟街，六合軒，鈴鐺閣街，太平街，針市街，估衣街，毛賈夥巷，宮北大街進宮。二十日起駕經過宮北大街，毛賈夥巷，大胡同，過金鋼橋，大經路，天緯路，三馬路，進市政府西轅門，出東轅門，金鋼橋，大胡同，估衣街，進北門，出西門，進南門，出東門，東馬路，襪子胡同，宮南大街進宮。二十二日起駕，經過磨盤街，進東門，出西門，西馬路，南閣，針市街，北馬路，東馬路，襪子胡同，宮南大街進宮。（四）起駕時間案。決議：二十及二十二兩日，每日由下午二時，請會起駕。（五）關於治安案。決議：請市政府飭公安局負責維持。（六）會期消防案。請由市政府飭公安局消防隊，並請各水會各守汛地，愼重消防。（七）關於路政案。決議：由市政府令工務局就出巡路線，在期前平墊竣事。（八）預備救護案。請由紅十字會，及市立醫院擔任救護。（九）服飾典禮案。決議：衣冠服飾，照舊籌備，升座典禮，照常鳴炮。（十）皇會名義案。經施秘書長提議，以皇會已深入民間，相沿已久不必更改，可仍其舊，一致通過。（十一）

維持交通案。決議：將路線單開，呈市政府飭公安局，於出會經過地點暫時停止車馬通行。（十二）規定會期案。決議：會議可隨時召集，積極進行。（十三）會內經濟案。由施秘書長提議，請發起各位儘量籌備，如有不足時，再由市政府補助。一致通過，至五時散會。

「施驥生談」：據市府秘書長施驥生談：皇會意義既在繁榮市面，固不計是否違背時代。本人以其有益社會，是以勇於負責，任籌備主任之名，辦理一切。會期重要問題，殆爲治安之防範。一般咸慮姦人乘機思動，決以籌備處名義呈請市府，飭由公安局妥爲布置，可望無虞。臨時救護工作，決由市立醫院診療所醫師擔任，並請紅十字會救護隊協助。經費共需一萬餘元，如籌募不足，市財政局可擔一部。至消防事宜，除公安局消防隊全體出動外，原有之救火會，各守汛地，以防意外云。

《大公報》1936 年 3 月 10 日第六版

「皇會籌備副主任改推劉玉書」

（本市消息）津市舉辦皇會，日昨推定市府秘書長施驥生爲籌備主任，財政局長常鴻鈞爲副主任，茲聞常鴻鈞以宗教關係，礙難參加；昨改推公安局長劉玉書爲副主任云。

注：二十世紀三十年代，天津已經成爲華北地區的經濟中心，民族工商業日益發展，但由於西方列強，尤其是日本帝國主義的經濟擴張和官僚資本的侵入，當地的經濟舉步維艱，有相當數量的民族工業開始衰落或破產，以致百業凋散，市面蕭條。當時，身爲二十九軍總參議、冀察政務委員會經濟委員會主任委員的蕭振瀛，由察哈爾省主席調任天津市長不久，竭力想振興本地的經濟，便召集本地的商業首領商議對策。而天津商會主席紀華和錢業同業公會主席王鳳鳴，亦爲津門商業日薄西山而苦思良策，便言及早年舉辦皇會繁榮市面之事，擬重新出會。遂與蕭振瀛溝通，並描述當年天后聖母出巡之際皇會的盛況，要求准予出會，並得到蕭的認可。

1936 年 2 月 28 日，紀華、王鳳鳴以及銀行業同業公會主席鍾鍔、租界內華商公會主席張淅洲，聯合將一直呈文遞送天津市政府。於是，與前一次舉辦時間間隔 12 年之後，皇會重新堂而皇之地走上了社會生活的大舞臺。以前皇會行會路線均不過海河，只因市政府是本次皇會的籌辦單位，故本次皇會的出巡路線擬有所調整。

《大公報》1936 年 3 月 10 日第十三版

「法鼓——皇會裏的重器　大眾化的樂隊（一）」　曉霽

　　沉寂了多年的皇會，又將要由醞釀轉成事實而出現了。悶透了的人們的情緒，也漸漸的被盲動著而鼓舞起來，無時不在期盼著那古老而帶有封建氣味的把戲「皇會」的到來。

　　由於皇會空氣浸潤，想起那在皇會中久著盛名被人們稱讚著的「法鼓」來。法鼓在天津可以說到處皆有，尤其是城廂附近的各村鎮，幾乎都有這種組織，組織的稱呼大都名之曰「會」，在會的上面冠上什麼，什麼音，就算為這個會的牌號，如「金音」、「銅音」、「雷音」等等。就中以「金音」法鼓最為精粹，老於天津的人皆能道之。

　　法鼓的團體雖若是其多，而且若是其有不同的牌號，然而表演用的樂器和樂隊的排列都是一樣，只不過音的節奏各有不同罷了。（未完）

《大公報》1936 年 3 月 11 日第十三版

「法鼓——皇會裏的重器　大眾化的樂隊（二）」　曉霽

　　談到法鼓，便聯想到我國社會的體系，我們是以農立國的，數千年都是以農為國本，直到今日雖然資本主義早就衝破了這座古老的國境，但是大部分卻仍停留在封建的氛圍裏，由於封建勢力的深蒂，形成了神道潛勢的滋長，反映出社會上的一切，都彌漫著宗教的氣息。「法鼓」便是蛻身於僧道宣號所用的法器，成了一個有力的證實。就連法鼓這個名詞也是從佛家直接剽竊過來的。法華經上說「普濟眾生擊大鼓」，江總大莊嚴寺碑也有過：「薰爐夜□，遙來海岸之香；法鼓若□，非動泗濱之石」的描寫。法鼓講起來就是佛寺所擊的大鼓，統稱佛寺宣號時擊打法器也叫做法鼓。考究起來，法鼓的演化，總不外是村莊的人們，在農事終了收穫完畢的時候，為了補償一季的勞苦，為了慶祝勞苦結晶的獲得，起初不過是仿傚著佛寺裏宣號的情事，敲打著法器來表示歡忭的情緒罷了；後來由進步而演化，便產出單純，和諧而有節奏的音樂來，形至今日，仍不脫是表現低級情緒的音樂。

　　法鼓的組織是：鼓，鈸，鐃，鉻子，鐺子等五樣樂器。以鼓為主，鈸，鐃和鉻子，鐺子擔任諧調的任務。行列的編排，鼓在中央，左列是鈸，右列是鐃，鉻子和鐺子附隨在鼓的後面。鈸鐃每列通常七八人即可，然增加到若干人皆無限制，鉻子，鐺子通常每樣兩人，有的時候加到四人。（未完）

《大公報》1936年3月12日第十三版

「法鼓——皇會裏的重器　大眾化的樂隊（三）」　曉霽

演奏的開頭，先由敲鼓的人用鼓槌咚……的敲著，隨後由第一個敲鈸的人名爲「頭鈸」，第一個敲鐃的人名爲「頭鐃」，——連敲四下叫做「開」，然後按著節奏共同敲起來。法鼓的曲子，就著金音法鼓來說：有「缺腿」、「老和西」、「鬼叫門」、「常遠點」、「搖鼓通」等，演奏的當中不時變換著曲子。在行的當兒，鈸鐃即刻停止，只由鉻子，鐺子敲打著「常遠點」，來調整步伐，來進行著。出會的時候，在人多的地方，或是「截會」的時節，便在演奏當中，各自拿著樂器舞耍，叫做「耍鈸」、「耍鐃」，有時敲著「搖鼓通」的曲子，——即當各樂器敲打正在熱鬧時節忽然停奏，只由一樣樂器按著節奏來敲幾下，全體隨著一起敲打，鈸、鐃等五樣東西輪流在擔負起獨自頭敲的任務，計第一次敲是鈸，其次是鐃，鉻子，鐺子，鼓。依次輪流完畢，再繼續敲著其他的曲子——爲法鼓中最精彩的一段。法鼓的節奏，由徐而急，忽高忽下，在急而高的時節，也就是法鼓落好的時候，行話叫做「上力」，演奏終了叫做「收」。

拉雜而無秩序的，把法鼓的一切，草草地介紹給讀者。法鼓的活躍正表現著封建社會下的群眾鼓舞昇平的情緒。隨著不景氣的來臨，農村相率崩潰，昇平景象的迷夢早已打得粉碎。這種鼓舞豐年情緒的東西亦廢置有年矣，農村的哥們恐怕久已不彈此調了。近來皇會空氣的蒸上，這種大眾的樂隊，能否攜著往日的情緒和人們見面，尚是問題？（完）

注：法鼓會是皇會中最爲歷史悠久的表演類會種之一。在每次出會的過程中，伴隨在子孫娘娘、斑疹娘娘、眼光娘娘、送子娘娘和天后娘娘身邊的，都是法鼓會，這基本是固定的順序。

《大公報》1936年3月16日第六版

「皇會期間警備辦法」

——公安局將縝密討論　並擬招保險業談話

（本市消息）津市公安局以本市本年已決定舉辦皇會，在此皇會期間，四鄉八鎮商民紛紛來津，關於治安之戒備及消防上之準備，均應注意，以免發生意外。該項戒備及消防辦法，現正由該局草擬中。俟擬竣後，即行召集所屬各局隊討論施行。至於該局添備消防器具一節，現擬於一二日內，即行

召集各保險業及紳商談話，請予相當之援助云。

注：皇會的各項準備工作愈加快馬加鞭，地方報紙上天天相關的消息連篇累牘，皇會成爲當時街談巷議的主題。

《大公報》1936 年 3 月 17 日第十三版

「皇會憶舊錄（一）」 （鵬）

已十數年來未舉辦之天津「皇會」，現竟由醞釀而成事實矣。是會爲津門最盛之聖會，每有舉行，輒必轟動城市，一般鄉民無不扶老攜幼，爭來參與。清季咸同間尤甚，迄光緒末已漸衰。民十（此處應爲民國十三年。筆者注）雖曾舉辦一次，但已無復舊觀矣。筆者近晤親戚某翁爲述清末出會盛況，歷歷無遺，亟錄之以饗讀者。

按皇會中之主要對象即爲今日之香火最盛天后。初，娘娘廟原設於小直沽，名天妃廟，建自元代，重修於明，迄清季始晉封「天后」，乃闢宮於東門外，即今之原址。自康熙三十年出巡，此爲「黃會」之始，又清仁皇帝巡幸抵津，所餘陳設各寶塔燈亭之類，即以增補出會，故又名「皇會」。

當出巡之初，自朔至望，各會俱須赴廟報名掛號，書會名於黃紙，貼於山門內外，各處茶棚亦與焉。

先是，十六日送天后於閩粵會館，閩人設供演戲，謂之接姑娘。（按天后本莆田林氏），後乃以如意庵爲行宮。十六日送駕，十八日接駕。送駕坐黃轎，接駕坐黃輦。轎夫紅袍朝帽，如鑾儀衛。又以本宮地狹，故建天后啓後祠於如意庵中。（按自如意庵於光緒末被焚後，現已改駐千佛寺）天后出巡期，二十日進北門，經鐘樓，出南門。二十二日，進東門，經鐘樓，出西門。路各十里許，需時約半日。（未完）

《大公報》1936 年 3 月 18 日第十三版

「皇會憶舊錄（二）」 （鵬）

「門旛」：出會之行列，首爲黃地青字，金□垂六角，繫於高可數丈之桅上，引以繩，使直立。

繼爲「太師會」：即廟前山門內之兩獅也。刻木爲之，形狀威嚴，彩繡絢爛，下爲燈座，上爲燈亭。

次即「報事靈童」：是輩以五六歲之孩童，扮如問探之探子，抓巾抹額，短衣束帶，腿絣□鞋，腰間掛面具，肩頭荷令旗，輪替三人，縛置擡閣座上，

擡之以行，是即痘疹許願所扮者，但亦有小兒置大人肩上，扛之而行者。

次爲「中旛會」：是會多廚行中人，一旛爲一會，旛高可丈六，以大呢洋絹，鑲邊繡花，重百餘斤，常十餘人荷之。

次爲「跨鼓會」：係由十餘蠢漢，衣黃半臂，戴雨□帽，繫大鼓於頸，擊之。又係鐺者數人，尚有小童十六，雙了絲額，彩衣繡袴，唱嗩吶曲，各執小鈸二，堆爲天下太平四字。又以小鈸輾轉互擊，有舊雜瓣，新雜瓣之名。看似亂擊，實有法度。其聲云：當郎郎，驚景敬，極經一個敬，當郎郎哩郎，驚經一個敬，一個經，一個敬，一個經景敬。

「扛箱」：箱爲木櫃形，置旗鈴於其上，而以巨竹穿其中，兩人荷之，動搖掀簸，備諸丑態，群兒在前作劫綱賊，棍棒拳腳齊下，口呼打打，不知若何取意？

後隨「扛箱官」：烏紗紫袍，以蒸餅爲朝珠，蒜爲佛頭，砂酒壺爲記拈，一手持扇舖作幌子之扇，又一手持煙袋舖用以作招牌之煙袋，跨駱駝，沿途判斷，時作丑語，以博眾彩。

再次爲「捷獸會」：即今日所謂耍獅子者，兩人入一穀中，宛轉而滾，當清純皇帝巡幸天津時，雜戲中，惟此戲最博帝之歡心，故後人均欲爭睹。（未完）

《大公報》1936 年 3 月 19 日第十一版

「皇會憶舊錄（三）」　（鵬）

其後即「高蹺會」：是會因參加者眾，故其行列每拈鬮爲序。相傳高蹺中以付家村老會爲最，他會每以衣飾爭新，而河東大寺之高蹺，則以一人馱七八人，及跨一足行數十武，蓋欲出奇制勝也。清末某次出會時，溜米廠之高蹺，有扮青蛇者，身段姣活，眾咸稱之。時有名士李採軒者，竟尾其會行數里，後乃知爲人坯子，年既老大，色復不佳，殊自曬也。津門好事者詠有青蛇詩凡數十首，又有小青賦。當時有人曾爲作打油詩以諷李公，詩曰：「溜米青蛇色藝兼，銷魂共指柳腰纖。誰知一個坯人子，賺了斜街李孝廉」。誠會中之佳話也。

「十不閒會」：此名殊奇特，蓋有自焉。緣有樂劉者，唱高腔戲之丑角也。家頗溫飽，年年出會，而年易一樣，最後出一十不閒會，即設架子臺，使人擡之，幼童數人坐其上，包頭甚美，數童輪流歌唱不輟，故以是名。所度曲，

皆可笑。

再次爲「重閣會」：以一人馱一人，爲戲一□。如「思春」（戲名），則□婆頂一茶盤，而於茶碗上立一狐女。「跑□」，則琵琶上立一女妓。「下山」，則蠅拂上立一女尼。「趕妓」，則秫稽臺上立賽芙蓉。惟花鼓則□□□板，分立相公老婆，以一人馱二人，尤爲喫力。（未完）

《大公報》1936 年 3 月 20 日、21 日、22 日、25 日，4 月 8 日
《天津皇會考紀》出書

三十年未舉行之皇會，將重現於今日，本書內容將皇會之沿革、盛況、歷史、內幕，各會現在情形，詳爲考查，彙編成書。並有相片多幀，人手一冊，有如親臨看會。每冊定價五角，預約三角，準於夏曆三月初六日出書。總代售處：天津大胡同大東書局。代售處各大書局。外埠函購不收郵費，掛號在外。

注：本次皇會期間，不少出版商專門打著皇會的旗號在各種平面媒體上大做廣告，這種行爲既在一定程度上促進自己的經營活動，又利於提高天后宮的知名度。

第十三版
「皇會憶舊錄（四）」 （鵬）

繼爲「擡閣」：高可兩丈許，亦以鐵信飾諸器物，而縛五七小兒於上。行時必以長竿爲仰叉，納頂顛，小兒兩肩胛下衛之，其中有「上壽」一招，爲會中必不可少者。頂上爲王母，下則不拘矣。頂上兒童每有昏暈或嘔吐，鮮有不啼哭者。是輩皆貧家子，其雇價約五七百文不等，頂上者一千五百文。

「爬杆會」：一高過房檐之竹竿，演者以兩臂揉升而上，作種種姿式。

次爲「地秧歌」：按周禮方相氏掌蒙熊皮，黃金四目，元衣朱裏，執戈揚眉。清時之秧歌，猶有二鬼衣黑衣，服虎皮，執木杆二，爲索室之形，似猶近之。然至今日，名雖依舊，而所謂黃金四目之原意，已無存矣。當時出秧歌最著者，厥爲西碼頭及窯窪二處。

秧歌後爲「靈官」：即廟中預設之紙糊二靈官焉。出巡日擡出，一在要會後，一在天后之法敬會中。

再後爲「許願者」：凡出痘疹有許願「抱花瓶」者，屆期色頂花翎，黃馬

褂，配隨各燈會行。父兄親友執手燈簇擁，友執手燈簇擁，亦有作道童裝者。女兒有許願「巡風」者，則宮衣翠鈿，坐一小車中使人曳之。其後即述清帝巡幸天津時所用之器物，如：（未完）

《大公報》1936 年 3 月 23 日第十三版

「皇會憶舊錄（五）」　（鵬）

「寶塔燈亭」等，寶塔凡七級，每出入城門，以天秤打落四層。燈亭有二：一名「德照」，中空，貯銀鼎一，四圍各綴串燈，惟頂上用紅燈。一爲「海燈亭」，中懸一燈，下爲假水；有蓮花蓮葉，亭座四周，皆玻璃燈，其外以玻璃盒貯水，魚泳其中焉。

再後爲「蓋華會」：□□華蓋，約數十柄。其後爲「頂馬」，亦出痘疹所許者。惟五頂馬會，乃邑紳周氏選其友中俊秀兒童爲之。其中作仙童裝者，謂之「仙童會」。作太監裝者，謂之「太監會」。再各會皆隨有茶湯擔，惟頂馬會設備尤佳，擔以大玻璃宮燈爲之。親友提手燈護衛者，以著草上霜馬褂爲榮，雖汗出如□，猶不肯脫！是日估衣鋪及有馬褂之家，外借一空。

頂馬會後則爲「鮮花會」：俗呼痘瘡爲花，鮮花會即患者所許願者。會中有松亭一座，□花四擡，魚游燈如海燈亭然。

次爲「花童會」：澆花童子也。擔□戴笠，爲水夫形。又次爲（未完）

《大公報》1936 年 3 月 24 日第十三版

「皇會憶舊錄（六）」　（鵬）

「大樂會」：大樂者，吹頭號嗩吶爲大江東去之聲，七眼一板，□，眼也。銅鼓，板也。又有和平音樂用樂師數十人，樂器數十件，吹打之。

再次爲「鶴齡會」：此會獨在天后輦前，亦爲高蹺，但其形似騎鸞跨鶴，假足如眞，比高蹺隱秀矣。行時以嗩吶度曲，但有聲無字也。

繼其後者爲「鑾駕會」：是會由河東糧店承辦，外□夥友，□帽長褂，敬謹持之。

再後即「會中之主人」也。娘娘凡五，皆衣蟒秉圭。曰「子孫娘娘」，曰「癍疹娘娘」，曰「眼光娘娘」，曰「送子娘娘」，最後乃爲「天后娘娘」。皆以泥金篆於額，獨送子娘娘腦後，現有夜叉相，不知何所取義？

娘娘後爲「接香會」：以四人擡一燈座，臥大鍋其內，以收所焚之香。別

有二人，扛一大鍋者，數起分行，諸神前後有焚香者，即以長竿穿鐵勺於上接之。

最後殿以「護駕會」：此爲最後之一會也。（完）

注：每次出皇會，在行會的順序上頗有講究，各會孰先孰後，均有一定之規，而非隨心所欲的編排。要兼顧各會之間的動靜相間、高低有致、文武錯落、歌舞搭配，雖然不能稱其匠心獨運，卻可以看出其用心之良苦，歷史之傳承。出會順序多年形成的傳統習慣大體是：先是掃街的淨街會，繼而出行仿天后宮幡杆和石獅子的門幡會和太獅會，隨後是捷獸、跨鼓和中幡。參加出行的會無論多少，都是由天后聖駕壓陣，以護駕會殿後。其中五位娘娘的排列位置都是基本固定的，從前到後的排列分別是：送生娘娘、斑疹娘娘、子孫娘娘、眼光娘娘和天后娘娘。而伴隨每位娘娘的法鼓會，也是基本固定的順序。

舉凡出會的人，都是天后娘娘信徒，他們各秉誠心，有錢出錢，有力出力，以「會」的形式分工，各負其責。就「會」而言，有的是單純的組織單位，有的是單純的表演單位，有的是單純的服務單位，有的則是組織、表演兼而有之。1936 年的皇會，操持事務的有掃殿會（後改爲香燭社）、淨街會、護棚會；組織鑾駕、儀仗的有門幡會、太獅會、寶鼎會；接洽聯繫的有廣照會、接香會、請駕會；表演各種技藝的有法鼓會、花鼓會、大樂會、鶴齡會、中幡會、重閣會、拾不閒會、五虎槓箱會、梅湯掃殿會、華蓋寶傘會、提爐老會、跨鼓會、鮮花會、慶壽八仙會等。自出皇會以來，每次出「會」數目雖不盡一致，有多有少，但一些基本的「會」卻無較大的改變，大致始終是這些道「會」。而其中最爲重要和關鍵的一個會，則是掃殿會。掃殿會是天后宮的經濟支柱，是所有「會」的神經中樞。

《大公報》1936 年 3 月 24 日第六版

「皇會期近」

——節節高會昨在市府表演

官商開會重新決定　准許高蹺秧歌參加

（本市消息）本市舉辦皇會之期，轉瞬即屆。參加皇會之各種遊藝，如音樂、鑾駕等，連日均積極練習，俾免生疏。昨日下午三時，河東萬德會組織之「節節高會」由幼童八人，分別化妝扮演八仙，架於壯年八人肩上。自河東東浮橋沿河沿，經大胡同，沿途表演各種技術。圍觀之紅男綠女，萬人

空巷，一時途爲之塞，交通斷絕。下午四時半，直達市政府，乃由領導者率領，直入市府空院，屆時蕭市長並親自出室觀看。對各幼童之表演，稱讚不已。五時始沿河遄返該會會所云。

注：皇會牽動萬人心。天津自發起籌備皇會以來，報名參加各項表演及服務者十分踴躍。離皇會正式舉行還有二十天的光景，有些花會就相互比照，暗中較勁兒，分批赴市政府內表演。連日來，市政府前門庭若市，每日下午 1 時許，各會表演者即被觀眾的海洋包圍，人們都以先睹爲快。大胡同、金剛橋一帶，觀眾如堵，隔斷交通，讓人大有宛置太平盛世之感。

「男女進香不分單日雙日」

（又訊）皇會籌備事宜，連日正積極進行中。前對高蹺、秧歌等會不准加入一節，經紳商銀行界及公安局代表等，於二十五日在華商公會，開會討論結果，對前定辦法，已有變更。昨已發出通告，計：（一）原定男女分爲單日雙日進香，現爲謀民眾便利計，改爲男女不分日期。會期中男子由左門入，右門出。婦女由中門出入。（二）皇會時間，由正午十二時行會，至下午十二時截止。（三）高蹺秧歌均准出會。但須由舊曆三月初十日，至十三日，赴該管公安分局，及皇會籌備處，分別登記，並覓妥實舖保，方准出會。其出會時間，並須於上午十時行會，至十二時止，不得妨礙正式會道。（四）三月十六日會道照舊，十八日原定經過六合軒、鈴鐺閣兩處，現經取消，改爲驢市口、西頭灣子、雙街口。其餘照舊，並不變更。（五）有寬闊便道之處，准予在便道上支搭看棚。其餘不准支棚云云。

注：天后起初是作爲護航的海神來供奉的，香客多以船工、商賈等爲主。隨著社會生活的演進，天后的職能更多地向保護子嗣方向轉變，主管許多與婦女相關之事，加之男性爲工作所累，而婦女在家，有較多的空閒，所以朝拜者逐漸由男性香客向女性香客轉變。而天后宮出於內外的需要，對女性也是情有獨鍾。於是在天后宮日常的香客中出現了「重女輕男」的特點。1936年以前，舉辦皇會期間男女香客到天后宮進香，分單日和雙日，本次皇會期間，對此慣例進行變更，雖爲便利民眾，男女香客進香不再分日期，但會期中男香客要有左門入，右門出，女香客全由中門出入，女香客被待爲上賓。就是在男女香客進香時間的安排上，女香客也要比男香客整整多出一天的時間。天后宮香客「重女輕男」的傳統，依舊未有實質性的改變。

北寧客車臨時減價

（又訊）北寧路局以皇會期間，各地人民將紛紛來津觀會，民十三皇會期間，全路增加客票，收入十萬元之多，此次決援例舉行減價。在會期中，仿滬杭路觀潮客車成例，減價若干成，現正接洽計劃中云。

《大公報》1936 年 3 月 28 日第六版

「讀者信箱」：——關於皇會

津市之籌備皇會，因官方之提倡，頗有蓬蓬勃勃盛大舉行之象。據報紙宣傳，係爲繁榮市面。姑無論其是否眞爲治本之策，當局既有此念，已足爲積極整頓市政之征。原情略述，吾人似無所用其評判。但研究事理，應不厭其詳。處理事務，應不厭其善。當此科學昌明時代，仍抬歷史上毫無根據之偶像所謂娘娘者滿市遊行，在國際觀瞻上，實屬不雅。而內憂外患紛至沓來之時，作此閒情逸致之遊戲，心情亦殊有難安。是以兩全之道，只有改「皇會」爲「黃會」之辦法。「皇」「黃」在北方爲同音，而意趣則大異。蓋黃會者，黃帝遊行之會也。黃帝爲吾華文治武功之開山始祖，此爲人所共知，而所謂黃帝子孫云云，亦爲國人所樂道。若欲啓發民族之意識，激發民族之情緒，領導民族之復興，則黃帝實爲歷史上最合於崇拜之人物。客歲國府特派大員赴陝作黃帝陵盛大之掃墓祭，最近本月十三號，胡展堂氏所發表長文之解釋民族主義，俱足動人深思。顧或有疑爲黃帝實爲漢族之祖，若以之定於一尊，所謂五族共和之下，難免發生間隙，殊不知此實不通之論。該民族自民族，信仰自信仰，試觀各國同一種族之人，其信仰豈有一族盡同者？況黃帝降生，至少當在四五千年以前，而各種宗教之教主，至多亦不過一二千年之事。故吾華人民以黃帝爲民族文化武功之開山始祖，另以其後之教主爲其信仰之中心，實無所謂不合也。茲草擬黃會辦法於下：

一，「皇會籌備會」應改爲「黃會籌備會」。

二，擇一較大處所，暫設一黃帝神牌於正殿，於清明日，由津市長官主祭畢，即擡出神牌遊行市面，路線即依照皇會辦法。

三，所有一切點綴黃會之儀仗及善會，除其過與時代不合者外，可儘量依照原有皇會所用之種類，藉以增加風習上之興趣，將來再逐漸增減。

四，應急編印關於黃帝之小叢書及傳單，演述其文化與武功，至日分發民眾。此項辦法，乃係因勢利導，輕而易舉。宗旨極正大。而於民族之振興，

所關更巨。試觀日本各地居留民之神社，每年均有盛大之祭典，而日人之無論男女老幼，平日之過神社者，無不鞠躬致敬。故其團結至堅，國勢自盛，側聞蕭市長為政勇於進行，並能從諫，故敢以此奉陳也。（鍾晚成）

　　注：從娘娘會到皇會，從通俗之稱到媚俗之名，體現出天津媽祖信仰經歷一個發展變化的歷程。文中建議在原有皇會的基礎上，將「皇會」改為「黃會」，「以圖民族之振興」，並提出一系列的措施。只是這種呼籲並沒有獲得社會的積極響應，因為民族的振興，歸根結底不在於皇會名稱的改變。皇會改名風波，到此告一段落。

「皇會消息」
——救護汽車隨會出發　經費來源極為充足　黃轎鑾駕日夜趕修

　　（本市特訊）①皇會期間，市衛生局組織救護隊，特備汽車兩輛，隨會出發，並巡迴各地，遇有變故，隨時開往醫院救治。由醫師二人，護士六人負責。②市政府日前令詢皇會各團體，各市商會，錢業公會，華商公會，通綱等，此次辦會經費如何籌措。各團體昨日呈覆經費來源：一、自行籌募。二、市府津貼。三、北寧路局在皇會期內營業特盛，允為捐助。③皇會通綱黃轎，現在南門外牛痘局趕工修理，僅十六日所謂「送駕「一用，十八日及二十日，二十二，「接駕」、「出巡」均用「黃輦」。④「門旛」在北門內錢商公會油漆，「通綱鑾駕」亦在晝夜修理。十五日可竣工，即在天后宮前設擺。⑤高蹺秧歌，重准出會，但限定分段玩耍。已有多會報到，並向當地「首戶」拜會募款。（以上日期，均為舊曆）

　　注：皇會期間，與此相關的見聞成為本地媒體每日競相報導的主題。

《大公報》1936年3月29日，4月6日、7日、11日、12日
北寧鐵路管理局廣告

　　為天津舉行皇會，本路發售頭二三等來回減價票廣告週知由

　　天津皇會定於四月舉行，（七日起至十三日止）轟動一時，其屆期來津遊覽者，人數必多，本路為優待遊人起見，特發售頭二三等來回減價車票，分普通與特別快車兩種，一律按七五折收費，均以個人為單位，凡購特別快車來回減價票者，其加價費即將來回里程，合併計算，其購普通來回減價票者，如在去程或回程改乘特別快車，悉聽人便，但在車上補繳特快加價費時，概按單程里程核收，以資便利。

至發售此項來回減價站點，自通縣或前門，黃村，廊坊，落垡，至天津爲一段。又自山海關，或昌黎，灤縣，唐山，塘沽，至天津爲一段。規定自四月五日起，至十三日止，爲發售期間，其回程自發售之日起，截至十六日止爲有效，到期不用，一律作廢，不得請求展期或退還票款，以杜糾紛。如有欲購此項減價票者，可逕向各該站接洽照購，以便旅行。恐未週知，特此廣告。

中華民國二十五年三月　日

注：天津市政當局在當時的社會環境下，打著酬神的招幌，爲達到振興百業、繁榮市面的目的，批准已經停辦十二年的皇會重新舉行，並規定除來津貨物給與免稅外，外地參會者乘坐火車票價一律優惠。

《大公報》1936 年 3 月 30 日

皇會籌備處啟事（3 月 30 日、31 日，4 月 1 日、2 日、3 日、4 日、5 日、6 日、7 日）

敬啓者：

本處前爲往例舉辦皇會向皆免除捐稅，經呈奉市政府令，准如例豁免，爲特通知所有四鄉各縣進香人等，乘坐車船攜帶土物貨品，凡在會期以內，價值不逾三十元者，一律免稅，期達繁榮市面，促進工商之目的。此啓。

注：天津市政當局爲達到借皇會振興百業、繁榮市面的目的，制定出皇會期間，來津貨物給與免稅的相關優惠政策。

《大公報》1936 年 3 月 30 日第十三版

「皇會聲中靈慈感舊記（一）」　　（如雋）

——于虹亭詩，清新俊逸；沈存圃歌，雅訓幽默；楊愚二論，詆謾詼諧——

津門爲海濱之區，崇奉天后最盛；蓋商舶糧艘，往來驚濤駭浪之中，得免淪胥，僉感天后拯救之力也。天后宮之創建，遠在設衛以前，宮建於元泰定帝泰定三年，衛設於明成祖永樂二年。是設衛之七十八年前，已有天后宮矣。初名天妃宮，旋改名天妃靈慈宮，厥後加封天妃爲天后，始名天后宮。載籍可證，並非子虛。《元史・本紀》：「泰定三年八月，作天妃宮於海津鎮」。《寰宇通志》：「元臧夢解《直沽謠》：今年吳兒求高遷，復禱天妃上海船。北風吹兒度黑水，始知滇渤皆墓田」。《玩齋集》：「萬艘如雲，畢集海濱劉家港，於是齋戒卜吉於靈慈天妃宮。錢塘汪沆西顯《津門雜事詩》曰：「天后宮前泊賈舫，相呼郎罷禱神筵。穹碑剝蘚從頭讀，署字都無泰定年」。又曰：

「元日晴光畫不如，靈慈宮外鬥香車。琉璃瓶脆高擎過，爭買朱砂一寸魚」。（注天后宮舊名靈慈宮，歲朝閨人咸走集焉。宮前有鬻小紅魚者，以琉璃瓶貯之。）仁和蔣詩秋吟《沽河雜詠》：「廟貌權輿泰定中，今年卜得順帆風。劉家港裏如雲艘，都禱靈慈天后宮」。考據以上各家記載，天后宮創建究始於何代？可以想見矣。

　　天后宮創建後，靈應時降，歷朝顯宦，多有褒揚。宮中聯匾，可資佐證。大殿上所懸：「護國庇民」之匾，乃明萬曆元年順天巡撫關中楊兆所提者也。「捷響應於聲息之微，誠通呼籲」；「昭靈感于波濤之險，苦撥沉淪」之聯，乃乾隆申辰太谷孟途所書者也。「擊揖泝黃流，但求利濟澄清，不惜艱危憑造化」。「翔舲來奉羽，幸賴神靈呵護，敢云忠信涉波濤」之聯，乃光緒辛卯武進盛宣懷所書者也。並題「光緒辛卯三月，宣懷時督□東海，開濬小清河，沿海至壽光至羊角溝，易小舟間渡，閱工事畢，出口，風濤大作，舟行不前，震蕩欲覆，衣履盡濕，從者相顧失色！宣懷默禱於神，忽有翠鳥飛至，翔集襟袂間，知卜神過使相護也。舟頓平如駛，既達海舶，鳥始飛去，共慶更生。及冬，邁疾幾殆，舉家欽禱，復蒙神祐。旋移任津海，時事方殷，未遑申敬，茲賴神力暫安，爰追述靈應，用答慈庥」。語多懇摯，諒非捏造。往事已矣，即如今春大沽口空前冰結，科學萬能亦窮於應付。人窮呼天，勢所必然。聞被難各輪，於最危急之頃，中外人士多默禱潛心，祈神庇祐，霎時間有聲□然而冰解矣。咸謂微神之力不及此，故於脫難後，群集大直沽東小孫莊之菩薩廟，焚香禮拜，以報神明，即夙不信神道設教之西人，亦從眾而行其跪拜禮，此鄉民之所以相傳爲奇也。於戲！是輩既非乞靈求媚者可比，神豈有靈歟？舉此一端，足可研究當年崇奉天后者之心理矣。然人道邇而神道遠，是以學者不可舍人事，而徒迷信怪誕不經之說也。（未完）

《大公報》1936 年 3 月 31 日、4 月 1 日、2 日、3 日、4 日、7 日、10 日

廣告：

仁昌百貨線店

—— 由夏曆三月初十日起 ——

歡迎皇會藉酬　顧主舉行各貨大賽賣

在我們各界熱烈籌備中的皇會已快到了！各地參加看會的人們，是何等

的踴躍！敝店爲歡迎皇會及繁榮市面的意義，特舉行大賽賣，深望看會的諸君及新老主顧，乘時光降，不勝企禱。

分店：法租界　電話：三局零七零四

總店：東馬路　電話：批發部　二局三四三零　門市部　二局三八二九

臨時賣貨處：英租界小白樓　電話：三局三四零一

注：本次皇會舉辦期間，市面上從地盤競爭到報紙廣告競爭，漸趨白熱化，皇會成爲廣告戰的主題。本次皇會期間，就有許多百貨線店經營者專門打著皇會的旗號，在各種平面媒體上大做廣告，這種行爲既能在一定程度上促進自己的經營活動，又能提高天后宮的知名度。

《大公報》1936 年 3 月 31 日第十三版

「皇會聲中靈慈感舊記（二）」　（如雋）

——于虹亭詩，清新俊逸；沈存圃歌，雅訓幽默；楊愚二論，詆謾詼諧——

相傳舊曆三月二十三日，爲天后聖母誕辰，津俗每屆天后誕辰，例出皇會。會期按十六日送駕，十八日接駕，二十，二十二兩日鑾駕出巡。乾隆年間辦理最盛，與會者名目繁多，如跨鼓，中旛，門旛，擡閣，掃殿，節節高，蓮花落，猴扒杆，槓箱官，拾不閒，秧歌，高蹺，花瓶會，法鼓，清音大樂，鶴齡，……不下數十百種。遐邇關傳，進香者多不遠百里而來，香船鱗集河下，由衛河至海河沿岸，帆檣林立，芥園，茶店口，院門口，三岔河口，所有可以泊船之處，皆無隙地。四關各店，亦罔不爲香客住滿。王韜徽淡音有詩曰：「三月村莊農事忙，忙中一事更難忘。攜兒偕伴舟車載，好向娘娘廟進香」，殆紀實也。駕輦出巡日，雜藝畢陳，塡街塞巷，連宵達旦，遊人如狂；雖滋事百端，而官衙並不禁制；以當時四海昇平，天下無事，藉此聊示與民同樂之意耳。不期相沿至光緒十七年，正值舉辦皇會之期，而西頭如意庵發生火警，觀者擁擠，不容逃避，善男信女之葬身火窟者，不下數百人，自經此次大煞風景後，承辦者莫不垂頭喪氣，而掃其興焉。厥後以國家多事，更無暇及此，以致逐年冷落，無人提倡。民國十年（應爲十三年。筆者注）雖曾一度舉辦，已非舊觀矣！

今年自市商會提倡舉辦皇會，經市府批准後，與會者靡不積極籌備，富麗堂皇之會，不久將復出現於津市矣。夫天后聖母固具誓願之宏深，憫大千之苦惱者也。屆期出巡街衢之中，目睹茫茫五濁，芸芸眾生，既無人施以存

恤之恩，更乏人盡以節宣之力，普觀哀愍，恐亦無心淡腸也！回溯皇會最盛之秋，亦無非與紆青拖紫履絲曳縞者，一競奢鬥麗之機會而已，究於生靈何補哉！？故當時騷人墨客，多發言而爲詩，舒文以載事，於應物斯感之中，頗饒微言託諷之意，瀏覽舊章，當年之情景，不難概見。今雖時事遷流，竊恐將來會場之狀，未必不如出一轍也！（未完）

《大公報》1936 年 4 月 1 日第六版

「『皇會』路線業經最後決定　金鋼橋畔連日觀眾如堵」

（本市消息）天津皇會自經發起籌備以來，各處參加者極爲踴躍。自舊曆三月初三日（國曆三月二十五日）起，各會分批拜街赴市政府內表演。故連日市政府門前，每日下午一時許，即被男女觀眾包圍。大胡同金剛橋一帶，途爲之塞，宛若置身太平盛世。天后宮內之「皇會」辦事處，對參加各會報名，業已截止。關於路線，亦經最後商議決定。茲將分日出會之秩序及路線，記之如後。（以下日期均用舊曆）

三月十六日送駕。由天后宮起，經宮南大街，磨盤街，進東門，出西門，過橫街子，經葦馱廟，至千福寺。各會次序：爲宮音法鼓，道眾行香，鑾駕，大樂，燈扇，獻燈，提燈提爐，日罩，天后聖母黃轎，護駕，燈扇，獻燈，提燈提爐，日罩，眼光娘娘，燈扇，獻燈，提燈提爐，日罩，子孫娘娘，燈扇，獻燈，提燈提爐，日罩，瘢疹娘娘，燈扇，獻燈，提燈提爐，送生娘娘。

三月十八日接駕。由千福寺起，經雙廟街，西頭灣子，進雙街口，太平街，針市街，估衣街，毛賈夥巷，宮北大街進天后宮。各會次序：捷獸，跨鼓，中旛，萃韻吹會，聖字燈亭，西池八仙，縣署接香，燈扇，獻燈，提燈提爐，日罩，送生娘娘，同心法鼓，縣署接香，燈扇，獻燈，提燈提爐，日罩，瘢疹娘娘，縣署接香，燈扇，獻燈，提燈提爐，日罩，子孫娘娘，慶壽八仙，南門內接香，燈扇，獻燈，提燈提爐，日罩，眼光娘娘，金音法鼓，南門內接香，道眾行香，大樂，鶴齡，鑾駕，提燈提爐，日罩，輦主，天后聖母，護駕會。

三月二十二日出巡。由天后宮起，經磨盤街，進東門，出西門，由西馬路至南閣，針市街，北馬路，東馬路，入襪子胡同，復進天后宮。會序：六局淨街，門旛，捷獸，跨鼓，中旛，太平花鼓，五虎槓箱，重閣，平音法鼓，

陣圖會，和音法鼓，雲照燈亭，鮮花法鼓，宮音法鼓，西池八仙，縣署接香，燈扇，獻燈，輦主，提燈提爐，日罩，送生娘娘，同心法鼓，縣署接香，燈扇，獻燈，輦主，提燈提爐，日罩，癍疹娘娘，永音法鼓，懸署接香，燈扇，獻燈，輦主，提燈提爐，日罩。子孫娘娘，井音法鼓，慶壽八仙，南門內接香，燈扇，獻燈，輦主，提燈提爐，日罩，眼光娘娘，金音法鼓，接香，道眾行香，同和大樂，鶴齡，公議音樂，鑾駕，提燈提爐，日罩，輦主，天后聖母護駕會。三月二十日與二十二日相同，惟路線由天后宮起，經宮北，毛賈夥巷，過金鋼橋大經路，進天緯路，三馬路，入市府西轅門，出東轅門，過金鋼橋大胡同，估衣街，進北門，出東門，進襪子胡同，宮南大街復進天后宮云。

注：皇會期間，與此相關的見聞成為本地媒體每日競相報導的主題。

「皇會聲中靈慈感舊記（三）」　（如雋）

—— 于虹亭詩，清新俊逸；沈存圃歌，雅訓幽默；楊愚二論，詆謾詼諧 ——

《天后會四十韻》（爲期在三月二十日及二十二日），于豹文。按：豹文，字虹亭，揚獻子，乾隆戊午舉人，壬申進士。未仕，著有《南岡詩草》。短身貌陋，口能自容其拳，天才警敏，目下十行，博通今古，無所不讀，借人書，一覽即歸之，終身成誦。壬申會闈中三藝已成，又易三藝為短篇，主試者獲公卷如得拱璧，登上選。後歸班鬱鬱，病膝而沒！里人痛惜公奇才未竟，有名士青山之恨！

神光縹渺隔滄瀛，士女歡娛解送迎。霧隱七閩潮上下，雲開三島畫分明。翔鷗低映蛟宮水，繡悅遙連赤嵌城。（三月二十三日為天后誕辰，赤嵌城在臺灣）萬古郊禖同享祀，（世廟時特諭春秋致祭）一時向若共飛聲。澄鮮惠逮鮫人伏，祝頌便聯珠戶傾。壽域枝交桃捧日，華筵香滿巷吹餳。東皇乍啟催鸞輅，少女微飄展翠旌。戲衍魚龍誰後至，曲傳鐃吹競先鳴。承蜩技妙胸頻按，走索身輕體半裎。盎遠竿頭形的的，蓮生足下態盈盈。（謂寸蹺）妝偷齱齒姿偏麗，鍔閃純鈎目盡瞠。（有擲刀之戲）前導莊嚴七寶聚，中權爛漫五花擎。雲梯月殿空濛合，鬼斧神工指顧成。豈是樓台重晚照，但憑般翟迸心精。大千眷屬參差見，小有因緣次第縈。高出層霄鄰窈窕，響如流水助鏗鍧。冶遊試就黃金勒，仙子謫來白玉京。選妓臨風多妮嬪，修羅揚盾太猙獰。廣眉壓額龍頭困，巨臂連尻豕腹亨。（未完）

《大公報》1936 年 4 月 3 日第六版

「『皇會』期屆　軍警憲即日出動」

—— 公安局擬定維持治安辦法　五位「娘娘」昨日開光

（本市消息）皇會會期治安消防兩事，關係至爲重要。公安局爲籌劃萬全起見，昨經詳擬辦法，致函皇會籌備會查照，茲覓得其辦法如下：

①防衛事項：會期所有保安隊，偵緝隊，消防隊，督察處，以及各該分局所，官長警士全體出動，分配服務。

②交通事項：會路經過須分上下道，皇會經過時，電車須停駛，汽車馬車人力車，一律不得通過。但各會不能停留過久。街口有堵牆柵門者，須酌予拆除。

③勤務事項：各警長警士服裝，均須整齊，並一律不得請假。教練所亦停課，協助照料。消防隊除在各會場附近駐守，並得隨時出動，通知各水會協助。

④注意事項：天后宮，千福寺，主持人需注意香火，各商販及看會人，不得支搭席棚。出會時間提前，過會時，不得間斷。並不得有截會之舉，高蹺秧歌不得進廟。

（又訊）天后宮昨日已將「娘娘」坐像，共計五位，移出「開光」。皇輦五架，四架爲寶輦，一架爲鳳輦。現在寶輦均以修茸完竣，鳳輦尚在晝夜趕做中，二三日可完成。天后宮門後左右各殿，均已油飾一新。連日各會均分別化裝出遊，所謂「踩街」是也。經費方面，預計總共需款一萬餘元。本市四馬路，皇會路線地方，昨日起兩旁馬路看棚多已搭好，準備屆時看會。聞軍警憲定明日（四日）起，全體出動。「皇會」定於「廢曆」十六日，即「國曆」七日，開始舉行雲。

《大公報》1936 年 4 月 3 日第十三版

「不准攝影」

—— 否則一經發覺　即將機件沒收

（又訊）本市此次擴大舉辦「皇會」，其盛況爲空前未有。據云：中外影片公司，頗欲攝影，以資紀念，而廣流傳，日來競向「皇會」籌委會，接洽承照，專利映演。聞凡攝影新聞影片者，一概不准，如有私自攝片情事，一

經發覺，即將攝影機沒收。

　　注：皇會期間，與此相關的見聞成爲本地媒體每日競相報導的主題。

「皇會聲中靈慈感舊記（四）」　（如雋）

——于虹亭詩，清新俊逸；沈存圃歌，雅訓幽默；楊愚二論，詆謾詼諧——

　　幻憶鵝籠聞魄格，變驚鬼國認花黥。錦欄（花名）鳳尾（蕉名）紛前後，芝蓋雲旗儼縱橫。鶴篆翩翩嫋玉筯，瓊漿馥馥瀉金莖。崆峒駐蹕鉤陳列，紫府回車彩仗輕。（天后乘輦，儀仗森嚴，制同王者）信有天吳森羽衛，無勞巴女薦湘蘅。佐觴細拊成君磬，尚食微調子晉笙。焰吐龍銜星照戶，翠騰麟脯露垂罌。元宵興劇由來諳，祓禊歡濃此日並。贈芍那愁波共遠，湔裙差喜雨初晴。蹣跚步自依豚柵，鬧掃妝宜對豆棚。（遊人疊肩蹋臂，雜以鄉中婦女）踏遍香塵應有迹，乞殘新火倍多情。採桑筐寘遺春蠶，叱犢鞭停罷曉耕。桃葉渡邊呼畫舫，（外至者旅舍不能容，則夜宿舟中）棗花簾外頓華纓。偕行翼趁雙飛燕，（有夫婦同遊者）辨色喉憐百囀鶯。（觀者半寢晨而起）幾處樓頭窺盼盼，何人陌上喚卿卿。趙家姊豔文鴛競，楊氏姨驕繡隊呈。（傾城出觀，雖大戶亦不能禁）柳桁一旗傾桂釀，藥欄三爵厭侯鯖。（遊人以醉飽爲樂）擁來車戲神恒眩，望去金支意轉誠。鳳矗光搖浮彩鷁，婆娑影動偃長鯨。春回慈御千塍潤，風避皇威萬國清。測海定當球共至，更將歌舞答昇平。

　　《津門迎神歌二十韻》，沈峻。按：峻，字存圃，東岩先生弟，乾隆甲午副榜，廣東吳川縣知縣。著有《粵遊小草》、《出關入關詩草》。後因事謫戍新疆，釋還家居，鬻書自給。顏所居曰：「隨緣」。自署曰：「陶令歸來惟乞米」，「鄭虔老去尙箋詩」。敦友愛，重氣誼，教子雲巢成進士，登詞壇，人謂循良之報。

《大公報》1936 年 4 月 5 日、6 日、7 日

赴津參觀「皇會」者請注意

　　天津「皇會」名聞全國，數十年來，始舉行一次，吾人亟宜前往參觀，切勿坐失良機，本路爲協助繁榮津市及優待赴津參觀「皇會」諸君起見，特於下列各站至天津間發售各等來回遊覽票，所有票價，頭二等按原價雙程七五折，三等按原價雙程八五折核收，茲將來回票價列表附後：

兗州以北各站至天津各等來回票價表

起　站	頭　　等	二　　等	三　　等	有效期間
兗州府	34.45	22.95	13.05	十天
泰安府	28.8	19.2	10.9	十天
濟南府	23.85	15.9	9.05	十天
禹城縣	20.5	13.65	7.75	十天
德　州	16	10.65	6.05	十天
桑　園	14.4	9.6	5.45	十天
泊頭鎮	10.8	7.2	4.1	十天
滄　州	8.35	5.55	3.15	十天

　　注：凡有滿二十人以上之團體赴津進香或遊覽者，本路另訂有特別減價辦法，請隨時與本路各站站長接洽，定保能使諸君滿意。

津浦鐵路管理局車務處啟
廿五・四・一

　　注：天津市政當局在當時的社會環境下，利用酬神的招幌，爲達到振興百業、繁榮市面的目的，批准已經停辦十二年的皇會重新舉行，並規定除來津貨物給與免稅外，外地參會者乘坐火車票價一律優惠。這些政策充分調動市民、鄉民積極參與的熱情，也使遠道香客能夠借機走親訪友、購物遊覽，從而爲皇會聚集足夠多的人氣和財氣。

《大公報》1936 年 4 月 5 日第六版

「關於『皇會』」

　　（本市消息）市長蕭振瀛以皇會內各會，時赴市府內拜會表演，與交通上及行政上，均不便利，已令自昨日起，禁止入機關表演云。

　　注：皇會期間，與此相關的見聞成爲本地媒體每日競相報導的主題。

《天津遊覽志》附「皇會考」

　　天津遊覽志一書，將津市之沿革、河流、交通、名勝，以及娛樂場所、工商各業，莫不詳載無遺，並附皇會考及天津詳圖。在此皇會期間蒞津遊覽者，固宜人手一編，即津門人士，亦當先睹爲快也。原價五角，現售特價二

角五分，北馬路直隸書局發售。

　　注：本次皇會期間，有不少出版商專門打著皇會的旗號，在各種平面媒體上大做廣告，這種行為既在一定程度上促進自己的經營活動，又利於提高天后宮的知名度。

《大公報》1936年4月6日第六版

津市「皇會」舉行辦法臨時變更

—— 停止出巡僅在宮內擺設　原因為防發生意外

　　（本市消息）本市「皇會」原定明日出會，惟近以時局多故，為防止意外起見，辦法略有變更。昨日下午經皇會籌備委員會，臨時召集緊急會議，決定新辦法。公安局定今晨發出布告，以便市民週知。至於治安之維持，公安局方面亦經擬定，定今日預為演習。

　　茲將昨日情形，分誌如下：

　　決定新辦法。皇會籌備會代表為免發生意外起見，特於昨晨九時，由王曉岩等代表，赴海河路蕭振瀛氏私邸，謁蕭請示辦法。蕭當囑召集籌備會，共同討論，經於下午三時，召集緊急會議，討論結果，計決議：（1）三月十六、十八兩日，各會在宮內設擺，不接「駕」，不送「駕」。（2）三月二十、二十二兩日，各項遊藝會出會。皇轎，寶輦，花輦，一律在宮內設擺。（3）三月二十三日，在宮內祝壽。（4）三月十七、十九兩日無會，准高蹺、秧歌、陣圖會遊行。自下午一時起，至下午五時止，逾時得由公安局嚴行取締。（5）三月二十日，各遊藝會出會次序（從略），二十二日之次序同。均限早八時起，至下午六時止，逾限由公安局嚴予取締。（6）各遊藝出會路線，決定二十日由天后宮出發，經宮北毛傢夥巷，單街子，鍋店街，進北門，出東門，經襪子胡同返宮。二十二日由天后宮出發，經磨盤街，進東門，出西門，經南閣，針市街，北門東，經宮北入廟。

　　劉玉書談話。記者昨晤津市公安局長劉玉書，據談：本市皇會將屆，街市異常擁擠。且據密報，已有四鄉白錢等匪，潛蹤來津。本局為切實維持治安計，已決定維持治安辦法多項，定明日（六日）預為演習，一方使長警不致臨時措手不及，一方可使宵小有所警惕。經此種嚴密之警衛布置後，屆期市內治安，當可不生其他問題云。

　　注：天津皇會的舉辦歷來與社會環境密切相關。20世紀30年代的華北一

帶，戰雲密佈，中日兩國關係緊張，衝突一觸即發。當時如果在天津舉辦皇會，必然導致大量的人口聚集，鼓樂喧天，舞姿婆娑，很容易滋生治安問題，故天津市政當局對於皇會舉辦的方案，也是頗費思量，故曾經兩度變動出會時間和內容。

《大公報》1936年4月6日第十三版

「皇會聲中靈慈感舊記（五）」 （如雋）

——于虹亭詩，清新俊逸；沈存圃歌，雅訓幽默；楊愚二論，詆諆詼諧——

鳴鉦考鼓建旗纛，尋橦擲盞或交撲。魚龍曼衍百戲陳，更奏開元大酺曲。笙簫箏笛絃琵琶，靡音雜沓聽者嘩。老幼負販競馳逐，忙煞津門十萬家。向夕燈會如匹練，燭天照地目為炫。香煙結處擁福神，儀從繽紛圍雉扇。白晝出巡夜進宮，獻花齊跪歡兒童。慈容愉悅默不語，譬彼造化忘神功。別有香船泊河滸，攜男挈女求聖母。焚楮那惜典釵環，願賜平安保童豎。我聞聖母奠海疆，載在祀典銘旗常。初封天妃嗣稱後，自明迄今恒降康。津門近海魚鹽利，商舶糧艘應時至。維神拯濟免淪胥，策勳不朽宜正位。在昔緹縈與曹娥，皆因救父死靡他。雖云純孝澤未遠，孰若仁愛昭山河。復有恬波稱小聖，立廟瀛壖禮祀敬。未聞報賽舉國狂，始信歡虞關性命。伊余扶杖隨奔波，歡喜爰作迎神歌。康衢擊壤知帝力，闔里猶記鄉人儺。

《皇會論》，楊一昆。按：一昆字二愚，乾隆戊申科舉人。著有《二愚文稿》，《尚書眉》，詩集若干卷。天才警敏，學自成家，時文法尤西堂；詩法徐天池，書法王孟；津人多怪之，因自號無怪。所起鳳樓書社，造就多人，教子恒占成進士。

國泰民安，時移歲轉，春光明媚豔陽天。只聽得鑼鼓聲喧，又見那兒童歡喜、婦女爭妍，卻原來是皇會重興第二年。月未逢三，早將會演。有一等遊手好閒，家家去斂，口稱善事，手拿知單。有錢無錢，強派上臉，圖了熱鬧，賺了吃穿。這盛事直辦到三月間。

跨鼓聲喧，中幡耀眼，看會的來到街前。吃了早飯，換了衣衫，行走間先問門幡。買賣齊聲喊，喧嘩有萬千，亂嚷嚷早聽見「冰糖梅蘇丸」。

一群村嫗站街前。河沿上早來了香火船，手持竹竿，身穿布衫，靠定欄杆，人人等把撢閣看。急忙忙，莫容緩。來復往，不憚煩。數杆黃旗在會前，上寫著「掃殿」。逞精明，露強幹，薄底靴亦穿武備院，夾套褲簇新月白線。

腰巾兒長，帽梁兒短，青洋褶緞袍把齊袖挽。無事呢，揚揚得意，有事呵，磕了個頭山，好和歹出了些汗。

通網攛閣是新演，今年會勝似去年。節節高，乏人辦；蓮花落，不耐看；猴扒杆，亦有限；槓箱官，委實可厭。稍可的是侯家後什不閒兒。秧歌高蹺數見不鮮，惟有那溜米場高蹺，人人稱讚。

不論女，不論男，顛倒爭把青蛇看。貌似嬋娟，名勝梨園，是何時結了喜歡緣。他面龐兒俏，意思兒甜，一架嬌痴墨牡丹，掩映在紅綠間。舞花本自戲中傳，四海昇平見一斑。說什麼長亭裊娜，（未完）

《大公報》1936年4月7日第六版

「擺駕天后宮　昨日起開始熱鬧」

（本市消息）「皇會」原定今日舉行，嗣以辦法變更，不再接送駕與出巡。今日僅在天后宮設擺，自昨起遊人即擁擠不堪，警探全體出勤云。

《大公報》1936年4月7日、8日、9日、10日、11日、12日、13日、14日

皇會須知
—— 出會之路線

（舊曆三月十六日）由天后宮出發，經宮南大街，磨盤街，進東門，出西門，過橫街子，進千福寺。（十八日）由千福寺出發，經雙廟街，驢市口，西頭灣子，雙街口，太平街，針市街，估衣街，毛傢夥巷，宮北大街進天后宮。（二十日）由天后宮出發，經宮北大街，毛傢夥巷，大胡同，過金鋼橋，入天緯路，至三馬路，仍南行，進市西轅門，出東轅門，過金鋼橋，大胡同，估衣街，進北門，出東門，進襪子胡同，至宮南大街，迴天后宮。（二十二日）由天后宮出發，經磨盤街，進東門，出西門，由西馬路至南閣，針市街，北馬路，東馬路，仍入襪子胡同，進天后宮。（二十三日）回宮祝壽。

注：皇會期間，與此相關的見聞和動態成為本地媒體每日競相報導的主題。

廣告：

皇會進香，原為祈求順利，一索得男，豈非人生樂事！敝堂自制之調經養血（一元錢）成藥，不啻種子仙丹，茲為便利皇會香客起見，在皇會期內

援舊曆每月初一，十五兩日（買一送一）成例，本市外埠一律照送。價目：每盒二元，每匣九元。函購加郵費兩角，購者諸君幸注意焉。　　本堂主人敬啓

（皇會日期：自舊曆三月十六日至二十三日止）（在此八天之內一律照送）

天津延壽堂藥鋪　法界綠牌電車道廿九號路轉角　電話三局四十號

注：本次皇會期間，不少藥鋪經營者專門打著皇會的旗號，在各種平面媒體上大做廣告，這種行為既在一定程度上促進自己的經營活動，又利於提高天后宮的知名度。

「皇會聲中靈慈感舊記（六）」　（如雋）

──于虹亭詩，清新俊逸；沈存圃歌，雅訓幽默；楊愚二論，詆謾詼諧──

繡毯燈爛，有一等結綵鋪氈，假充官宦，廊簷外派下跟班，會一到將閒人趕散，點心包拿在眼前，有幾個老斗圍著小旦，詢饑渴，問寒暄，殷勤體貼，不怕心煩，叫管家時把茶兒換，到晚來下了個名慶館。

意翩翩，美少年，有那些良家子弟雜其間，好叫我難分辨！風動簾角，時來偷眼。靜悄悄，不敢言；細留神，遮遮掩掩；側耳聽，嚦嚦鶯聲花外囀。你亦看，我亦看，簾外簾中隔不遠。碧玲瓏不是萬重山，野花時卉偏正妍，兩廊下穿紅掛綠，抱女擁男，脂粉膩，笑語喧，花兒朵兒插鬢邊，自覺得好看，不知是憎厭。未語人前先腆臉，一見人，把頭還，羞容滿面。都是些濃眉大眼，高擁髻鬟。

晚妝樓上杏花殘，風過處應怯衣單。夜兒黑，影兒暗，氤氳馥鬱不辨釵鈿，又不是輕雲薄霧，惟有些人氣香煙。半掩香扉半捲簾，出頭露面，不怕春寒。又見燈火高懸，青煙四散，寶塔仍是章家辦。花瓶會到底讓口岸店，打頂馬的數周家露臉──衣帽新鮮，頂帶齊全，人物體面勝似當年王壽田。還有管事的，雙雙對對穿的是大鑲大沿。小馬夫，溫唇善面。跟班的，光滑臉蛋似粉團。茶挑子，亮光光淨素玻璃片。耳旁邊金鼓震連天，會兒多，記不全，法鼓還算大園小園，一到茶棚敲的更熟練。翻來覆去離不了七二麼三。

夜色漫漫，行人緩緩，一更之後，眾會蟬聯。一夥子清音大樂聲悠遠，兩當子河南雅樂喧。後跟一行道士調笙管，西洋德照，前後光懸，少不了老鶴齡在和平音樂前，不知不覺已過了四駕輦。法鼓聲猶近，鶴齡音不遠。提燈傘扇來到跟前，手執請駕羊角燈，說：「駕到了，靠後罷！」一個個俱都氣靜神安！有那女眷拈香拜街前，一種情思無兩般，無非是求子育男。

霎時間，夜闌人散，攔輿拜罷各回還。香銷粉減，漏盡更殘，好似神仙歸洞天。難消遣，怎留戀？夜深門掩梨花院，繁華都在眼中收，記不清，珠簾掩映芙蓉面。〔完〕

　　注：本文連載此類有關皇會的內容，在其它文獻中也曾經出現，內容大體相同，可相互比對。

《大公報》1936年4月7日、8日、9日、11日、13日

廣告

天津韓奇逢藥房有限公司

慶祝皇會大贈送「黑雞白鳳丸」

天津衛三十年來未有的盛會！本公司十餘年來罕見的贈送！

詳細廉價贈送辦法如下：

三十年來津市未有的皇會出現了，這是津市幾十萬民眾人人歡盼的。本公司同人為表示慶祝，及順應各界來函之請求，於此皇會期內，特別犧牲，大贈送韓奇逢黑雞白鳳丸等四種奇藥，並為便利華界顧主，在東南角東馬路五五號設立臨時售貨處，與英租界本公司，同時廉價，買一送一，惟本市代理家不贈送。

四種奇藥買一送一：

黑雞白鳳丸主治婦女百病，價目：每盒五元，每打十二盒五十元。皇會期內買一盒送一盒，買一打送一打。

金剛藥片德國強壯新藥，價目：每盒一元五角，每打十五元。皇會期內買一盒送一盒，買一打送一打。

熊虎鹿強腎丸男女腎虧腦衰，價目：每盒一元，每打十二盒十元。皇會期內買一盒送一盒，買一打送一打。

大青龍主治四時感冒，價目：每袋內裝三包，售洋兩角。皇會期內買一袋送一袋，多買多贈。

贈送日期：夏曆三月十六日起，至三月二十二日止。

外埠函購：以河北省界內為限，日期以郵戳為憑，另外每藥加郵寄費洋兩角。

華北總公司：天津英租界十七號路九四號：韓奇逢藥房有限公司　電話：三零九九三號

華界臨時售貨處：天津東馬路東南角五十五號義利印刷所內電話：二二三六九

注：本次皇會期間，有不少藥鋪經營者專門打著皇會的旗號，在各種平面媒體上大做廣告，這種行為既在一定程度上促進自己的經營活動，又利於提高天后宮的知名度。

《大公報》1936 年 4 月 8 日第六版
「『皇會』第一日」
—— 天后宮一代人山人海　高蹺秧歌定今日遊行表演

（本市消息）轟動津市的皇會，為防宵小滋擾，只得變更了舉行的辦法。昨天起，天后宮開始設擺，什麼「接駕」、「送駕」，都成空話。東門外襪子胡同，宮南北一帶，人群擁擠，連電車汽車，都難通過。天后宮裏，更圍得水泄不通！

其實並沒有好看的玩藝，只有一股臭汗惡味，在人群裏發出。燒香的男女，虔誠祈禱著，但他們和她們，手裏的香火，掉在大殿拜席上，隨時有將他們衣服燒著的危險。消防隊便只得貫注了精神，在殿外監視。秩序實在沒法維持了，雖然宮外分成「單行路」，但一入宮門，便又雜在一起亂擠。

剪絡扒手趁此活動起來，忙煞了公安局的警察和偵緝隊。一分局各所局員所長以及巡官，都一體出動，警察們越發兢兢業業。外國人沒看見過這種熱鬧，坐汽車來回在東馬路奔馳，但他們也只見著一群流著汗的群眾。

天后宮後殿裏，設擺著五駕寶輦，天后聖母率領著「眼光」、「瘢疹」、「子孫」、「送生」四位娘娘，端坐在裏面。這裏是不許「泥做的男子」佇足的，只許「信女」燒香膜拜。寶輦前面，供奉乾鮮香果，鑾駕儀仗。兩座太獅亭，高聳宇頂。另外一駕「鳳輦」擺設在「皇會辦事處」的院子裏。原來預備運到千福寺為天后設座，但接駕不成，便只好擺在這裏。

至於千福寺裏，雖然天后聖駕不去臨幸，幸而有一幫法鼓，隨了靈官亭前去湊趣，卻還不甚冷落。其餘各會，都蓄精養銳，躲在下處裏，準備後兩天會期，出來比賽一下。「通鋼鑾駕」和「黃轎」，費了多少日子的功夫，與較多的金錢去修理，結果恐怕沒有扈駕出來風光一下的機會，紅纓黃頂的帽子不能照耀到街前。這些古董，昨天在南門裏牛痘局陳設，今天早晨便要擡到天后宮，或者好看了一些。

角門「獻茶會」外邊，擺列著小型的亭座，裏面有怪好玩的玲瓏寶塔。廟外邊戲樓上修飾一新，兩杆門旛，招展空中。小組會自從前些天起，便有的在街上拜街跳躍。街上男女，有的是從遠道坐減價火車趕來。有的穿了紅紅綠綠的衣服，招搖過市，嬈妍異態。

不過從前知道今天出會，結果只看了人山人海，都未免乘興而來，敗興而返。更有沿著會道的鋪面房屋，原為四天會期，租賃一空，到如今變更了辦法，退房租的，少不得還有一番麻煩。

（又訊）高蹺秧歌定舊曆十七，十九，二十一日，遊行表演。今日十七日為表演之第一日，預料必有一番「盛況」云。

注：皇會期間，與此相關的見聞成為本地媒體每日競相報導的主題。

《大公報》1936 年 4 月 8 日第十三版

「天津文獻」

「楊五怪之皇會論」　愚庵
——昔日之地方文學　今日之本市風光

天津才子楊無怪，乾隆時名孝廉也。曾作《皇會論》，膾炙人口，士林歎為奇才，因彼時士子均下功夫於八比之學，對於白話韻文，視為奇特之作。客歲餘著之《沽水舊聞》出書，因記皇會論原文僅數十語，經讀者陳君抄寄全文，函稱為家藏楊著皇會論原著。茲值皇會，特將該論公之同好。不僅為掌故寫真，實亦天津之文獻也。

國泰民安，時移歲轉，春光明媚豔陽天。只聽得鑼鼓聲喧，又見那兒童歡喜、婦女爭妍，卻原來是皇會重興第二年。月末逢三，早將會演。有一等遊手好閒，家家去斂，口稱善事，手拿知單。有錢無錢，強派上臉，圖了熱鬧，賺了吃穿。這盛事直辦到三月間。

跨鼓聲喧，中幡耀眼，看會的來到街前。吃了早飯，換了衣衫，行走間先問門幡。買賣齊聲喊，喧嘩有萬千，亂嚷嚷早聽見「冰糖梅蘇丸」。

一群村嫗站街前。河沿上早來了香火船，手持竹竿，身穿布衫，靠定欄杆，人人等把擡閣看。急忙忙，莫容緩。來復往，不憚煩。數杆黃旗在會前，上寫著「掃殿」。逞精明，露強幹，薄底靴亦穿武備院，夾套褲簇新月白線。腰巾兒長，帽梁兒短，青洋褶緞袍把齊袖挽。無事呢，揚揚得意，有事呵，磕了個頭山，好和歹出了些汗。

通網擡閣是新演，今年會勝似去年。節節高，乏人辦；蓮花落，不耐看；猴扒杆，亦有限；槓箱官，委實可厭。稍可的、是侯家後什不閒。秧歌高蹺數見不鮮，惟有那溜米場高蹺，人人稱讚。

不論女，不論男，顛倒爭把青蛇看。貌似嬋娟，名勝梨園，是何時結了喜歡緣。他面龐兒俏，意思兒甜，一架嬌痴墨牡丹，掩映在紅綠間。舞花本自戲中傳，四海昇平見一斑。（未完）

《大公報》1936 年 4 月 9 日第六版
「『皇會』冷落」
—— 遊藝因雨停止　鄉民敗興陸續返籍

（本市消息）昨爲「皇會」之第二日，原定高蹺秧歌遊藝會出發表演，惟因春雨自晨迄晚未停，故均中止出發。天后宮遊人亦甚寥寥，各鄉來津男女，有已敗興陸續返籍者。明日爲舊曆十九日，各項遊藝，定屆時再行出街云。

《大公報》1936 年 4 月 9 日第十二版
「『皇會』期間看會的人們應該注意的幾件事」

三十年未曾舉行的皇會——即天后宮廟會，現在已經開幕了。據老年人講，在從前好年景，太平年頭兒，才有這皇會舉行；因爲舉行一次是要耗費許多金錢和時間的。那麼，現在忽然又舉行皇會，莫非是「好年景，好年頭兒」的印證？

皇會舉行了。全市的士女們，都要去一瞻盛況，就是天津附近一帶村莊上的婦女小孩們，也全要來看熱鬧的，一番紊亂熱鬧的情形，不用說要達到沸點。據身臨其境的老前輩們說，那時洋車常有被擠得懸了起來的，老太太小媳婦們因撞壓而死的，時有所聞；而最有普遍性的便是行竊。莊子上的人們趕皇會是不顧一切的。對於家中的事務有的只委託給一個小姑娘看家，有的煩隔壁的二大媽（假若她不去看的話）給關照著一點，有的也許只留下一個阿花蹲在門前。這樣，一般有眼力的小偷兒們，莫不乘此機會，大飽私囊，甚至拐小孩兒的事也有，這是以前的事實。看皇會的人們，你們有的聽過那因小失大的故事，這回你們要特別小心，別當了其中的主人公嗍！

最要緊的事，是看會的時候小孩兒們最要留心。能夠不攜帶小孩子去，

那是最好的事，不過小孩們豈肯放過這種不可多得的遊樂機會呢？你們到天后宮去燒香，或到街上去看各種迎賽的會，千萬緊緊拉住你們的小寶貝，不要讓拐匪乘機把他們拐走，釀成最大的悲劇。

其次就是「小心扒手」，「留神錢包」。昨天是皇會的第一天，東門外，宮南北一帶，人群擁擠，水泄不通，在大家亂擠的時候，正是小絡扒手的絕好機會，你們看得高興，目眩心醉的時候，他們會用極輕妙的手腕，從你的衣袋裏把錢包拿走，等到你們用錢的時候，才知道錢包不翼而飛了。所以你們看會以前，應該有種準備，把錢裝在內衣的口袋，或緊握在手中，並且錢總要少帶才好。

還有一件事，你們要看會，最好是分成幾批，輪流的前去，不要全家一窩蜂似的，都去趕熱鬧。家裏不留妥當人看家，又何異於揖盜入室？難道你們就只顧看會，連人財都不顧了麼？（敬）

注：皇會期間，與此相關的內容和見聞成為本地媒體每日競相報導的主題。

「天津文獻」

楊五怪之皇會論
—— 昔日之地方文學　今日之本市風光

說什麼長亭裊娜，繡毯燈爛。有一等結綵鋪氈，假充官宦，廊簷外派下跟班，會一到將閒人趕散，點心包拿在眼前。有幾個老斗圍著小旦，詢饑渴，問寒暄，殷勤體貼，不怕心煩。叫管家時把茶兒換，到晚來下了個名慶館。

意翩翩，美少年，有那些良家子弟雜其間，好叫我難分辨！風動簾角，時來偷眼。靜悄悄，不敢言；細留神，遮遮掩掩；側耳聽，嚦嚦鶯聲花外囀。你亦看，我亦看，簾外簾中隔不遠，碧玲瓏不是萬重山。野花時卉偏正妍，兩廊下穿紅掛綠，抱女擁男，脂粉膩，笑語喧，花兒朵兒插鬢邊，自覺得好看，不知是憎厭。未語人前先腆臉，一見人，把頭還，羞容滿面，都是些濃眉大眼，高擁髻鬟。

晚妝樓上杏花殘，風過處應怯衣單，夜兒黑，影兒暗，氤氳馥鬱不辨釵鈿，又不是輕雲薄霧，惟有些人氣香煙。半掩香扉捲簾，出頭露面，不怕春寒。又見燈火高懸，青煙四散，寶塔仍是章家辦。花瓶會到底讓口岸店，打頂馬的數周家露臉——衣帽新鮮，頂帶齊全，人物體面，勝似當年王壽田。

還有管事的，雙雙對對穿的是大鑲大沿。小馬夫，溫唇善面。跟班的，光滑臉蛋似粉團。茶挑子，亮光光淨素玻璃片。耳旁邊金鼓震連天，會兒多，記不全，法鼓還算大園小園，一到茶棚敲的更熟練，翻來覆去，離不了七二麼三。

　　夜色漫漫，行人緩緩，一更之後，眾會蟬聯。一夥子清音大樂聲悠遠，兩當子河南雅樂喧，後跟一行道士調笙管，西洋德照前後光懸，少不了老鶴齡在和平音樂前；不知不覺已過了四駕輦，法鼓聲猶近，鶴齡音不遠，提燈傘扇來到跟前，手執請駕羊角燈，說：「駕到了，靠後罷」。一個個俱都氣靜神安！有那女眷拈香拜街前，一種情思無兩般，無非是求子育男。

　　霎時間，夜闌人散，攔輿拜罷各回還。香銷粉減，漏盡更殘，好似神仙歸洞天。難消遣，怎留戀？夜深門掩梨花院，繁華都在眼中收，記不清，珠簾掩映芙蓉面。（完）

　　注：本文所連載此類有關皇會的文獻，與前文中的內容大體相同，可相互比對。

《大公報》1936 年 4 月 10 日第六版

「昨天的『皇會』」

—— 善男信女爭燒頭一股香　四鶴九獅相繼踩街表演　金湯橋下續到一批香船

　　（本市消息）昨日為皇會第三日，因天氣不壞，看會的人，又是人山人海。各項遊藝，名義上雖然不出來表演，但是「踩街」的仍然不少。

　　天后宮前兩張布告。昨天早晨六時，廟門未開，便有好多善男信女，站立門前，準備燒「四季平安」的頭股香。廟內香火最盛的地方，便是五位娘娘的大殿。電燈雖然不少，燈光還是被香火的濃煙所遮掩。在天后宮門前，最近添了兩張布告：（1）「諸位看會，留神小絡」。（2）「英軍在東局子打靶，仰各位商民勿驚」，措詞頗為幽默。參觀皇會的人，不只限於天津一地，來自田間者甚多。金湯橋下，續到民船多隻，均插有紅旗，上有白字「朝供進香」。

　　老鶴齡會朝供進香。鶴齡會昨天下午曾經出來踩街，並赴天后宮朝供。四隻鶴表演飛，鳴，宿，食，四種不同的姿態；另外還有二鳳，後面帶著孔雀翅膀。多由十三四歲的童子踩著高蹺遊行。據說這「會」，還接過乾隆皇帝

的御駕，提起這話時，他們都覺得非常光榮。捷獸會，就是獅子會，獅子共有五大四小。在天后宮前所表演者，以「一柱香」和「大小癢癢」，最受觀眾叫好。今日爲舊曆十九日，有高蹺秧歌。明日爲二十日，各項遊藝會將全體出動云。

《大公報》1936 年 4 月 11 日第六版

「『皇會』舉行辦法又變　黃轎今日出巡」

—— 劉玉書談治安無虞　東馬路上昨日熱鬧空前

（本市消息）皇會舉行辦法，前因愼重起見，曾議定中止出巡。但連日遠道各縣鎮民眾來津觀光者甚多，咸欲一睹黃轎及寶輦等封建遺物。該會爲俯順輿情，以慰眾望計，昨特開臨時會議，決定變更程序，定今日黃轎出巡，二十二日（後日）寶輦出巡，惟無「娘娘」乘坐，路線仍舊。時間爲上午八時至下午六時，預料此二日街市，當更爲熱鬧。據公安局長劉玉書談稱：本市治安，可保無虞云。

（又訊）昨日天氣陰晦，料峭輕寒。各會自上午十時起，仍次第踩街晾會，至下午六時，循環不已。高蹺一項，達十餘起之多，除普通之「漁樵耕讀」者外，尚有兩起爲「蠟蠟廟」高蹺，所扮角色爲費德功，黃天霸，褚彪，朱光祖，張桂蘭等。看會之人，異常擁擠。東馬路過會時，各牌電車，均被阻於北大關至北馬路一帶，下午五時，各牌車因爲東馬路不能通過，均駛河東紅牌路線上，爲津市空前現象云。

《大公報》1936 年 4 月 12 日第六版

「『皇會』做出巡」

—— 各項遊藝沿途表演　觀眾達十萬人

（本市消息）津市舉行皇會，昨爲第五日，但「娘娘」出廟遊行，卻爲初次。昨晨七時，宮南北及天后宮內，即擁擠不堪。至十時，淨街會出發，隨後太獅，跨鼓，中旛，……三十餘種遊藝，相繼出發，由宮北進單街子。市民銀行門前，逗留較久。各牌電車，均臨時停駛。「會道」各處，商號樓上樓下，屋頂，皆告人滿。至下午四時許，黃轎始行出宮，因觀眾均欲一睹「娘娘」之「聖容」，故進行極感困難。晚八時始被擡回宮去。昨日觀眾，約達十萬人以上。明日爲舊曆二十二日，「娘娘」將二次出巡云。

「花絮」

警察的棒子，不斷在觀眾頭上揮來揮去。然而一顆一顆的頭顱，總在蠕動著，向前掙扎。有時一陣擁擠，形成了水的波浪，眞是所謂「萬頭攢動」了。當那一根棒子敲到某一個人頭上的時候，那人也許會感到看會時似乎還需要一頂消防隊員的帽子吧。昨天的天氣依然是和看會的人們開玩笑，太陽被雲遮著，不大不小的風吹著，人們都有些不耐寒。可是在人群裏擠著的時候，倒覺得很暖和，這是取暖方法的一個新發現。

在宮南北、估衣街等地，兩旁鋪面的樓房上，觀客是滿滿的，其中大半是女眷，那就如同包廂一樣，看的非常舒服，比起「池子」裏的人，可就有如「天」，「淵」了。所有各種遊藝，三十餘種，行至單街子市民銀行門前，均被截會（叫他們表演）。每會先領受國幣二元。故各會表演，頗賣力氣。該行門前，有公安一分局長閻家琪，親自督飭警士指揮，並有憲兵隊，偵緝隊多名，維持秩序。

該行東面之米莊門前，有臨時綁搭之木架，因人多量重，「慶壽八仙」正表演時忽然木棍中斷，咯吧一聲，觀眾驚奔，秩序大亂。結果摔傷一人，頭破血出，當時由紅十字會救護隊趕到救治，並送其返家休養云。

《大公報》1936年4月13日第六版

「皇會最後一日」

—— 華輦今晨出巡　「會首」明日為娘娘慶壽

（本市消息）津市舉行「皇會」，昨為第六日。雖預定各會休息，但高蹺、法鼓、鶴齡等遊藝，仍多出動「踩街」。天后宮進香男女，亦擁擠不堪。宮南北，東馬路及河北大胡同，遊人未減。今日為華輦出巡之期，並為會期之最末一日。規定上午十時「娘娘」乘坐華輦起駕。路線仍舊，由襪子胡同，進東門，出西門，西門北馬路，南閣，針市街，北門東馬路，入毛賈夥巷返宮。由掃殿會全體會員送駕，各種遊藝會，先後配駕。明日舊曆二十三日，為「天后娘娘」壽誕，特假天后宮內擴大祝壽。由參加各會首，進香朝供賀壽。後日閉會，掃殿會設宴酬客云。

注：每逢皇會期間，與此相關的見聞和動態成為本地媒體每日競相報導的主題。

《大公報》1936 年 4 月 14 日第六版

「皇會點綴」

「警官暈逝」

—— 宋文斌身後蕭條

（本市消息）公安局督察處督察員宋文斌，昨晨八時，奉派在宮北大街人山人海中維持秩序，至十時許，因疲勞不堪，一時頭暈，立即倒地。經舁回家，已不能言語，旋即氣絕身死。宋年四十三歲，瀋陽人，前在特三公安分局充消防隊長，去冬十月，調任督察員，遺有孀孤，幼子年僅五齡，身後極爲蕭條云。

「『天后聖母』二次出巡云」

（本報特寫）「皇會」舉行到昨天，已是最末一日。連日萬人空巷，神道設教，號召得一般善男信女遠道前來朝拜，也是一種說不出的魔力。事前各方面雖有不少人反對「皇會」這腐化名詞，但臨時也不免前來湊趣看會。此事實上確乎是這樣，空口喊著反對迷信，是不中用了。不過「皇會」以昨天爲最末日，更希望永遠的以昨天爲最末日，那麼，紅纓，黃翎，黃馬，這些古董，可以少在眼前擺動。昨天的會，從早十點鐘，由天后宮一班一班的出發，「會道」的男女，像螻蟻一般密密的，排滿在街頭。用全市人口來統計一下，每十個人中有四個人來看會，那麼昨天的觀眾，恐怕有十五萬人之譜，有些婦女擁在街心，進退維谷，無法看會，更哭笑不得。偏偏天不作美，下午兩點多鐘，「會」才出來一半，便點點滴滴，下起雨來。當然有一部分人，不僅雨淋，悄悄回家。但遊人只一霎那間，便又重新集合。東門臉地方，因有許多外國人的眷屬，在一家鮮果莊樓上看會，各種遊藝，到此都表演了一回。過了電車道，又是北平一個什麼攝影公司在攝電影，也要跳躍一番。以後沿「會道」到處玩耍，看會的人，自然看得痛快淋漓，玩會的人也玩了個筋疲力盡，一路之上，浩浩蕩蕩，直到晚九點，才掌起燈來，回到天后宮。看會的從清晨枵腹呆坐，隨會擁擠了一天，才分別歸去。各組遊藝，有的早早溜脫，據說到毛賈夥巷時，已有些零落了。姜家井的獅子，錦衣衛橋的重閣，五虎扛箱，都邀得好評；一伙一伙的法鼓，飛鈸耍鐃，看來也甚花梢；「陣圖」便是「地秧歌」；跨鼓對鈸，屬於鄉祠；杏黃旗，一對對在空中招展；籐子棍，一會會向人叢抽打。少時華輦到了。通綱鑾駕，金碧輝煌，充滿了封建氣味，走過去。看完了會，有的覺得好玩，有的覺得討厭。鄉村趕

來看會的人，有些被剪綹扒手照顧，有些竟淚汪汪，呼妻喚子。坐在區所裏，等候領認小孩的，不知有多少起。許多中時疫的男女，都由紅十字會的救護隊灌救過來。在重重包圍之中，電車汽車，當然無法通行。東門臉官銀號的觀眾，最前排只得席地而坐。芥園「鮮花亭」，香噴噴跑得有勁；鼓樓「老接香」，熱騰騰到處結緣。說不盡一天繁華，空擲了十萬法幣。據說今天是「天后」聖誕之期，掃殿會還要在宮稱觴祝壽云云。

　　注：天津的「皇會」久負盛名，最早叫「娘娘會」，是舊時天津民間極為隆重祭祀媽祖的民俗活動，起源於清代。最初僅為祭祀天后娘娘而在其誕辰吉日所進行的慶典儀式，伴隨著天津經濟文化的發展，逐漸演化成一種獨特的將「宗教信仰、問醫求子、祈福還願、賽會演劇、男女遊觀、會親訪友、社會交往」融為一體的廟會形式。天津皇會的變遷經歷了一個由以頌揚民間信仰為主題，到充分展示天津民俗風情全民性活動的發展過程。這個過程真實記錄了天津城市成長的歷史和獨具特色的民風民情，蘊藏著廣博深刻、豐富燦爛的文化內涵。

《大公報》1936 年 4 月 13 日第六版

「皇會閉幕　掃殿會酬客」

　　（本市消息）「皇會」籌備會，以昨日為天后誕辰，特在宮內舉行祝壽，男女前往晉香者，達數千人。各會會員及掃殿會職員，均行到場，掃殿會亦於昨日在永安飯店酬謝來賓。昨日該會正式閉幕，公安局定今日起，撤銷加緊戒備云。

　　注：皇會期間短暫的喧囂，給津門百姓留下永久的回味與思索。《大公報》直到 4 月底仍在發表有關皇會的漫畫，以及與天后娘娘相關的神話傳說。皇會在天津社會生活的舞臺上掀起的漣漪，由此可見一斑。

《大公報》1936 年 4 月 18 日

「中國『神燈』」　愚庵

——神話化的天津掌故　程長庚與天后
——現紅燈化險為夷　演外臺以答神庥

　　甚囂塵上之皇會，業成過去，看會者雖多至數十萬眾，喪命者據報載則僅二人。會之末日次一日，紅男綠女之往天后宮祝□者，亦數千人。可謂盛

矣！按天后考：天后得道於三月二十三日，是日非后之初度期，祝之者，殆以訛傳訛耳。

每屆此得道之期，宮前旗杆上則懸七十二盞紅燈，父老相沿稱之曰「神燈」。蓋汽船未來中國以前，航海者駕木舟行萬頃波濤間，每值風災，無燈塔為海上眼目，則於驚濤駭浪之中，見紅燈焉。循燈而行，必能化險為夷。據神話家言：紅燈者，神燈也。神燈者，天后所掌也。是故海上轉危為安之徒，必來津至天后宮酹神，於是宮之香火甲於津門各寺院。庚子後嚴範孫諸先生改廟宇為學宮。獨此一處能如碩果之僅存，良有以也。

咸豐三年，某顯宦航行海上，值巨風狂作，海水澎湃，殆無生理，時值午夜，則惟束手待斃耳。繼而空中忽見紅燈，船為燈引，居然得岸。宦認為天后之靈，來津為后豎朱竿於宮門之外，懸燈如地煞之數，酬神也，此為宮門神燈之來歷。

同治九年春，劇聖程長庚，在滬上應津門慶芳園（四大名園之一）之聘，航行海上，夜遇巨風，同舟者皆涕泣待死，獨程止眾哭，俾眾叩求神燈示路。繼而果見天際現燈，程指揮船循燈光以行，卒脫險。

程既至津，正值天后宮開廟門之期，自動於后誕（即舊曆三月二十二日）日在宮前唱外臺戲一日。乃與名伶張二奎合演《盜宗卷》之拿手好戲。該臺甚小，今猶存焉。

注：天后宮戲樓，是目前所見天津市最早的戲劇演出場所。戲樓初建主要目的在於酬神，方式就是戲曲演出。慶芳園位於天后宮近旁的襪子胡同，時為天津四大著名「茶園」之一。茶園即是具有營業性質的戲曲演出場所。從程長庚推遲在戲園演出，著意先在天后宮戲樓演出的事情看，戲樓演出的重要性不言而喻。

《大公報》1936 年 4 月 19 日、20 日、28 日、29 日

廣告

（剪此廣告）贈皇會寫真專刊

四十年以前的過程中，一般民眾，安居樂業，慶享昇平，為皇會鼎盛時期，一切設備，莊嚴華貴，各種絕技，淋漓盡致。現今皇會復出，宗旨為繁榮市面，本店趁此機會，將內中事迹，搜括無遺，發行皇會寫真專刊，作一

種常識資料，人人手此一篇，較親身目睹，尤爲從容詳盡。此刊係非賣品，歡迎取閱，函索附郵一分，隨寄不誤。

天津日租界華竹廣告部啓

注：1936 年，天后宮舉辦民國時期的最後一次皇會，市内不少廣告商專門打著皇會的旗號，曾經在各種平面媒體上大做廣告，無形中爲天后宮做足了宣傳。天后宮廣告時間早，數量多，影響大，遠非津門他廟可比。

《大公報》1936 年 4 月 21 日、22 日、23 日、24 日、25 日、26 日、27 日

天后宮皇會辦事處啓事

本市官商紳耆前爲繁榮市面起見，曾共同發起舉辦皇會，荷蒙各界熱心讚助，莫名欽感。查此次皇會需款，經節縮開支，約計一萬餘元。捐款一項計收銀行公會四千元，錢業公會二千元外，外國銀行華賬房等九家一百七十元，又永昌生五十元，總計六千二百二十元，此外北寧鐵路局補助五千元。因會期以内，所有水陸警察、保安隊及憲兵等，對於保護治安，維持秩序，異常出力，經商承當局，並得北寧路局同意，即以此項補助款五千元，作爲酬勞警憲之用，以表謝忱，業由北寧路局直接撥交公安局矣。至皇會需款，除收捐款外，尚不敷數千元，則由各發起人自行攤認或勸募。總俟完全結束時，再行詳細公佈。特此登報，惟希公鑒。此啓。

注：皇會的帷幕尚未拉開，天津的新聞媒體就迫不及待地開足了馬力，爲皇會搖旗吶喊，先期營造氣圍。其中《大公報》經驗老到，捷足先登。從 3 月 27 日起，就率先刊發有關皇會消息。隨後更是不吝版面，起勁鼓譟，大有獨家囊括皇會報導之勢。《大公報》所刊發的這類有關媽祖信仰的記載十分豐富，對皇會場景的描繪非常細膩，爲研究近代天津的媽祖信仰和皇會活動，保留下重要的文獻資料。

《大公報》1947 年 10 月 23 日第五版

「寒風吹去登高雅興」

──天后宮香斗比往年瘦了　玉皇閣無復當年的盛況

（本報訊）今年的重陽節在沙□□□□悄悄的度過了，□□公司高二十一□□□全市最高的大樓，往年的重陽節，連老太婆都要來此一坐，取一個

「長久」的意思。昨天的情形卻□□□□了，大樓茶廳裏的座位空著一半，稀疏的幾□□客，沉默地喝茶。大街上的□□沒有顯著變化，□□□□的吹著，衣服□□的行人，拼命的向電車□□□回家，只是今年的多天來得早，誰還有「登高」的閒情！

過去太平歲月有雅興的歡□賞菊，聯吟賦詩，什麼「聯□登臨」，「龍山落□」，點綴了重九無限的風光。較鄉土一些的鼓樓、玉皇閣、天后宮、呂祖堂、千福寺以及水月庵的「拜斗」，熱烈的景象尤其濃厚。昨天到天后宮、玉皇閣巡遊，眼看天后宮的香斗比往年瘦了，焚香頂禮的老嫗占最多數，連「替身」的一起挨□一起；香斗上一面寫著「萬壽無疆」，一面寫著「斗姆九皇」有些婦女用紙挨近香斗，接著香灰，攜帶著回去當作藥用。在這個時代上帝降於美國人的是原子彈，中國還有的人希望接受些香灰，懸殊不可以道里計了。大殿內一群道士忙著招待燒香還願的善男信女，沒有過去肅穆之象。亦許是生活蕭條的緣故。……。

注：天后宮香火興旺與否，直接與民眾的社會生活狀況息息相關。

《大公報》1947 年 12 月 28 日第四版

「娘娘遊街　縣長演戲」

漢沽二十六日舉行一年一度的「進香大會」，娘娘廟整日開放，會頭駕著三位「娘娘」的神像，領著進香的民眾們沿街遊行，許多旗□□擁著行進的人群。單只廟內的紅旗就拿出五百面左右，並且有十數組「鑼鼓」沿街大敲。還有四十餘赤足裸背頭頂「紙馬」的人參加行列。據說這是平時患重病時在娘娘廟立下願的。另有數百人各捐一萬元的「香資」，作大會的開銷。當大會的行列沿街遊行時，各街巷看熱鬧的人萬頭攢動，在津百業蕭條的今日，這實是一件「盛舉」。

注：天后在天津一帶具有相當的親和力，被稱為「娘娘」。漢沽為當今天津市的屬地，文中的記載表明民國時期那裏也曾經建有媽祖宮廟。

《大公報》1948 年 1 月 26 日第五版

「臘月十五燒香日　天后宮裏冷清清」

（本報訊）臘鼓頻敲，向例天后宮都有一番熱鬧，昨天是臘月十五，照習俗更是宮裏香火最鼎盛的時日。但是連夜北風，把香客、遊人吹得稀稀落

落。攤販倒還照舊擁擠，無非因爲在家無事，不如出來多少做點買賣。「像生花」的攤子最多，從天后宮的大門一直到正殿屋檐都有這一行買賣。絨的，絹的，做的眞夠精巧。論工本，論貨色，要的價錢也眞算不高。一枝大絨花才賣一萬五，一枝小絹花才賣三千。何況顔色那麼鮮豔，花樣兒那麼靈巧，買一枝無論是送人還是自用，都稱得上十分合算了，無奈生活逼人，有閒錢買花的終究太少，生意總是清淡得很。

天后宮正殿上的香煙還算興旺，求子娘娘面前的香客尤其擁擠，多少年青婦女希望從那個泥塑木偶的恩賜得到子□，一兩萬元的「請」一個三寸長的泥娃娃，這就是他們得到的唯一實質的安慰。

「今年燒香的人比從前那少多了」。老道士也有無限的慨歎。「也難怪，一股香三五千，大點的賣四萬，上個滿堂香燭就得十幾萬，坐車子來的，再給小孩買點零碎玩具，至少就得□三四□萬，這年頭有多少人花得起？」

玩具攤可眞多，一把木刀一萬二，一個風葫蘆要五、六萬，賣糖的，抓牌的，擲崩豆的，還有打「高爾夫」的，都是每次一千元。頂好的運氣能得個茶杯，但一百次有九十次只能吃一塊小糖。究竟碰運氣的事容易使人有興趣，每個攤子都有孩子們圍上一大堆。然而能掏出一千元來試一次運氣的孩子可不多，大家都只是看看，看到黃昏大家散場。

臘月十五的天后宮居然都冷落起來了，這日子焉得不難過？！

注：天后宮的香火是否興旺，年貨市場是否紅火，都直接和時局密切相關，是當時社會生活眞實的縮影。

第二節　《益世報》中的媽祖史料

《益世報》是民國時期羅馬天主教會在中國印行的中文日報，1915 年 10 月在天津創刊，1949 年 1 月停刊，存世時間前後達三十餘年（抗日戰爭時期一度中斷出版），是中國近現代具有廣泛影響的全國性重要報紙之一。由於《益世報》自身具有一定的宗教色彩，因此所記載以媽祖信仰爲主題的內容最爲豐富，可以爲相關的學術研究提供很多有重要參考價值的史料。

《益世報》1918 年 2 月 26 日第十版

「舊曆過年諧詩十章」　味農

（略）

注：見第六章「詩詞類的媽祖史料」。

《益世報》1919年2月8日第七版

「娘娘宮之怪現象」

津埠娘娘宮每年舊曆由正月初一起，開放廟會，男婦結隊成群紛往燒香，迷信不改，以致宮北街往來之人連賣耍貨者，擁擠異常，幾無立足之地。而廟門以內尤其熱鬧，自晨至晚香煙繚繞，紅燭高燒，入其中者如處雲霧世界，但見時髦男婦並戶叩頭，覘不為怪。津埠為文明之地，不知此種迷信何不迅圖革除也。

注：文中生動描寫了天后宮春節期間香客如織，香火旺盛的場景。

《益世報》1920年2月28日第十三版

「送善男信女入天后宮序」 傲古（吉羊）

天后宮俗稱為進香還願之地，男女因求福，相率祈禱於偶像，懷抱香燭，紛紛入茲廟，吾知其必無效也，世人愚乎哉！夫以子之尚迷信，苟稍有知識者，皆訕笑焉。矧隱惡揚善，外仁內忍者哉！曩吾嘗聞「禍福無門，惟人自召」，吾惡知其人終不能獲有微益耶，聊以爾等之行卜之也。世人愚乎哉！吾因之有所勸矣，請汝一詢顯宦豪商，而察其富貴，果皆由祈禱得來者乎？為爾告曰：「偶像本無知，可以廢然返矣」。

注：縱觀天津當時所設的多座天后宮，除東門外天后宮、大直沽天妃宮和陳家溝位於漕運沿線外，須仰賴天后繼續呵護，其它多數天后宮因為遠離漕運路線，囿於形勢的變化，則勢必發生功能性的轉變。

天津的善男信女頗為虔誠地敬奉娘娘，對天后的信仰已經從保護航海擴展到乞求子嗣，渴望消災祛病，天后逐步成為百姓心目中不可缺少和分離的精神主宰。當天后漕運護航神的「靈異」相對減弱後，由於人們喜愛天后，反而刺激、強化了海神娘娘的其它功能，使海神娘娘從單一的「護航」功能，發展成為萬能之神，致使對天后的信仰悄悄發生了變異。這時的天后娘娘既是官府崇拜的正神，又是一位地地道道的民間俗神。

《益世報》1920年5月17日第十三版

「津門竹枝詞」 谷僧

（略）

注：見第六章「詩詞類的媽祖史料」。

《益世報》1921 年 2 月 23 日第十版

「元宵佳節各界之慶祝」

昨日（二十二）為舊曆元宵佳節，省長公署於前日電話通知各機關放假一日，藉以慶祝。是日行政官廳、軍警機關、司法衙門、各學校、各商號，均懸燈結綵，省公署轅門照壁，五色電燈綴其上，各商號鳴鑼擊鼓，以相誇耀。一般女士，轂擊肩摩，爭先恐後，估衣街以錦章之葡萄架，謙祥益鴻記之燈彩，最為美觀。天后宮中之婦女進香者絡繹不絕，所服之衣，作猩紅色。宮南宮北一帶，來往遊人，途為之塞，由表面觀之，似成太平之狀。究其真象，國家正在多事之秋，省庫如洗，教育將有停頓之耗，災民麇集，啼饑號寒，慘不忍聞，而一般人士，尚復百般粉飾，亦屬無謂極矣。

注：文中記載農曆元宵節期間很多婦女身著紅色服飾，絡繹不絕，到天后宮進香的景象。同時反映宮南宮北一帶廟會十分繁盛，遊人如織的狀況。

《益世報》1921 年 3 月 12 日第十版

「遊民宜禁」

娘娘宮每逢初一、十五，開廟燒香，良家婦女，明屬不少，而娼妓下流，藉出風頭，致一般不良□民，攜群麇集，月臺兩旁，廟門左右，窺視女流，品頭論足，任意嘲雜，殊□有傷風化，望有該管責者嚴加取締云。

注：除了農曆初一、十五，每年春節期間，不少婦女（包括妓女）都要到娘娘宮燒香。不少好色之徒為尋求精神刺激，從其畸形心理出發，前來聚眾觀看，那裏始終為男女情色陋俗所困擾。對於這種低俗之風，社會輿論曾不斷給與猛烈抨擊，要求通過關閉天后宮來杜絕此風。鑒於天后宮在天津的根基和地位，這種訴求一直未能成功。

《益世報》1921 年 4 月 2 日第十版

「天后宮商業小學內幕」

本埠天后宮所設之初等商業小學，成立已十五年之久，除開辦時有一兩班畢業生，成績尚屬可觀外，餘則闃焉無聞。聞該校事務，概由司事魏某把持，所聘教員，亦多充數，學額亦寥寥無幾，有人進內參觀，僉謂秩序尚不如私塾整齊，貽誤後生，虛糜公款，實為學界之羞。當此教育吃緊之際，竟

任其日形腐敗，不知負該管之責者，亦有所聞否？

注：該校成立於清光緒三十三年（1907），辦學經費均由天后宮出資，訂有「簡明章程」。學堂成立後，不少道士和天后宮「香燭社」成員將子女送到該校。由於學堂係廟辦，因此難免帶有濃重的宗教色彩。至民國十一年（1922），學堂已經改名爲「民立第一乙種商業學校」。名譽校長爲天后宮「香燭社」的張月丹，監督是特約的甲種商業學校校長徐克達。主要教員係徐克達所聘魏某。由於生源、師資等原因，學校在日常管理、教學等方面存在許多弊端。民國二十八年（1939）改爲天后宮學校。

《益世報》1921 年 9 月 8 日第十版
「過節聲中之聞聞見見」

市面：是日各機關、各學校、各工廠及各手藝人等，多於此日休息一日。是以馬路上、街市上，紅男綠女，蹣蹣蹌蹌，頗極一時之盛。南市、娘娘宮兩處，尤爲擁擠，討賬者奔走倉皇，閒遊者步行徐緩，形色不同，狀態各異。其商鋪均懸燈結綵，以壯觀瞻，尤以茶食、鮮貨兩鋪，最爲熱鬧。今歲秋禾收成較佳，故街市情形亦較爲繁盛。唯各銀行於三二日前，異常忙碌，提款者、兌現者，接踵而至。聞其原因，一以節關用款，必須提取；一恐蹈中法實業之覆轍，雖有存款，不能提用，加以銀行鈔票充斥，兌現不得，故稍現恐慌耳。

注：文中記載中秋節期間，天后宮一帶的廟會和商鋪人流如織，生意興隆的場景。

《益世報》1922 年 2 月 3 日第十版
「各界習慣如前」

舊曆元旦，奉令定爲春節，各機關均停辦公務，商號住家，仍沿舊曆，咸各休息數天，鑼鼓喧闐，途中恭喜發財之聲觸耳皆是。凡迷信神權之老幼男婦，莫不出外燒香，而妓院中人迷信尤甚，當除夕夜半時，娘娘宮之焚香膜拜者擁擠異常，香煙繚繞，火光熊熊，加以人眾喧嘩，甚有時髦婦女乘坐汽車，前往湊趣者，噫異矣。

注：文中記載舊時妓女到天后宮進香的情況。妓女本是天后宮香客中的常客，其進香有不成文的規矩，時間除農曆正月初一、十五外，還有臘月大年三十夜裏，而且在時間上要求在天明前必須離開天后宮。她們多由嫖客陪同前往，

車水馬龍，常常擁塞街道，進不了宮南、宮北大街，只得在巷外下車。

《益世報》1922 年 2 月 4 日第十四版

「舊新年雜詠」　吟花

（略）

注：見第六章「詩詞類的媽祖史料」。

《益世報》1923 年 9 月 25 日第十版

「中秋節中之天津現象」

今日（二十五）爲舊曆中秋佳節，省長公署訓令所轄各官廳，放假一日，以度佳節。教育廳亦令各學校放假一日，海關、常關、郵務局，亦均放假一日。商界習慣均於節前清理帳目。惟以銀根奇緊，仍難周轉。自北京發生擠兌風潮後，市面上異常恐慌。幸經警廳出示維持銅元行市，小本營業賴以安全。惟居民方面大家小戶爭購食品，紅男綠女各廟祝福，天后宮之南北大街行人如蟻，途爲之塞。殘疾乞丐，跪於道之兩旁，蓋人人心里中，以爲不如此不足以表示慶祝佳節也。

注：每逢中秋期間，來天后宮進香及宮南宮北一帶廟會購物的信眾，總是熙熙攘攘，人滿爲患。

《益世報》1923 年 9 月 27 日第十版

「宮南北限期拆修馬路」

警察廳昨出布告云：爲布告事，案查宮南北大街，及福神廟街之街道，狹窄交通不便，前擬展寬馬路，隨時退修。並規定宮南北大街，展寬路線，計寬二十二尺；福神廟街，展退路線，計寬二十尺，以維市政，而興商務。業經呈報省長令准，並布告在案，現查襪子胡同，行將拆退工竣，而宮南北、福神廟街，與該胡同相連，尚未舉辦，殊覺參差。當此整頓市政，振興商務之時，若任其稽延日久，不惟市政觀瞻有礙，且亦無由振興商務，自應限期拆退，以利進行。除分令工程科，暨該管警署，遵照辦理外，合行布告。仰該處各業主遵照，自布告之日起，盡五十日內，一律拆退，以便興修馬路。房東房客，倘有糾葛，趕速清結，不得託詞延宕，致誤要政，切切此佈。

注：本次天后宮南北拆修馬路，遭到當地居民的反對。爲安撫百姓，平息民怨，天津警察廳給出的理由是拆修、加寬馬路，可以發達經濟，振興市面。

《益世報》1924年4月1日第十、十一版

「宋瞎子竟設會招徒矣 當局亦有所聞否」

東門內道署箭道私立神壇賣符騙財之宋瞎，去歲曾經本報屢次揭載，深冀該管者注重地方，對此種貽害社會之惡魔，嚴加取締。鉅意該宋瞎手眼通天，善於彌縫，不知用何方法，竟得當局者之特許保護，而不予干涉。職是之故，宋瞎遂更形膽壯，肆無忌憚。近來因本埠有皇會之舉，宋又自稱受老娘娘法旨，組織一通天神會，虔脫眾生，招收弟子一千人，男女兼收，凡入會者，皆須繳納法規（即會費）百元，數十元，一二十元不等。凡能介紹神徒（即會員）五十人或百人以上者，即可得一法師名目，其會中內容極為秘密，非道中人不能知悉。宋瞎自稱為通天神主，據稱凡會中法師，均可由神主領見娘娘，宋並刊印神書多種，入會者每人發給數冊。據宋告人，神書中包羅萬象，舉凡五遁，避水、避火、避刀槍等法術，悉載無遺，虔心修煉，均可精通。因而近日被誘入會者，非常踴躍，究竟其目的何在？殊難揣測，近來魯豫各地，白蓮教大肆猖獗，不意該宋瞎竟敢乘機造作邪說，誘人入夥，誠恐於地方治安，有莫大妨害，有責者幸勿徇於情面，不早為取締，致養□成患，而噬臍無及也。

　　注：一部分人假託天后的旗號，組織秘密宗教團體，發展信徒，私下從事相關的活動，必然會對當地的社會治安造成危害，也可以看出天后信仰在天津一帶的影響之深。

《益世報》1924年4月15日第十版

「省教育會請禁止皇會」

直隸省教育會，為請求禁止舉行皇會，特上呈省長建議，其文云：為呈請事，竊維迎神賽會，久干例禁，矧今文化日啓，政治刷新，此種有百害而無一利之舉動，尤應永遠革除。乃近日本埠風傳，謂舊曆三月間，舉辦皇會，街談巷議，群駭群疑之心，所謂危不敢言。謹為我省長□縷陳之，津郡五方雜處，人類不齊，維持治安，關係重要，一遇會場，則舉國若狂，宵小有機可乘，小則絡竊，大則攘奪，他如人口之迷拐，車馬之騎馳，無不與人民之財產性命有關，庸人自擾，後悔何追？此為地方治安計，不得不嚴行禁止者一也；天津教育開辦最先，故迷信之破除亦最早，青年學生成績之優劣姑無論，而腦筋內無絲毫鬼怪之印象則同，興學二十年，所收之效果僅僅如斯，

若復以神道倡之，恐潔白之腦筋，因以污染，新國民之思想，或緣此而中斷，迷信之事經年破除之而不足，一旦提倡之而有餘，此風一開，影響於國民之教育甚重，此爲教育前途計，不得不嚴行禁止者一也；津地爲通商巨埠，租界毗連，外僑甚夥，華人一舉一動，無不爲觀瞻所系，東西人士，往往遇伊不經見之事，每口講指畫，竊笑於旁，甚有臨時攝成影片，以資傳播，其一種輕薄揶揄之態，思之痛心。試思會場中色色形形，何在不可供外人之談料，一經揭破，□笑友邦，爲國家體面計，不得不嚴行禁止者一也；昔西門豹治鄴，河伯娶婦之俗革，湯文正扶蘇，悉毀當時之偶像，移風易俗，賢長官與有責焉。我省長蒞任以來，緯武經文，群情愛戴，興利除弊，輿論翕然，明知此種迎神賽會之事，當爲省長所不許，特恐主其事者，巧飾其詞，未及明察，致爲省長盛德之累，更恐此端一開，嗣後外鎮外縣地方，相率效尤，斂財生事，失業廢時，並於全省社會教育，影響甚大，謹依會章，建議我省長毅力主持令行，天津警察廳迅予出示嚴禁，實爲□便，謹呈云云。

《益世報》1924 年 4 月 17 日第十一版

「學生同志會開幹事會議」

天津學生同志會幹事部，於昨日在本會所，開本屆第七次幹事部會議，到會者劉嘉猭，劉建伯，李釗潭，錢仲久等十餘人，由幹事長王見心主席，討論事項如下：（一）反對皇會，議決（甲）通函各學校、各教會、各服務團體及社會教育機關，一致表示反對，因不表示反對即是默認之。（乙）投稿各報，攻擊出皇會之陋點及荒謬。（丙）聯合各團體，請願官廳，阻止舉行皇會。（二）籌備五四及五七紀念，議決聯絡津埠團體合作。（三）加入縣教育會問題，議決現任各校教員，均須加入，並由劉嘉猭致函報名。（四）耶穌復活節會，議決該晚開一演講會。（五）宗教研究組事，議決交由各該組主任辦理。（六）請周作人簡又文演講事，由駐津同志接洽之，至六點散會。

《益世報》1924 年 4 月 20 日第十版

「昨日皇會中之怪象種種」

皇會一事，爲提倡迷信最著之事，且能妨害治安，影響教育，早爲識者所反對，徒以原動力深厚，卒歸無效。二十五年前之怪現象，遂於日昨復演於津門，言之傷心，又何有披露之必要？但當時之種種怪狀，實堪發噱，無妨錄登，以待各界之平情論斷，藉是證明此等迎神賽會之無益而有害也。

　　遊行之情形：記者昨日在社集稿，突聞鉦鼓之聲，達於耳鼓，時爲下午一鐘，公事無多，乃出面爲探奇之舉。甫至街頭，即見有許多奇形怪狀之人物，頭頂紅櫻帽，揚揚自得，曾不知其何心，請駕之燈籠，布滿人群，尚有所謂「掃殿會」、「老中旛」、「德泰法鼓」等名詞。記者目迷五色，初不辨其若者爲何？迨請教於諸位老者，始悉其名耳。正隨行間，驀間小兒一群，身背小椅，未知是何用意，又見一物龐大，自遠而近，始知爲一孔雀，且上坐一人，男扮女裝，備極醜態，忽人叢中又有旗桿數枝，隨風飄揚而至，蓋係華竹號之告白，此種投機作用，未免太過矣。

　　觀者之踴躍：昨日之皇會，遊行之人，不敵觀者萬分之一，全城各處，人山人海，交通阻滯，車馬不通，而尤以天后宮東門臉等處爲最甚，記者並非大力士，何能越眾而前？擁擠之苦，實爲半生所初遇，而一般愚夫愚婦，咸怡如晏如也，不聞有抱怨之聲，殆亦啞子吃黃連而已，然各大老之內眷，則高搭席棚，深垂竹簾，一若當年皇后之臨朝攝政者然，其佇立之街頭者，亦惟有望空景仰而已，尤奇者，竟有多數官太太，妙想天開，隨隊遊行，以飽眼福，惟身坐汽車馬車之中，與平民稍異耳。

　　治安之紊亂：皇會出巡，本爲取悅上憲內眷，則各警署之長官，自不得不略爲殷勤，受此辛苦，故金帽鐘金肩章之赳赳武員，所在皆是，平日之威嚴，亦藉皇會之熱鬧，愈顯精神矣。叵耐無知愚民，不知官體，竟自擁擁擠擠，不服指揮，偶值上憲經過，即見有警察，手持馬鞭，趕打眾人，一時跌倒被踐，失鞋落帽者，不計其數。舊家庭之婦女，其苦尤當倍蓰，並聞北馬路擠壞人力車一輛，在馬路擠翻人力車，坐客從中跌出，雙足朝天，頭破血流，大足爲皇會增潤色彩不少。噫，可憐哉！

　　放假之學校：皇會之出，負社會教育之責者早應反對，而事先並未聞有阻止之說，屆期復有放假之舉，是種舉動，或其腦海中尚有一頂翎之皇帝在，聞學生家長，多有不滿意者，擬不日即將提出質問，或將呈請撤換，亦意中事也。

《益世報》1924 年 4 月 22 日第十三版
「我對於迎賽皇會之另一感想」　（小言）
　　近三日來，本埠二十餘年偃旗息鼓之皇會，又復大迎賽而特迎賽矣。迷

信空氣，幾乎充塞兩間，令人觸之作三日惡，且聞尚有智識分子，活躍於其幕後，爲之推波而助瀾焉。

夫迎賽皇會，其爲迷信之舉固矣。椎埋愚魯之徒爲之，尚屬情有可原，乃所謂智識分子者，而亦參加其間，厥故何哉！試一探討其動機之所在，則不外乎還願也、祈福也、求保人口之安寧也。歸納言之，無非意在祈禱彼所信仰者，冀獲得一種慰安而已。

吾人於此，因發生與眾不同之感想，即由以上之結論，可以證明人類無論智愚賢不肖，皆具有宗教思想。所謂燒香拜佛，所謂迎神賽會，胥宗教之代替物，而亦宗教欲望之衝動，有以使之然也。不過其所取之途徑爲迷信，非正當之信仰耳。由此綜合以觀，可知宗教爲涵養人類性靈，滿足人生欲望之必需品也，世之反對宗教者，不亦可以已乎？

至迎神賽會，爲勞民傷財，毫無意識之舉動，論者固已言之綦詳，無俟我之瑣瑣贅述焉。

注：在清末民初的廢廟興學活動中，媽祖崇拜成爲破除迷信的重要對象。天后宮雖然以其自身地位得以被保留下來，但受此影響，本來每隔幾年才出一次的皇會越來越少，有記載的只有 1924 年和 1936 年的兩次了。

《益世報》1924 年 4 月 22 日第十三版

「天津皇會諧詠」　閒閒

（略）

注：見第六章「詩詞類的媽祖史料」。

《益世報》1924 年 4 月 23 日第十一版

「皇會中之種種怪現象」

前日（廿一）之皇會，是送五位娘娘回宮，由千佛寺起會，走鈴鐺閣街、太平街、針市街、宮北、入天后宮，隨駕的各會，就多一夥秧歌。看會者，可是較比日前尤多，自早晨各街男女看會者，即擁擠不堪。至出會時，往河北大胡同，河北大街等處的交通，已經被人遮斷，估衣街看棚被擠毀，婦女被摔者，已有兩處。其時小絡，大走紅運，被竊皮夾首飾者，不計其數，婦女在人群中，被擠鬧出之笑話，眞是不勝其書。其中最可笑者，有太平莊某姓婦，自早九點，將門鎖閉，即出來看會，至天夕，伊夫下工回家，又饑又

渴，門被鎖，亦不能開，氣極赴會找尋伊妻，在南閣將伊妻找著，即揪住痛毆，經旁觀者勸回。又致美齋樓上看會之某婦，在人群中小解，流在樓下某婦身，被該婦大罵。又有劉氏同伊妹崔氏，在雙廟街被河北高公館汽車撞倒，均被軋傷。又有某工廠學徒，在南閣被擠過甚，羊角瘋大發，幸經警察救出，未致踏斃。又雙廟街警察，持棍毆人，被法鼓會頭將棍搶去。其他笑柄趣談，不一而足，至九點餘鐘，始行散會，就聞小兒尋母，婦女找兒之聲，喧嚷嘈雜，有如鼎沸，怪相畢露，醜態百出，此皆提倡皇會者之所賜，而看會者所得之結果也。

注：本次皇會期間，觀會者人如潮湧，擁擠不堪。其間小絡大走「紅運」，竊得皮夾、首飾等物品，不計其數。婦女在人群中被擠鬧出的笑話，亦不勝枚舉。

《益世報》1924 年 4 月 26 日第十四版
「天津皇會寫真預約廣告」

當此新文化新潮流百度競新的時代，我們天津公然又退化了二十八年，置內憂外患於不顧，竟出巡迷信的皇會，此種妄舉豈止國民，實亦二十紀世進化史上之大污點也，本局痛心於此，特拍照皇會由始至末，記全景照片眞影，並附有津埠出會時實事紀錄。

此書洋式布皮，裝訂成冊，謹出書五百本。

售完時即停止合約，每全冊一元八，預約九角，定於陰曆四月十九日出書，外埠函購加郵費一角，天津總經售處：東安市場內宜文齋

注：本次皇會期間，有些出版商專門打著皇會的旗號，在各種平面媒體上大做廣告，這種行為既在一定程度上促進自己的經營活動，又利於提高天后宮的知名度。

《益世報》1924 年 4 月 28 日第十版
「禁止賽會之亡羊補牢」

天津縣教育會評議員王子光、劉激清、馬千里諸君，以皇會出巡，曾經反對無效，然深恐其他各種迎神賽會之怪劇，接踵而起，不得不預為防止，以免貽羞國家，影響教育，妨害治安，雖亡羊補牢，尚未為晚，茲錄其提議書如左：

（主文）迎神賽會，妨害公安，影響教育，應設法禁止，以防將來。（理由）庚子以遠，天津辦學較早，尤以破除迷信為先進，今不知何故，以前清專制時代所不敢辦，而懸為厲禁者，竟在共和時代通商大埠之天津，公然大出皇會，往事已矣，來日尚長，若不及圖作根本解決，將來相率效尤，後患即不堪設想也。（辦法）擬由本會聯絡教育機關，及自治團體，一致呈請省長，令行警務處，以後無論何種迎神賽會，一律永遠禁止，以杜弊端，應如何進行之處，請召集評議會公決云。

《益世報》1924 年 4 月 28 日第十版

縣教育會評議會旁聽記

天津縣教育會評議部，於日前（二十六日）下午四時開會，到會評議員十三人，已足法定人數，評議長因事未到，公推李少軒為主席，馬千里為書記，由王子光提議，本會應聯絡各團體，設法呈請禁止迎神賽會，以杜弊端，（原提議書已見另條）。經大眾討論，結果，先致函各機關，請派代表，定期集會，商酌進行辦法，並議決所聯絡之機關如下：直隸省教育會、天津縣教育局、天津社會教育辦事處、天津自治研究會，及各男女小學，與中等以上各學校，並公推劉激清為起草員，擬定呈文底稿，俟召集各團體共議時，詳細審查，茲將其致各機關公函錄後：逕啟者，敝會前以迎神賽會，妨害公安，影響教育，為患甚鉅，因開會公決，聯絡各教育機關及自治團體，一致呈請省長，令行警務處，永遠禁止，茲定於本月三十日下午四點，在敝會討論辦法，屆時務乞貴處推舉代表一人與會，實紉公誼云云。

《益世報》1924 年 5 月 2 日第十一版

「禁止迎神賽會之會議」

天津縣教育會，前由評議部議決，聯絡各教育反□法機關，公同討論，具呈省長，請禁止任何種種之迎神賽會，以免貽羞國體，影響教育，妨害治安，並定於四月三十日，開各機關代表會議各節，已誌前報，茲悉該會於日前下午三時開會，各機關代表到會者，共二十餘人，公推張紹山為主席。首由縣教育會評議員馬千里報告，該會議決本案之經過，又由主席宣讀各處來函：（一）中等以上各學校教職員聯合會函。（二）直一中學校函（均見後）。又由前次推定之起草員劉激清宣讀呈文草稿，大眾以為完善，無庸修正，原文通過，並議決將此呈文用謄寫紙印就，隨呈附函，通告各機關，贊成者蓋

印，以省手續，而圖敏捷，（原函亦見後）討論畢，遂宣告閉會。

通知各機關函：敬啓者，敝會前因迎神賽會影響教育，由敝會評議部公決，聯絡各機關，訂期在本會事務所，開各機關代表會，討論辦法，業經多數贊成，呈請禁止，茲將呈文印就，隨原呈送請臺閱，如蒙同意，即在原呈蓋印，以省手續，至□公誼云。

呈文：爲呈請事，竊迎神賽會，流弊孔多，曾經省教育會呈請禁止在案，乃呈詞甫入公門，皇會已巡城市，皇會既已藏事，鬼會又復喧騰，夫此等舉動，其妨害治安，影響教育，騰笑友邦者，誠有如省教育會所陳述，諒亦爲我省長所洞鑒，而竟未蒙批示，迎賽依然，敝會等同人，管窺蠡測，竊以爲必有巧飾其詞，以□明聽者，遂致靈□蔽於浮雲，望舒掩於陰□，此足爲我賢省長惜者也。夫飾詞以進者，無論如何之巧，竊意絕不出此二端，一則謂市面藉以活動，再則謂信仰任民自由，殊不知市面不活動，必由於工商業之不振興，官府有教導人民之責，惟應勸業□工，提倡有術，則懋遷者不招而自來，競賽者不羅而自致，將見市面活動，處處儼若會場，日日皆如賽會，又安恃區區之皇會鬼會爲哉！況迎神賽會，事前則奸民按商號以斂錢，事至則婦孺坐商□以喝綵，至於小負販，則又苦於擁擠，前□敝會等同人之所聞所見，以買賣耽誤而太息咨嗟者，則有之矣。其鼓舞歡欣者，除無知之婦孺，及拆白黨式之青年外，絕未之聞見也，則活動市面之□言，豈足信乎？至信仰之說，則佛徒之坐禪，道家之修養，耶回之祈禮，於己心安，於人無害，國家方可認爲宗教，聽其自由，而迎神賽會何取乎？招搖過市，授宵小可乘之機，男女雜遝，導人民以邪淫之俗，敗俗傷風，而曰宗教；勞民傷財，而曰信仰，世寧有此等之自由耶？則信仰自由之說，絕不得以之藉口也，昔嚴嵩以青詞登進，而後世用爲姦邪；袁祉劾拳見誅，而後人仰其忠義。今主持出會者，性質之愚，諒不至如明世宗，勢力之大，更不至如清□後，想貴省長見義勇爲，又何所畏葸而不立禁耶？敝會等同人，爲地方前途懼，爲社會教育危，並爲我賢省長惜，爲此不憚冒昧，相續瀆陳，懇乞我省長大奮乾斷，令行警察處，將所有迎神賽會之舉，迅予出示，一律嚴禁，以絕禍胎，而保國體，實爲德便云。

教職員聯合會函：敬啓者，頃聞報載，藉知貴會對于禁止迎神賽會一事，熱心進行，不遺餘力，本會同人無柱欽佩，爲此敬請貴會，此後如有關於此事，呈請官廳，或對公眾有所發表之文字，務□將本會名義，一律加署，以

期合作，而除迷信云。

　　直一中學校長閻潤章函：逕啓者，頃接來函，敬悉我會爲呈請省長禁止賽會事，聯合各機關，一致進行，鄙人無枉欽佩，本應到會，以參末議，惟以正值四鐘，有要事不克分身，特煩敝同人劉君激情前往，代表鄙人，可繕好呈文，分請各機關蓋章，並舉定數人，訂期同赴省公署，謁見省長，面陳其害，事關地方文化進退，千乞諸公同解決，急起撲滅，章不敏，願附驥尾也。

　　注：天后宮自創建伊始，就屬由皇家御賜的官方廟宇，被命名爲「敕建天后宮」，並一直由官方主導重大的祭祀活動，有別於其它民間普通的媽祖宮廟。從清末民初開始，雖然天后宮已呈頹勢，加上這裏浮浪子弟多有傷風敗俗事端發生，社會輿論不斷呼籲關閉廟門，但終未如社會正義所願。長期以來，天后宮能夠躲過社會輿論對其醜聞的種種鞭撻，死裏逃生，足見其官方支撐根基的深厚。

《益世報》1926 年 4 月 3 日第十三版

「宗教叢談」

《集說詮真》（司鐸黃伯祿裴默氏輯）（蔣凡超、邢胙氏校）
「天妃・天后」

　　引《重增搜神記》載，天妃係福建興化府莆田縣，濱海湄洲林氏之女，母陳氏，觀音（見前百五十六張），與以優缽花【即優□缽】吞之而孕，十四月始娩身得妃，於唐玄宗天寶元年（三千四百三十九年）三月二十三日，妃甫周歲，在襁褓中，見諸神像，叉手作欲拜狀，五歲能誦（觀音經），十一歲能婆娑（舞也）按節樂神，兄弟四人業商，往來海島間。忽一日妃手足若有所失，瞑目移時，父母以爲暴疾作，急呼之，妃醒而悔曰：

《益世報》1926 年 4 月 4 日第十三版

「宗教叢談」

《集說詮真》（司鐸黃伯祿裴默氏輯）（蔣凡超、邢胙氏校）
「天妃・天后」

　　「何不使我保全兄弟無恙乎？」父母不解其意，亦不之問。暨兄弟歸，哭，言前三日颶風大作，巨浪接天，見一女子牽蓬引導，兄弟各異船，其長

兄船漂沒水中，父母始知妃向日之瞑目，乃出元神救兄弟也，長兄不得救者，以其呼之疾，懊恨無已。妃年及笄，誓不適人，居無何，儼然端坐而逝。邑人無子者，求嗣於妃，隨禱隨應。至宋中貴人（宦官）路允迪使高麗，道湄洲，颶風作，船幾覆溺，見有人登檣援救，知乃妃之靈護，還朝（按《通鑒綱目》宋徽宗宣和元年三千八百十六年路允迪自高麗還）奏聞，詔封靈惠夫人，立朝於湄洲。明成祖永樂七年，（四千一百○六年）中貴人鄭和通西南夷，禱妃廟，徵應如宋，歸命，遂敕封『護國庇民妙靈昭應宏仁普濟天妃』。

《益世報》1926 年 4 月 6 日第十三版

「宗教叢談」

《集說詮真》（司鐸黃伯祿斐默氏輯）（蔣凡超、邢胙氏校）

「天妃・天后」

《事物原會》曰，宋潛氏說友《臨安志》云，天妃為五代時閩王統軍兵馬使林願第六女，能乘席度海，雲遊島嶼。宋太宗雍熙四年（三千六百八十四年）升化湄洲。按：《陔餘叢考》天妃生於五代晉高祖天福八年（三千六百四十年），宋太宗雍熙四年（三千六百八十四年）二月十九日化去，後常衣朱衣，飛翻海上，士人祠之。宋徽宗宣和（三千八百十六年）中，路允迪使高麗，中流震風，七舟俱溺，獨路所乘，天妃降於檣無恙。使還奏聞，賜順濟廟貌。宋高宗紹興時，（三千八百二十八年）以僬典封靈惠夫人。宋孝宗淳熙朝，（三千八百七十一年）易爵以妃。《元史・祭祀志》云：『惟南海女神靈惠夫人，以護海運有奇應，加封天妃』。

《益世報》1926 年 4 月 7 日第十三版

「宗教叢談」

《集說詮真》（司鐸黃伯祿斐默氏輯）（蔣凡超、邢胙氏校）

「天妃・天后」

《上海縣志》載，天妃係福建莆田林氏女，父名願，官都巡檢，母王氏，生於宋太祖建隆元年（三千六百五十八年）三月二十三日，太宗雍熙四年（三千六百八十四年）九月九日升化，時顯靈異，護庇海舟，始封靈惠夫人，徽宗宣和（三千八百十六年）間，敕封為神，賜號順濟，建廟徽田。元至元世

祖（三千九百七十七年）間，封為護國明著天妃。

　　《琅邪代醉編》曰：天妃宮，江淮海神多有之，其神為女子三人，俗稱為林靈素（宋徽宗政和末，三千八百十四年時，浙江人，見前六十六張），三女，太虛之中，惟天為大，地次之，故一大為天，二小為示（音岐，同祗，地神也），天稱皇，地稱后，海次於地者，宜稱妃耳，其數從三者，亦因一大二小之文，蓋所祀者海神也。元用海運故，其祀為重，司馬溫公（名光，宋仁宗寶元三千七百三十五年初進士，累官端明殿學士），則謂：「水陰類也，其神當為女子」。此理或然。

《益世報》1926 年 4 月 8 日第十三版

「宗教叢談」

《集說詮真》（司鐸黃伯祿斐默氏輯）（蔣凡超、邢胙氏校）

「天妃・天后」

　　或云，宋徽宗宣和（三千八百十六年）中，遣使高麗，挾閩商以往，中流遭風，賴神得免，使者路允迪上其事於朝，始有祀。

　　（又）曰：倪縉云，天妃莆田（縣屬福建興化府）林氏都巡君之季女，幼契玄理，預知禍福，在室三十年宋哲宗元祐（三千八百七十三年）間，遂有顯應，立祠於州里。元世祖至元（三千九百七十七年）中，顯聖於海運，萬戶馬合法忽魯循等奏立廟，號天妃，賜太牢。洪武（明太祖，四千〇六十五年）初，海運風作，漂泊糧米數千萬石於落漈（按：《吾學編》、《明一統志》福島澎湖島，海中有水漸低趨下不回處，謂之「落漈」即「漩濶」），萬人號泣待死，大叫天妃，則風回舟轉，遂濟直沽，（按：董方立《道光輿圖》：直沽，即大沽，直隸天津海口也），後又封『昭應德正靈應孚濟聖妃』。

《益世報》1926 年 4 月 10 日第十三版

「宗教叢談」

《集說詮真》（司鐸黃伯祿斐默氏輯）（蔣凡超、邢胙氏校）

「天妃・天后」

　　《陔餘叢考》載張學禮《使琉球記》（《四庫全書總目》）：張學禮，字立庵，鑲黃旗漢軍，康熙元年，以兵科副理事官，與行人司行人王垓奉使，救

封琉球國王。時國王尙□，繳故明敕印。學禮回京，撰是記，□請封遣使始末，並往來道路之險。是役也，蓋國家遣使東瀛之始云：天妃姓蔡，閩海中梅花所（按《讀史方紀紀要》：梅花守禦千户所在福建長樂縣東五十里，明洪武二十年置巡司於蕉山，建梅花所，增拓舊城，三面距海）人，爲父投海身死，後封天妃。

辨按各書所載天妃來歷，殊多歧異，或稱天妃爲莆田縣都巡檢林願女，或稱浙江溫州方式林靈素女，或稱閩中蔡氏女，其母或稱爲陳氏，或稱王氏。其生或稱在唐玄宗朝，或稱在五代間，或稱在宋太祖時，或稱在宋徽宗朝，（見上百七十至百七十二張）其地福建浙江相隔兩省，其時自唐迄宋相距數百年，歧異若此，則所述天妃事實，俱係僞撰，已可不言而踰矣。

《益世報》1926 年 4 月 11 日第十三版

「宗教叢談」

《集說詮真》（司鐸黃伯祿斐默氏輯）（蔣凡超、邢胙氏校）

「天妃・天后」

按天妃，母無論陳氏、王氏，俱稱吞優曇缽花而孕，（見上百七十張）但吞花能孕之說，誕妄不經，顯而易見，如曰：花乃觀音所授，故能孕，然觀音爲何如人，亦已詳辨之矣。（見上百五十六張）絕不能假花成孕，爲此超乎人道之事，況所稱天妃有父林願，（見上百七十一張）則吞花成孕之說，明係妄言，又考優曇缽花，據《法華經注》五百年開花，有花無實。又據《琅邪代醉編》云：三千年一現，試問此花，天下五大洲中，產於何地？自開闢至今，華於何代？見者何人？恐信此花者，當必爲之語塞，稱觀音授此花者，亦必爲之辭窮也。

《益世報》1926 年 4 月 12 日第十三版

「宗教叢談」

《集說詮真》（司鐸黃伯祿斐默氏輯）（蔣凡超、邢胙氏校）

「天妃・天后」

按書中稱天妃周歲能叉手作拜神狀，（見上百七十張）夫褓襁之嬰，叉手嬉戲，事極尋常，烏知有拜神之意，即五歲能誦梵經，十一歲能婆娑按節，（見

上百七十張）雖曰幼年聰慧，亦世所時有，然敬天妃者，則已詫爲奇事矣，不亦異哉！

按天妃一日手足若有所失，瞑目移時，父母以爲暴病，急行喚醒，（見上百七十張）觀此情形，顯見其有羊癲瘋病，恐彰其醜，詭言魂出救兄，藉詞掩飾，嘗□外史，有創立回教之謨罕驀，患羊癲瘋，每病作，醒後自爲掩飾，詭言魂舉化境，與天使晤談，則天妃之羊瘋作，而言魂出救兄，乃謨罕驀之故智也。倘果能出魂赴海救兄，當不因旁人一呼遽止，其爲藉詞掩蓋無疑。

《益世報》1926 年 4 月 13 日第十三版

「宗教叢談」

《集說詮真》（司鐸黃伯祿斐默氏輯）（蔣凡超、邢胙氏校）

「天妃・天后」

乃天妃兄弟，適因長兄飄沒，遂借妹之詭言，附會誇傳，聳人敬奉，誠將計就計者矣。

按：天妃之封，始於宋徽宗允宦官路允迪之請，（見上百七十張）考徽宗爲君，惑於幻異，信佞臣方士之欺弄妄誕，史冊臚列其事，不勝枚舉。然允迪捏造颶風暴作，天妃靈護，亦自有故，蓋欲誇詡其出使外洋之苦，希冀敘功邀賞耳，豈有顯靈之事哉！元明時之靈應，（見上百七十至百七十二張）俱當以允迪之事，比例而觀，林氏女何人？而能靈護航海行人哉！至所稱天妃主司孕嗣，（見上百七十張）更屬無稽，豈我人所屑道哉！

注：《益世報》連載的此類介紹有關天妃（天后）信仰文章，對於天后的出生地、父母、身世、內容方面都有涉及，內容十分豐富。作者旁徵博引，資料比較翔實，並且充分表達出自己的觀點。如今可以作爲從事相關研究的一種參考。

《益世報》1926 年 5 月 5 日第十版

「取締廟會」

南五分駐所界內城隍廟，每於舊曆四月朔，爲開廟進香之期，一般迷信者流，熙來攘往，焚香拜禱，絡繹不絕，積習相沿，有牢不可破之勢。昨聞該駐所呈請警廳明令禁止，業蒙照准，予謂此舉，不獨可以維持治安，亦破除迷信之一道也。

夫迎神賽會，在專制時代，亦有干例禁，矧今茲干戈滿地，時局俶擾之秋，伏莽遊匪，伺機竊發，偶一不慎，小之則擾害一鄉一鎮之安寧，大之則地方治安前途，亦不免胥受影響，警廳明令取締，可謂能盡職責者矣。

津埠廟會之惡風，尚不止此一處，若警廳附近之所謂娘娘宮者，每月朔望，香火極盛，男女混雜，頂香膜拜，傷風敗俗之事時有所聞，竟未聞官廳加以取締，是又吾人所不可解者矣。

注：津門廟會歷史悠久。尤其自漕運在津門興起，海神娘娘成爲漕運從業人員的精神支柱，鼓動起人們前所未有的宗教熱情，這種熱情又轉化爲推動漕運的物質力量，促使「宮前集」（天后宮附近的集市。筆者注）的問世。而「宮前集」的產生，則爲天后宮每月初一、十五兩次定期開放的香火活動，創造更爲便利的條件。因爲人們在敬奉海神時，不但在天后宮附近能買到香燭之類的祭祀用品，尚能順便買到食品和日用品，進行商品交換和交流。到清康熙年間，三岔河一帶市廛興盛，各行各業的商鋪門面日趨增多，生意興隆，因而逐步取代「宮前集」。在此期間，天后宮由於管理得法，名聲日隆，迎神賽會（俗稱皇會）的舉行，更招來眾多的香客，直至皇帝的青睞，引發社會對這一盛事的關注。迎神賽會與社會經濟活動優勢互補，相互融合，使天后信仰在津門落地生根。故清末民初，儘管不斷有取消此類迎神賽會的呼籲，但始終難以實現。

《益世報》1927 年 2 月 17 日第十版
「上元節見聞彙誌」

往年上元節期，本埠商家懸燈彩，作音樂，燃爆竹，爭奇炫飛，異常熱鬧。客歲因兵事未能舉行，本年仍以正值戒嚴期間，一至晚間，估衣街及各馬路，仍復提前休業，以警廳及戒嚴司令部，禁止放爆竹，故復益形蕭索。惟人心安定，殊勝客歲，故如娘娘宮一帶，仍復於晝間，紅男綠女，絡繹不絕。又爲東南城角造胰公司，及河東等處，尚有設謎候教之舉，亦屬應時點綴，至各商家，亦均懸掛國旗，唯至夜間，則似不如往年熱鬧云。

注：文中記載上元節（農曆元宵節）期間很多男女香客絡繹不絕，紛紛到天后宮進香，遊覽宮南宮北一帶廟會的情況。

《益世報》1927 年 5 月 26 日第十四版

「說天津」

《續天津詩話》　鶴隱

天津城東北瀕河，一城飲料大半咸取於此，昔有水閣，今則遺迹蕩然，令人觀之，不勝滄桑之感歎焉。北門外估衣街，東門外宮南宮北各街，（宮指天后宮言也，天后宮乃天津之娘娘廟，坐落東門外）自昔之市肆，即甚繁盛，津門先輩詩人唐芝九先生尊恒有竹枝詞，所言甚爲詳切也，詩曰：繁華要算估衣街，宮北宮南市亦佳，東北門邊都是水，晴天也合著釘鞋。蓋東北二門外，地既低濕，而又爲水夫之所往來，故甚不利於行人也，今者馬路既修，街道改革，讀此詩，以證今日，豈不有天淵之隔哉！

注：天津城東門外天后宮和北門外估衣街一帶，原來商業繁盛，但地勢低窪多水，交通不便，後由於馬路提升改造，環境大爲改觀。

《益世報》1928 年 2 月 6 日第十四版

「鬧元宵」　　（悟空）

食品中有以節名者，「元宵」是也。按：元宵一名湯元，下鍋煮時動輒數十枚，以至百餘枚，故津人謂熱鬧中遊人擁擠不堪者，往往調侃曰「下元宵」。駒光如駛，元宵節轉眼又到，一般於大啖元宵之後，晝間有所謂天后宮者，託言求福，爭往降香，晚間則往估衣街一帶，大逛其燈，男女混雜，笑話百出，名之曰「下元宵」，殊爲寫意，雖然，不佞有數言願爲一般鬧元宵者告，須知內亂方殷，身居「湯」火中之戰地黎「元」，皆吾同胞，有心人對此元宵感傷之不遑，況鬧之乎？鄙意今歲之元宵節，不如靜默一日之爲得也。（二）

《益世報》1928 年 2 月 7 日第十一版

「黃沙撲面中　津埠之元宵節」

……。又訊：本埠自遭戰事以後，元宵節之燈火較諸早年之金碧輝煌，已屬天淵相隔。值茲戒嚴，益復不堪回首。本年新歲開始，華界商業，因多遷入租界，然折價紙幣，已成過去。故雖瘡痍未復，然亦稍解喘蘇，似應於此元宵節中有所點綴。惟戒嚴方亟，商務蕭疏，故就商界言之，則一仍往日，未增燈彩，而往來遊人倍於往日，則爲大馬路生色不少。至政界則以省署方

面，極稱熱鬧，各機關亦多懸旗。至於各工廠、各軍隊則均行放假，故軍人、工人特別之多。若娘娘宮、宮北大街等地遊人如織，而租界及華界之各項遊藝場，以及電車，尤屬無隙地，不過夜間甚爲蕭條，如平日也。

注：文中記載農曆正月十五元宵節期間香客絡繹不絕，紛紛到天后宮進香，遊覽宮南宮北一帶廟會的情況。

《益世報》1928年3月4日第十二版

「駐津美兵　昨赴天后宮參觀」

昨日（二日）下午二點餘鐘，有美兵三十餘人，赴宮北大街及天后宮一帶參觀，各兵士並購買各種玩物，均照值付價，紀律尚佳云。

注：不同時代、不同歷史時期的部分外國人，常常被天后宮的神秘和魅力所吸引。他們不僅著眼於天后宮的建築，更爲關注的是這裏的人員、活動、習俗等。

《益世報》1929年1月29日第十四版

「天后宮」　（彼岸）

燒香還願這是多少年來婦女的迷信，男子中雖然亦有那所謂「信氏弟子」者，但是究竟沒有女子那樣多，只就天津的天后宮說，慢說每逢初一與十五，（這當然是指著陰曆說），就是尋常的日子，那燒香還願□□□□們亦是絡繹不絕，聽說天后宮裏面供著的偶像很多，什麼「俊哥哥」、「花姐姐」、「子孫娘娘」、「王三奶奶」，等等的名兒，一時也說不清，而主要的偶像叫做什麼「天后聖母」，婦女們群呼做「老娘娘宮」，據一般迷信甚深的老太太們說，這位老娘娘的寶座下面通著「海眼」，他幾時若是一欠身，馬上這天津就可以被海水淹沒，你聽這話可怕不可怕？大概民國六年天津的那次水災是這位娘娘欠了身的緣故罷。一笑，說也奇怪，當此青天白日之下，旁的廟宇拆的拆，毀的毀，就是目前有幾處苟且存在的，也是岌岌不可終日，唯獨這座娘娘宮，簡直的要成了萬世帝王之業，竟沒有一個人敢提議廢除，難道說眞怕海水淹了天津衛不成？有人說這裏有個原故，你沒看見天津的租界裏有那「皇宮」，「天宮」，「仙宮」等等之宮乎？國界裏的冷靜，與租界裏的繁華，已經就有點令人難以爲情了，多虧有這座天后宮，還可以與他們那些個宮對抗一下，如果把這座天后宮亦行廢除，豈不相形之下更令人難以爲情嗎？這就是保存天后宮的唯一理由，至於海水淹

不淹，那還是第二問題哩，唉！（丙）

　　注：天后宮是天津香火最旺，地位也是首屈一指的廟宇，到天后宮上香也是天津民間重要的習俗之一，因此香火錢成爲天后宮賴以生存的重要經濟來源之一。

《益世報》1929 年 2 月 7 日第十一版

「臘尾春頭天津市面之冷落」

　　今日爲舊臘二十八日，去舊曆新年只有三天耳，律以昔年舊慣，自十五日以來，各商家即懸燈結綵，燦爛輝煌矣。今年則大相徑庭，一由於政府廢除舊曆，二由於連年戰爭，民商交困，故街市上呈一種極蕭條之景象。除租界外，自以估衣街、北馬路、大胡同等處爲商業中心，其一種冷靜概況，完全與平日無異。較之往年之熱鬧繁華，可作一與一零之比例。其略備新年彩色者，惟宮北一街，兩旁□添攤販多處，售賣紙花、香燭等物。北馬路東北城角，則有各種筐挑，售賣水仙、梅花及各種草本、木本花草，與售賣銀魚者，尚有祥德號之乾鮮果品，排列馬路一丈餘寬，此外則無足記載者。市面蕭條，亦可略見一斑矣。

　　注：二十世紀二十年代末，天津的民族工商業日益發展，但由於西方列強的經濟擴張和官僚資本的侵入，當地的經濟舉步維艱，有相當數量的民族工業開始衰落或破產，以致百業凋敝，市面蕭條。這種狀況直接反映在天后宮等商業中心日常的經營上。

《益世報》1929 年 2 月 26 日第十二版

「娘們燒香　他偷皮包　結果偷者送公安局」

　　東門內瑞生織布工廠工友張玉田，年二十七歲，景縣人，於昨日下午一點餘鐘，赴天后宮內觀看婦男燒香，不料忽有一竊犯乘機掏其口袋內皮夾，幸經該處崗警楊恒忠瞥見，立即將該犯抓獲，連同張某，一併帶至一區四所，經石署員提訊，該犯供稱名朱義才，年三十五歲，山東泰安縣人，現在北營門外永興小店，前在軍隊充任兵士，自解散後，乃由唐山來津，住有一月之久，因生活無著，今日在天后宮竊取張某皮夾等情不諱，該所以事關偷竊，乃派警解送公安局訊辦云。

　　注：天后宮歷來是人流密集的重要場所，前往那裏進香、購物的人總是熙熙攘攘，人流如織，因此很容易滋生一些治安問題。

《益世報》1929 年 4 月 14 日第十四版

「婦女逛廟」　（羅亭）

張大媽、李大嫂，一同燒香去逛廟。小驢車，疙疸套，坐上好像八擡轎。下了車，入廟場，一到廟裏去燒香，人山人海鬧嚷嚷。

燒完香，去聽戲，今天戲兒眞有趣，又開眼來又解悶。他和你，你和他，黑臉對著白臉殺。

聽完戲，溜溜腿，伸手跨兜，拿出一把大銅子，買些物，吃吃嘴。左手拿著一串油炸糕，右左手拿了一串油炸鬼，吃的嘴兒油光光，今天上廟眞不郎當。

一霎時，晚風涼，回家路上土飛揚。塵沙布滿了青絲髮，臉上好似西瓜霜，這就是鄉下婦女逛廟的下場。(乙)

注：從研究思想觀念的角度，報紙上一些文學性的副刊十分值得注意，它們提供的雖然不是眞人眞事，但對於反映社會上一般思想觀念的變化，具有標本性的價值，因而即使是「不眞實」的資料，卻不乏情感的眞實性或心理的眞實性。

本詩中通過生動描繪早年間，天津鄉下婦女前往天后宮進香、遊覽、購物等的場景，充分表達了作者對這種社會現象鮮明的觀念。

《益世報》1930 年 2 月 20 日

「淫祠邪祀廢除善後」

──各區街長副開會討論結果　天后宮因商業關係請保留

街村管理處，前此爲廢除淫祠邪祀，曾召集所在地之街村長副到處談話，磋商廢除善後辦法，彼時因天后宮、玉皇閣、藥王廟、天齊廟等，均在東一區轄界，故東區街長副到者較多，□果，因非一、二人所能強作主張，遂決定由到會各街長副轉行召集其他街長副，討論廢除後之善後辦法。到處街長副因此當退，而召集其他有關街長副聚議結果，大致決定分別審核情形，以定去留。並由東一區街長副聯合辦事處匯總，現在已審核大半，其中如天齊廟、藥王廟等，均經拆除改建學校，是已名存實亡，但有須保留者，厥爲天后宮一處。據所在地之街長調查，天后宮之建築，實遠在元朝，歷代均有所修整，迄至現在，所佔地段，計各商店租占南北各殿共四十九間，街公所佔居三間，一區四所一棚借用兩間，南殿現只存文昌像，此殿有關羽像

及財神、藥王等像，後院及樓下均歸學校佔用，按該學校係由該宮住持所設，名為乙種商業學校，創自光緒三十二年冬，迄今已有二十五年之歷史，前後畢業達七百餘人，及民國十八年，又附設民眾學校，一切經費均出自宮內房租香金項下，計乙商教員，每年薪金需九百七十六元，雜費需三百二十元。補習學校，每年教員薪金，需一百八十元，雜費六十元。兩校經費，每需一千五百三十六元，此點對該宮尚未可厚非，現在該宮有道士二十人，每人均有相當積蓄，由破除迷信一點論之，所供木像固極荒唐，但於此又有一主要原因，與實行廢除，頗有關係，即廢除後，宮南北之商販，與宮內之攤販，必連帶失業，居住該處之街長副關於此點，擬即呈請市府請予保留，其文大意略分三點，分述應暫為保留之理由，其意以為宮南北之商家，及宮內之攤販，與單街子，估衣街，均與天后宮之廢除存在有關，果一旦廢除，宮南北之花店，及其他商業，必立行歇業，連帶中之單街子、大胡同，當同受影響，故望市府能予保留，呈文不日可上云。

《益世報》1930 年 2 月 25 日第十一版

「淫祠神祀　縣府屬行調查登記　以定存留藉破迷信」

訓政時期，亟當破除迷信，中央曾幾令各省市政府廢除廟宇，又以先賢之祭祀，似應保留，乃通令廟宇先行登記，以便存廢。業已先後誌於本報，省政府於去年即令縣政府遵照認真辦理。而劉、李兩縣長時亦曾布告調查，以惟市縣界限不清，辦理甚不得手。新縣長張肇隆自到任以來，對於政務不遺餘力。廢除神祀，尤為認真。接任伊始，既派委員調查辦理，並布告民眾知悉，於昨日業經調查完竣，特將四鄉各廟是否先賢神祀，或淫祠穢寺，並住持僧道之姓名、居住年限、行為優劣詳報省府，以便存廢，藉化愚民之迷信云。

《益世報》1930 年 3 月 19 日第十版

「淫祠邪祀　應徹底廢除　街聯所何不謂然」

市政府街村事務管理處，曾函詢全市街村聯合辦事所，對於廢除淫祠邪祀問題，籌有如何方法，速行呈覆，以便報部等情。現該辦事所已彙集各街街長，對於廢除淫祠邪祀之意見，於昨日呈覆市政府，茲將其原呈誌下：呈為呈覆事，案準鈞府街村事務管理處函開，前以廢除淫祠邪祀一案，曾經召

集各街街長會議，通過妥籌方法，再爲呈覆核奪，等情在案，現在此事急待報部，各街街長對於廢除淫祠邪祀，究已籌有如何方法，相應函請貴辦事所，轉知各街街長速籌呈覆，勿延爲要等因。準此查表列本市淫祠邪祀，計有藥王廟、五聖廟、龍王廟、藥王廟、天齊廟、天后宮、玉皇閣、靜業庵、鼓樓、三官廟、紅寺廟、白寺廟、龍王廟、黃姑庵、青龍廟、王三奶奶廟、九天廟、城隍廟等十八處，當即分別由各區所街長副，負責調查，先後覆報。據稱現有各寺廟，或爲警所街公所機關團體所住居，或已租設商店，組織學校，房屋倒頹，早無神像者有之，改修民房，設立公益機關者有之，大都僅存寺廟之名，而無寺廟之實，均有隨社會文明自然淘汰之勢，如東門外天后宮，半爲街公所及學校，半爲商鋪及小攤，雖稱爲廟，實則商場。榮吉大街五聖廟，爲初級小學校及街公所佔用，藥王廟爲警署及半日學校，義倉街迤北小藥王廟，早經改爲天澤水局，改修民房式樣，塘子胡同靜業庵，素稱破廟，久無香火，後經改建民房，撥歸教育用途，餘房又爲街長副代表辦事處。其餘各廟情形，大都類是，既失寺廟之實，似無廢除之必要，除由各區主委及街長副隨時查察，斟酌各地情形，徵詢民意，務期破除迷信，歸於自然淘汰，逐漸廢除外，理合具文呈覆鑒核云。

　　注：天后宮自創建伊始，就作爲皇家御賜的官方廟宇，一直由官方主導重大的祭祀活動，有別於其它民間普通的媽祖宮廟。同時，宮南宮北一帶歷來就是天津的商業中心，很多階層在此都佔有豐厚的商業利益，故從清末民初開始，雖然天后宮已呈頹勢，加上這裏浮浪子弟多有傷風敗俗事端發生，社會輿論借助於當時破除迷信的形勢，不斷呼籲關閉廟門，但終未如社會正義所願。

《益世報》1930年5月4日第十一版

「天后宮的掌故（沽上迷信傳說之一般）」

　　據說老娘娘是一個船家的處女，三月二十三便是她的生日，後來她卻成了海上的神仙，她還可以保祐婦人們生子

本報社曾調查之九

　　我們在天津，盡可以不知道天津的地方有多少方里，天津的歷史沿革，亦盡可以不知道刺死一隻虎的費宮人故里在東門裏，而無人不曉有一個天后宮在東門外，而且都曉得天后宮供的神道是位老娘娘。天津市的人——尤其

是女人的命運，都在她的勢力支配下，不過老娘娘的靈驗如何？我們是不得而知的，但是我知道，年年到天后宮祈福的人，亦並沒有發了財，害病，依然要害病；死亡，還是要死亡。妓女在除夕夜裏求順遂，但是過年還是跳不出火坑，不過祈禱的人不問這些事，他們依然到初一、十五去燒香，好像單爲著香火的老道，仗著香火錢而謀生存。打破砂鍋問到底，老娘娘是誰？我們查一查封神榜，姜太公並沒有封過這麼一個神，當然老娘娘的歷史，不是書本上可以查到的，禮窮而求諸野，據一般人傳說，當然是神話，老娘娘的故事是不大一樣的。中國人對於任何事，至少要有兩種以上的說法，當然關於老娘娘的傳說更不只一個，最普通的說法是這樣：從前離天津不遠，有這麼一家，以養船爲生，他家裏有五隻船正在放海，離船回家的日子不遠了，天氣忽然刮起大風，他的全家就擔起心來，恐怕航海的人們永遠回不了家，一家人十分焦急，連飯也吃不下的時候，家裏的大姑娘忽然倒地抽起了瘋，仰著面，咬著牙，四肢亂掙扎，把家人全唬得呆了，除去竭力過去把她按住，再想法子往床上擡，便沒有辦法，那知大家越按她，她掙扎得越緊，後來人們用得力大了，她忽然喊出話來：「壞了，咱家的某船失風（就是被風吹沈）了……我這是一腳救一隻船，一手救一隻船，嘴裏還咬著一隻，現在嘴裏的一隻已經翻了」。過兩天，風平靜下去，她家的船果然只剩四隻回來，而失風的一隻，果是那天她說丟的那一隻船。從此以後，一傳十，十傳百，她便成了仙姑，以後便成了「老娘娘」，以後天津就建了她的廟，這個廟就叫天后宮。（未完）

　　注：文中介紹天后（天津人稱「娘娘」）身世和天后宮的來歷，係來自於民間傳說，雖然與文獻中的相關記載大相徑庭，但仍然與航海有關，尚具有一定的參考價值。

《益世報》1930年5月6日第十一版

「天后宮的掌故（沽上迷信傳說之一般）」

　　　　據說老娘娘是一個船家的處女，三月二十三便是她的生日，後來她卻成了海上的神仙，她還可以保祐婦人們生子

本報社曾調查之九

　　天后宮的老娘娘既然是出身船家，保庇海船的安寧自然是她的宗旨，據說，在大清的時候，海船倘一遇風，就燒娘娘紙，許願，準可以不升（船家

的行話沈也），收島（進港也）以後便按照本船一模一樣的造一隻小船，送到天后宮掛在大殿的房梁上，以後就可以永保太平了，這叫「還願」。假若在海上行船，偶然遇上了風浪，在這全船人命九死一生之際，據說老娘娘在這時候會顯聖的，只要船主在船上一燒娘娘紙，真心誠意祈禱老娘娘保祐，立刻可以從漆黑的海天中發現一個燈，在不遠閃耀著，趕緊轉柁合向燈火之處一走，這個燈火就把船引到平安的波浪去，直等到船真沒有危險了，燈火才不現，這個燈便是老娘娘派來救人的神光。然而她的神通，漸漸的大起來，一個女人要想有兒子，一個病人要想痊癒，甚至於你空空洞洞要求一年如意，萬事順遂，她都可以管，但是神仙亦有忙的時候，所以他又有四位助手，這四位是：（一）眼光娘娘，（二）送生娘娘，（三）乳食娘娘，（四）斑疹娘娘。至於她們四人的歷史，便無從考據，亦沒有去考據，四位助手娘娘的來歷不清楚。廢曆三月間天后宮開廟會的事情，卻是曉得清楚人很多，前清的時候，每逢三月初一，天后宮即大開廟門，籌備盛大的皇會，當然天后宮也就熱鬧起來，半月後，老娘娘要做大壽了，她的誕辰是二十三日，在做壽之前，老娘娘的娘家便要接一次姑奶奶，十六那一天，便把娘娘的駕接到西頭如意庵去，陳列一天，十九日又送駕，老娘娘回家，二十日出巡，從宮北、北門、老閘口、南斜街等處巡迴天后宮，二十一再休息一天，二十二再出巡，這次改從東門，西頭慈惠寺、鈴鐺閣街、估衣街等處巡畢歸宮，二十三日才正式祝老娘娘的大壽。據說，不僅天津人信仰老娘娘，天津四周的鄉民們尤其信，也不僅天津四周有人信老娘娘，並且因為前清奉旨開皇會的黃報，曾經在上海張貼，所以南方也有人專程趕這次三月的廟會。而且不但中國人信她，日本人信的尤其厲害，據說庚子年鬧義和拳以後，日本鬼子曾駕多少匹大馬拉一回老娘娘的像，但是拉了好幾天，紋絲沒有動。

　　注：文中簡要介紹早年天津重要的民俗——「奉納船」、「拴娃娃」以及出皇會的情況。

　　在天后宮正殿內，用彩繩或鐵絲懸掛著許多做工精巧的木船模型，人稱「奉納船」，既引人注目，有討人喜歡。這些「奉納船」都與航海有關。天后宮以前既是地區性的海祭中心，又是船工歡娛、聚會的場所。商賈、船夫們給天后娘娘敬獻船模，雖說意在滿足其許願還願的心理平衡，但由於船模完全是按照原船比例縮微製作，屬「仿真型」，因此客觀反映了我國航海船隻在不同社會歷史階段的發展變化狀況。這些保存下來的實物例證，為研究我國的航海史提供了頗有價值的佐證。

《益世報》1931 年 2 月 8 日第七版

「社會」

「統一國曆後二十年臘盡春回」

—— 宮南宮北觀

　　舊曆新年又來到矣，普通社會不能免俗。聊復爾爾，對此久經廢棄之斗柄回寅，尚表一種戀戀不捨之態度。一年之計在於春，當此臘尾春頭，多數仍欲溫其過年之好夢，一切置辦年貨，作種種之籌備者，觸目皆是。而各項小商販亦各顯投機博利之好身手，以五光十色之新奇年貨，供獻於購者之前。此數日間，蓋無不利市三倍。甚矣！社會習慣比任何勢力皆為偉大。真有不期然而然，莫之致而致者，雖國府三令五申，地方曉諭勸導，終不能扭轉此數千年相沿之風尚。則甚矣，舊曆之入人深矣。天津市面最能表現舊曆新年之徵象者，蓋無過於宮南、宮北兩街，凡年節需用之品，應有盡有，無美不備。記者十年前在津度歲，最喜往來此地，飽覽此特別之新氣象，當今此調不彈，已十稔矣。日昨與敝總理閒談，話及舊事，總理曰：「子何不作前度劉郎之重遊，歸而記之，亦極□興味之事也」。記者曰「唯」。因急赴電車站，乘紅牌車代步，用為捷徑之趨。車行未數十□，忽戛然而止。查票員曰：「大毛子來矣」。果見千總稽查之比國人，□□而來，但作遙視，並未登車。而車中之買票稽查，已皇皇然，立現不安之狀。適車中有某甲，大約非某機關，即少有勢力之分子也，賣票人以其不買票，而懼為外人所罰，而自動掣票一張，贈與之。某甲不接，且悻悻然曰：「與其如此，我何不自購」？及懇其購票，則有仰頭作不屑狀，賣票人窘極，曰：「同是中國人，何必令我挨罰始快」。同車人皆以鄙夷之意，表諸顏面。幸外人未登車，某甲亦至站而下。嗚呼！此國人之醜態，觀之深為短氣者，縱有勢力，何必為三個大子而輕用之。倘使外人真登車，毀自己之顏面，砸他人之飯鍋。雖有勢力，暫時亦無處行使，豈非自尋倒黴乎？小人有一分勢力，便要做十分使用，若惟恐人不知其有勢力者；君子愈有勢力，愈謙沖自下，若惟恐人知其有勢力者，此君子小人之所由分。吾人但觀其詞氣態度，即不難為之斷定也。車行過東浮橋，余即躍下，進橫胡同，過石頭門坎，而趨宮南街，再入宮南街口。即覺另有一番氣象，形形色色，無非過年之表徵。今試將耳所聞，目所見者，筆之於後，亦絕好之一副新年畫圖也。①五光十色，布滿街牆之年畫。我國舊家庭每逢過

年，必以最低價值，大大小小，購買極多之年畫，將屋中牆壁黏貼殆遍，以表示除舊迎新之氣象。俗諺所謂：「東一張，西一張，貼得屋中亮堂堂」者，即指此也。然此種年畫，類皆鄙俚不堪，大約可分為三品：第一品者為美人畫。從前使用木版，今已改為石印，畫工既精細，印刷著色，亦頗美麗，所惜千篇一律。皆效時裝，且有赤臂祖胸，半含春意者，此皆投人所好，而不知其於人心風俗，實有不良之影響也。第二品為童畫，與純粹之年畫，童畫為一群活潑天真之孩提，有自占一張者，有分畫數人者，類皆描寫其哭笑喜怒之神情，以表現其淘氣之狀態。此種畫尚無傷大雅，且易受人歡迎。惟純粹之年畫，多係過新年，接財神，闔家歡樂，元宵叫門，種種財迷式之迷信，最易使庸愚之人生其想發橫財之心，此亦年畫之中極有流弊者也。第三品則完全為虛構式之兇殺神怪，種種離奇妄誕之作，蓋完全取材於我國舊戲中之流行最廣，雖婦孺亦津津樂道者。此種畫感人最深，無形中實具有左右社會之勢力，所以我國三尺童子，無不知有姜太公斬將封神，無不知有孫悟空一個筋斗，能折十萬八千里。無不知有白玉堂黃天霸，曾持刀殺人。無不知有竇爾敦貲得功，是高來高去的飛賊，專會偷米麵、搶婦女。無不知有花蝴蝶採花蜂，能飛檐走壁，到處採花作案。試問此若許之社會教育，印於兒童腦筋中，永久磨刷不去者，非喜劇年畫之功耶。記者以為今日教育當局，對戲劇固應改良，對年畫尤須注意。此三品之畫，各有其改良之途徑，記者願供一得之愚，與當局商榷之。第一之美女畫，應擇古今中外女界中之有名人物，或有功於家庭，或有功於社會，或有功於國家。按當時之事迹，繪成精美圖畫，附以小傳說明。亦無須拘定時裝，或古裝，或洋裝，按其人之時地而定之。其餘則繪目前之女子職業，如紡績、種稻、刺繡、烹飪，以至充女教員、女知事者，均按其職業，繪成精美之圖，而另為文說明之，如此既可激發女同胞之志氣，且可領導其入於正當職業之途，此第一品之必須改良者也。第二品之童畫，更應加入淺近教育，或涵養其自然德性，或牖啓以科學知識，或激發其愛國之念，或助長其好勝之心，以極淺近、極簡單、極有趣味之寫生妙筆點綴之，而附以一兩句之提綱妙語，使其易記而難忘，其年畫亦家庭教育之好藍本也。至於各財迷式之腐舊年畫，應一律廢除，而易以各種職業畫，與愛國、愛群，及有關公益之畫，使社會普通民眾時時瀏覽，能油然生其企業之心與自強之念，比較官府之布告、黨會之講演，其無形效力、可以增加十倍，此第二品之必須改良者也。至於第三品，我國廿四史盡多聖賢豪

傑，可法可師，慷慨義烈，可歌可泣之事，隨意取材，足敷渲染年畫之用。何必取兇惡迷信，不見經史之腐爛舊劇，以流毒無窮哉！最好由社會教育各機關自延畫師，分祖繪畫，而以製版之權，售之畫店，並強迫其將舊版一律銷毀。如此則一年之後，即可弊絕風清，此即第三品必須改良者也。今從宮南北經過，見各牆壁所陳之年畫，雖光華絢爛，耀人眼簾，然一考其實際，與記者理想中之年畫，大相違反，此吾所以不能已於言也。（未完）

《益世報》1931 年 2 月 13 日第七版
「社會」

統一國曆後二十年臘盡春回
—— 宮南宮北觀（續 8 日）

年畫之外，交易最盛而陳列最多者，則為香燭紙碼店，及書寫春聯之小攤。從石頭門坎高永興，運遞至宮南北街，香燭店不下十餘家，購者爭先踴躍，戶限為穿，一望而知其生意興隆，一年之買賣當以臘為最大利市也。此種相沿而成之迷信，惟中下等社會受病尤深，倉促間實有不易破除之勢。各香燭店雖為助成迷信之一種營業，然亦關係一部人民生計，驟然禁絕，當有失業之虞。無已惟有地方當局，注重通俗教育以開發民智，人民知其無益而不為，則香燭店不禁而自禁，從事斯業者亦不患無生活之途徑也。惟各書寫春聯者多為文貧無聊之人，其書法雖無可取，然其飢寒困頓，藉紙墨以覓蠅頭之利，亦殊可憐。好在此種點綴春光，一新門戶之事，無傷大雅，尚可聽其自由，但對文字應稍加限制。其帶有封建色彩，或語含迷信者，均應取締，不准書寫。猶記去年租界某住戶門前，大書皇恩浩蕩之春聯，見者皆為捧腹。甚矣！愚民無知，而書寫是聯者，殆亦有神經病歟。此雖小事，令外人之通中文者見之，實貽國家之羞。公安局宜責成警察，隨時考察而取締之，毋令書寫春聯者隨意亂揮，亦通俗文字上應有之注意也。此一般寒酸在冰天凍地上，呵凍而書，情至可憫，有某攤上，來一老嫗購春聯兩幅，書罷為爭兩個銅子之價值，竟為口角多時，卒未成交而去。是亦一幕可憐之活劇，而落到土地上之文字，真不值一錢也。記者見之，為唏噓不置焉。再次為各種洋灰粗磁傢具，亦櫛比林立，羅列甚多。世上唯有吃飯難，而吃飯則不能不藉重於碗，雖貧無立錐者，亦不能不引此君為終身莫離之良友。在貧寒之家，雖平日百般將就，千般忍耐，一到年關，勢不得不添置幾件傢具，為蓬壁蝸店，

一壯顏色，則飯碗荣盤白木筷子，均爲置備中之首要問題焉。於是一般小商販應運而生，投人所好，以各種質地極粗，而彩畫鮮豔之傢具陳列街前，分組標價，其值甚廉，購者多屬婦人，選擇多時，稍不中意，則去而之他，往來穿梭，售者大有應接不暇之勢焉。（未完）

《益世報》1931年2月14日第七版
「社會」

統一國曆後二十年臘盡春回
——宮南宮北觀（續9日）

傢具之外，尚有售賣各色年花者，多爲五彩之紙剪粘而成。間亦有用綾者，則其價少昂。各種花朵類皆惟妙惟肖，無異新從枝上摘得者，此種手工在北平實占一大部分，崇文門外花市一帶，類此者無慮數百家。其中分粗細兩工，粗者爲紙花、供花，細者爲綾花。粗者專備年節之用，細者則專供婦女插發之需。近年，外人亦頗喜此，每逢多季，輒以紙花代瓶花，大餐間中，需用尤多。是雖小藝，亦未嘗不可建立工廠，招妙手婦女學習製花，設法改良，求其神似，逐漸推廣，不難行銷外洋，此亦女工生計之一，當道可加意提倡者也。不然僅製千朵一面之紅石榴年花，雖行銷甚廣，能值幾何？記者觀宮南北之年花，觸類旁通，爲此小小供獻，想注意民生者，或不可河漢吾言乎！其餘尚有各色紙燈，早幹庄，亦是紅紅綠綠，布滿街頭。紙燈爲年節一種點綴品，粗者不過以紅綠之紙作爲燈皮，糊成圓球形，聊供小兒之提攜。其細者則精巧玲瓏，或作宮燈形，或作壁燈形，上繪之人物花鳥，栩栩如生，在北平迴廊房頭二條，專售此物，各燈鋪懸掛門前，輝煌燦爛。一燈之值，或索數元，此亦手工中之含有美術者。近年外人亦頗喜此者，其住室中，每喜懸掛中國式之彩燈。此種彩燈，係以極薄之絹製成，所繪者多爲舊小說、舊戲劇中之節目。記者在北平時，曾見過十六盞之絹製宮燈，上繪《紅樓夢》，各人物均作古裝，畫筆非常工細，據聞係出自如意館者，索價三百元，後爲某外人以二百五十元購去，此種彩燈手藝亦北平人民生計之一也。若宮南北之燈，可自鄶而下，不過聊供娛樂兒童點染年景之需，其價值僅數十枚銅元而已。記者行經天后宮，因款步入內，一覽廟內之風光，以吾眼光觀之，僅可分爲四部：一首飾，二玩物，三金魚，四悶葫蘆，惟此四項生意而已。首飾店有門面，有字號，其餘則據地爲攤，以悶葫蘆、金魚兩種爲最多。悶葫

蘆一物，名稱甚多，北平曰「空竹」，上海曰「拉鈴」，濟南曰「老牛」，惟天津名以「悶葫蘆」耳。此物雖小，卻有操練身體之工效。北平旗人好遊戲，多能抖此物，且能抖出種種花樣，一繩兩棍，變化無窮。有時投至天空，幾與雲齊，以繩承之，百無一失。近年竟有以此爲業，在遊戲場中占得一席者，亦可見北平民生之艱窘矣。（未完）

《益世報》1931 年 2 月 15 日第七版
「社會」

「統一國曆後二十年蠟盡春回」
——宮南宮北觀

金魚具天然活潑之精神，余生平酷嗜此物，然其種類甚繁，北方佳品，惟龍睛翠魚，望天墨魚，大眼絨球，各種紅白相間之花魚，大者盈尺，可值數十元一對，廣東有一種珍珠翎，係周身作珠形，爲魚類中之最上品，惟以氣候關係，不能到北方來也。天后宮中之金魚，多爲下品，不值一顧。不過我國社會有一種迷信，謂新年必須買魚，取富貴有餘之意也，因此一般魚販，遂利用普通社會之心理，以不成材之小金魚，滿缸滿盆，置諸天后宮院中，向遊者兜售，亦投機之意也。至於各種玩物，多爲孩童之娛樂品，內中十分五六，來自東洋，日人專能揣摩我國社會心理，乃並家庭玩物之利權，亦奪之而去，其商戰之手段，眞凶辣哉！各首飾店，多爲燒香之婦女而設，謁過天后娘娘，即稅駕於此，五馬換六羊，以舊首飾易取新者，而店中遂利市三倍，此亦我國無知婦女無謂之消耗，反不如剪髮者可以一律免除也，然剪髮之後，項鏈別針，又增加幾多修飾，首飾店又何患無利可圖哉！記者信步遊至大殿之前，見燒香者依然擁擠甚多，內中孩子哭聲，大人叫聲，銅子嘩喇聲，籤筒叮咚聲，嘈成一片。甚矣！迷信入人之深。而舊俗之不易拔除也，此滿貯腐敗空氣之場合，頗不耐久遊，遂急拔步出廟，循宮北街作歸計。滿目之紅男綠女，亦無暇細觀，惟男中有二人，極惹余之注意，不得不表而出之，爲吾文作尾聲，則內女兩丐，男者癱瘓，仰臥於小車上，女者健步，牽挽同行，不問可知此爲一對可憐之夫婦也。觀女者年歲並不甚老，面目亦非醜惡也，倘能醉心自由，早已捨此廢物他去，然彼卒忍饑挨凍，伴其夫於街市上作乞討生活，若終身不能離開一步者，豈非吾公□中所謂終身良伴侶歟？歸而計之，即以此兩人爲吾文之收場，不知閱者作何感想也。（完）

　　注：天后宮前的集貿市場是天津早期主要的商業網點之一，商賈雲集，百貨薈萃，歷史十分悠久。那裏靠近北運河口，宮廟附近的河岸處有大片空曠地帶，可垛存糧米。由於大批糧船在此彙集，眾多商賈、船民在此登岸，大量南貨在此卸船，船民和沿河居民的生活必需品也要就近在此補充，並順便拜一拜天后，祈求神靈保護，集市便應運而生。後來隨著經濟的發展，那裏的集市活動長久地存活下來，形成一定規模的廟會。日常廟會以百貨雲集爲主，節日廟會以百戲雜陳爲主，春節廟會兩者兼備，盛況達到頂點。每年一進農曆臘月即形成規模很大，種類繁多，數量豐富的年貨市場，並一直持續到正月十五後。就天后宮年貨市場而言，有些商品雖說是平時難以見到的，但最具特色的還是那些名、優、特產品。天后宮的存在及活動，刺激、帶動周邊地區的經濟發展，形成具有活力的新經濟發展區域。

　　慶新春，買金魚，其民俗心理是什麼？作者認爲新年買金魚「取富貴有餘之意」。天津楊柳青年畫裡有一傳統圖樣，少婦抱娃娃觀賞金魚，畫題標出祝福，叫作「金玉滿堂」。「富貴有餘」、「金玉滿堂」，天后宮裏敬娘娘，再買幾條金魚而返，那眞是「帶福還家」了。

《益世報》1931年9月27日第十版

「黯淡的中秋」
──昨日天津市面一瞥

天后宮

　　天后宮在舊曆初一、十五兩天是小廟會的日子，這一天十五又是中秋，按每年的慣例當然格外熱鬧，來這廟會的香客十九是沒受過教育的婦女，婦女之中又有大半是妓女，因此廟門口站滿了無職業、無知識的遊民，不怕警察的唾罵，擠著看熱鬧。今年雖然演出瀋陽大慘案，可是這般人都缺乏知識，所以燒者自燒，瞧者自瞧，擁擠情形，比每年並不減色。

　　注：農曆每月初一、十五，以及每年春節期間，不少婦女（包括妓女）都要到天后宮宮燒香。不少好色之徒爲尋求精神刺激，從其畸形心理出發，前來聚眾觀看，那裏始終爲男女情色陋俗所困擾。

《益世報》1931 年 11 月 27 日第三版

津變後市面之慘淡

—— 娘娘宮中寂靜無人　煙火不舉

法院冷落　律師住宅十室九空

皮商紛紛回籍　損失不下三萬

【本市消息】自津變發生，延至今日，已近二十日，當變亂猝作之際，凡華界各住戶，略有身家者，皆已先後遷移，一二日來，搬家者漸稀，乃前晨法兵營在東局子打靶時，復引起居民一度恐慌，致前昨二日，搬家者又形增多，東馬路東門臉各處，途為之塞，該地值班警察，因東門外水閣為交通孔道，特指揮車輛，由襪子胡同通過，遂使襪子胡同接連金湯橋一帶，車輛絡繹於途，搬家者泰半為城內□西頭一帶居民，其目的地則在意法租界，後經公安局電令該管之一區三四各所予以制止，始復原狀。宮北大街及東馬路之銀行銀號，除遷至英法租界辦事者不計外，至其餘之小錢號及換錢局等類，亦無一家恢復營業，即素稱繁華之娘娘宮，亦淒冷異常，宮中商號，以金珠首飾店最多，已多數遷移，其未遷者，亦將珍品連走封存。日前適值廢曆十月十五日，紅男綠女，終日不絕，今則寂無一人，煙火不起，令人不勝今昔之感，商號中除一部巨商大賈遷移租界外，至其餘之小營業如皮襖鋪，（收拾皮衣代賣舊皮襖者）南紙作，估衣鋪，自津變發生，各號以成本既微，每日坐食，餘資盡罄……。

《益世報》1932 年 1 月 17 日第六版

空前浩劫之宮南北

—— 各商損失達七十餘萬　已準備請市府予以相當救濟

本市東馬路因津變損失達四十餘萬元一節，曾誌本報。茲聞宮南宮北大街各商亦紛紛向一區四所第五六編□報告損失，因該處與東南角、東馬路緊相毗連，適當戰爭之區。直、間接損失竟超過東馬路三十餘萬元，計各商一切貨物上、營業上實質損失十二萬七千餘元。間接損失合兩月來之消耗，仍以五倍計算，約六十餘萬元，總計兩街共損失約七十餘萬元，殊足駭人。各該商已決擬請市府予以相當救濟。各商損失如下：聚昌厚營業損失七五七五元，德春恒二五零零元，德興帽莊一二零零元，聯升齋八二零零元，同善堂五零零元，春記八零零元，永三元二二零零元，同義成七二零零元，瑞生祥三二零零元，義和祥二八零元，東來發二一零元，德豐三二零零零元，一品香

一五零零零元，德元永一零三零元，鼎彝齋八三三零零元，美利昌三零零元，瑞祥興一八零元，德盛成三二零元，瑞珍號三零零元，鴻興一二零元，裕和當二八五零元，得義厚一六五元，陳大生六四一元，天義德二零零元，廣華六七二元，□祥二零零元，華生工廠一八零零元，廣興五二零元，廣大一五零零元，志成工廠五零零元，中興工廠三零零零元，德育堂一五零元，宏盛昌一零零元，盛興五零零元，興盛八零零元，慎豐一二五零元，東全居一二零零元，義盛德八十元，永順成八十元，德盛號四零零零元，義和煤棧四零零元，德聚永八十元，恒豐瓷莊三零零零元，裕興恒酒店一零零元，永玉成一二零元，鴻興義一七零元，龔天成一六零元，永宏號五零零元，隆泰興一零零元，源豐泰二八零零元，萃文魁三八七元，衛生堂四零零零元，義承裕一八零零零元，隆泰和四五零元，鴻興順一一零零元，各商之間接損失及消耗約六十萬元，總計七十三萬二千餘元。

《益世報》1932 月 1 月 18 日第六版

宮南北小販

—— 公安局准許復業

本市自兩遭變亂，市面凋敝，商民困苦，已達極點。每屆廢臘，小販率皆售賣設攤，售賣年貨而藉以維持一冬生計。自今夏市長張學銘取締商販以來，各販無形失業，暗中叫苦，深恐宮南北之年貨攤亦遭驅離，日前各攤曾向該管一區四所，懇轉呈公安局在廢臘及新正十五以前准許營業，以恤商艱。所長徐仁偉因各販疊遭變亂，誠屬可憫，且所請均屬實情，當即據情轉呈公安局，已蒙照准。徐所長並於昨召集長警訓話，注意維護宮南北治安，不得向各販訛索，以維警譽。又宮北大街西口，與官銀號毗連之處，因初次津變，築有鐵柵門一處，每晚八時即行封鎖，茲如恢復市面繁榮，及便利商民攤販起見，特自昨（17 日）起，延長二小時而十時封鎖，故一時宮南北兩街小販齊集，頗有舊臘氣象云云。

《益世報》1932 年 1 月 23 日第六版

宮南北呈活潑氣象

—— 攤販林立　紅男綠女如雲　春畫滿牆　紫蟹銀魚竟勝

本市自兩遭變亂後，商民疲敝，已達極點，雖經當局之竭力維持，然各種

捐稅有增無減，兼之華界紳商十九遷移，故市面元氣一時尚難恢復。惟本市宮南北大街，自公安局特准攤販營業以來，則頗呈熱鬧氣象，昨日為廢臘十五，娘娘宮中自晨至夕，焚香祈福之紅男綠女，不絕於途，而三等妓女尤多。廟前馬龍車水，行人塞途；廟內則沿大殿月臺之上，直達廟門兩旁，萬頭攢動，壁立如牆，飽嘗脂粉之氣，間亦有職司，接引之小龜奴伺候其間。該管之一區四所所長徐仁偉，為維護公安，防範宵小，特飭三等巡官溫得榮率長警賀雲蘭、曲文鬥，指揮維持，宮內各販以售賣響葫蘆及氣球玩具金魚者居多。廟外附近，售賣燈燭及應用年貨春聯者居多，宮北大街西口六合里一帶，則大率為春畫部分，間亦有紫蟹銀魚之聲，參雜其間。宮南大街小販稍稀於宮北，以紙花攤占多數。據一區四所之調查，宮南北各小販，自特准營業以來，已達九十餘家之多，計春畫、春聯販各占十分之二，紙花販及玩具販共占十分之二，其售賣各種年貨販約占十分之三、五，花炮販最少，約占十分之五，較之去年，約差一倍。查花炮自奉直戰後，當局因時局不靖，雖不戒嚴，亦照例禁止燃放，兼以市面凋敝，民商擔負既增，於消耗無形撙節，況今年津變初平，花販減少，更為當然道理，然視此亦足知津市之歷年所遭及民商之隱痛矣。

　　注：1931 年 11 月 8 日，日本侵略者製造「天津事變」，直接給天后宮一帶的當地民眾日常生活造成很大的衝擊和影響，引起宮中香火頓減，市面凋敝，商業衰落，相關的經濟損失也是難以估量的。文中對當時細節性問題記載得十分翔實。

《益世報》1932 年 2 月 2 日第九版

到天后宮去（畫寢）

—— 如是我聞 ——

山門外：

「太太，可憐我這沒有手的殘廢人□」

「您就賞給我們娘兒倆一個罷！可憐這小孩連奶都沒得吃哩！太太」

「行好，可憐……」

「躲開！你們盡圍著我，擋住了道，還讓人進去不讓？」

「真討厭！像他們這樣活受罪，不如痛快地死了的倒好，不知前世裏作下甚麼孽哩！」

「呦！三嬸，別說這話。這是佛門善地，看教老娘娘聽見，怪下罪來可了

不得！」

到天后宮來燒香的太太、奶奶們剛才邁下洋車，便被一群斷臂、跛足、瞎眼、缺鼻，男、女、老、幼，各式各樣的乞丐們追□逐著包圍了。於是，鬧嚷嚷吵成一片。

山門內：

「買□子麼？，這兒賤哩！」

「這末大的金魚缸只給五毛五？……哦！您就擇個去！」

「給我們擇一付大字兒的罷！這付貼在大門上太不像年對的樣兒了！」

「這樣小的玻璃燈，一毛錢還不賣？拉倒！」

這都是甬道兩旁，攤販和顧客們的交易之聲。

「媽媽！大氣球我買！」

「咱不要！等著燒完香，我給你買個大洋娃娃！」

「要不，我買那個花花臉！」

《益世報》1932 年 2 月 3 日第九版

到天后宮去（續）　　（晝寢）

「走罷！這孩子看見甚麼都要買。那麼，下回便不帶你出來了。走！別擠我們！」

要買攤前，站著的那個身穿紅褲紅襖，頭梳紅繩小辮的幼女，終於帶著失望的神色，被她媽媽領走了。

──吱……吱……吱……

「二姑！那些氣球笛都是日本貨。你們先生不是給你講過，不要買日本貨麼？」

「呦！我忘了！嘻嘻」。

此之謂一言喪邦。賣氣球笛的□於斜著眼睛看了大姑一下，並沒敢說出什麼怨言。

……嗡……嗡……嗡

「這個單輪的悶葫蘆賣多少錢？」

「十二響的一百四十子兒，不打價」。

「喔，好貴，買不起」。

顯見這位學式青年是無心購買，不過拿賣空同的的老頭尋開心而已。

「哎！這位老奶奶怎麼往我腳上踩？」

「沒看見，老太太！怨我啦！我給您老人家攙攙罷！」

「罷呦！人多太擠，總得留點神！」

吃虧常在，能忍自安。這兩句古語不僅是我們中國人的治身格言，實即在是我們中國人的特性。這位捧著一束高香，正在企望神麻的老太太，和那位提著兩包供品，亦在仰慕后德的奶奶，竟都能同遵古訓，把一場腳下風濤無形月臺上：消了。

「嘿！老□，你瞧！那位胖得溜的，小頭梳的多光滑！」

「哼！你還沒看見方才那個小腳呢！不說玄！頂多不過三寸三！呵呵！」

「別嚷！留神人家聽見！」

「聽見，怕什麼？誰還管得了這爺們說話麼」。

這自然是所謂來站崗的流氓們，任意把燒香的婦女們評頭論足地侮辱。

「先生們！這裏站不住啊！下邊請！」

「喂！諸位別堵住門！借借光，讓讓道！燒香的有甚麼看頭？老總！勞駕你們幾位，給趕趕閒人罷！」

「走！散散！這地方不准男人們站立，沒看見那邊掛著牌麼？下去，看什麼？」

「說著你怎麼不走？要找挨揍？」一老道居然能支使彈壓廟場的警士，警士居然能驅逐，而且斥罵閒階小立的自由民眾。

大殿內：

「買香的這兒來！四個大子一股啊！」

「給我們請十股！」

「好！一對，兩對……不行！你給我的這是兩毛票兒，合七十六個子兒，還差兩個大子哩！」

《益世報》1932 年 2 月 4 日第九版
到天后宮去（續）　　（畫寢）

「我們也請十股」。

「等一等！……少奶奶，再補兩大子！」

火居道賣香生意興隆，真是貨真價實，童叟無欺。

——刷拉拉……刷拉拉……

「第二十八簽！」

「二十八簽？上上！你老，這邊請，領簽票！」

「討簽的別忘了撂香錢，□老娘娘有靈有聖，有求必應，多撂香錢。多討吉利啊！」

「道爺勞駕給我解說解說這張簽票！」

「這簽是上上，反正都不錯，問什麼事都吉利！」

「哦……那麼……」

簽票上那些鬼話除非鬼知道，據說老娘娘更知道，老道既不是鬼，又不是老娘娘；他不過也和討簽的一樣是個人，豈敢說是眞□解說得來呢？

「胡老太太也燒香來了？呦！你老還帶著還願哩！是爲你老的老閨女出花許的麼？」

「唉！敢情是韓姥姥呀！早來呀？噯！不是呀！這是因爲我們三孫子前些日子鬧嗓子許的。咳！別提了！要不虧了我們的街坊黃大夫醫道好，治的快，這條小命兒眞不易保哩！啊！也總算是老娘娘有靈有聖啊！」

——冬冬鐺鐺……冬冬鐺鐺

「喝！還願敢情還得撞鐘打鼓哩！嚇我一跳。……老太太，你老這替身紙人多少錢紮的？」

「兩塊六毛錢！花錢是爲的孫男弟女們，有甚麼法子呢？就是省吃儉用，我也不痛錢的！」

「大喜啦，你老！還願是順遂事，還不多給幾個香錢？老太太就賞了十塊，也不算多！」

「不少啦！」

這位老太太眞是慈愛，爲了孫男弟女親自出馬，又慷慨地費去很多錢。不過火居道因爲香錢得的不多，——大約是兩個大銅幣——似乎不很滿意。——於戲！視此，爲人焉可不孝？

注：香火錢是天后宮道士賴以生存的主要經濟來源之一。天后宮道士除外出念經掙經份，還十分注意廣攬香火款。早期天后宮香客如雲，遊人如織，於是，善於鑽營的道士便在此處大做文章，憑著他們的三寸不爛之舌，充分利用民眾的擇吉心理，把吉利話和自己的生意經緊密聯繫起來，從而取得了較好的經濟效益。

討簽，又稱掣簽、簽占，是占卜方式之一。舊時，民間常以此預測吉凶

禍福，此亦為天后宮一項信仰習俗。因為包含迷信色彩，現今已被取締。

《益世報》1932年2月5日第九版

到天后宮去（續）　（晝寢）

「呦！你這個人怎麼這麼野！挨刀的！」

「你可別罵街！我要不看你是個娘們，我就……」

「你就怎麼著，怎麼著？……可了不得啦！你是個大老爺們家，可不許跟我們婦道滿嘴胡噴糞！」

「算了，瞧著我的面子罷！你們兩家都是為來求順的，吵什麼嘴？先生，你往那邊燒去！這位少奶也別再說了！」

不□了和事老出頭瞭解，險又起一場爭端。

「瞧！四姨！這位別是傻哥哥吧？」

「可不是！挑著水筲的你還看不出來麼？了頭呢？來！你去摸摸傻哥哥的手，保祐你一年到頭甚麼病也沒有！」

「別忘了摺香錢，給。哥哥打酒喝！多□罷，你老！」

傻哥哥乃是個泥塑的偶像，居然也要喝酒？這也許是火居道的醉話？

後殿內：

「王三奶奶在後樓啦！燒香的在這兒燒罷！你老！妙峰山的王三奶奶呀！討聖水的這兒哩！你老！」

「這位是送生娘娘！保祐少爺小姐們長命百歲呀！你老！摺香錢！」

「這位是痘哥哥！摺香錢！」

「痘哥哥有求必應呀！別忘了摺香錢！」

「摺香錢！」

「摺香錢！」

「……」

摺香錢之聲，幾乎震破耳鼓。

大殿旁：

「帶福還家，買張符罷！消災避難，一家平安啊！」

野老道賣符，逢人便攔。

「你轉的是七彩，得糖兩塊」。

「我也轉一回！給你錢！」

賣糖的擴充營業，竟敢設立轉盤得彩，公然賭博。

「那張大胖小抱魚的賣多少錢？」

「六個大子一張！這是洋紙的！」

賣年畫的將畫掛張滿牆，任人觀覽，所以攤前擁擠，利市十倍。

「青果蘿葡呀！」

「雞蛋餅！」

「李一香的藥□──青梅蜜柑，痧藥仁丹；消食去火，西藏青果，一個大子一塊！」

賣零食的各種小販們，吆喝著向人兜售。

角門內：

「春永堂張家眼藥！老號的，又賤又□」

「你這眼藥也能治口瘡麼？」

「行！要多少？」

眼藥也能治口瘡，難怪其四遠馳名了。

「帶子！帶子！少奶奶買一條罷！回家帶個白胖大兒子去！」

「呸！瞎了眼的王八蛋！我們這位還是大姑哩！」

「哦！大姑，帶個侄男旺女也好啊！」

賣帶子的窮老婆兒過於冒失，自找沒趣。

角門外：

「車麼？拉您去？」

「太太！可憐我這殘廢人一個罷！」

「行好罷！太太！可憐可憐罷！」

燒罷香欲歸去的太太奶奶們，又被那群乞丐們包圍了。（丙）（完）

注：出租廟產是早年天后宮日常一項主要的經濟活動。自清末民初以來，天后宮有將近一半的殿堂兼做商業鋪戶使用，這些鋪戶主要分爲首飾店、繡花作、眼藥鋪、空竹店、照相館、切麵鋪和雜貨鋪等。不少道士就靠出租殿堂贏利。

《益世報》1932 年 2 月 21 日第六版

上元節

──繁華不減當年　戒備異常嚴密

昨爲廢曆燈節，本市各馬路行人，驟形增多，宮南北大街，士女如雲，

娘娘宮內，紅男綠女，擁擠不堪，較諸廢曆除夕，有過之無不及。至各街衢攤販，以售賣各種花燈者爲最多、次即爲花炮、市面各商，積習難改，每多懸燈結綵，惟尙不聞音樂之聲，（商家於廢曆春節，每多休息，吹打響器法鼓等類，藉以慶祝。）市公安局除於事前通令各區所，於是日嚴密戒備，全體出動外，臨時並派該局之四隊特務員警，分佈於全市各要隘，偵查奸宄，以維治安云。

　　注：文中記載上元節（農曆元宵節）期間很多男女香客絡繹不絕，紛紛到天后宮進香，遊覽宮南宮北一帶廟會的場景。

《益世報》1932 年 4 月 25 日第六版

宮南北亦增闢夜市　籌備辦法大致已決定

——柵門封鎖時間延長以便交通

　　本市兩遭變亂，市面凋敝，已達極點。而宮南宮北一帶因適當其衝，損失尤巨，該兩街及各小巷口，原設有柵門，每至下午七時，即行封鎖。鋪戶亦閉門休息，清冷無異新正，刻該一區四所八個編街合組公所，爲積極繁榮宮南宮北市面起見，除商請公安局一區四所，將各柵門封鎖時間延至晚十時再行關閉，並已取得同意外。近復擬議決於宮南北一帶增設夜市，准許各攤販於晚七時後上市叫賣，至十時收市。藉資招徠，俾街市繁榮。聞各街長已於昨開過二次會議，其籌備辦法，大致決定：將於日內函請第一自治區公所轉呈市政府，指令照准云。

《益世報》1932 年 4 月 27 日第六版

繁榮宮南北

——創辦夜市　免費設攤
——須經許可登記，禁售違禁物品
——自治一區請市府施行

　　本市一區四所各編街合組公所以本市自造變亂後，迄今各業蕭條，元氣未復，爲繁榮市面計，擬在該所宮南北一帶，設立夜市各節，曾誌本報。茲聞已擬定簡章，函請第一自治區公所，於昨轉呈市政府公安局鑒核施行。

　　茲將夜市簡章十二條錄下：一、範圍。宮南北襪子胡同一帶。二、時間。每天日落至晚十一時爲夜市時間。三、加入夜市手續。凡擬加入夜市之攤販，

須先在該管街公所登記，以資查考，而便分類指定地點。四、許可加入攤販登記後，考查係正當商人由街公所製發許可證，以免混雜（此證概不收費）。五、燈亮由各攤商自備，但須格外小心，謹防失慎。六、取締。凡加入各攤商，須遵守商人規則，公平交易，如發覺販賣違禁物品，或有不正當行為時，得追回許可證，取消其設擺權。七、保護。請公安局飭該管區所嚴加保護，以防糾紛，而防意外。八、優待。設立夜市，原為救濟商民，繁榮市面，官府地方概免抽收費用，以恤時艱。九、各地面平靖解嚴後，得將收市時間呈請延長。十、凡夜市各攤商如屆每歲春節，仍應盡讓歷年售賣節品各攤販循例設擺，以免衝突。十一、本簡章有未盡事宜，得隨時修正之。十二、本簡章自呈准後施行。

《益世報》1932 年 5 月 12 日第六版
津市風俗調查報告

（該報告共分四項五十六種，本文僅輯錄其中涉及有關天后宮方面內容。筆者注）

四、迷信狀況

迷信本為一種牢不可破的頑固心理，蓋流俗相沿，根基已深，前雖由政府倡導破除，然而勢力蔓延日久，深入人心，故一時不易打破。在津市之迷信種類頗繁，如扶乩頂神卜筮□輿，以之為營業者比比皆是，他如各廟宇之香火，恒常年不斷，尤以天后宮、千福寺、城隍廟等處，每逢年節及初一、十五等日，一般進香之男女為數亟夥，至家庭方面之迷信，如居家者，恒於室中設置各種神佛□片及香案，其供奉種類，多為五大家：（即狐、黃、白、柳、灰）天地位佛爺及財神張仙等，每日焚香叩首，以祈求平安。此外每逢年節時期之迷信事件，種類尤多，如：元旦□更即□祀神，並禁刀剪及裁割掃除傾水、初二之祭財神、二十五之填倉、四月初八之鬼會、五月初五之端午節、七月十五之鬼節、八月十五之中秋節、及除夕之守歲等等，要皆為古習相沿，難以打破者也。

《益世報》1932 年 5 月 13 日第六版
風俗調查報告

內容共分四項五十六種，其中：

十、賽會

賽會有一種迷信之表現，在昔頗盛行於津市，□廟宇林立，會事尤多。如：廢曆三月十六、十八、二十、二十二等日，皇會（津市有天后宮俗呼娘娘宮，娘娘□姓氏，身世言人人殊，但云係處女，每屆上述四日，則擡偶像至津西千佛寺，稱爲娘娘住家。）四月初八日之鬼會（四月八日，傳爲城隍壽日，是日由好事者扮作各種鬼狀擡偶像赴西郊義冢處，名爲赦孤。）每屆會期，輒萬人空巷，怪事百出，□年來以國內政局不定，□□凋敝，更兼提倡破除迷信□□□□像，久不平，民富物豐之徵象者，如廢曆正月十五日之燈會、五月五日之龍舟競渡等是，惟□此舉不特妨害社會之秩序，且有時發生不幸之事件，曾由官廳禁止，今則絕迹矣。

注：在民國間破除迷信的活動中，曾經不斷有關閉天后宮廟門，取消皇會等迎神賽會的呼籲，由於天后宮依仗自身爲津門媽祖第一官廟的背景，加上其中涉及多方的商業利益，因此這種訴求始終難以實現，不過受此影響，此後僅在 1936 年舉辦過最後一次皇會。

《益世報》1932 年 5 月 25 日第六版

「宮南北夜市　當局准予試辦」

第一自治區區長、街長等爲繁榮市面計，擬在宮南北一帶闢設夜市，經具呈市府，令飭社會、公安兩局，與一區四所會核去後，社公兩局經兩次詳覈，並一度測量路面，認爲並無妨礙，如能努力從事，尚能收穫相當效果。市府業經呈覆，決定准予試辦。指令一二日內可發，但徵聞捐務處以日租界夜市之成例，擬仿照之，按月抽收重捐，以裕收入，則與提倡夜市之本旨已相反，商民是否服從，尚成問題云。

《益世報》1932 年 6 月 17 日第七版

「宮南北夜市難成立」

—— 因對於治安交通兩有妨礙　市府昨令第一自治區知照

關於宮南北創設夜市，藉資繁榮市面，並經第一自治區公所具呈市政府鑒核示遵一節，曾誌本報。茲悉此案經市政府令飭社會、公安兩局會同核議，結果認爲與交通、治安兩有妨礙，根本不能成立，該府並於昨日指令第一自治區知照。文云：「呈爲本市自遭變亂，各業蕭條，元氣未復，請准在宮南北

創設夜市以資繁榮由，呈悉。此案業經令據公安、社會兩局會同呈覆稱，遵即派員會同該管一區四所調查具報去後，茲據該員等覆稱：查得宮南北等處，爲南北往來孔道，其每日夜車輛行人，雖不如東馬路之多，然亦較他處爲眾。且該處路寬不過二丈左右，又無便道，假如夜市成立，各商擺攤售貨，則街心所餘空間無多，對於交通，定感不便。並查天津殷實商號，多在宮南北一帶，平時因警察防範嚴密，故尚未發生他故，今若午夜以前召擺攤販，聚集遊民，爲日稍久，難免不良分子混入其間，或有不法之舉動，一旦發生他故，則於緝捕上亦感困難等語。查該員所陳與交通、治安兩有礙妨等情形，尚屬實在。若於該處創設夜市，實非相宜，請鑒核等情。據此，仰即知照，此令。」

注：「天津事變」發生後，天后宮等商貿中心遭受重挫，一時難以恢復元氣。當時天后宮所在第一自治區區街當局擬向市府提出申請，在宮南宮北一帶增闢夜市，以圖盡快繁榮市面。但市政當局囿於交通、治安因素的考慮，這一申請最終未能得到批准。

《益世報》1932 年 11 月 8 日第六版

「津沽名勝」 （宋蘊璞）

（丁）寺廟

天后宮，俗稱娘娘廟，在東門外，元泰定三年八月作天妃宮於海津鎮，蓋天津有廟之始也。明永樂元年重修，今香火之盛，爲諸廟之冠，每逢朔望，進香者途爲之塞。舊曆元旦，各院娼妓，咸禱祝於此，粉紅黛綠，滿院光輝。

注：文中記載天后宮的位置、創建、重修時間、香火等內容，同時介紹了農曆正月初一妓女們赴天后宮進香的情況。

《益世報》1933 年 1 月 14 日第十二版

「蠟鼓聲中 宮北一瞥」

—— 年畫五光十色式樣繁多 紙祃上諸神如國府照相 爆竹絕迻他物應有盡有

自國府通令禁止舊年後，機關學校雖皆奉令實行，而一般民眾積習難改，對於舊年仍戀戀不捨，不忍割愛，尤以風氣閉塞之天津爲最，刻下轉句即屆廢年以是宮北一帶，各種年貨遂已上市。榆關炮火，東北烽煙，國難燃眉，皆置而不顧也。

　　宮北者，東門以東，金湯橋以西之一條街道也，中有天后宮，故有宮南宮北之稱，每年至廢曆年關爲出售年貨之大市場。記者日昨抽暇赴該處一觀，因天氣奇寒，朔風針骨，且未屆年終，故購貨者不見若何踴躍，然舊年所用各物，大致已皆豐齊，如年畫、紙禡、蠟燭、香、春聯及其他對象，應有盡有，而個中尤以年畫爲最多。年畫可分爲三等：一等精而成，或長條，或橫幅，畫雖不佳，而索價頗昂。顧主極少。一種係用洋紙，畫一摩登女士，次則平常小畫，每張代價約三四銅元不等，式樣繁多，記不勝記。最普通者爲「大發財源」、「財神叫門」、「連年有餘」、「雙生貴子」、「連科及第」，以及黃天霸、駱宏勳、趙子龍、秦叔寶等英雄故事，五光十色，美不勝收。

　　據記者推測，種類所以如斯之多者，蓋人之志向不同，希望亦異。或願發財，或願作官。而此種年畫，所以投人之所好也。如記者昨日親見，一十七、八歲姑娘購買「雙生貴子」畫一張，以此類推，其可想而見。

　　紙禡種類亦不少，有菩薩、玉帝、仙神、財神等，亦有一張而全體包括者，玉帝上坐，文武百神兩邊旁陪，一若國府全體官員之照相然。惟各位武官，態度率皆恭順，或不致爭權奪利而互相仇殺也。

　　蠟燭有中洋兩種，皆紅色（白色不吉），中蠟有四兩、半斤、一斤等，大者上塗有金色字，其文皆從春聯採來，當係吉慶之語。

　　香有長短兩類，長者名懶香，蓋預備懶人燒香之用，取其不易盡也。

　　弔錢作粉紅色，剪製精美，剪作「一門富貴」、「福壽綿長」等字樣，過年時貼於門首，以爲補助春聯之用。爆竹未見，尋之各攤，咸云無有。蓋各商亦料及屆時迎神送神，或可用機關槍代替也。

　　供花種類繁多，名目亦各自不同，或「麒麟送子」，或「天官賜福」，或□做人形，或□做花朵，眞不知伊輩費若干心血製成者。（未完）

《益世報》1933年1月15日第十二版

蠟鼓聲中　宮北一瞥　（續昨）
——覆巢之下焉有完卵　圖過年者其速猛醒

　　天后宮內，雖非廟會時期，而往燒香者，依然不少，正殿門首，掛白色木牌，上書「不許男人站立」字樣，然男人進內參觀者，往來不絕，住持視而不禁，是或二十世紀天上亦將男女隔絕之風俗打倒？皇后色相，遂致任人欣賞矣。廟內售物者，各攤相連，所售多係兒童玩物，來自東瀛，不問可知。

燈籠乃元宵節所用，今提前出售式樣亦多，或魚形、或車、或馬，奇形異色畢俱，惟被風一吹，失卻原來形態，幸紮製稍緊，僅不至風流雲散而已。

轉瞬斗柄回寅，春來萬戶，所有貨物，大半均可售出，此筆銷費，每年不知有若干金錢，且此金錢亦不知費若干心血得來。值此國難嚴重，民族憑淩，前敵將士，浴血殺敵，裹創死戰，愁雲慘霧，籠罩平津，後方給養，百端需款，而一般民眾，過年之心，猶如斯之勝，一若覆巢之下，尚有完卵者。無知愚民，或可原諒，尤奇怪者，一般知識階級，亦側足其間，往來如梭，購物甚□，興高采烈，實不讓無識者獨美，是誠毫無心肝者歟？空言救國，無補實際，如省下此一筆銷耗，捐軍費，如全國各地，依此實行，所得款項，恐不止數千萬也。

注：每年一進農曆臘月，天后宮廟會即形成規模很大，種類繁多，數量豐富的年貨市場，並一直持續到正月十五後。就天后宮年貨市場而言，食品、日用百貨雲集，有些商品雖然說是平時難以見到的，但最具特色的還是那些名、優、特產品。

《益世報》1933 年 1 月 23 日第十二版

「市民慶年之無謂糜費　竟達千二百元」

現在廢曆年關即屆，民眾又多忙於度歲，而以天后宮一帶年味尤足，據自治界某君調查宮前，宮南街計有售賣春聯者十五家；宮北有售賣春聯者四十五家，共為六十家，每家每日平均可售進現款二元左右，以自臘月二十日至除夕止，十日期內，即宮南北春聯銷售總額，總數約有一千二百元上下，其他香燭紙花，尚未計及，於此可見市人對舊年之銷耗矣。

注：天津作為一個移民城市，其居民多於明、清、民國時期從各地遷徙而來，各地的風俗在這裏彙聚交融，形成此地紅火熱鬧的民風。小康之家往往都對春節等傳統節日十分熱衷，在這種場合，春聯往往能夠扮演烘託氣氛，提高品位的重要角色，這種現象在清末民初已經開始形成一種社會風氣。

《益世報》1933 年 10 月 5 日第六版

「國難期中之秋節　氣象不減當年」
── 應節食品暢銷　娛樂亦甚盛　公安局加緊戒備　市面平靜
「又一視察」

昨日為廢曆中秋節，雖廢除舊曆之聲未聞，而商界以結帳關係，各界則

習俗難除，故全市仍莫不點綴佳節，桂子飄香，人間天上兩團圓者是也。鳥瞰全市除往來碌碌催收賬款之商人外，一部分工廠循例休假一日，省府及各機關，上午照常辦公，下午則無形放假，各團體並各級學校，則因多數忙於購物渡節，不約而同紛紛告假，以是各馬路、各路電車，傾呈數倍人多，娛樂場及各商場並天后宮等處，遊人肩摩踵接，尤以手攜各色禮物，循環饋送戚友者更觸目皆是。省會公安局為維持公安計，特預飭各局所隊，凡各級官警，一律於上午八時至翌晨二時之時間內，全體加班出勤，東西南北門，及各衝要馬路、各城角、各橋梁、各機關附近，則增設臨時崗位，分派保安隊值守。故自晨迄晚，行人雖數倍於前，秩序則愈見嚴整，各區所違警並民刑案件，除關係所要賬款者外，可稱絕無僅有。

「兔爺暢銷」

至各商場，天后宮及南市並日租界等夜市所陳列之大小兔兒爺，前昨兩日，購者踴躍，莫不宜告傾銷，利市三倍。惟往年應節禮物，當以月餅為唯一主要品，今則鮮果、茶葉、白蘭地酒等，亦同屬主要，銷數均可與月餅並駕齊驅。月餅市場新法焙製者，以冠生園、廣隆泰、中原公司等處為較佳，故銷路亦在舊月餅之上，其中以冠生園為最。而舊法製造者，全市多至數千家，以一品香、祥德齋等數家出品，更為津人所稱道，故其銷數為他商所不及。大抵秋節月餅之營業（由舊曆初一日至二十日止）其餘利總額，足可維持四個月之開支所需。惟據月餅商人談，今年月餅營業雖尚不惡，但人民購買力弱，故不及去年，而商業競爭者眾，售價低廉，貨物更需精良，故餘利當較往年倍少也云。

注：天后宮昔日廟會活動具有悠久的歷史，規模較大的主要有三次，即農曆的正月、三月和八月。其中八月廟會為中秋節一天，多以本地居民為主。

《益世報》1934年1月20日第十版

「從娘娘宮說起」 （□農）

娘娘宮的威靈，真個名震三津！朔望香火，三月廟會，只要你有閒空在宮門站一日，保你看得見紅男綠女，扶老攜幼而來。當然燒香還願的居多數；但站在旁邊一璧逛景，一璧觀花的卻也不少。這就是所說的「臨時守望」。

眾多燒香的女客裏，不論她是太太、小姐或妓女，但都是各有她們不同的心理。在一個偶像下謨拜，便也難分賢愚——不過舉止輕佻的，便可以給站在一旁的守望添些談話的資料，清淨的觀院成了脂粉陳列場。

－255－

從娘娘宮我們想起當年盛大的皇會——當然這已成爲封建制度下的遺痕了，不過在後樓我們還可以看得見娘娘乘坐的輦輿，這些東西從入民國來，只有民國十年（此處時間有誤，應爲民國十三年。筆者注）曾出巡過一次，就是曹四先生主辦的皇會。人山人海的觀眾，騎在胡同口上的看棚，頓時恢復了帝國舊觀！到現在這熱鬧景況，依然還在我們腦裏廻縈著，更無怪荷著鋤的農人在追憶著「帝德皇恩」了。

這些事眨眼都成過去，燒香的人還在燒香，雖然出皇會的盛況不可見了，但追念著「皇恩浩蕩」的老農，因農村之破產而增加了他們的悲思，不過「棉麥」都可能坐享其成，衣食正可無憂。只要沒人提倡出皇會，誰耐煩去復興農村？只有長遠到娘娘宮「站崗」的人，不錯時日地到班守望，還值得稱道而已！

注：在民國時期曾經盛行的破除迷信活動中，天津很多宮廟已經被廢棄，天后宮也難免受到衝擊。儘管那裏的香火依舊旺盛，但昔日幾年舉辦一次皇會的盛況，已經再難得一見了。

《益世報》1934年2月2日第十四版

廢曆年後廢而不廢　　娘娘宮風光依舊
——宮南宮北年貨如林人如蟻

時間不講情面的過去，歲月如流水，國曆新年剛剛過去，而廢曆新年又接踵而來。所謂陽曆年，畢竟不怎麼樣引得起大多數人民的興趣，不似舊曆年在數千年來的傳統習慣之下，給與人民一種根深蒂固的影響，特別是富有傳統封建思想的舊社會的人們，他們之對於舊年的關心，無論國府怎樣三申五令的廢止，國人還是沿著舊習，在今天，古老的天津民眾，又是忙他們的新年了。

普通，踏進臘月門，有錢又有閒的人們，便擇個吉日掃房，貼年畫，寫春聯，整天的忙個不休，熱烈的迎候著新年的到來。無錢而又窮忙的人們，東去當當，西去借貸，預備怎麼樣來搪塞債主，如臨大難的似的，在憂懼年關之光臨。正因爲這個月是一年的盡頭，百業都已結束，所謂「蠟鼓多多，歲聿雲暮」，學校相繼放假，商店收市，忙於催欠款，而即時應景出現的各種年貨都露了面目，所以這些日子，大半市民都呈露一種緊張的氣象。本來蕭條的天津，就因爲這年關的到來，一切都顯示了匆忙的狀態。

　　我們隨便在鬧市走走，就會看得出年關的景象，許多店鋪如一般畫販相繼擺出，任人選擇，糕點鋪趕製元宵、黏糕與一切點心，而各茶莊也都在將臘梅、雲松、水仙、石榴花等上市，點綴寒冬，洋貨綢緞店不得不大吹大擂，宣佈減價以吸收現款，一般香料店、肉店、鮮貨鋪、稻香村等等，都一一將年貨齊全，可見過年非同小節！特別是近年各廟宇香火興旺，一切供神迷信之消耗，也十足驚人。而過年的禮俗，一切繁文縟禮更是牢不可破，作者深以為本市民眾，教育學校之「廢年禮俗展覽」得十分有意義。本來這種過舊年的禮俗之存在，解釋起來，就正是因為封建社會還存在著的原故。

　　往年，一到年節時候，天津的宮南宮北大街一帶要算最繁榮，因為這兒有一個「娘娘宮」，即所謂天后宮。天津舊有百多處廟宇，幾乎均廢，到今天，只有這娘娘宮和另一玉皇閣兩處，尚沒有廢掉。這娘娘宮裏面形形色色，各有其名的泥像，依然坐享他們的香火，一般愚夫愚婦多來此燒香禱告，在年節時香火尤旺，年貨也均都設攤於此。

　　今年，宮北到宮南大街仍是依然熱鬧，較往年在表面上並不怎麼的蕭條。但是，作者和一般攤販閒談，曉得年貨雖上市，但是買賣卻沒有起色，一年不如一年，商人都在皺著眉頭叫苦。往年多是利用年關大賺一筆，在半個月內贏餘數百元、數千元不止者甚多，但是據說今年能得往年的三分之一，就算十分好的了。當然這個道理，我們可以在社會不景氣一點上得到解答，唯因此，我們想到在年終結帳收市，尚不知有多少家店鋪就因市民購買力的薄弱，要關門大吉了。在往年時候，年節的繁榮，和今年年節的凋敝比較，我們更可以透視這社會經濟越法在衰落過程中了。

　　閒話休提。且說這宮北宮南大街，從臘月初就將年貨陳設出來了。這一帶的香料店、畫鋪、裱糊等小手工業，都是將他們在幾個月以前趕製的貨品擺出來，一般零星小販也都擺一個小攤，候著有閒情逸致過年的主顧。此類攤販在這一條長約幾千米的街上，櫛比相依，不下數百家，頗如一般廟會組織，夠得上形形色色，洋洋大觀！綜觀整個，除了過年吃的食品絕無僅有之外，一切供奉神鬼，點綴吉慶的什麼，可說是「一概俱全」。

　　調查起來，懸掛著的多是紙糊和玻璃彩燈，鮮豔動目，堪稱匠心。有的是準備小孩子們玩的各種跑馬燈、提燈，樣式不一，有的是用紗布竹籤編成的彩燈。此類燈販之外，再就是誘惑人視線的年畫，到這裏，畫也分西洋畫與國畫，大都粗俗不堪，為一般作坊的畫匠塗成。洋紙的西洋畫，不外洋娃

娃人物，以及戲劇上的迷信與風俗上的。國畫用國產薄紙製成，畫的人物不「西」而「中」而已，較前者不如，二者均都毫無藝術可言，其主要部分不外敬神，特別是財神，尤其是這拜金主義的資本主義社會的交織，一般市民在經濟苦難下，腦筋裏縈回著的無非是金錢，所以這種希望也移到文化表現之一的年畫上，上邊沒有印著倒黴與喪氣的故事，而大多是妻財子祿的名利觀念，什麼「招財進寶」、「發財還家」、「大發財源」等，再有的要算是忠孝節義等故事，正因為這是封建社會大家所熟知的思想，所以這類年畫銷路也較廣。年畫除畫店的是陳設在店鋪之外，大都貼在牆上，掛在牆上，形形色色，好像在那裏有著圖畫展覽會似的。種類約有數百，普通由五大枚、七大枚至一角者不等。另外，點綴在這類年畫之間的，還有一種大幅的煙草公司的廣告畫，也擺出來賣，這類畫上邊大都是美人，（是標準美人？）模倣西洋女人而畫得不中不西的弱質病態的美人，甚至有半裸、全裸者，主要不外以肉感示人，想來購買這張畫多為獨居與色情狂的男人，根本談不到鑒賞「美」的人體畫。

此外，香料與一切敬神什物要算最多，舉例如：香、黃白錢、神像、蠟燭、神碼、紙石榴花，還有用黃紙刻的貼在窗上和門上的點綴品，上面都是些吉祥字句，什麼「闔家歡樂」、「大發財源」，也有單是一個「福」字的。種類之多，一時不能詳述。普通人家，只是這些敬神供奉的香燭紙碼等等的消耗！算計起來，的確可觀，而效果究竟怎麼樣，恐怕誰也不能捉摸，在此民窮財盡的時代，真是一筆了不起的消耗！作者過此，見小販喊「買供花來呵！」時見愚昧婦女手中仍多持此類有限金錢，換著這些無代價的迷信零碎。

另外，還有一些被生活逼迫著的文丐，也乘此時機寫寫春聯對子與「福」字之類兜售者。……此外攤販尚多，茲不多贅。

在娘娘宮中過去生意冷落的攤販們，也都賣起兒童玩具來，此種玩具中，幾乎完全充斥著日本貨，此亦大可令人浩歎之事！

注：天津傳統節俗以天后宮春節年貨市場為代表，曾經享譽四方，多年不衰。天后宮為天津的傳統習俗提供了必要的基礎和條件，使得天津衛的諸多傳統節俗，均能在以天后宮為中心的年貨市場找到與之相對應的經濟活動。而天津百姓的傳統節俗意識及對民俗事項的繼承，促進天后宮習俗的張揚和傳承，促進天后宮節日商圈商品銷售活動的進行。

《益世報》1934 年 2 月 11 日第十四版

「劉海」風葫蘆

—— 歷史已達五十年之久　每日售貨可得百餘元

每逢到廢曆年前後，本市有一種應時到節的兒童玩具「空竹」出現，俗名之曰「風葫蘆」，走到街頭巷尾，常常聽見嗡嗡之聲，送入耳鼓，這就是抖風葫蘆的聲音。售賣這種玩具的所在，當以宮北天后宮 —— 娘娘宮 —— 內為一集中地。談起來：凡本地好玩風葫蘆的人，無論男女，尤其是一般兒童們，差不多沒有不知道天后宮內有個劉海風葫蘆攤，並且都稱讚他的貨好，結實，聲音響亮。

現在在天后宮內賣風葫蘆的攤販有九處之多，劉海風葫蘆攤就擺在大殿月臺的左下邊。

所謂劉海風葫蘆，並不是這位賣風葫蘆掌櫃姓劉名海，乃是他的風葫蘆上印著個劉海，作為標記，因此，人便稱之曰：「劉海風葫蘆」。

這位掌櫃的姓屈，津北楊村人。幼時隨其祖父在北平經商，暇時專喜玩弄風葫蘆，以資取樂。因性之所近，自從二十三歲，他就開始學習製賣這種風葫蘆，直到現在，他已是七十二歲老頭子！繼續經營，已達五十年。成年三百六十天，他總是在娘娘宮內擺攤，平常多作外客買賣，本攤零賣生意以廢曆臘月、正月兩月內最興旺，在這兩個月內，每日竟可銷售至百餘元之巨！

論到風葫蘆之式樣，分「單頭」、「雙頭」兩種，價格之高低，以響之多少而定，茲把劉海風葫蘆每個價錢列下：

單頭的：三響一角五，四響一角八，五響二角，六響二角三，七響二角五，八響二角八，九響三角，十響三角三，十一響三角五，十二響三角八，十三響四角，十四響四角三，十五響四角五，十六響四角八。

雙頭的：小六響一角六，六響二角，八響二角五，十響三角，十二響三角五，十四響四角，十六響四角五，十八響五角，二十響五角五，二十二響六角，二十四響六角五，二十六響七角，二十八響七角五，三十響八角。

娘娘宮內，雖有風葫蘆攤九處，多無大生意，而劉海風葫蘆攤上卻是擁擠不動，爭先恐後的圍繞購買，雖然他的售價比他家稍貴一些。可見一種事業之成功與否，全在乎名譽之好壞，假如名譽賣出去，再精益求精的研究製造，又何愁沒有銷路！

據這位屈掌櫃與作者談論，所製造之風葫蘆。除自己銷售外，在本市方面，批給國貨售品所，及天祥市場內各玩具攤，在外埠方面，從前行銷營口、遼寧各地，自九一八事變後，各該地方之銷路即已斷絕，現在尚有冀省各地，及山東濟南等處之外客，由津運往銷售。

別人見他——屈掌櫃——買賣發達，多假冒名號，也標劉海標記，蒙蔽出售。但他以自己貨物有絕對的把握，並不與之計較，只作一種消極的抵制，在原有「修竹齋劉海記」的標記外，又蓋一「眞正劉海屈記」火印，以免魚目混珠，用假亂眞。

由此我們可以知道屈掌櫃的量大容人，同時，又想到我國商人有一種劣根性，往往自己不去發明創造，專會坐享其成，看見別人的貨物銷售得利，馬上就假人名號，作一種冒牌生涯，眞令人發生無限的感慨！（炎臣）

注：舊時天后宮的廟會，不僅成爲天津傳統民俗活動的象徵，而且變成一個百貨雲集的市場。民間玩具攤兒多在天后宮內，本文所及的「劉海」風葫蘆，便是其中重要代表之一。天津人過年時如不去宮南宮北走走，買點東西，甚或只去感受一下那份喧鬧，就好像缺了點什麼。宮前年貨市場熱鬧非凡，人們覺得「娘娘」身邊的年貨商品更富意義，更能寄託美好的未來。

《益世報》1934年2月18日第十四版

「今年舊年勝往年」

——宮南北乞丐成群結隊　樂子館觀眾倒海排山

政府雖然積極的提倡國曆，而民間總是興高采烈的忙著過舊年，可見社會習慣入人之深。語云：「江山易改，秉性難移」，於此益信。談到本市今年過的廢曆年，不但未改舊觀，而且較往年更顯著熱鬧，在三十夜裏，「小炮」「兩響」，不絕於耳，整整放了一夜，好一個太平景象，鬧的眞是不亦樂乎。茲把「大年初一」的市面情形，略記於後：

無論是華界或租界的商店，多半清鍋冷竈，關門閉戶，開門連市者，不過十分之一，因爲商店多關著門，所以顯出馬路的清淨寬闊。男男女女，老老少少，三五成群的走在街上，熟識相遇者，互道「見面發財」，拱手鞠躬，各有各味。由此感想到：國人全抱著一種「發財」念頭，但是只會說不去作，質言之，只想得財，而不去實行去「發」，雖然年年如此互道發財，結果依然民窮財盡，天天鬧窮，而且一年不如一年，眞所謂天增歲月人增「瘦」了！

　　熱熱鬧鬧，一度興旺的宮南北大街，所有的年貨攤全都打了退堂鼓，來個「秋胡打馬回家轉」了。只有賣燈籠的，賣花炮的，佔據在大街的兩旁，因爲是「大年初一」，來來往往，仍是異常熱鬧。

　　自庚子亂後，本市的廟宇，率多改作學校，而今香火猶存者，只有天后宮——娘娘宮——一處。照例，每逢初一、十五兩天，天后宮的香火較比平日興盛多多，在這「大年初一」，爲一年的頭一個月，又是第一個初一，所以香火之盛，更非尋常的初一、十五可比。燒香看熱鬧的人們，擁擁擠擠的在天后宮出進，每位神像前，均有工友一、二人把守，並不時喊著：「扔錢擺□，免災去病」，「大把供錢，兒女雙全」，「燒香捨錢，順喜一年」……等等好聽的口號，用這種吉祥的詞句，來迷惑善男信女的心，以達到他們的「指神吃飯，賴佛穿衣」的目的。

　　在燒香的人群中，以燒香的態度看，有爲燒香而燒香者，有爲出風頭而燒香者；以年齡論，可分爲老的、少的、男的、女的；以階級論，有商人、學生、太太、小姐、妓女、野雞等等；而以妓女占絕對的多數，你擁我擠，幾乎把天后宮擠破，洋洋乎大觀也！爲禮教的關係，在大殿門旁，釘有木牌二個，一書：「月臺上男子不准站立」，一書「此處不准男子站立」。但是，事實上等於虛設，三群兩伙，佇立圍觀者，仍極其踴躍，評頭論足，互相笑謔，種種醜態怪樣，一如往歲。

　　在從前地方平靜的年頭，妓女大年初一到天后宮燒香者，在晨一二時，即有人前去，越是名唱手，去的越早，由廟回來，即到落子館去登臺，演唱所謂的「滿臺紅」。近幾年來，因地方多故，落子館開演滿臺紅的時間，延展到天亮七八點的時候，所以妓女上廟的時間，亦展在天明，此亦一變遷也。

　　凡妓女燒香回來者，十有八九，全買氣球二三個，拿在手裏，或栓在車上，奇形怪狀，斑斕悅目，飄漲上陸，招搖過市，引得路人目爲之迷。

　　這是一種司空見慣的事，在娘娘宮內外，總有許許多多的乞丐，向人行乞，尤其是在每月的初一、十五，或各種廟會日子。這次「大年初一」，乞丐之多，更是驚人。在娘娘宮左右，如宮南北大街、襪子胡同、水閣大街等處，乞丐林立，三五成群，男女老幼，瞎子、跛者、少臂的、沒有腿的，或沿著道旁，跪叩哀鳴，或追逐行人，苦苦乞求，惜作者不善寫生，未能描其形態。因爲乞丐過多，捨錢的人，頗費苦心，不給吧，追逐不已，有時竟被包圍，教你走也走不動；給他吧，眞有給不勝給之苦，給一個，來十個，給十個，

來百個，眞所謂「善門難開」。

談到各娛樂場，均於初一日開鑼，如第一臺，大舞臺，昇平，新明等戲園，均演吉祥新戲。而□一部分人所歡迎者，厥爲中華、同慶兩落子館的「滿臺紅」。作者於早六點三刻到中華，時尙未開演，園內人山人海，泄水不通，佇立候茶房找座者，如同窮人領棒子麵一樣。茶房苦於無座可找，大聲嚷著：「對不起！」「眾位散散吧！」「明兒再看吧！」等等的話，婉言把顧客讓走，可謂「財神爺向外推」了。出中華到同慶，擁擠情形，雖不如中華，但亦無插足餘地，晚去者均抱嚮隅之歡，乘興而來，敗興而返。據中華、同慶兩園茶房語作者，自晨一二時起，即有人前去占座，至五六點時，已告滿座，聞聽之下，令人發生一種不可思議的感想。國難之嚴重如彼，落子館之熱鬧如此，常言道：「孟姜女拉劉海，有苦有樂」，其是之謂乎？（炎臣）

　　注：香火錢歷來是天后宮道士重要的經濟來源之一。文中詳細介紹昔日農曆正月初一期間，眾多香客（包括妓女）赴天后宮進香的情形。據說每年正月天后宮道士的香火錢收入，常常可以供他們一年的花銷。

《益世報》1934年2月19日第十四版

舊年的：除夕——熱鬧響亮　元旦——淒涼暗淡

自從陽曆扶正以後，十足的中國人都怒氣衝衝的說：「好好的大年初一，給搬了家！」，雖然無計奈何，可是言外之音，指示著絕對的不改舊家風，依然過著祖宗給留下來的舊年，此之謂忠實古訓，誰說中國「人心不古」？除非是睜眼的瞎子。

我長這麼大，是第二次在異鄉過年，卻是第一次在天津過年；本來我對這個並不怎麼熱心，不過因爲是初次，總想找個機會去領略一番新的滋味！所以未能免俗；在別人看來，以爲我是胡鬧，或是吃飽了撐的，沒事兒閒的，但我自有主張，只管去行，例如到天后宮一帶逛逛，可以看見燒香的婦女和石印書店，賣年貨的攤子，很和故鄉年底的集市相同。再到馬路上，商場裏溜達溜達，更是在生活的經驗史上添了一頁新的紀錄，至少對於天津的舊年光景，是不大隔膜了。

被打進寒窯的舊年精神不死！仍然黏在每個人的腦膜上，成爲公開的秘密；單說放鞭炮一項，去年因爲時局緊張暫停一年，今年當局明令禁止，但是雜貨店都擺著各色各樣的鞭炮，聽說生意非常茂盛；大街小巷，也不斷的

發現炸彈似的巨響，這大概是由於塘沽協定的保證吧！其實也不必禁止，因為鞭炮是純粹國產，應當發揚一下。

除夕的夜裏越發熱鬧了！馬路上的燈光輝煌，行人突增至數倍以上，他們不只是閒逛，還是置辦年貨的多，所以百貨商店裏，擠滿了顧客，站櫃臺的學徒們，應接不暇！誰又說中國的購買力薄弱？

大戲院封了臺，電影院卻說選名貴的笑片開演。過年就是找樂，誰肯再看哀怨的片子？替古人擔憂！戰事影片也不吉利，唯有笑片最為適應大眾心理。在夜場完後，一點鐘有迎春場；這裏過年是打著一夜不睡的，除了吃喝玩樂之外，就只有看電影了。電影院裏擠滿了青年男女，開年來未有之紀錄，這固然由於投機，但也未嘗不是三套鉅片一場演完的誘惑！觀眾既不因價高而卻步於先，也不因失眠而疲乏於後，反因笑料而興奮，能堅持四五小時而不動，可見其魔力之大！同時也有小孩摔紙炮玩，激動觀眾的精神，抖擻高漲！到六點才收場，商店的門還在敞著招待顧客，雖然是不多。電車還沒有出動，這時有家茶園裏，早已開始售票，探頭一望，座已擠滿，舞臺上擺好帶紅花布簾的桌椅，並且插著古代出兵用的旗幟，頗有嚴陣以待的勁頭。在馬路上步行，踏著放過鞭炮的紙屑，聽著遠近相應，連珠的炮聲，還可看見深灰的天空，在疏星之間添了一個發音的火花——「兩響」。……。（水皮）

注：本文詳細介紹早年天津民眾在農曆除夕和春節間豐富多彩的民俗活動場景。

《益世報》1934 年 5 月 8 日第十四版

娘娘宮光記　　（福祥）

—— 給傻哥哥可免災難　香店玩具生意興隆　迷信的素描

自進舊曆三月以來，聽人傳說，娘娘宮香火甚盛，一傳十，十傳百，早已滿城風雨了。因此每條馬路以及每條胡同裏，紅男綠女、扶老攜幼，絡繹不絕的直向娘娘宮進發。而我在此時被他們的興奮情形所誘動，心裏亦不由己地蠢蠢思動起來。不幸我只是一個勞動者，除整日的為資本家供趨使之外，實在無暇作自由的活動，所以乾巴巴地看著人家到娘娘宮去玩，自己卻毫無辦法。不料正在此時，忽然得一到在東北城角去辦事的機會，遂在辦公的歸途中，腳步稍轉一個彎，便乘機會到娘娘宮看一下，以破自己的疑團。

去的時候是上午九點多鐘，正是星期日（舊曆三月二十三）。我去到娘娘

宮的大街上，遠遠便望見賣飾物香販等的攤，排有半里地之遠，真是人馬如蟻，市聲鼎沸，及至門前，乃越門進到院裏，注目四望，一線似的走道外，其餘完全是賣耍貨的，賣香燭同賣香草的，賣應時玩意的，旁的則全是燒香還願同逛廟的人了。大概娘娘宮是分三道院落，我因時間太少，由頭道院落直奔中門，就到第二道院落。

二道院和前院大有不同，人們擁擠不堪，約不下四五百人。我在月臺的左側站一會，便見身後有年約四十的婦人六七位，旁邊還有六七歲小孩子四五個，並有年在二十餘歲少婦，未出閣的姑娘，站滿在月臺左側。右旁也是這個樣子，粗糙的聲音與嬌細的聲音相混雜，裝束則不一律：穿摩登服色而著革履的固有，穿短衣而纏足的尤其多。不一會忽從門外走進一個少婦，年約三十來歲，懷抱一捆香燭，同一個十六七歲的少女娓娓而來，來在月臺上到我的背後時，突又來一年在四十的少婦，迎頭喊曰：「二妹妹剛來嗎？呵！不是大姐姐早來啦吧？現在有兩點多鐘了」。（未完）

《益世報》1934 年 5 月 9 日第十四版

「娘娘宮光記」　（福祥）

—— 給傻哥哥可免災難　香店玩具生意興隆　迷信的素描

接著又說：「快燒香去吧，回來再說話」。這幾個女人便直奔大殿的裏面去了。我亦隨她們的後邊，看她們究竟要怎麼樣去燒香。她們幾人攜手去進大殿，先到娘娘正座的下首，有接香的道長將香接過，對香爐內的蒸蒸正濃的香火一對，立刻燃著，便替她們插進香爐了，她們則躬身下拜，磕頭不已。繼而又有三尺高的黃紙疊成四框的「生表」，俗名「升大紙」，燃著以後，她們又跪倒佛前，直等到「生表」燃完才止。她們的佛事已完，本來要走了，而道長則高聲大呼「捨香錢！」口裏還念著喜歌：「多獻貢資，娘娘必賜汝闔家平安，永無災病！」等等口號，喊聲不絕，她們遂又仍些銅子，布施了一陣。後來她們走到另一佛像前，也是叩頭重拜，這一個像並不是女像乃是男像，叩拜後，道士亦喊「捨香錢」，口裏還不住的說「捨傻哥哥點錢打點酒，準讓你一輩子沒有災難」。凡如是好幾次，乃到第末一殿的樓上去。樓上有佛像五尊，有朝拜的，有不朝拜的，情形和樓下差不多，我看了一回就下樓了。

當我下樓之後，就見那幾位燒香的小姐少婦們已出了最末那層大殿，走

過一道月亮門，又往第二層大殿去了。天到了十點多鐘，來往燒香的信男信女們愈發多了。我覺得燒香原來不過就是那麼一回事，所以好奇心也便冷下去許多，因此很想回去了。正在回頭要走的當兒，忽聽背後噪聲突起，像出了什麼意外的事情一樣，不由得又引起我的注意。原來是廟裏的工友們往第二層大殿月臺前面搬運高桌椅子，口裏喊著「閃開！碰著！」的口號，經他們這麼一喊，人是要顯得擁擠不動了。停一會兒的工夫，搬運來的高桌椅子已經擺齊，計有高桌五個，椅子五個，跟著將高桌椅子擺成土字形式，下大上小，就在最高的四個桌子上面擺滿了供物，全是人愛吃的東西，如甘鮮果品，雞魚鴨肉等類；此外還有銀盃銀箸各兩雙。並且在那第一面高桌上面，還有令人少見的東西，是龍鳳蠟燭一對，高而且大，眞是龍飛鳳舞，刻的極其精巧。還有拂塵而對，像似活龍一般，這兩種東西在旁，當中置放有檀香香爐一雙，正在燃燒著大量的檀香，這時候香氣噴人，濃煙縷縷，好像眞有僊人下凡的樣子。

在這光景以下，我因著好奇心勝，非看究竟不可，把回去的念頭已忘在九霄雲外了。乃又擁擠到高桌進前去。這時候觀眾眼光全注射在擺的供物上，巴不得有要吃的希望。就在觀眾全默視之下，驟聽音樂的聲浪由遠而近的，從一道院落一直向第二道院而來，等進到了月臺前，就停止了吹奏。我仔細一看，乃是道長二人，道士十人，分爲兩排，每排六人，道長在每排的頭一名，身穿繡花紅袍，頭頂髮髻，個個這樣裝飾。他們所拿的樂器不一，道長手拿「笏板」，一個黃紙疊成的稟帖，一個封面還寫著很大的字。我在很遠的地方瞪著眼睛看去，原來寫的是「娘娘聖壽儀祝」。我忽然疑團頓解，才知道這是娘娘末日那一天，要不怎麼這樣的熱鬧呢？其餘的十位道士，手裏也拿各種樂器。不久由兩個道長走到桌子供物跟前，低頭下視，用「笏板」擋著臉面，大概表示恭敬的樣子，而口中還不停的動著，像和尚念經一樣，不知所念的什麼辭句。一起一應，還有時音樂伴奏，有時跪倒叩拜。像這個樣子有十數次，才算完事。最後仍由道長率領眾道士圍廟轉了三個大圈，就出廟奔他們休息的院子去了。所有的觀眾，及燒香的紅男綠女們也都隨著星散而去。

我在歸途中，一路思想這些事情，十分可笑，而且還耗金錢，錯過可愛的光陰，眞是大大可惜的事呢。（完）

注：文中詳細介紹當日男女信徒（主要是女香客）於天后誕辰之日（農曆三月二十三日）赴天后宮內進香的場景。

《益世報》1934 年 5 月 30 日第十版

「送子娘娘聯」　（婉）

夏曆三月二十三那天，因事到宮北去了一趟，見遊人特別擁擠，詢知為老娘娘的聖誕佳節，不由得進宮隨喜了一番，見殿內有所謂送子娘娘者，一般人在那裏大燒其香，大磕其頭，他們的目的不問可知，是盼著得個兒子。因此我想起濟南惠泉寺送子娘娘座前一付對聯來，如今把他寫在下面，教那般求子的人們仔細玩味一下，聯曰：

我本是一片婆心，送個孩兒給你。

爾須行百般好事，留些地步與他！

注：最能體現天津傳統民俗節日之一的，就是天后誕辰之日（農曆三月二十三日）。本文簡要介紹當日香客赴天后宮內送子娘娘前燒香求子的場景。

《益世報》1934 年 9 月 1 日第十版

「津門風土志（四）」　均夷

（原版內容已經殘缺）

……。三月二十三日為天后宮……，自月初起香火……，附近各地婦女……，上插黃旗……。

《益世報》1934 年 9 月 7 日第十版

「津門風土志（八）」　均夷

……。自（臘月）二十三至除夕，宮南北一帶極熱鬧，年畫尤多，購畫云「接畫」，其神碼及香燭則曰「請」，然年畫皆俗不可耐，賣花及小花玩物（耍貨）燈籠者亦不少。……

注：宮南宮北年貨市場是天津本地民眾生活的重要組成部分。文中簡要介紹農曆臘月宮南宮北一帶年貨市場的情況。

《益世報》1935 年 2 月 3 日第十版

「廢年的風趣」　（夜行人）

……

三、天后宮

到天津，你要尋找廢年的遺迹，你必須要去一趟天后宮。

那裏陳列著鞭炮、花燈、年畫、紙禡、香燭，十八世紀的工藝作品，和具有十八世紀思想的男人和女人。

我每到廢曆的除夕便要到一迴天后宮，我以爲與其去考古，由書本上或到發掘的墳墓裏去考古，不如去一趟天后宮。到那裏，你可以尋繹十八世紀的社會，你可以把你自己變成一個古人。

……

注：本文意在強調天后宮在天津社會生活演變歷史過程中的重要地位和作用。

《益世報》1935 年 2 月 3 日第十四版

從八里臺到娘娘宮　（兵奇）
——出了象牙之塔　走向十字街頭

受了好奇心的驅使，這久仰大名的娘娘宮，終於在昨日的下午拜訪過了。

爲省錢起見，我們一起三人，從八里臺出來，走過一片麥田，經教堂後的臭泥坑，轉彎抹角，好容易到了教堂前。坐上綠牌電車，倒過黃牌電車，一轉眼工夫，早已到了宮北了。

宮南宮北眞熱鬧，你看罷，洋車、騾車、小販、行人，擠滿一街不算外，連那泥人店裏的泥娃娃，也擺到門外湊熱鬧了。

街上有一種特色民眾，那眞是五步一崗，十步一堆的大小叫花子。

宮南北的馬路倒是柏油路，很平很好，只可惜太窄一點，除了攤子所佔的地位外，人能行的路，不到五六尺了。你還想走清淨之道嗎！

街上滿充著紅的顏色，什麼春聯、年燈、金花、年畫、花炮等等，眞是洋洋大觀，見所未見，打書本裏跑出來的我們，看著眞是有趣得很。

年畫春聯上的圖畫文字，都是俗不可耐的東西，總是離不開陞官發財的勾當，沒有一點「刻苦耐勞」，「自食其力」的精神，都是希望發了「橫財」，「天官賜福」的思想。

走了半天，可到了娘娘宮了。宮前有一座大戲臺，宮門內有一架牌坊，上面掛著一個小木牌，刻著「天后宮」三個金字。牌坊的橫額，正面是「海門慈筏」，背面是「百穀朝宗」。牌坊下有四五個玩具攤，氣球攤，兩廊有幾家賣空竹的，人們正圍在攤前，看攤主賣弄本事，大抖空竹呢。

空竹據說要數右廊下劉爲記的爲最好，然而我是門外漢，也實在看不出

好壞來。

賣金魚的只有一處，所以利市三倍，然而可苦了那些小東西了，把金魚差不多都凍壞了。

正殿上香煙繚繞，老道們拿著小筐找人掏錢，信女們樂善好施，老道們笑口常開。

殿前寫著不准男子站立的告示，所以我們也只好在殿前走了走就下來。

兩旁配殿有關帝殿、財神殿、觀音閣、張仙閣等等。

最奇怪的是正殿後還會有一間「某某商業學校」，一間「某某國術社」，和一間什麼「建設辦事處」。

我真佩服他們太「有根」了，居然在這種熱鬧的所在，能念書，能練武，還能從事「建設」事業。

假若娘娘宮是整個社會縮影的話，那麼我們也不必費這般大勁，去研求甚麼科學，去講什麼政治經濟了。

我們這次出來觀光，倒讓我們認識了社會，認識了自己。

注：本文簡要介紹宮南宮北一帶的年貨市場，天后宮內的香火，以及當時設在宮廟內的政府辦公機構和學校等情況。

「宮南北的巡禮」　　（鴻飛）

冷清的街頭變成繁華鬧市。

滿坑滿谷的充滿「紅」與「人」。

有半裸的美人蛋，有一元錢一大堆的瓷器。

有前清老秀才們的春聯攤，能騰空的氣球，還有乾碗蠟，還有說不盡的年貨！

一天一天像飛似地跑去，歲月像電影裏那樣很速的演完，糊裏糊塗又到了年終！——睜眼向四外看看，更可怕，還是低頭過咱們的中國年吧。凡是中國人都應該過這個年，我以為，因為這是保存國粹啊！

「臘八粥」已經到了肚，糖瓜也吃完了，竈王爺也送上了天，再忙的就是我們戌年的狗尾巴！也就是所謂的「除夕」！

到了年底，誰不買年貨，上上供，吃吃，樂樂美美。一提起年貨，我想起前天朋友告訴我：「你若買年貨到宮北去，又全又賤」。所以我終於「祀竈」後二天的一個沒有事的下午，出動了，買我的年貨！

出了家門，邁開了我久經大敵的的腿前進，到了所謂中國地小租界（？）東馬路，不禁使我暈頭了：人像雨前階下螞蟻那樣的擁擠緊張，車像電般的飛馳。假若你耳膜薄的話，真有被震破的可能。再加上從廣播機放出來的「西皮」、「二黃」、「漁光曲」，真使我墜入五里霧中，與老憨下天津衛一樣的情景。

在便道等了一刻鐘，才跑過了電車道，進了襪子胡同，像秋暮郊野那樣的冷清。昔日之繁華，今安在啊！人事的變遷真不可捉摸啊！使我注意羨慕的就是回來的人們，有坐車的太太小姐們，少爺遺少，也有步撚的，但手裏都拿著年貨，花呀，玩呀，蛋呀，臉上都表現著喜悅。

「喂！」「先生邊上站，礙著」。一個洋車夫滿頭是汗的喊著，就這樣喊了半點鐘，愣沒出了這條街！正好這時又來了一群人，前邊擁著一個警察，原來白面的三隻手哥們被捉了。

一邊想著，一邊溜著，不覺溜到最熱鬧的地方，滿牆的裸體美人畫最先進入我的眼簾，這時後面喊著：「一堆一塊錢，小綠碗一塊錢十六個，有買的，也沒有這樣賤」！——粗啞的大聲，振動我的耳鼓。

「喂！真正的乾碗蠟」，「一毛錢一對」。

「捎幾張畫嗎？」「過年去」！「先生」。

「來個竈王爺嗎？有好的，先生」！

「福字嗎？開門見喜，大門對，多好，紙準比他們地道，還賤，看看嗎？先生」。

簡直使我的耳目應接不暇了！不知不覺走到了官銀號，走到了盡頭，耳也聾，眼也花了！

「喂！一大子看戰事報」。「看看察哈爾的新聞報」。從很吵雜的音調裏送過來。

起伏不定的思潮，在我心弦上跳著，伴送我的歸途。

注：天津的傳統節俗，最具代表性的就是年節。其中春節（農曆正月初一）是當地最盛大、最古老的傳統民族節日。春節前，人們要忙年，天后宮雖無組織，卻有約定俗成的大型年貨市場這時便會應運而生，節日商品琳瑯滿目，百貨俱全，應有盡有。從臘月二十三祭竈日開始，一直延續到正月十五元宵節。在此期間，人們不斷從事與過年相關活動，而此時天后宮內外的民間信仰及商業活動，則集中體現天津的傳統節俗，成為天津民俗文化自發形成的中心。

《益世報》1935 年 3 月 21 日第十一版

「婦女周刊」

「關於天津婦女的求子風俗」（林潤德）

「未孕以前的迷信」

凡在中產階級家庭，娶到兒媳婦後，都希望新婦能生育子女。若過了二三年，新婦仍然沒有生育一個子女，翁姑便有點不快意，發生輕視新婦的痕迹。新婦也自引爲愧事，耿耿於懷！於是有拴娃娃，偷磚頭，吃碰頭蛋等等舉動。這些是，全爲關心於子嗣所起的迷惑。

一　拴娃娃

新婦於月朔或是月望的那一天，齋戒沐浴，到天后娘娘宮中進香。預先備了藍線一束，制錢一文，藏在身邊。到廟中燒香後，值別人不知不覺的時候，走到孩子娘娘座前，在笸籮中任意選擇一合意的娃娃，以藍線拴之；即用帶來的制錢放在娃娃坐處，謂之壓子孫。如此說是得可得孕了！但是這種舉動，只有她個人知道，不可對他人說明的。

……

「產後的種種」

……

三　送娘娘

洗三（產後第三日）的那一天，吃過喜面後，即舉行送娘娘。在產房屋中的桌上，供設娘娘紙禡，禡前擺設許多供果食物等。焚香後，即同黃錢元寶，紙禡一同焚化，即稱送娘娘。

……

八　還娃娃

如係拴娃娃而孕的，生子後便須舉行還娃娃之事，泥娃娃，紙娃娃，金銀娃娃，因貧富而有不同。

九　塑哥哥

既生小孩後，即須將拴來的泥娃娃，送到塑像舖中放大，這泥娃娃就是小孩的哥哥了。

十　供哥哥

已經塑造過的泥娃娃，取回家後，必須放在清潔的地方，給他著衣加褲，

並且日日要供飯給他的。

　　……

　　注：天津人對媽祖娘娘的信仰已經從保護航海，擴展或移植到日常生活安康、服飾、婚育等社會生活的諸多層面，天后宮不斷加塑出送生娘娘、瘢疹娘娘、乳母娘娘等，具有相當的人情味兒。天津不少廟宇皆可進行拴娃娃，但知名度最高的還是天后宮。拴娃娃是舊時天后宮的一項重要民俗事象，也是其經濟來源的重要組成部分。天后宮過去之所以香火旺盛，與此俗有著密切的關係。

　　拴娃娃是天津人在生育觀上愚昧、迷信，以及對美好生活追求的產物，在科學文化不斷發展的今天，遵循這一舊習行事的人已經越來越少。

《益世報》1935 年 5 月 20 日第十四版

青鎮四月廟　迷信大本營

一場風雨少浪費了若干金錢

吹戲老會東窩法鼓咚咚亂響

槍刀並舉大鑼一響鳴金收兵

　　舊曆四月，青鎮的廟會多得有點特別，眞可說四月是青鎮的「廟會月」。說也湊巧，今年的廢曆四月只差兩天，就趕上國曆五月了，國恥月與廟會月哥倆並肩而行，的確是中國弱與愚的雙料不景氣！

　　每逢廟會日，全鎮一多半人家是要吃撈面的，就是平時揭不開鍋的也得借錢來應應例。靠近廟住的，必須將三姑二姨六舅母一骨腦接來，至於戴鮮花，穿新衣服，那更不用說了，鄉下人對廟會是隆重視之的。本來在農村枯燥生活中，有這麼一個時期來調劑調劑，是再好沒有的了，倘不是帶有迷信色彩的話。這裏我把過去的幾個廟會，簡單的說一說：

　　還沒有到四月，三光廟便先「會」了一下子，這是三月二十三天妃娘娘誕辰，因爲天妃娘娘是寄居三光廟的。雖然這一次不屬於四月，但就像電影正片前的短片，你不能說它不是這一場的玩藝。三光廟已經年久失修了，就是廟牆上慶生行的大字廣告，也都早已一塌糊塗。天妃娘娘身上披了一塊一尺見方的紅綢子，這就算更衣了；可是□邊的王三奶奶，倒穿得挺整齊的。王三奶奶的形狀，就好像從前別墅版刊登過葉淺予畫的「山東婆」。除去天妃娘娘和王三奶奶，如外還有三位娘娘佔有著一間大殿；三光爺反倒自居偏殿，的確女權是高漲了！這天如沒有幾個小販，沒有乞丐，沒有並不彩的彩棚，

絕不會有人承認這是過廟。人也是不很多，如和佛爺廟柳仙堂一比，眞有點望塵莫及。更不料午飯後，正開始上人的時候，刮起了大風，以致刮跑了人群，刮沒了廟會。

四月初一，又是三光廟。因爲這天是金頂妙峰山開放期，這裏是王三奶奶青鎮辦事處，所以過廟一日，以便沒有能力去北平的善男信女們如願以償。預料這天總該補一補上次的缺憾了，那知道天公專和三光廟過不去，小雨淋漓的整整一天，以致熱鬧等於零；但是廟裏的「法鼓」，還兀自吹打呢！別人都亦爲大煞風景，我郤慶幸著這一天少浪費了若干的「袁世凱」。

「四月初八，佛爺出家」。於是佛爺廟在初七日，便鑼鼓喧天，熱鬧非凡。聽說初七日還有□子會，貢獻於佛爺駕前。初八日早飯後，便去開眼。河南街上，摩肩接踵，大有粥廠之狀況。小販香販，皆大歡喜。便門只准女人出入，男人必須遠遠走正門。院子裏也是男女各一邊，稍微半步出界限，則警察賞之以馬鞭。中國人的道德法總是記得這麼有條不紊的。大殿對面搭了一個比桌子面還大的臺，臺上是什麼莊子的吹戲老會，臺下是東窰法鼓。「咚咚喳」一落音，接著就是，「登咕隆的登」。吹戲是用笙管笛簫合奏梆子二黃，大有耍傀儡戲之韻調。風雲國術會來了，但因院子過窄，只得在父昌閣空場上表演。至時，場子已經圍的水泄不通。裏邊正是對打，一人手執單刀，一人赤手空拳，刀盡照著要害處下手，可是對方郤盡在他刀上翻連珠斛斗；正殺得不可開交，忽然大鑼一響，鳴金收兵。接著便是一根木棍，抵五根花槍，只聽乒乓之聲，六人滾作一團；這時彩聲四起，忽然又響大鑼，雄糾糾的漢子各捐了傢夥走了。我對這個是不折不扣的門外漢，除去說它怕人之外，是不敢混加評論的，廟也逛了，會也看了，於是打道回府！……

注：青鎮即楊柳青鎮，今屬天津市西青區，歷史悠久。文中介紹該鎮也曾經有一座天妃宮（三光廟），並於農曆三月二十三日舉辦皇會的場景。說明伴隨天后信仰在天津的影響廣泛而深入，相應舉辦的各類迎神賽會也曾經遍及城鄉。

《益世報》1936年1月6日第五版

廢曆年即屆　宮南北各街　氣象一新
——各商舖年貨紛陳　歇業店投機復活

光陰荏苒，新年方過，廢曆年又屆，市民狃於積習仍忙於渡歲，一般商

鋪乃多利用時機紛紛陳列各種年貨，廉價競買，致市面由蕭條景象轉呈活躍。得悉宮北一帶小商鋪年貨雜陳，其中由以年畫、春聯、蠟燭等物品最多。由晨至夕，紅男綠女前往購物者絡繹不絕。又公安局長劉玉書頃以廢曆年關即屆，爲妥爲地方治安計，議通令各區所隨時斟酌情形，嚴密戒備，以防宵小思逞，同時並定日內召開局務會議，商討具體維護治安辦法雲。又訊：市財政局營業稅徵收處，以廢曆年關爲各商店營業最旺時期，爲防止商人偷稅計，已分派專員按區稽查，俾裕稅收，另據該處息，連日倒閉之商鋪刻均呈請復業，統計上周間共計五十餘家云。

　　注：本文中介紹臨近 1936 年春節時，宮南北一帶年貨市場開始復蘇的情況。由於當時民族工商業凋敝，此前部分歇業的商鋪也借機呈請復業。

《益世報》1936 年 1 月 6 日第十五版

廢年的迷信窟 —— 天后宮和玉皇閣

偶像落魄　殃及道士　貨攤蕭條

　　一九三六年之首夜，街道直矗的樓房，平坦寬闊的橋梁，都放出點點的燈光，在冷靜幽穆的晴空中炫耀著新年之來臨。在這充滿神秘的氛圍的夜間，一般享樂者們，都做著新的探險，追尋著新的趣味，然而，仍不能掩飾那慘淡淒涼的都市景象。

　　西北風卷去了新年首夜，天剛破曉，從遠處送來陣陣的嘈雜亂嚷聲，我懶散地下了床，冒著寒風出了大門，看見鄰家正在施放著粥飯，原來已是歲末殘年的臘八節日了。

　　相沿已久的臘八節，是一般慈心家們施粥的日期；許多貧苦無依的人們，夾著粗糙的大碗，爭先恐後的奔向升起炊煙的人家，企待著得到一碗熱湯的粥飯。

　　臘八節還是迷信家藉口朝神拜廟的日子，所以「天后宮」和「玉皇閣」的紅漆大門老早地就開放了。

　　我整好衣帽，獨自個兒循著往天后宮的道路踱去。

　　十點多鐘，天后宮前，走出來，走進去，許許多多善男信女，跑到大殿上向土木偶大行其跪拜之禮。鱗次櫛比，一縷香煙籠罩著殿內四周，濃厚的遮著了視線。

　　天后娘娘的偶像，因爲靠菩薩吃飯的道士們窮透了，把每年塑修金身的

費用，完全移作衣食之用，因之，天后娘娘現著落魄的樣子。

廟內的貨攤，亦增添了不少的新貨，陶土的鳥蟲，彩色的假面具，刀槍斧棍，凡是兒童玩具，預備得十全十足；有著大名的「劉海」悶葫蘆，亦抖擻著精神耍出許多花樣，來招引顧客。專供給婦人戴用的花店，趕製出不少花朵應市，甚至賣金魚的販子，全把新奇的金魚裝滿了荷花缸，但是各種攤前的顧客，並不像往年那樣多，而且所能賺得的利錢，亦是少於往年，這正是人們購買力減低了的一個原因。偌大的一個廟會，攤販賣出的貨品，只是極小量的數字，使他們極端的失望，大有不堪回首話去年之慨。

逛了一會兒，走出了天后宮的大門，聚集在門前的丐婦們，包圍了進出的香客，嘴裏盡：「修好的善人呀……」地鬧嚷著。香客們卻連睬不睬地跑走，怕是燒冥紙引鬼來（賞一個丐婦錢，會引來十個丐婦呢）。

……

有頃，我溜出那一條沒落的街道，途中使我感到廟會的窮困，反映出凄涼都市的景象。

注：透過文中所載的天后宮香火和周邊商品市場情況，可以直接反映二十世紀三十年代天津民族工商業所處十分凋敝的境地。

《益世報》1936 年 1 月 9 日第十四版

「宮南北今日熱鬧　年貨擁擠」

今日為廢年臘月十五日，本市天后宮及宮南北大街例由今日起開始活躍，沿街兩旁之攤販櫛比鱗次，一般迷信婦女，及顧客亦皆於今日聯袂出動，購買年貨倍極熱鬧，須至廢年除夕始能收市，再待來年云。

《益世報》1936 年 1 月 19 日第十四版

「廢年聲中之形形色色」

—— 花炮有銅盤起月和雙響　水仙宮燈等都為應時點綴　茶食年畫代表吃與迷信

……

買年畫，買月份牌也是一時的點綴。走到北馬路娘娘宮一帶，走一走便可以看見了。此外還有的大公司印的畫片，也是很受歡迎的。今年大概是某公司贈送的大觀園圖為最盛行，實在是畫得細緻，每張買三四毛錢，也可以

算貴的可以了。紙行的生意也特別旺些，因爲賣「門神像」和什麼神畫之故，東北城角的成記紙行尤其熱鬧，擁擠不堪，掛著一尺多長的蠟燭，由大而小，由小而大的，擺的像一個波浪一個波浪似的，十分好看，買的人擠得水洩不通，可見一般人的迷信之深了。

《益世報》1936年1月30日第十四版
「廢正雜寫」

……在這個節日爲人們所喜悅的便是「大紅」色。這顏色認成吉祥的象徵。女人們的服飾是更多的用這個顏色，袍子，褲，頂普遍的還是鞋。

天后宮裏絡繹不絕的往來者，穿了全身大紅的「姑娘」們燒香「求順」。……

（玉容一月二十八日寫）

注：以上各條文獻中簡要介紹歲末年初宮南宮北一帶的年貨市場熱銷，眾多香客（尤其是女香客身著紅衣）紛紛到天后宮進香的場景。

《益世報》1936年2月14日第五版
「統制津市經濟　防止工廠擠軋」
——社會局准商會請備案　舉辦皇會以活動市面

……

將舉辦皇會

春來本市商業，頗露活躍氣象，原因則在於市府廢除八種苛捐，最近尚有四種，即行裁廢。蕭市長開誠相與，事不猶豫，商家痛苦，苟一上陳，查明後即爲解除。近並囑商會計劃修備道路，繁榮市面之策，個人正在籌思中，依現在情形觀察，小資商較大資商營業尤爲起色。蓋小資商家，一切消耗較少，本輕益厚，容易獲利；大資本商，消耗既多，擔負亦重，雖生意未必盈餘，但爲支撐其門面，應添應增，絕不肯縮減，此以獲利反不如小商店。近頃商會，錢業工會等，擬使市面活動，預定廢曆三月半，舉行皇會，此舉雖似迷信，但在此時會，誰又肯信偶像？不過藉此名目，轟動四方，俾各地產品乘機輸入，四鄉農民，亦得入市觀光，歐西各國，不乏麥節等慶祝，其意亦在於招徠各地人士。百物雜陳，如同開一展覽會，觀摩之餘，互相宣傳，則商品工業品從未外彰者，將得一介紹社會機會，故例皇會期內，全市商店

進出口貨物，可獲免稅，十五年前津市會常舉行，今復得一辦，商家聞訊均欣喜走告，至如何籌備，正在計劃中。

……

注：皇會尚未開辦，天津地方的媒體就已經搶先開動宣傳機器，爲皇會鳴鑼開道，先期造勢，試圖弔起讀者的胃口。

二十世紀三十年代，天津已經成爲華北地區的經濟中心，由於西方列強，尤其是日本帝國主義的經濟擴張和官僚資本的侵入，當地的經濟舉步維艱，有相當數量的民族工業開始衰落或破產，以致百業凋散，市面蕭條。當時，身爲天津市長的蕭振瀛意在振興本地的經濟，召集本地的商業首領商議對策。而天津商會主席和錢業同業公會等機構的負責人，亦爲津門商業日薄西山而苦思良策，便言及早年皇會繁榮市面之事，擬重新出會。遂與蕭振瀛溝通，並描述當年天后聖母出巡之際皇會的盛況，要求准予出會，並得到蕭的認可。

《益世報》1936年3月14日第五版

皇會期間　公安局增臨時警察　維持治安
調稅警二百名值崗梭巡　外縣土產入境一律免稅

津市商會、華商公會等團體，決自廢歷下月十六日起，至二十二日止，舉辦皇會一周。一切參加之各種樂器，及會中陳列貨品，大致均已規定，其餘各項設備，正由主辦者積極籌備中。至關於大會中之治安如何維護，昨據公安局長劉玉書語記者，皇會舉辦在即，因本年爲初次創舉，各處城廂鄉鎮來津觀會之男女老幼，必極踴躍。關於地方治安之維護，及消防工作之預防，本人已審愼研討，屆時會場及四鄉境界，因警力單薄，難免匪徒潛滋，乘機思逞，決增派臨時警察，增厚力量，同時並將調各收稅之長警二百餘名，擔任值崗梭巡工作。至消防火警之預防，日內擬與財政局聯合，柬請各保險公司負責者，商洽免費擔任保險云。又下月舉辦之皇會，市府爲體恤商艱計，對外縣入境之各項出品土產等物品一律予以免稅云。

注：三月皇會是天津以酬神活動爲名目展開的大型經貿活動，往往對本埠以外的地區影響極大。參加者由本地居民和外地來客兩部分構成，時間一般爲五天，在此期間對外地入境的所有土特產品一律實行免稅的政策，意在刺激市面，提振本地經濟。

《益世報》1936年3月15日第五版
「皇會籌備會　首次茶會討論參加項目」

　　皇會籌備會，昨日上午十時，召開首次茶會，計出席者有通綱、陳家溝子重閣、樂善堂、鹽坨六局等團體代表。席間決議會期擔任工作案：一、通綱黃轎。二、樂善堂老寶輦。三、鹽坨六局靜街。四、重閣寶輦。關於其他各會尚未報到者，有二十餘處，決由籌備會負責催促，六次不到即爲不參加，高蹺、秧歌，決定不准與會。至十一時許閉會，另據籌備會負責人談稱，此次舉辦皇會共出五駕輦，計一駕鳳輦，四駕寶輦，現因鳳輦多年損毀不能應用，現在趕製新鳳輦，一切都仿照舊式辦理，預計舊曆三月初十日可籌備完竣，所需經費均由華商公會，暫撥一千元墊辦。凡加入皇會者，每人須繳入會費五元，願多助者亦可云。

　　注：皇會是民間爲慶祝天后誕辰而舉辦的文娛活動，一向追求熱烈、喜慶和祥和的氛圍。信守會規，反對低俗是皇會堅持的宗旨，因此並非每道花會皆可自由進出會。先前高蹺、秧歌出會，有的節目爲迎合市井俗民口味，聚攏看會的人氣，演出時就有些把握不住，內容輕佻。同時假借皇會之名，四處攤派斂財，甚至闖搶糕點水果，結果引起民憤。鑒於接到有關舉報，本次舉辦皇會時，市府遂發佈公告禁止兩會參演，以此作爲懲戒。後來雖然給高蹺會和秧歌會鬆綁，但這兩道會仍然需要額外註冊，表演時間也受到嚴格限定。

　　經過初步測算，舉辦本次皇會至少需要資金一萬餘元。據此，天津商會向市社會局呈文，擬動用天津紳民孫仲英、寧世福一年前捐給前天津商務總會的3000塊銀元，作爲籌辦皇會的經費，但未獲批准。於是皇會籌備會決定所需資金主要由商業和各行各業公會，向所屬會員按戶分等級進行攤派。

《益世報》1936年3月18日第五版
「皇會期間　市面活躍」
——各綢緞莊利市三倍　華竹門前尤為熱鬧」

　　皇會期近，本埠人士，均大爲忙碌，準備看皇會時之衣飾，及一切應用物品，不遺餘力，尤以四郊鄉民，對於皇會，倍覺興趣，近日前來市內，購買衣料什物者，絡繹於途，各綢緞店商，均利市三倍，尤以法租界之華竹及日租界華竹分店之門前，更爲熱鬧，摩登女士、四鄉婦孺均往來不絕云。

　　注：皇會的各項準備工作愈加快馬加鞭，每日報紙上相關的消息連篇累牘，皇會成爲當時街談巷議的主題。

《益世報》1936 年 3 月 19 日、20 日、21 日、23 日、24 日、25 日

廣告：

《天津皇會考紀》出書

三十年未舉行之皇會將重現於今日，本書將皇會之沿革、盛況、歷史、內幕、各會現在的情形，詳爲考查，匯編成書，並有相片多幀，人手一冊，有如親臨看會，每冊定價，預約三角，準於三月初六日出書。

總代售處：天津大胡同大東書局

代售處：各大書局

外埠函購不收郵費，掛號在外

《益世報》1936 年 3 月 20 日、22 日、24 日

皇會加緊籌備

—— 日期迫切　各方爭奇鬥勝　勢必造成空前盛況

（本市消息）津市皇會，現因日期迫切，各方無不加緊籌備，爭奇鬥勝，以期造成空前盛況，各界人士屆時莫不更換新衣，預備招待佳賓，想整個市面必頓呈繁榮之象。

本市估衣街西口敦慶隆綢緞商店，已將皇會所用各色綢緞，顧繡，布疋等……準備齊全，價目格外克己，並聘有專門技師，承做各種上會服裝、旗傘、纛標、輦轎圍罩……富有經驗，定期準確不誤，如蒙賜顧，請打電話：二局二八八八　三一零零，隨即派員接洽

敦慶隆綢緞商店　在估衣街西口

注：1936 年，天后宮舉辦民國時期的最後一次皇會，許多商鋪專門打著皇會的旗號，曾經在各種平面媒體上大做廣告，無形中爲天后宮做足了宣傳。

《益世報》1936 年 3 月 21 日

廣告

人生不可不看

天津皇會，全球稱爲衣裳之會，因正值遊春之際，凡上會諸君，看會仕女，眞是衣裳楚楚，蹐蹐蹌蹌，又兼更換衣裳之時，預先務當籌備，故法租界備有應時摩登衣料多種，男女大衣式新樣齊，聘定時裝工師，以供愛美諸

君需求，並且價目嚴格低廉，好機難逢，幸勿錯過，又起到叫莊貨三十萬元，花樣繁多，不及細載，比減價的還賤。

外埠函購，郵寄迅速。

天津法租界天祥綢緞呢絨莊　電話：二局二四三三　零一五九

註：廣告是近代報紙的一個重要標目。近代的廣告，從一個側面留下了有關各個歷史時期社會狀況的豐富史料，其範圍往往涵蓋經濟、文化、教育和社會生活等多個領域。舉辦皇會期間，不少報刊廣告自身無論屬於何種行業，都與皇會的主題緊密相關。

《益世報》1936年3月23日第五版

「皇會籌備近況」
——路線略有變更　參加團體已達卅七項

津市皇會，自停辦迄今，已逾十載，本年舊事重提，頗能引起一般市民之興趣，記者為明瞭該會籌備進行情況起見，昨特往天后宮走訪主持張修業，茲將所得消息，分誌如次。

籌備近況：

皇會之籌備處，設於該廟之偏院內，記者赴該廟時，見有白首皓髮老者十餘人，在內談話。據稱此次籌備，約有百餘人參加工作，主持者為「掃地會」，其他團體參加，必須由該掃地會通過，出會時，概由掃地會指揮一切云。查皇會始於遜清乾隆時代，當乾隆下江南歸來之後，即建天后宮，將御用儀仗賜交該廟應用。自舊曆三月十六日，為天后出巡之期，即送至千佛寺行宮，因與皇室有關，故即稱為皇會。歷次舉辦，各地農民，均來參加，熱鬧異常，但人既眾多，秩序勢難維持，致時有不幸事件發生，後遂奉令禁止。民國十年（應為民國十三年。筆者注），曹錕時代，曾舉辦一次，迄今十餘年，尚未舉辦，本屆舉辦皇會，津郊各地農民，均將來津參加。治安方面，決由公安局、憲兵隊負責，臨時救護，由市立醫院紅十字會負責，此次參加之團體，已報到者，計鮮花志會、津道鶴齡、海屋添壽、鄉祠跨鼓、永遠老燈會、西沽太平花鼓、同心花鼓、同和大樂平音法鼓等三十七項。

變更路線

出會路線，前雖經一度確定，但嗣因略有不合，現已又行修改，茲將修改後之路線覓誌如次：（十六日）由天后宮出發，經宮南大街、磨盤街，進東

門，出西門，過橫街子，進千福寺。（十八日）由千福寺出發，經雙廟街、六合軒、鈴鐺閣、太平街、針市街、估衣街、毛賈夥巷、宮北大街，進天后宮。（二十日）由天后宮出發，經宮北大街、毛賈夥巷、大胡同，過金剛橋，入天緯路，至三馬路，仍南行，進市西轅門，出東轅門，過金剛橋、大胡同、估衣街，進北門，出東門，進襪子胡同，至宮南大街，迴天后宮。（二十二日）由天后宮出發，經磨盤街，進東門，出西門，由西馬路至南閣、針市街、北馬路，仍入襪子胡同，進天后宮。（二十三日）回宮祝壽。

　　注：皇會的各項準備工作愈加快馬加鞭，每日報紙上相關的消息連篇累牘，皇會成為當時街談巷議的主題。

《益世報》1936年3月21日、25日、27日、28日

廣告

　　天津北門內同義金店皇會期間，金銀各種首飾大減價，由舊曆三月初一日起，三十天止。

《益世報》1936年3月27日、29日、31日，4月2日、3日、5日、7日、8日、10日、12日、14日

廣告

　　靴鞋專家德華馨特備皇會應用便服緞靴、官服緞靴、舞蹈花靴，男女應用最新皮鞋、繡花坤鞋、各種便鞋。應有盡有，定價低廉。歡迎外埠函購，樣本函索即寄。

　　北號：大胡同　　總號、南號：法租界

　　註：本次皇會期間，很多商家和店鋪專門打著皇會的旗號，在各種平面媒體上大做廣告，這種行為既在一定程度上促進自己的經營活動，又利於提高天后宮的知名度。

《益世報》1936年3月28日第五版

「皇會期間各縣土貨免稅　市府令財局遵照」

　　津市長蕭振瀛以皇會期近，各縣鎮人民來津觀光者，必紛至沓來，茲為發展各縣土產起見，規定在皇會期間，凡各縣人民攜帶價在三十元以下之土貨來津者，概予免稅，昨已令飭財政局遵照云。

《益世報》1936 年 3 月 30 日、31 日，4 月 1 日、3 日、6 日、
　　7 日、8 日、9 日

「皇會籌備處啟事」

敬啓者本處前爲往例舉辦皇會，向皆免除捐稅經呈奉市政府令，准如例
豁免，爲特通知所有四鄉各縣進香人等，乘坐車船攜帶土物貨品，凡在會期
以內價值不逾三十元者一律免稅，期達繁榮市面，促進工商之目的。此啓。

注：皇會期間對外地入境的所有土特產品一律實行免稅的政策，意在刺
激市面，提振本地經濟。

《益世報》1936 年 3 月 30 日、31 日，4 月 1 日、2 日、3 日、
　　4 日、5 日、6 日、7 日、8 日、9 日、10 日、11 日、
　　12 日、13 日、14 日、15 日

廣告

總店：北門內大街　分店：天祥市場內樓下

天津北門內同義金店皇會期間，大減工價，由舊曆三月初一日起，減價
一個月，赤金常行首飾不收工價，紋金各種首飾工價七扣，洋金鑲嵌首飾原
碼八扣，收買舊金舊銀鑽石等物。

總店電話：二局二八六四　分店電話：二局三四九二

《益世報》1936 年 3 月 31 日第五版

「皇會期間注意事項」
—— 公安局昨通告市民

皇會日期在邇，市公安局爲鄭重從事，以免屆時發生意外計，昨特召集
所屬分局長、局員等，開會商討一切安全維持辦法，旋即議決五項，通令所
屬轉知市民，茲將五條照錄如後：

一　關於本所商民每於看會時，必須看守門戶，以防失盜。

二　商民在行會期間，須留意火患，以免殃及生命財產。

三　商民遇有外鄉遠近親友及男女幼童赴街看會時，須格外留意看護，
勿使失迷。

四　商民每遇大會到達地點時，無論樓房或平房，登高觀望時，須加體
查，爲恐房屋年久失修，以免坍塌，危及生命。

　　五　商民應切留意者，屋頂或窗外與電線臨近險要處，俏立誤觸，危險時悔之莫及矣。

「皇會鳴炮　每次十五響」

　　皇會籌備會，以每屆皇會出會之期，向例有鳴炮之規定。本年舉行皇會，仍照例燃放鐵炮，其鳴炮時間及地點現已規定如下：夏曆三月十五日午前十一時鳴炮一次，十六日午後五時一次，十八日夜十二時後一次，二十日午後四時及夜間十二時各一次，以上燃放地點係在天后宮。十六日午後六時及十八日午後六時，在西頭千佛寺各鳴炮一次。每次鳴炮，一律為十五響。市商會以鳴炮之事，如市民不知原因，難免屆時發生惶恐，特函請公安局知照。轉行通飭市民一體知照，並以鳴炮之時，西頭監所近在咫尺，應請嚴行警備。又參加皇會遊行之人，多係本市紳縉官商，特請公安局沿途格外注意，以防意外事件發生云。

　　注：皇會的各項準備工作愈加快馬加鞭，每日報紙上相關的消息連篇累牘，皇會成為當時街談巷議的主題。

《益世報》1936年3月31日，4月1日、2日、3日、4日、8日

皇會籌備處啟示

敬啟者：

　　本處前為往例舉辦皇會向皆免除捐稅，經呈奉市政府令，准如例豁免，為特通知所有四鄉各縣進香人等，乘坐車船攜帶土物貨品，凡在會期以內，價值不逾三十元者，一律免稅，期達繁榮市面，促進工商之目的，此啟。

　　註：天津市政當局為達到借皇會振興百業、繁榮市面的目的，制定出皇會期間，來津貨物給與免稅的相關優惠政策。

《益世報》1936年3月31日、4月2日、3日、5日、7日、
　　　　　9日、11日、13日、19日

廣告：

仁昌百貨線店──由夏曆三月初十日起──

「歡迎皇會藉酬　顧主舉行各貨大賽賣」

　　在我們各界熱烈籌備中的皇會已經快到了，各地參加看會的人們，是何等的踴躍！敝店為歡迎皇會及繁榮市面的意義，特舉行大賽賣！深望諸君及

看會的新老主顧乘時光降，不勝企禱！

　　分店法租界——電話：三局零七零四

　　總店東馬路——電話：批發部二局三四三零　門市部二局三八二九

　　臨時買貨處：英租界小白樓　電話：三局三四零一

　　註：1936 年，天后宮舉辦民國時期的最後一次皇會，市內不少商鋪專門打著皇會的旗號，曾經在各種平面媒體上大做廣告，無形中爲天后宮做足了宣傳。

《益世報》1936 年 4 月 3 日

北寧鐵路管理局廣告

　　爲天津舉行皇會，本路發售頭二三等來回減價票廣告周知由

　　天津皇會定於四月舉行，（七日起至十三日止）轟動一時，其廟期來津遊覽者，人數必多，本路爲優待遊人起見，特發售頭二三等來回減價車票，分普通與特別快車兩種，一律按七五折收費，均以個人爲單位，凡購特別快車來回減價票者，其加價費即將來回里程，合併計算。其購普通來回減價票者，如在去程或回程改乘特別快車，悉聽人便，但在車上補繳特快加價費時，概按單程里程核收，以資便利。

　　至發售此項來回減價站點，自通縣或前門，黃村，廊坊，落堡，至天津爲一段，又自山海關，或昌黎，灤縣，唐山，塘沽，至天津爲一段，規定自四月五日起，至十三日止，爲發售期間，其回程自發售之日起，截止十六日爲有效，到期不用，一律作廢，不得請求展期或退還票款，以杜糾紛，如有欲購此項減價票者，可逕向各該站接洽照購，以便旅行。恐未周知，特此廣告。

中華民國二十五年三月　　日

　　註：天津市政當局在當時的社會環境下，打著酬神的招幌，爲達到振興百業、繁榮市面的目的，批准已經停辦十二年的皇會重新舉行，並規定除來津貨物給與免稅外，外地參會者乘坐火車票價也一律提供優惠。

《益世報》1936 年 4 月 5 日第五版

「維持皇會期間治安　全體警察出動」

——公安局昨開會議　定明日舉行演習

　　皇會期中，市公安局爲維護全市治安起見，曾數度召集會議，研討縝密辦

法。茲悉局長劉玉書以會期已近，關於各局所、偵緝隊、消防隊之加勤協防辦法，亟宜預有整個計劃，以免屆時聯絡上，臨事措手不及。爰特於昨日上午十時，在局內召集督察長、一二三四五各分局長、偵緝總隊長、保安總隊長、消防總隊長舉行會議。當時議決：一、自夏曆十五日起，所有各官長警一律停止事假病假，不得歸宿。二、關於各局隊之會期中勤務協防辦法，於日內須由各該局隊妥為分配合宜，預定於十五日上午十時，全體出動，實地演習，屆時由局長及督察長，分途檢閱，考查有無不合之處，俾便改善。三、會期中嚴防暴徒亂黨。又津沽保安司令部為皇會治安，亦定十五日召開會議云。

《益世報》1936 年 4 月 5 日

天后宮皇會籌備處啟事

本會為活躍金融，促進生產，溝通與救濟「都市」、「農村」整個的經濟起見，邏輯通考舉辦皇會，其中事蹟雖涉神話，而一切參加團體皆有傳統的藝術表演，原有其淵源歷史，今以會期在邇，對於一般觀眾臨時預防意外計，謹將市公安局商討維持治安辦法五項細則列下：

一、關於本所商民每於看會時，必須看守門戶，以防失盜。

二、商民在行會期間，須留意火患，以免殃及生命財產。

三、商民遇有外鄉遠近親友及男女幼童赴街看會時，須格外留意看護，勿使失迷。

四、商民每遇大會到達地點時，無論樓房或平房，登高觀望時，須加體查，為恐房屋年久失修，以免坦塌危及生命。

五、商民應切留意者，屋頂或窗外與與電線臨近險要處，俏立誤觸，危險時悔之莫及矣。

皇會日期路線：

十六日：由天后宮起駕，經宮南大街，磨盤街，進東門，出西門，橫街子，韋馱廟，至千福寺。

十八日：由千福寺起駕，經雙廟街，西頭灣子，進雙街口，太平街，針市街，估衣街，毛賈伙巷，宮北大街，進宮。

二十日：由天后宮起駕，經宮北大街，毛賈伙巷，過金鋼橋，大經路，天緯路，三馬路，入市府，金鋼橋，大胡同，估衣街，進北門，出東門，進襪子胡同，宮南大街，進宮。

廿二日：由天后宮起駕，經磨盤街，進東門，出西門，西馬路，南閣，針市街，北馬路，東馬路，襪子胡同，進宮。

《益世報》1936 年 4 月 6 日第五版

「皇會中止出巡」

—— 全副儀仗在天后宮設擺　各種遊藝會分兩組遊行

本市皇會，自經籌備會積極籌備以來，原定於明日出會，惟爲防止屆時發生意外情事起見，特於昨日下午經該會籌備委員會，臨時召集緊急會議，將出會辦法變更，公安局定今晨發出布告，以便市民週知。至於治安之維持，公安局方面亦經擬有妥善辦法，定今日預爲演習。同時，天后宮內部，亦於昨日全部布置就緒，茲將昨日情形分誌如次：

避免發生意外　中止出巡

皇會籌備會代表，昨晨九時，由王曉岩等代表，赴海河路市長蕭振瀛氏私邸，謁蕭請示辦法，蕭當囑召集籌備會共同討論，經於下午三時，召集緊急會議，討論結果，計決議。一、三月十六、十八兩日，各會在天后宮內設擺，不接不送。二、三月二十日及二十二日兩日，各項遊藝會出會，其他一律在宮內設擺。三、三月二十三日在宮內舉行。四、三月十七、十九兩日無會，准高蹺、秧歌、陣圖會遊行，自下午一時起，至下午五時止，逾時得由公安局嚴行取締，各該會均由公安局分兩組，分爲兩日遊行。在本會期內，均不准進廟，如欲進廟，須先下裝。五、三月廿日各遊藝會出會次序爲六局淨街，跨鼓、太平花鼓、五虎槓箱等同和大樂，二十二日之次序同，均限早八時起，至下午六時止，逾限由公安局嚴予取締。六、各遊藝出會路線，決定二十日由天后宮出發，經宮北毛賈夥巷、單街子、鍋店街，進北門，出東門，經襪子胡同返回。二十二日由天后宮出發，經磨盤街進東門，出西門，經南閣、針市街、北門東，經宮北入廟，至五時許，始行散會。散會後，即由公安局分別通令各分局知照，同時並由皇會籌備會趕辦各項手續。

天后宮內商販　生意清淡

記者昨日下午，特赴天后宮巡視見兩旁的浮灘，因招攬主顧，大聲呼喊遊人雖然眾多，問價的仍然稀少，充分顯示出津市人民的經濟能力低薄，所謂以皇會來繁榮市面，簡直是一句笑話了，多年不用的儀仗，據說是乾隆皇帝下江南遺留下的，也都擺出，油漆一新。

那裏一切都是煥然一新，但小販卻仍皺著眉頭看著每一個走過去的遊人，一位賣絨花的小販對我說：「出皇會真是要窮人的命，自己的貨物不多賣，而許多鄉下的親戚朋友卻都來了，只供給他們吃飯我便要破產了」。他說完一段話之後，便要求我買他的貨物，我不好意思退卻，所以化了二十枚，買了兩朵絨花，我臨行的當兒，他對我說：「先生，瞧熱鬧吧，這次若不鬧出幾條人命那才怪呢，年月不好，什麼生意也不賺錢啊」。他的話裏含有無限辛酸。

各處竊賊匪徒　潛集津市

記者昨晤津市公安局長劉玉書，據談，本市皇會將屆，街市異常擁擠，且近據密報，已有各處竊賊及匪徒均潛來津市，本局為切實維持治安計，已決定維持治安辦法多項，定明日預為演習，一方使長警不致臨時措手不及；一方可使宵小有所警戒，深望屆時莫發生更大之不幸事件云。

迷路幼童　待人認領

昨日下午在北大關由崗警拾得一迷路幼童，名新春，年五歲，住冀家大院，其他均不詳，已送交第三分局招領云。

「簡訊一束」

……。皇會期內，維持治安辦法，保安司令部開會討論。……

注：皇會的各項準備工作愈加快馬加鞭，地方報紙上天天相關的消息連篇累牘，皇會成為當時街談巷議的主題。

《大公報》1936 年 4 月 6 日、8 日

赴津參觀「皇會」者請注意

天津「皇會」名聞全國，數十年來，始舉行一次，吾人亟宜前往參觀，切勿坐失良機，本路為協助繁榮津市及待赴津參觀「皇會」諸君起見，特於下列各站至天津間發售各等來回遊覽票，所有票價，頭二等按原價雙程七五折，三等按原價雙程八五折核收，茲將來回票價列表附後：

兗州以北各站至天津各等來回票價表

起　站	頭　等	二　等	三　等	有效期
兗州府	34.45	22.95	13.05	十天
泰安府	28.8	19.2	10.9	十天
濟南府	23.85	15.9	9.05	十天
禹城縣	20.5	13.65	7.75	十天

德　州	16	10.65	6.05	十天
桑　園	14.4	9.6	5.45	十天
泊頭鎮	10.8	7.2	4.1	十天
滄　州	8.35	5.55	3.15	十天

註：凡有滿二十人以上之團體赴津進香或遊覽者，本路另訂有特別減價辦法，請隨時與本路各站站長接洽，定保能使諸君滿意。

津浦鐵路管理局車務處啓

廿五、四、一

《大公報》1936年4月6日廣告

廣告：

明日看皇會　臨時怕天涼！！

看皇會的太太小姐們，您明天看會，如果天氣臨時轉涼，恐怕身體要受凍的，爲看會挨凍，這是多麼不值的事啊！本店爲了這個著想，特選出一部最經濟的女大衣，不但幾塊錢的代價，而且質料完全是貴族化，既省錢，又保您看會安全，這不是一舉兩得的事嗎？

日租界　華林　綢緞呢絨　布匹服裝

電話：二零三一零　二三九三二

《益世報》1936年4月7日第五版

皇會期間是非多　軍警武裝戒備

——軍警機關昨分別集議　討論偵查及防範事宜

天后宮內外遊人擁擠

宣傳多日，震撼三津的皇會，今日就要出會了，但因爲恐怕發生意外，臨時又變更辦法，中止出巡，而在天后宮內設擺了。本市軍警機關，昨日特分別開會集議，皇會期間維持治安之辦法，記者昨日曾至該處，巡視一周，茲將所得印象，及有關皇會之各方情形分誌如後：

宮南宮北　人山人海

昨日是舊曆十五日，在平時每逢初一、十五，天后宮都照例的要熱鬧一下，何況在這行將出會的時期呢？所以宮南宮北兩條大街上，昨日自晨至晚，

都衝流著人群，眞是人山人海，一切車輛，都有「行不得也」之勢，男女老幼，摩肩擦踵，天后宮狹隘的小門前，昨天不知發生了多少次的紛擾，不是老太太被擠得喘不過氣來，就是小孩被擠得大聲哭嚎，維持秩序的警士，一個個都累得滿頭大汗，我們擠在人叢裏，完全隨著稠密的人群而進退，自己簡直失掉了行動的自由，眞的，在那裏除看見無數的人之外，什麼也看不見，實在也沒有什麼可看的。

履飾服裝　古色古香

廟中各殿裏的土偶都被人修飾得金碧輝煌，不僅換上了簇新的衣服，即每一個泥臉上都塗了一層白粉，在那裏有許多看客往來著，並沒有什麼稀奇，而沒有「門證」不得出入的禁地，卻有許多可以記述的事物，那些古香古色的執事人的服裝，很使我們年青的人，發生興趣，他們都穿著薄底緞靴和又寬又大的馬褂，戴著老式的緞帽，這些已經夠我們鑑賞的了，而有的人還拖著髮辮，不由得使人感到置身於另一個世界，至於那些頭戴紅櫻帽，身穿黃馬褂的法鼓扮演者，更令人感到「吾皇萬歲朝拜山呼」，那滿清時代的氣味來，在這國難嚴重經濟恐慌的時代，我們三津人士，還能拭去眼淚鼓著肚皮，來這裏找快樂，這眞要算苦中尋歡，不辜負這個難逢的盛會了。

武裝軍警　嚴加戒備

本市軍警政當局因恐夜間發生事故，特令皇會籌備處，變更時間，不得在下午六時後行會，已發出布告。爲討論防務起見，特於昨日晨十時，再度召開治安會議，市公安局派孟督察長、保安隊劉總教練、五河水上公安局姜督察長、憲兵第一大隊長王景有等，皇會籌備會處並派魏子文出席，司令劉家鸞，親自參加，首由各局報告分佈水陸防務狀況後，旋即討論分區負責辦法，及憲兵及二十九軍特務營官兵等，一致分發各衝要地點協防等事，至十一時許散會，關於皇會行會沿線之偵查防範事宜，由劉司令指示綱要，以便遵照，又公安局根據保安司令部治安會議議決分配情形，特於下午四時，亦在局召集各分局長各保安隊偵緝隊長督察長等開會縝密研究，已決定分段負責辦法。

水上公安局，並調來大號巡船，在金剛橋下停泊，以維水上安全云。

公安局於昨晨九時起，開始演習，警察保安隊，全體武裝出動，分佈各衝要街口，如臨大敵，各區所崗位，亦較平日增加一倍半，但至午即行撤回，天后宮自昨日起，每晨六時開門，下午十時熄燈，第一分局因各遊藝會，於

昨日踩街，行人擁擠，竟拾走失小孩陳吉三等三名，均已先後被領去，至於改變路線及停止出巡等，公安局已於昨日正式布告週知云。

皇會期間　竊賊猖獗

連日來本市竊案迭出，昨北開竟發生兩起竊案，共緝獲竊犯五名，茲分誌如左：

劉佩林，素以賣青菜為生，於昨日（六日）下午四時許，劉某正在旱橋地方放擔售菜之際，適有白錢張文起，年五十六歲，竟乘機向劉某菜筐內竊取錢財，為劉發覺扭獲，鳴警同歸第三分局。

王福林，昨日下午一時，行經北開地方，被白錢馮五將腰中所帶鈔洋四元竊去，王某發覺，將馮五追獲，鳴警指控行竊送三分局解法院核辦云。

第三分局警士於昨日下午七時值崗，於針市街見有二人拉人力車一輛，行蹤可疑，上前盤詰二人言語支離，當將其帶局，一人供名□發灘，年三十三歲，曹縣人，一人供名張福生，年三十一歲，大城人，住趙家場醬房胡同，供認素以行竊為業，該洋車甫由日租界老爺廟地方竊來，不料竟被警查獲云云，該局旋連同洋車送公安局訊辦云。第三分局三所警士徐潤華，於昨日夜三時查勤至旱橋地方，捕獲竊犯一名，連同贓物電燈泡兩個，汽車零件改錐等物一併送至第三分局，經訊據供名李春榮，年十七歲，天津人，住老冰窖五十三號，對於所攜供並非竊來云云，該局以案關竊犯嫌疑旋送公安局云。

練習高蹺　扭打成訟

張富華昨於只文富毆打負傷，經警士趕到將兩造帶往五分局一所訊辦，經訊據張某供稱伊甥練習高蹺時受只之毆打，因之前往質問，不料只某並不講理，竟以破玻璃燈將民頭砍傷，只文富供，民等演習高蹺之時，張某竟以言語譏誚，經民質問，反被其將頭部打傷，至於張頭上之傷，係自殘云云。訊畢當即轉由五分局送往法院訊辦云。

又昨日下午四時，「慶壽八仙」在天后宮表演後，歸返之際，因扮演者多屬幼童，因行走艱難，復因天熱，忽有一兒童突患霍亂，嘔吐不止，後經人扶持歸去。

註：這些關於皇會細節情況的記載在其他文獻中都是難以見到的，因而具有重要的參考價值。

《益世報》1936 年 4 月 7 日、8 日、9 日、10 日、11 日、13 日、14 日

皇會須知

—— 出會之路線

（舊曆三月十六日）由天后宮出發，經宮南大街，磨盤街，進東門，出西門，過橫街子，進千福寺。（十八日）由千福寺出發，經雙廟街，驢市口，西頭灣子，雙街口，太平街，針市街，估衣街，毛賈夥巷，宮北大街，進天后宮。（20 日）由天后宮出發，經宮北大街毛賈夥巷，大胡同，過金鋼橋，入天緯路，至三馬路，仍南行，進市西轅門，出東轅門，過金鋼橋，大胡同，估衣街，進北門，出東門，進襪子胡同，至宮南大街，迴天后宮。（二十二日）由天后宮出發，經磨盤街，進東門，出西門，由西馬路至南閣，針市街，北馬路，東馬路，仍入襪子胡同，進天后宮。（廿三日）回宮祝壽。

注：皇會的各項準備工作愈加快馬加鞭，地方報紙上天天相關的消息連篇累牘，皇會成爲當時街談巷議的主題。

《益世報》1936 年 4 月 7 日、8 日、9 日、10 日、11 日、13 日、14 日

廣告：

天津延壽堂藥鋪

皇會進香，原爲祈求順利，一索得男，豈非人生樂事。敝堂自製之調經養血（一元錢）成藥，不啻種子仙丹，茲爲便利皇會香客起見，在皇會期內援舊曆每月初一，十五兩日（買一送一）成例，本市外埠照送，價目：每盒二元，每匣九元。函購加郵費二角，購者諸君幸注意焉。

本堂主人謹啓

（皇會期自舊曆三月十六，至二十三日止，在此八天之內，一律照送）

地址：法界綠牌電車道廿九號，路轉角，電話：三局四十號

注：本次皇會期間，有不少藥鋪經營者專門打著皇會的旗號，在各種平面媒體上大做廣告，這種行爲既在一定程度上促進自己的經營活動，又提高天后宮的知名度。

《益世報》1936年4月7日第十五版

「皇會和天后宮」　　（遐鳴）

——娘娘的來歷不明‧宮南北萬頭攢動‧眼前之繁榮

　　明後天皇會便要出現了，會期一共是五天，屆時擁擠的情形，可以由這幾天的情況推想出來。馬路上，尤其是東馬路北馬路一帶，有許多商店都用紅紙黃字寫著「本店歡迎皇會，大減價某某天」，或者「某某堂接駕」之流，五光十色，在吸引觀眾的注視力。同時馬路上也顯得亂些，大概都是四鄉八鎮來「趕集」，或者「進香」的。河上的船隻也多起來，有多數在桅上繫著一面小黃旗，寫著「天后宮進香」，或者「某某鎮進香」等等。一面面小黃旗在河面上飛舞，煞是好看。各小旅館的買賣，又一度興奮起來，住著的多半是外鄉的「進香者」。這種情形都是平常看不著的，也是「市面繁榮」了。

　　按皇會的起源，大約是始於清代的康熙年間，原名「娘娘會」，後來因為乾隆下江南，過天津，盛稱此會，有這一點的關係，遂改為「皇」會，其實這與皇帝是沒有相關的。至於天后，傳說是「海上之神」，是宋代福建省人，姓林，父名願，幼而聰慧，曾經於大風浪中救其兄，以後屢現神異，並且救過一位某大臣於海上，所以到現在娘娘宮中還有「保國祐民」的匾額，這是一種迷信的傳說，事實上那是沒有一點證明的。不過有另一種人說天后不是福建人，而是廣東省的人，她的父母都是鎮守廣東省的，她父親死後，他的母親繼續領兵，後來元兵南下廣州，她和她的母親都殉國而死。依照這種說法，那麼天后便成了秦良玉一流人物了。有人說天后的母親便是廣州的「粵城龍母」，所以天后是以龍女掌管海面的。總之那一種說法都是荒謬不足信的。

　　皇會的日期，就是傳說的天后生日，到那一天全城中的「善男信女」，一律到哪裏參拜進香，並且有天后的鑾駕出巡，五位娘娘——除天后外，有眼光娘娘，斑疹娘娘，送生娘娘，子孫娘娘等——的偶像，由天后宮擡出，經各處大馬路，然後到千佛寺去，一路上有接駕送駕等儀式，並由各「善士」捐助或自動的出會，什麼「獅子會」、「八卦會」、「八仙會」、「高蹺會」、「接輦會」等，無非是各種粗俗的遊藝，前面更鳴鑼揚旗，招引得萬人空巷，街道為塞，其實那有什麼好看，無非是人擠人，人看人而已。

　　娘娘宮因為出會的原故，現在已經油刷一新了，大紅大藍，極為分明，

連宮前對著的那一座戲樓，宮側突起的「張仙閣」牌坊等，彩色斑斕，那牌坊油刷的尤其鮮明，一面寫「海門慈筏」，一面寫「百穀朝宗」，十分引人注目。宮門外牆壁上貼了幾十張黃紙，上寫「某某堂藥鋪送駕」、「某某堂敬獻高蹺會」、「某某橋八仙會」等，大概那天出會的所有會名吧。宮中到處有黃紙，寫的是這次皇會的準備經過，以及各大「善士」捐款的項目，本廟收入支出的賬單，還有這次入宮參拜的規則及皇會章程，一律貼在牆上，氣象一新。現在已近皇會之期了，各殿一律開放，連平常冷落不堪、灰塵堆積的「財神殿」、「火神殿」等，也有多數信士參拜，差不多娘娘宮中的景物，沒有一樣不可以看見的。大殿上更不用說了，一個個在殿頭禮拜，香雲繚繞，大殿上被煙塞滿，最奇的是大殿前明明寫著「男子不准站立」的牌子，然而不但殿前塞滿男子，而且還有的在裏面殿中磕頭呢！院中又是過年前的情況了，買玩具的，賣金魚的攤子，都搬來這裏，我想出會的那一天還不定多熱鬧呢！其昨日廟中景況可參觀本市新聞。

現在雖然未到出會之期，不過各高蹺會已經多有在下午出巡的，近日差不多天天有，不過和出會不同，只是單個的團體罷了。這些高蹺會的前面有打著黃旗的，旗上寫著「某某獅子會」，一面打鼓，一面打鑼，中間一段有表演高蹺的十多人，打扮戲裝。有裝武生的，花面的，醜的，老生的，花旦的，一路走一路作派，擺手扭頭，有哭有笑，那扮醜的更左扭右擰，作出各樣姿式，除了戲裝外，有時裝的扮老爺，太太，老媽，指手點頭，醜態百出，引得觀眾大聲喝好。高蹺走，看的人跟著走，人如潮水，汽車、洋車、自行車擠得寸步難移，只有跟著人群移動，甚至於連電車都擠得堆成一列，熱鬧情形可想而知。更有一般人在馬路旁商店的曬臺上，樓上，俯著頭向下看，黑越越的，非常危險呢！

這幾天東馬路一帶熱鬧，超過天增里勸業場百倍，只怕皇會出巡時，還不止這般熱鬧呢！馬路上的遊人活躍起來，市面上也似乎「繁榮」了。

（編者按：皇會昨已通令禁止出巡，足見當道對此事亦持慎重態度！編者昨午曾往天后宮參觀，一切布置無不五光十色，金碧輝煌，尤以團龍長袍，垂背小辮，頗具前清光宜意味。宮南北大街，人山人海，到處如堵，小孩失手鐲者有之，婦女進退不得者有之，此殆亦當道禁止出巡之一因歟？）

《益世報》1936 年 4 月 8 日第五版

「皇會第一日」

——老幼負販競馳逐　忙煞津門十萬家　軍警戒備平安渡過

　　昨日為皇會之第一日，雖然臨時變更辦法，中止「出巡」，但東馬路一帶，昨日仍然是人山人海，擁擠不堪。古人有兩句詠皇會的詩是「老幼負販競馳逐，忙煞津門十萬家」，想不到在現在我們仍能看見「皇」會，而且人們對它的興趣還這樣濃厚，真是盛事。昨天在軍警嚴密戒備之下，天后宮內外自晨至晚，無時不奔流著人潮，自水閣大街道至宮北，各項車輛概不能通行，各商號門前均箚有木架，大概是怕門被擠破了，警察保安隊，是五步一哨，十步一崗，交通警察努力維持秩序，但秩序仍是無法維持。東馬路一帶衝要街口，都不准車馬通過，兩旁列滿保安隊，荷槍實彈如臨大敵，騎巡隊往來梭巡，水上公安局，亦派炮船駛金剛橋迤西停泊，盤查河內船隻，警察加布崗位，由東南角至河北元緯路一帶，軍警如林，宮內派保安隊及消防隊、警士，共同駐守維持，憲兵亦大部出動，昨日看會之人，多有家人父子相失者，遺落鞋帽之事尤夥，竊賊均大形活動云。

　　注：關於天津皇會的內容，不少史料中都有記載，但對於其中後續性和細節性的情況，不得其詳，而它們在報刊報導中卻豐富而詳盡。

《益世報》1936 年 4 月 8 日第十五版

「皇會第一日聞見記」　（炎臣）

　　轟動一時之「皇會」，已於昨日（七日）正式開始矣。同憶自本市著手籌備斯會以來，報章上刊佈之文稿，親友間相互之應時談料，以及街頭巷尾到處黏貼之黃紙大小報單，馬路上一撥挨一撥，所過之各種預賽會（俗名曰：踩街），各商店更有「皇會」作其投機宣傳，或者或刊登應時廣告，或雇人扮作秧歌，小車會等模樣裝束，沿街吹打號召，彼此仿傚，爭相炫耀，種種切切，奇奇怪怪，極盡其投機宣傳之能事！就我個人而論，耳之所聞，目之所見，月餘來腦海中幾無日不接受「皇會」兩字，擾得人亂七八糟，心緒不寧。近以「皇會」期迫，對土貨入市既有免稅辦法，鐵路局更訂定減低票價章程，以便利各地來津觀光「皇會」者及小本商販，期能實現「繁榮市面」（？）之幻想，誠十數年來津市所僅見之一盛會也。至於所謂此種「皇會」是否應當舉行？是否應當在此二十世紀年代舉行？是否應當在此華洋雜處，國際觀瞻

所繫之天津市舉行？是否應當在此已淪為國防第一線之天津市舉行？自有別人解釋，勿庸作者筆費。關於「皇會」之種種文字，或已為縱的敘述，或已為橫的記載，亦無須我再多贅，茲僅將昨日到天后宮遛一趟所聞見之情形略記於後。

昨天六點起床後，閱讀□報半月刊，耳邊廂忽聽得「鐺！鐺！」一下挨一下敲小鑼聲音，由遠而近，漸到門前，初莫名其妙，不知所以，出門一觀，原來是一大群土頭土腦男女「香客」，抱著香，拿著小旗，一群男女參雜，跟隨敲小鑼的那位往前走。於是我才恍然大悟，要不是這小鑼驚醒我，我還忘記，原來是「皇會」已經開始，這群人馬，是由鄉下由迷信而催來燒香拜廟的香客。我住在特二區於廠大街，他們與她們是由北而來，察其路線，是要到天后宮燒香去，並斷定係由東鄉一帶而來的香客們。當時我即默想：「遇此盛會，何能錯過機會不去一看」？

昨天氣陰陰沉沉，冷冷嗖嗖，淒淒慘慘，頗有雨意，過金湯橋，經宮南大街，不覺已到娘娘宮了。（未完）

注：皇會期間，相關的見聞成為本地媒體每日競相報導的主題。

《益世報》1936 年 4 月 9 日第五版

「皇會第二日」
——各種遊藝會　因雨未出發

昨日為皇會第二日，原定高蹺秧歌遊藝會，出發表演，惟因昨日春雨連綿，自上午十一時降落，迨傍晚未停，故均中止出發，天后宮遊人亦甚寥寥，各遊藝定明日繼續出發云。

《益世報》1936 年 4 月 9 日第十五版

「皇會第一日聞見記」　（炎臣）

我自今年「大年初一」曾一度到過娘娘宮玩一趟，此次去本年尚屬第二次。時宮南北大街，來來往往，已覺擁擠，尤使我心驚膽怯的，即宮門外兩側，排列兩排保安大隊，好像「擺隊相迎」，肩背大刀，氣象森嚴，如臨大敵，宮內各部亦有警憲，消防隊，分佈林立，據說此係特加警備，以防萬一，有備無患之周密辦法。

宮內各處較前均已煥然一新，懸燈結綵，古色古香。盛極一時，各殿一

律開放，任人燒香。所謂五位老娘娘，係設在後殿樓下，中爲「天后元宮」，右爲「瘢疹元宮」及「眼光元宮」，左爲「子孫元宮」及「送生元宮」，各坐在黃輜內，前面橫以木欄，只可遠看，不能近瞧，且更不准在那流連徘徊，「別站下！」，「別站住啦！」……等等干涉聲浪，時時刺入耳鼓，一般香客，恭恭敬敬，正在那男女合演燒香磕頭，事畢即須在警憲指揮下退出，依照出入路線前進，不得停留佇觀，藉以維持秩序。

在後殿五位黃輜旁，設有兩座大獅子亭，如出殯所用之大座（八擡）一樣，上面刻有「道光十年三月吉日造。同治九年三月重修，天后宮出巡門獅，針市街太獅老會」等字樣，知爲當年太獅老會爲出皇會專備之舊物，頗富歷史趣味，黃金色獅子，特別高大，雄臥亭中，栩栩有生氣，恨不能使其一吼，振奮振奮一般麻木不仁，迷迷登登，成天鬼混的皇帝子孫！

在前院「誠議獻茶老會」棚前擺列十座小亭座，其名稱有所謂「門獅」，「寶塔」，「東照」等，據談此即當年出「皇會」時所擡出大亭座之小模型，與眞者毫釐不爽，現眞者多已毀損，不能擡用，我輩後生今能見此具體而微之小模型，已足可想見當年皇會儀仗之盛。

在該老會棚前，又立有一座木框紗心質王八馱石碑，晚間裏面大概還有燈彩，兩旁分寫「乾隆乙巳年立道光庚寅年重修」及「光緒庚辰（又附書民國甲子）年桃月上澣三次重修」等字，古色古香，知爲多年舊物矣。

娘娘宮門外對過原有一座戲臺，本已破壞不堪，現亦略加油飾，布置燈彩，煥然一新。按該戲臺於改善交通方面設計論，本早就在拆除之列，未料今因一時幸運，竟得重複舊觀，想該戲臺本身亦未能預料尚有今朝一日吧？

蹓了一趟娘娘宮，因爲人多擁擠，不得停留，只能見到上述簡單情形，此不過係昨日上午景況，預料下午遊人必更擁擠，再加以「法鼓」吹打起來，必更有一番熱鬧氣象。

今春吾津有南市暖廠粥廠大火災，獨流鎮又有戲園大火災，許多人揣度此次舉辦大「皇會」，人多勢眾，極易鬧成不幸事件，當局自不能不注意戒備他。（續完）

注：皇會期間，相關的見聞成爲本地媒體每日競相報導的主題。

《益世報》1936 年 4 月 10 日第五版

「皇會第三日」

——遊人多來自鄉間之農民　鶴齡捷獸兩會沿街表演

　　昨日皇會第三日雖然沒有什麼「玩意兒」，但看會的人們，仍是人山人海，昨天雖然不「出會」，而出來「踩街」的仍然不少。天后宮前，在早晨六時，廟門未開的時光，便有好多男女，佇立門前，等候開門，門前新添了兩張布告，是「諸位看會留神小絡」、「英軍在東局子打靶，仰各商民勿驚」。參觀皇會的人不僅限於天津一地，有的是在津浦、北寧兩路賣得來回減價票的遠道來客。金鋼橋下日昨停泊民船多隻，據說都是從御河一帶來的。昨日有兩種「玩藝兒」出來踩街，一是鶴齡會，有紙紮的四隻鶴，表演「飛」、「鳴」、「宿」、「食」四種不同的姿態。另外還有兩鳳，後面帶著孔雀羽的翅膀，多由十三四的幼童踩著高蹺遊行，嘴裏還唱著怪腔怪調的祝詞。二是捷獸會，亦稱獅子會，用各種顏色的□製作獅皮捷會的獅子，共有五大四小，大獅由兩人表演，小獅由一人表演，用藤胎做成獅子頭，配上各種顏色，倒也美觀。在天后宮前表演各種技藝，最受人歡迎的要算「一柱香」和「大小癢癢」，至於大樂老會，是吹鼓手的組合，昨日下午自鼓樓赴天后宮，沿路吹奏著「浪淘沙」等調子。昨日因為天朗氣清，所以遊人特別多，同時也發生了不少的事故，但因為遊人以鄉人為最多，有些人是吃了虧裝啞巴，所以倒不曾發生什麼重大的不幸事件。

《益世報》1936 年 4 月 10 日第十三版

「小評」

「皇會之黃」　（郁青）

　　昨天從北平來一位親戚，是專為看皇會的。我問他：皇會有什麼可看？他說：北平全傳揚遍了，所有皇會中人，一律穿黃衣裳，帶黃帽子，著黃鞋，繫黃帶，無一不黃，甚至在會場中作小生意的，都得如此打扮。

　　我說很好，果然能這樣，將來一片黃雲，倒很可表現黃種的特色。或者天公作美，臨時再揚起一天黃沙，我們出會之後，便擺成一座黃沙陣，那時分開陣頭，壓住陣腳，試問何方膽大，敢惹我們這一部黃人？

　　然而事實上並非如此；你們把皇帝之皇，認成了黃色之黃，未免有點張冠李戴。親戚說：你這話不然，你不知道黃袍加身的，才是皇帝麼？然則皇

會與黃會，又有什麼分別呢？

　　啊……啊，對啊，我倒被親戚窘住了。

　　注：在皇會期間，相關的題材都成爲本地媒體每日競相報導的主題。

《益世報》1936 年 4 月 11 日第五版

「皇會恢復出巡」

　　皇會昨爲第四日，各種會均出發遊行，各處人山人海，擁擠異常，今日爲正式會期，並經皇會辦事處議決，恢復出巡，今日爲黃轎出巡，路線同前未變，後爲黃輦出巡，路線如舊，人數當較以前爲尤多云。

　　注：在皇會期間，相關的細節大量見之於每日的報端。

《益世報》1936 年 4 月 12 日、13 日、14 日

廣告

皇會新訊

黃轎昨出巡！

寶輦廿二日出巡！

　　在前幾天都盛傳著「皇會」不出了！只有遊藝會出發表演，一般由各鄉來看會的人們，眞是太失望了！

　　你知道嗎！現在皇會籌備會爲了不使觀眾太失望起見，又召集了一次會議，決定皇會還是仍舊出發，二十日「黃轎」出巡了，在二十二日那天鳳輦也捐著「天后聖母」按著一定的路線出巡，這個消息您聽了一定會喜歡吧！您要知道，現在還有一個更好的消息，您聽了更要喜歡的，就是請諸位在看完皇會以後，就是給府上的小寶寶帶回一包能夠叫您的小寶寶發育健康！增進美麗的「保赤一粒金」！因爲它能使您的小寶寶肥胖可愛，康健逾衡！請作家長的趕快替您那可愛的孩子預備一點，帶到您的府上去。您的小寶貝看見一定比您看皇會還要喜歡呢！

　　現在皇會就要出發了，請您注意下邊的辦法吧！

　　昨三月二日皇轎出巡，各遊會出會次序，爲六局淨街。挎鼓，中幡，太平花鼓，五虎槓箱，合音法鼓，重閣，平音法鼓，宮音法鼓，鮮花法鼓，西園法鼓，西池八仙，慶壽八仙，同心法鼓，永音法鼓，井音法鼓，金音法鼓，同和大樂，鶴齡，公議音樂，限早八時起至下午六時止。

三月二十二日各項遊藝出會，皇轎、鳳輦出巡，其餘六輦在宮中設擺！鳳輦由天后宮出發，經磨盤街進東門，出西門，經南閣，針市街，北門東，經宮北大街入廟。三月二十三日在宮內祝壽，看完皇會應注意的事！爲使看會諸君不失望起見，「保赤一粒金」決定大犧牲一次，每買一包，外贈送一包，請您趕快去買吧！可是買藥的時候別忘了將此廣告剪下，請到意租界大馬路平報館或大胡同益世藥房，兩處同時贈送，每位只限買一份，至二十五日下午六時止。

保赤一粒金

保障兒童健康　治療嬰兒百病

藥性和平　功效偉大　服用簡便

《益世報》1936 年 4 月 12 日

靴鞋專家德華馨特備

皇會應用：便服緞靴、官服緞靴、舞蹈花靴

男女應用：最新皮鞋、繡花坤鞋、各種便鞋

應有盡有定價低廉

歡迎外埠函購，樣本函索即寄。

北號：大胡同

總號南號：法租界

注：本次皇會期間，很多商家和店鋪專門打著皇會的旗號，在各種平面媒體上大做廣告，這種行爲既在一定程度上促進自己的經營活動，又利於提高天后宮的知名度。

《益世報》1936 年 4 月 12 日第五版

五里街間充滿昇平景象

—— 皇會昨出巡

各處人山人海舉市若狂　開十餘年來未有之紀錄

皇會昨爲第五日，亦即該會規定之正式會期，是日原定出巡，旋又中止，嗣叠經籌議，變通辦理，改爲黃轎華輦兩次出巡，並限制高蹺秧歌參加大會，用以維持街市秩序，昨晨自八時起至晚六時止，各處人山人海，萬頭攢動，開十五年來之未有盛況，但以軍警維護得力，雖舉市若狂，除宵小糾葛外，大致幸能平安渡過，今日雖無會，而各種遊藝，照常出遊，明日又爲黃輦出巡之期，

其路線仍無變更，過此以後，即將漸成尾聲，茲誌昨日各處情形如次。

路線一覽

昨日黃轎首次出巡，路線係由宮北經單街子，估衣街，北馬路轉獅子胡同，歸宮。同日二次正式出發，路線係由宮北進東門，出北門，沿北馬路折襪子胡同歸宮。明日華輦出巡日期，其路線由宮北經東馬路，進東門，出西門，經南閣北馬路回宮。後日「祝壽」，舊曆二十四日閉會。

出發情形

「皇轎」決定出巡後，昨日上午十時即由通綱公所負責布置，十二時由掃殿會將諸事備齊，空轎正午出發，照路線巡行一周歸宮，五時正式出巡，轎作黃色，共用轎夫八人，分班替換，轎前有黃色龍旗，轎後有全副儀仗，並前後頂馬，掃殿會會員均著遜清禮服，出行前並有種種儀式。

參加各會

參加各會除海屋天潮等三會，因馬路關係，未參加外，其餘各會計有六局淨街會、中幡、捷獸、跨鼓、同心法鼓、太平花鼓、合音法鼓、五虎槓箱、平音法鼓、重閣、西池八仙、公議音樂、五虎少林、慶壽八仙、空音法鼓、靈宮亭、花音法鼓、接香老會、天壽花瓶、道眾行香、金音法鼓、老鶴齡會、道綱黃轎、護駕五匹馬，各持黃龍旗，統計參加人數計有兩千餘人，所有各種旗幟一千餘支，觀眾約五十萬人，八時歸宮。

大會花絮

昨日竊犯白錢大形活躍，先後獲韓立貞、胡桐勳等五人，其餘因竊去無從查找達十八起，失迷兒童及待領者亦有周財元（五歲）、王壽英（十一歲）、劉姓等七起，其各會因沿途相撞而生糾紛者，亦有兩起，在出會期間，並有一少年妓女，在宮前人叢中求救。所有各會行經路線，電車及各種車輛，一律停馳，故車輛蜿蜒，儼若長蛇。

注：在皇會期間，相關的細節和花絮都成為本地媒體每日競相報導的主題。

《益世報》1936年4月12日第十五版

《玫瑰畫報》

皇會寫實出版

天津二十餘年來未曾舉行之皇會，一般人對於此次皇會所見不一，觀感各殊，本市玫瑰畫報盡新聞記者之天職，本有聞必錄之精神，將皇會內容盡

量搜集披露，企使社會一知究竟云。

《益世報》1936 年 4 月 12 日增刊第六版

「好熱鬧的「皇會」　（長天）

本市最近舉行「皇會」，今天展覽「鑾駕」，明天遊藝串街，本來已經停止的出巡，昨天又復恢復，五光十色，引得四鄉農民，都遠近「上衛」觀光，盛矣哉！

娘娘宮本來就是一年四季香煙不斷的一個廟宇，這種迷信的習俗，是應當破除的，一辦「皇會」，不但不能破除，反而益加增長。燒香膜拜者，覺得只要有娘娘，萬事便可無慮；出會看會者，雖難保不又想到所謂「真龍天子」，但盼人人能為看熱鬧而看熱鬧，為湊熱鬧而湊熱鬧，斯幸矣。

聽街頭鑼鼓聲聲，看殿中煙霧騰騰，有識者能不為之長太息耶？

《益世報》1936 年 4 月 13 日第五版

「今日皇會二度出巡　後日休會酬客」

津市「皇會」，昨為第六日，雖預定各會休息，除高蹺外，各種法鼓鶴齡等亦多出動「踩街」，宮南北東馬路及河北大胡同，遊人不減，今日為「寶輦」出巡之期，掃殿會迄昨即布置，準於下午一時，由天后宮出發，各種遊藝，路經宮北、東馬路，進東門，出西門，經南閣北馬路折回宮北歸宮，並不進西頭千福寺，明日為舊曆二十三日，特假天后宮內祝壽，後日休會，掃殿會設宴酬客云。

《益世報》1936 年 4 月 14 日第五版

「皇會尾聲　華輦昨出巡」

昨日為津市「皇會」最末一日，過此即成尾聲，自上午十時，各會仍次第出發，沿原定路線，自天后宮，出宮南大街，經襪子胡同，進東門，出西門，繞西門北馬路、南閣、針市街、北門東馬路，入毛賈夥巷返宮。華輦殿於各會之後出行時已在下午三時，各會出發行至西門北已下午二時許，時天際烏雲濃蔽，細雨濛濛，而遊人迄未稍減各會執事人等，則足下拖泥帶水，步履維艱，幸不及一小時，即云霽雨止，華輦乃行出發，至五時許，各會行至北門東馬路時，即紛紛「下會」，各歸下處休息。僅華輦在日罩等會扈從之下於八時許還宮，至是，觀會遊人始三三兩兩，相偕扶歸，皇會辦公處昨

晚假永安飯店宴會今日祝壽明日即完全閉會云。

「皇會花絮」

（一）公安局督察員宋文彬因在天后宮前執勤，執勤勞過度，昨午身死。
（二）東門前一老者被擠氣絕，被救復蘇。（三）正午大會中，井音法鼓會員
有患時疫者多人，已救治。（四）一分局獲一小孩名趙志文待領。（五）白錢
金寶山、石金庭被捕。（六）竊犯張蔭青被三分局捕獲，王義和被一分局捕獲。
（七）大雨時，各觀眾因避雨失鞋者多人。

　　注：在皇會期間，相關的見聞和花絮都成爲本地媒體每日競相報導的主題。

《益世報》1936 年 4 月 14 日、15 日、16 日

「贈送皇會寫真專刊」

四十年以前的過程中，一般民眾，安居樂業，慶享昇平，爲皇會鼎盛時
期，一切設備，莊嚴華貴，各種絕技，淋漓盡致，現今皇會復出，宗旨爲繁
榮市面，本店趁此機會，將內中事迹，搜括無遺，發行皇會寫眞專刊，作一
種常識資料，人人手此一篇，較親身目睹，尤爲從容詳盡，此刊係非賣品，
歡迎取閱，函索付郵一分，遂寄不誤。

天津日租界華竹廣告部啓

　　注：1936 年，天后宮舉辦民國時期的最後一次皇會，市內不少商鋪專門
打著皇會的旗號，曾經在各種平面媒體上大做廣告，無形中爲天后宮做足了
宣傳。天后宮廣告時間早，數量多，影響大，遠非津門他廟可比。

《益世報》1936 年 4 月 15 日第五版

「商民擬舉辦「鬼會」　目的仍在繁榮市面」

皇會昨在天后宮祝壽，會闌人散，大會只留聲尾，聞此大會共獲捐款五
萬，足敷開支，商民因此次大會，一切平穩。又有人出頭擬舉辦「鬼會」。
日期已暫定爲四月十六日、十八日、二十等日，此項「鬼會」在民六時曾舉
辦一次，此次舉辦目的，仍在繁榮市面。又二分局局長李樹珊以皇會之後，
官警備極勤勞，昨特發放無極丹，以資慰勞云。

《益世報》1936 年 4 月 16 日第五版

「何來鬼會」

皇會猶是人也，近忽有一部人，發起荒唐無稽之「鬼會」，但大部士民，

仍多反對，故能否成為事實，尚不可知。如能出會，其日期聞為九日，而出巡三日，發動者聞為某廟住持多人，由舊曆四月初一日開始，想我地方長官，必不使光天化日之下，有此迷信之舉動也。

《益世報》1936 年 4 月 21 日、24 日第五版

「天后宮皇會辦事處啟事」

本市官商神耆前為繁榮市面起見，曾共同發起舉辦皇會，荷蒙各界熱心讚助，莫名欽感，查此次皇會需款，經節縮開支，約計壹萬餘元。捐款一項，計收銀行公會四千元錢，錢業公會貳千元外，外國銀行華賬房等九家壹百七十元，又永昌生五十元，總計陸千貳百貳拾元。此外北寧鐵路局補助伍千元，因會期以內所有水陸警察保安隊及憲兵等，對於保護治安維持秩序異常出力，經商承當局並得北寧路局同意，即以此項補助款伍千元作為酬勞警憲之用，以表謝忱，業由北寧路局直接撥交公安局矣。至皇會需款除收捐款外，尚不敷數千元則由各發起人自行攤認或勸募，總俟完全結束時再行詳細公佈。特此登報，惟希公鑒此啟。

注：本次皇會閉幕後，皇會辦事處借媒體將匯總的皇會經濟賬目，向社會作了一個明確的交代。

《益世報》1936 年 6 月 23 日第五版

「來津看皇會　偵探長失妻」

——怪函天外來突思改嫁　返里探蹤迹扭獲族侄

本市人劉魁元，年五十一，早先在本市政界作事，後即去滬，曾一度任偵探長，後因吳鐵城就任滬市長，整頓探務，劉被裁撤，旋無法補浦東淩木炭廠請願警，暫求安身。劉本有髮妻倪氏（年三十六歲），已生一女小鴨（年六歲）旋津市繁榮市面，而出皇會。倪氏在三月初九日，突接族侄倪文光（年四十八歲），住河北邵公莊河沿擺渡口六號，自津寄一函邀看皇會，倪氏旋於三月二十日啟程來津。不料劉魁元數日後，突得一函，大意是倪文光口氣，謂「叔父鑒，嬸來此說你已死，他想改嫁，你快來，事好解決」。劉以事出奇突，至本月十五日，啟程來津，住於邵家園子後大道十五號，曾與妻相遇，詎未三日，倪氏無蹤，劉無法，謂倪有拐帶嫌疑，當扭獲同歸三分局，並持前函作證，但據倪文光亦持一函，是倪氏給寄伊者，上面大意是「不幾天吾

上天津，請你在輪船碼頭上去接吾」。並供稱由此可證非吾叫他看會，接他後，他說叔丈已死，要改嫁，吾不敢主，才寫信把他叫來，實沒有拐帶等語，訊畢，當轉歸法院成訟云。

注：每次皇會舉辦期間曾經發生的許多趣事，仍然成為日後媒體談論的熱點話題。

《益世報》1936 年 6 月 27 日

電影廣告：「看皇會」

榮膺中央國片評委會第一名鉅片

看皇會！《化身姑娘》

想重看皇會者，請看此片。皇會的形形色色，本片中應有盡有。

袁美雲及王引合演

冷氣開放　涼爽輕快

光明大戲院

注：每次舉辦皇會期間，相關題材和內容都成為各類媒體競相報導的熱點。對於 1936 年的皇會，電影界自然也不會輕易放過。

《益世報》1937 年 2 月 4 日第十四版

「宮南北小記」

在本市歷年賣各樣「年貨」的小攤販，多集中於「天后宮」南北大街一帶，一進廢曆臘月，那裏就漸漸形成一個臨時賣「年貨」的大本營。這裏賣東西的雖然多，但不外是賣畫的、賣香的、賣蠟的、賣花炮的、賣花燈的、賣紙張的、賣鮮貨的、賣窗花弔錢的、賣筷子碟碗的、賣春聯的，依然是些個攤販，舊風未改，雜列其間，叫賣之聲，不絕於耳，聲音是非常的好聽。在這裏走馬觀花的看一遍，很能領略出年的趣味。

走進「天后宮」，所見到的，以賣氣球、風葫蘆、兒童玩具攤為最多。賣風葫蘆的，依然是以歷史悠久的劉海風葫蘆攤圍人最火。那位年逾古稀在天后宮裏擺攤已五十多年的屆老頭——劉海風葫蘆攤掌櫃——仍舊在他的攤前踱來踱去，精神雖有，不過已顯出龍鍾老態了，買賣均甲他的少掌櫃應付，他只處於照料地位而已，我自小是他的一個主顧，前天又給小孩花了□角六分買一個六響的小風葫蘆，據他說他的風葫蘆今年略落價，買賣平常。賣氣

球的，以正殿前那位女掌櫃氣球攤圍繞人多，她一面吹氣球，一面說著問人買不買。

將走出天后宮時，在正門口裏旁邊，看見一個買花炮的攤子，攤主是幾位學生，案上擺列些各樣花炮，立著一面黃木框，當中寫著「學生寒假服務社」，兩旁還有兩行什麼「專賣花炮」，「定價低廉」字樣。「寒假」當然是與學生發生關係的，學生能利用寒假這短短期間，來服務社會，這當然是很好的，我們當然多加讚助。

由水閣大街北行，直至毛賈夥巷歸家，就所得的印象，認為可以記得出來的，僅有這一丁點。（臣）

注：天津人歷來重視過年，有著色彩強烈、個性鮮明的年節習俗。二十世紀三十年代，春節來臨，天津衛的人們置辦年貨，不能不去光顧天后宮。那裏曾經是天津最大的年貨市場，由宮內外兩部分組成，宮外主要在宮南、宮北大街，同時輻射到左近街道。一進臘月，以宮南、宮北大街的年貨市場就應時而動。

依照民俗傳承，有關春節用品，從供神到供人，在天后宮年貨市場上吃、玩、用俱全。就天后宮年貨市場而言，有些商品雖然說並不常見，但最具津門特色也最具代表性的，還得說是那些名、優、特產品。年貨市場是質優價廉產品的最佳展示地。因此，天后宮年貨市場才對普通百姓更具吸引力，使人經年不忘，津津樂道。

1946年9月10日第五版

「烽煙彌漫話中秋　幾家歡樂幾家愁」

（本報特寫）連日以來，天津市上的中秋節景，已在跟著月亮的漸圓，而愈益濃厚起來。直到昨天止，稻香村、冠生園等處，都擠滿了男男女女，爭先恐後的搶購著他們預備自用和送禮的中秋禮品。

說起天津來，真是當前華北的唯一樂園，冀東的戰火，大同的告急，並不能引起那些有閒階級的關心。法國菜市、娘娘宮前的鮮果和兔兒爺，竟被這般節興甚濃的大人先生們，每天給爭購一空，這和湘災戲票難賣的情形，恰成反比。

注：文中簡要記載中秋節期間，天后宮一帶的商鋪生意紅火、興隆。

《益世報》1946 年 10 月 3 日第六版

「佳節又重陽！」

—— 登高吃糕步步高

遙憐故園菊・應傍戰場開

津市各廟宇有「攢斗」之俗

……

夏曆九月初九日，叫作「重陽節」，俗名「九月九」。所謂重陽者，因九為陽數，月與日同逢九字，故名曰「重陽」。關於重陽節的故事，除了恒景為避災，煞是好看。每逢今天，像玉皇閣、水月庵、娘娘宮、王三奶奶廟等處，都有這種「攢斗」的習俗。津市現在雖已躍進為一國際性大都市，而這種燒香還願式的「攢斗」迷信風俗，仍然不綴，也不能不說是一種怪現象了！（劉海）

注：攢斗是昔日道教宮觀傳統香火活動之一，意在為斗姆元君祝壽。斗姆亦稱「斗姥」，係道教信奉的女神，傳說為北斗眾星之母，是解厄、賜福、消災、改命、有求必應的祖師。天后宮有斗姆元君，也有可「登高」的北斗閣。舊時九月初一日起，天后宮開始接收供香，每家一封（五股為一封），多者不限。宮裏負責把信眾施捨的香，按敬奉先後，依次向上一層層擺成寶塔形圓柱，置於院內鐵香爐座上，此之謂「攢斗」。「斗」即是香炷，亦稱「香斗」。香客送香，宮裏需逐一登記，香帳最後隨香斗一起燒掉。

燃斗之日，遊人前往觀賞絡繹不絕。信眾參加攢斗，雖然從表面看帶有迷信色彩，但其中也不乏百姓對美好生活的嚮往，對健康長壽的渴求，遙寄著對未來的企盼。

《益世報》1948 年 2 月 9 日第四版

春節前夕表面繁榮　軍警加強戒備今夜一時戒嚴

富戶競購年貨平民對節愁煩　平津各界勞軍發動範圍擴大

（本報訊）年貨市場一周以前還冷冷清清，最近幾天卻大為熱鬧。一區前法國菜市和官銀號菜市熙熙攘攘，售價一日三變，三天前買一條黃瓜還只一萬多，昨天加一倍都買不到。雞鴨魚肉漲得更厲害，一隻雞起碼在二十萬元以上。北馬路花市和娘娘宮年貨市場也都擁擠不堪，勸業場附近更呈一片繁榮景象。

　　年貨銷路的轉旺，一方面由於除夕已經迫近，一般購買力比較增加，但更重要的一個原因據說是由於前幾天的物價漲風。許多商號在短短的幾天內便賺了不少，高興之下，自然不惜多花點錢來備辦年貨，這是個暴發的時代，今年這個年更是個暴發的年，市場上的大買主多是銀行、錢莊、大商號，某家錢莊僅只買花一項便花去了五千萬。

　　至於一般中層以下的人，最確切的形容莫過於「一年不如一年」。能夠到年貨市場趕熱鬧的終竟還是少數，多數人卻在愁了眼前又在愁著將來。

《益世報》1948 年 2 月 12 日第四版

窮歡苦樂渡舊年　平津春節顯熱鬧
——放兩響鞭炮驅逐開徽氣　訪訪客拜拜年道聲發財

　　〔本報訊〕……。昨天（11 日）是新年初二，天津市民按照風俗，應該到親戚朋友家拜年。所以馬路上遊人如過江之鄉，比平時增加了好幾倍。愛鮮豔的太太、小姐們，從頭到腳都是眩人眼睛的大紅色，髮邊還插上一兩朵大紅剪絨花。

　　羅斯福路一帶，除了點心店、酒樓、茶館和飯莊外，其他商店十分之九依然停市，從天祥市場勸業場的四層樓上飄送出一陣一陣鑼聲和鼓聲，中華茶園裏面的茶座也擠得滿滿的，閒得無處消耗時光的遊人，坐下來，花幾萬塊錢泡他兩杯茶，從天南談到地北，聊上半天。第十區舊英租界法租界和特一區一帶，反而是冷清清的看不出新年的氣象。如果你要領略天津人真正的新年，那麼，請到城內和南市溜達溜達，一扇一扇低矮的緊緊關閉的木板門上，貼滿了紅的弔錢和金黃色元寶，從許多春聯上，偶然你也會發現一些深刻的或新穎的意義。滿身簇新的小孩，用食饞的眼在盯著屋檐下面賣糖堆的小攤子或附近擺在地面售賣的花燈。調皮一點的，拿著花炮偷偷地點燃，然後扔過去嚇唬過路的行人，有些卻拉著繩子的兩端抖弄得悶葫蘆發出嗡嗡的叫聲。通達鼓樓和娘娘宮的幾條路上，成群結隊的信男信女，帶著香燭和紙錢去還願，好熱鬧一片，這倒幫了路旁的小攤小店一把忙，這幾天的收入是可觀的。

　　被冷落了不少日子的三輪車這兩天也走了運，坐的人特別多，開口價錢至少一兩萬，遠一點的路程要他五萬七萬不足為奇，他們如今可真的「雙手抓著搖錢樹，兩足蹬住聚寶盆」了。

　　注：本文中展現出春節前後天后宮年貨市場的場景。正月裏天后宮的廟
會，是帶有鮮明節俗特點的商品交流活動。它以天后宮爲活動中心，從宮內
向宮外輻射，沿宮南、宮北大街展開。不僅銀號、飯舖、布舖、食雜店、旅
店等生意興隆，而且攤位銷貨也格外紅火。

第三節　《北洋畫報》中的媽祖史料

　　《北洋畫報》創刊於民國十五年（1926）7 月 7 日，當時在中國傳媒界被
稱爲「北方巨擘」，該刊由馮武越、譚北林所創辦，吳秋塵主編，是一家獨資
經營的刊物。內容包括時事、社會活動、人物、戲劇、電影、風景名勝及書
畫等，以照片爲主，兼有文字，宗旨在於「傳播時事、提倡藝術、灌輸知識」，
副刊專載長篇小說、筆記、名畫、漫畫等。

　　《北洋畫報》問世後，立即成爲天津，乃至整個華北地區的熱銷畫報。
刊期初爲周刊，繼改爲三日刊，最後爲隔日刊。抗日戰爭爆發後，民國二十
六年（1937）7 月 29 日，《北洋畫報》因財力不支停刊。從創刊至停刊，先後
出版共計 1587 期，總信息條目 47000 餘條，並於民國十六年（1927）7 月至
9 月間另出版副刊 20 期，爲北方畫報中刊行最長、出版期數最多的畫報。

一、

「娘娘宮」

　　我國沿海一帶，有神祠焉，曰娘娘宮。廟貌莊嚴，奉祀極虔，蓋女神而
著靈異者，航海近水之民，夙極敬畏，歷朝追加封號至四百餘字之多，較西
太后多至十倍，誠絕無僅有之榮銜也。神爲莆田王氏女，或謂爲「狸貓換太
子」中之寇承禦，則臆說矣。津門天后宮向爲仕女觀聽所繫，每值朔望，禱
者雲集，尤以歲首爲甚，於是宮南宮北，闌闠櫛比，商業因以鼎盛，於此可
見宗教於地理上之關係爲極深切，而津門神權之重，亦可窺見。新歲人日，
筆公伉儷相約往遊，與趙寶成先生同車偕往。是日天氣頗冷，進香者尙不甚
多，入門有探海夜叉塑像，舉手作軍禮，亦他處所無。而敝本家王靈官反在
山門之下，彷彿一個副官長，則娘娘之尊嚴可知矣。走上殿去，則娘娘之正
大仙容儼然在上，焚香膜拜者，擁擠不開，知中國坤維之教，卻乎其超過世
界各國之上。同時此廟正門及殿上，貼有「男子不得出入此門」及「此處不

准男子逗留」之黃紙布告，不禁使吾儕濁悚然自失。因各叩一籤，惟予籤至不祥。而殿旁有「傻哥哥」像，荷一擔，有司香者在側，頻頻以燒香爲請，而應者殊寥寥。聞張仙閣上，尙有一傻大爺像，甚矣！傻之近於仙也。自問雖無仙骨，雅有傻氣，或者亦足貴乎。院中賣小兒玩具者頗多，且有首飾樓、照相館，而賣五彩印畫及紙花蠟果者尤多，饒有鄉土風味。因就院中攝一影以誌其實。憶曹銳爲省長時，娘娘宮舉行皇會，費十餘萬金，蔚爲巨觀，則信乎踵事增華勞民傷財之舉矣。（摘自夢天：《娘娘宮》，《北洋畫報》民國十七年（1928）2月15日）

　　注：本篇轉錄自董季群《天后宮寫眞》第257頁，紀載民國時期天津天后宮繁華景象。「夢天」亦似爲筆名。文中記載「此廟正門及殿上，貼有『男子不得出入此門』及『此處不准男子逗留』之黃紙布告」的狀況，係天后宮對待香客「重女輕男」的傳統，爲津門宮廟所罕見，在全國也是獨樹一幟。這一傳統的形成有多種原因，時至今日並無徹底的改觀。

二、

「娘娘宮裏的傻大爺」　　民國・聊止

　　在天津過舊曆新年，要看天津的本地風光，而且比較最熱鬧的地方，要算宮北一帶。宮北之所以熱鬧，是因爲有一座娘娘宮的緣故。娘娘宮的廟門內外，全是擺攤兒，賣各種年貨和玩藝的。而且一到大年三十，天津婦女，都穿著紅衣褲（從頭到腳無一不紅）去燒香。所以天津的宮北，便變成了北京的廠甸。但是娘娘宮裏有一件極奇怪的事，恐怕是北京廠甸、以及各處繁盛廟會所沒有的。娘娘宮一進門，有座小樓。寫著「張仙閣」三字。去年我因不知道張仙是什麼人，而且加以好奇心的衝動，便拾級登階，走上去看看。別的神像，也沒什麼希奇。只見旁邊一座塑像，年紀很輕，穿著黃馬掛，拖著一條辮子，彷彿手裏還拿著一根旱煙管。這座神像上面寫著幾個大字道，「傻大爺神位」！有許多女人們，在他的神像前，燒香磕頭，也不知道她們禱告些什麼？這眞是在下平身（生）看見的怪事。傻大爺也不知道是怎麼的來歷？不知道是否即張仙的別號？在下直到如今，還把他當作一個悶謎兒。如果讀者諸君，有曉得這位傻大爺的底細，和天津人所以崇拜的緣由，務請不吝賜教，實在盼望得很！（摘自《北洋畫報》民國十六年（1927）2月12日）

　　注：本篇亦轉錄自董季群著《天后宮寫眞》第51頁（天津社會科學院出

版社 2002 年 8 月第 1 版）。文中的「聊止」當係筆名，其真名不詳。

　　二十世紀二十年代，在天后宮設置的神像混亂不堪。其中有的屬無源可考的。如其中對於在張仙閣曾經供奉過傻大爺像，社會上能夠瞭解其身份和來歷的人卻是寥寥無幾。早年的一位道士曾言傻大爺姓白，能治百病，冠以白姓，興許是影射刺蝟成仙之說。這種說法也僅是一種傳說，但卻能夠給天后宮帶來豐厚的香火錢。

三、

　　皇會元舉，溯自滿清，殆至末葉，已見衰微。民國以還，除曹錕執政時，於民國十三年間一度舉行，其俗已廢置久矣。（摘自《北洋畫報》民國二十五年（1936）3 月 12 日）

　　注：文中簡述天津皇會自清至民國間的興衰過程。